고대문명연구소 연구총서 **3**

고대문명 형성의 물질적, 정신적 토대

심재훈, 김구원, 박성진, 김용준, 김정열 지음

진인진

고대문명 형성의 물질적, 정신적 토대

초판 1쇄 발행 | 2025년 6월 20일

지은이 | 심재훈, 김구원, 박성진, 김용준, 김정열
발행인 | 김태진
발행처 | 진인진
등 록 | 제25100-2005-000003호
주 소 | 경기도 과천시 관문로 92, 101동 1818호
전 화 | 02-507-3077-8
팩 스 | 02-507-3079
홈페이지 | http://www.zininzin.co.kr
이메일 | pub@zininzin.co.kr

ⓒ 심재훈, 김구원, 박성진, 김용준, 김정열 2025
ISBN 978-89-6347-630-8 93900

* 책값은 표지 뒤에 있습니다.

목차

서론　　고대문명 연구의 작은 디딤돌…심재훈　　　　　　　　　　　7

제1장　　고대 근동 다신교의 문화 전략과 유일신교의 발달:
　　　　아텐과 야훼를 중심으로…김구원　　　　　　　　　　21
　　I. 들어가며: 유일신교 기원에 대한 패러다임을 다시 생각하기　　21
　　II. 유일신교의 정의 문제　　　　　　　　　　　　　　　　26
　　III. 다신교 사회의 문화 전략들　　　　　　　　　　　　　31
　　IV. 아텐 유일신교　　　　　　　　　　　　　　　　　　　52
　　V. 야훼 유일신교　　　　　　　　　　　　　　　　　　　71
　　VI. 후기: 아텐 종교와 야훼 종교의 관계　　　　　　　　114

제2장　　문명의 조건: 제4천년기 서아시아의 우룩 팽창 현상…박성진　　125
　　I. 머리말　　　　　　　　　　　　　　　　　　　　　　125
　　II. 독특한 자연환경　　　　　　　　　　　　　　　　　　129
　　III. 수메르 도약　　　　　　　　　　　　　　　　　　　145
　　IV. 우룩 팽창 현상: '우룩 세계체제론' 또는 '우룩 세계문화론'　　172
　　V. 맺음말　　　　　　　　　　　　　　　　　　　　　　195

제3장　　인더스대평원 고대도시문명의 기원…김용준　　　　　　213
　　I. 머리말　　　　　　　　　　　　　　　　　　　　　　213
　　II. 고대인도의 도시복합사회　　　　　　　　　　　　　　216
　　III. 수메르 및 인도아대륙 1차도시화의 기원　　　　　　　225
　　IV. 맺음말　　　　　　　　　　　　　　　　　　　　　246

제4장	좌절과 도약의 교차로: 중국 초기문명 성립의 길…김정열	253
	I. 머리말	253
	II. 룽산문화기 대형 성곽취락	258
	III. 룽산문화기 대형 성곽취락의 성쇠	293
	IV. 얼리터우 유적의 출현과 성장	308
	V. 붕괴와 신생(新生): 문명의 단절과 연속	327
	VI. 맺음말	351
제5장	총결 고대문명 기원과 그 연구의 다른 궤적들: 시론적 비교 고찰…심재훈	365
	I. 들어가며	365
	II. 지역별 연구 궤적과 내외적 조건	367
	III. 고대 문명 형성의 정신적, 물질적 토대: 근동과 중국 비교	387
	IV. 나가며	403

찾아보기   409

표목차

표 2.1	메소포타미아지역의 선사 및 역사시대 초기 연표	127
표 3.1	메소포타미아 연대표	227
표 3.2	인더스시대 연대표	228
표 3.3	남부 메소포타미아와 인더스대평원 문화사 비교	231

그림목차

그림 1.1	카르투쉬에 담긴 아텐의 이름 1	53
그림 1.2.	카르투쉬에 담긴 아텐의 이름 2	55
그림 2.1	서아시아지역의 지체구조 형성과 강수량 및 풍향	131
그림 2.2	서아시아지역 해발고도의 변화와 생태 지대	133
그림 2.3	텔엘-우에일리의 삼열구조 건축물	138
그림 2.4	기원전 4000년의 남부 메소포타미아지역의 해침과 삼각주 지역의 현재 습지 거주민	140
그림 2.5	우룩시대 제방 시스템, 유적의 분포, 거북등 지형의 흔적	141
그림 2.6	빗각테두리토기	152
그림 2.7	우룩 에안나 신전구역 건축물의 장식용 점토 뿔 모자이크	155
그림 2.8	우룩시대 남부 메소포타미아 충적지 취락 패턴의 변천	159
그림 2.9	기원전 3450년 전에 세워진 우룩의 '백색 신전' 3차원 복원도	164
그림 2.10	사제-왕	169
그림 2.11	우룩시대 에안나구역(4층)의 사원 건축물	171
그림 2.12	수시아나와 유프라테스 중류 지역의 우룩 문화	178
그림 2.13	점토봉투와 물표	182
그림 2.14	우룩 문화권의 확산 과정	186
그림 2.15	우룩 문화의 스펙트럼	189
그림 3.1	인도아대륙 신석기 주식문화권	218
그림 3.2	하랍빠문명	221
그림 3.3	메소포타미아 금석병용기 시대 지역문화권	229
그림 3.4	초기하랍파(Early Harappan) 시기 지역문화권	229

그림 3.5	남부 메소포타미아, 인더스대평원 및 갠지스대평원 최초 도시화 시기	232
그림 3.6	라키가리 유적 도시화시대 거주지 발굴(2006~7년)	239
그림 3.7	라키가리 유적 도시화 이전 문화층 발굴조사(2006~7년)	239
그림 4.1	본문에서 다루는 주요 유적의 위치	256
그림 4.2	스마오 유적 평면도	259
그림 4.3	스마오 유적 황성대	260
그림 4.4	스마오 유적 내·외성	263
그림 4.5	스마오 유적 출토 옥기와 동기	266
그림 4.6	타오쓰 유적 유구 배치도	269
그림 4.7	타오쓰 유적 판축기단 ⅡFJT1	272
그림 4.8	타오쓰 유적 출토 동기와 주서(朱書) 토기편	274
그림 4.9	스자허 유적 평면도	276
그림 4.10	스자허 유적 싼팡완 유적점 토배 출토 상황	280
그림 4.11	량주 유적의 입지 환경	282
그림 4.12	량주 유적 제단 묘지	284
그림 4.13	량주 유적 중심부 유적 배치와 수리시설	289
그림 4.14	츠중쓰 유적점 탄화도곡 퇴적	290
그림 4.15	량주유적 출토 옥종	291
그림 4.16	스자허 유적 일대 취락 분포	299
그림 4.17	량주문화 옥기 출토 지점	302
그림 4.18	스자허문화 유적 분포 범위와 동물형 토제 소조상 출토 지점	304
그림 4.19	얼리터우 유적 유구 배치도	310
그림 4.20	얼리터우 유적 02VM3 출토 녹송석기	311
그림 4.21	얼리터우 유적 공방구	313
그림 4.22	얼리터우 유적 출토 청동예기	319

· · · ·

서론: 고대문명 연구의 작은 디딤돌

심재훈(단국대)

2020년 9월 단국대 고대문명연구소가 문을 연지 4년이 훌쩍 지났다. 그 몇 해 전부터 국내에도 고대문명 연구의 핵심인 이집트와 메소포타미아 등을 제대로 공부한 연구자들이 소수나마 있다는 걸 알게 되었다. 2019년 단국대 동양학연구원에서 주관한 고대문명 관련 국제학술대회 "요새화와 도시화: 고대 문명 사이의 첫 번째 대화"에서 이 책의 저자들이기도 한 이들과 함께 하며 새로운 가능성을 확인했다. 주변머리 없는 나는 이들과 함께하는 연구소 설립을 꿈꾸면서도 자금 걱정에 시도할 엄두를 내지 못하고 있었다. 그때 네이버클라우드의 빅데이터 전문가인 제자 김광림 선생이 "선생님 왜 돈 걱정을 하십니까"라며 단비와 같은 해결책을 제시해주었다.

마침 코로나 창궐로 대면 모임이 불가능한 시절이었다. 대신 zoom을 비롯한 온라인 회의 시스템이 거의 비용 발생 없이 학술

모임을 가질 수 있게 해주었다. 김광림 선생은 고대문명연구소의 홈페이지와 유튜브 채널까지 만들어서 현재까지 잘 관리하고 있다.

코로나 시절에 좋은 제자 둔 덕에 연구소의 하드웨어를 구축했다면 나머지 소프트웨어 역시 좋은 사람들 덕분에 채울 수 있었다. 강후구(성서고고학), 곽민수(이집트학), 김구원(메소포타미아학, 구약학), 김아리(메소포타미아학), 김용준(인더스 고고학), 반기현(그리스/로마학), 박성진(선사고고학), 유성환(이집트학) 등이 초창기에 큰 힘이 되었다. 이들은 2020년 9월 23일 제1회 모임을 시작하여 현재까지 총 51회째 지속 중인 월례 정기포럼의 강연을 기꺼이 맡아주었다. 비록 강의료 한푼 못 줬지만 이들의 알찬 강연 동영상이 고대문명연구소 유튜브 채널에 모두 업로드되어 연구소의 기반이 되었다.

2021년 상반기에 새로운 도전을 감행했다. 이른바 4대문명에 그리스/로마까지 포함하여 각각의 연구사와 문명 기원 문제까지 다루려는 2년짜리 공동연구를 기획한 것이다. "문명의 시원: 그 연구의 여정과 실제"라는 제목으로 한국연구재단에 일반반공동연구지원사업을 신청했지만 선정에 실패했다. 평가서가 납득되지 않아 이의제기 신청을 했고, 또 한번의 심사 끝에 낙방했다. 그 평가서 역시 수용하기 어렵기는 마찬가지였다. 2022년에는 그리스/로마를 빼고 고대 근동, 인도, 중국에 초점을 맞추어 재도전했다. 또 낙방과 이의제기가 반복되었다(평가서는 여전히 납득하기 어려웠지만, 연구재단 시스템이 공식적으로 이의제기가 가능할 정도로 투명해진 점은 높이 평가하고 싶다).

알고 보니 일반공동연구지원사업은 선정률이 5~7% 정도로 한국연구재단에서 가장 따내기 어려운 사업이었다. 이런 사업에 선정되는 것이 오히려 기이한 일일 수 있다고 스스로 설득당하던 와중에 낭보가 날아왔다. 원래 7월 1일부터 시작하는 사업인데, 8월 말에 한국연구재단 측에서 추가 선정 통보를 해주었다. 코로나 상황도 호전되어 대면 행사 필요성과 함께 연구소의 운영자금이 절실하던 시점이었다. 무엇보다 그동안 마음의 부담이 컸던 월례 정기포럼의 강연료를 드릴 수 있어서 좋았다.

여전히 온라인으로 진행되고 있는 고대문명연구소의 월례 정기포럼은 기존에 거의 없었던 방식이다. 강연자 한 사람이 시간 제한 없이 강연하고(보통 최대 2시간여 정도), 질의응답 시간 역시 무제한이다. 전체 영상도 유튜브에 공유한다. 고대문명연구소가 존속하는 한 이 방식의 정기포럼은 외연을 확대하며 지속될 것이다.

서설이 길었지만, 이 책은 고대문명연구소에서 최초로 시도한 2년 동안(2022년~2024년) 공동연구의 두 번째 성과물이다. 앞에서 "연구사"와 "문명 기원" 문제를 다루는 공동연구를 진행하게 된 과정을 밝힌 바와 같이, 연구사를 다룬 1년차 연구 성과는 『이집트에서 중국까지: 고대문명 연구의 다양한 궤적』(진인진)이라는 제목으로 2024년 4월에 출간되었다. 이 책은 그 2년차 연구 성과로 이집트와 메소포타미아, 이스라엘, 인도, 중국 문명의 기원 문제를 다룬 것이다.

제목에서 드러나듯, 이 책은 고대 근동—특히 이집트와 이스라엘—의 종교, 즉 정신적 측면에 초점을 맞춘 한 장과, 메소포타미아와 인도, 중국의 물질 문명 형성을 다룬 세 장이 그 핵심을 이룬다. 마지막 장은 『이집트에서 중국까지』에 담긴 연구사를 다룬 논문 5편까지 포함하여 총 9편의 논문을 비교 검토한 전체 공동

연구의 총결에 해당한다. 일단 이 책의 저자들과 함께 그들이 집필한 논문의 내용을 살펴보자.

제1장 고대 근동의 정신적 토대로서 종교 문제는 2024년 가을학기부터 전주대학 신학대학원에 임용된 김구원 교수가 담당했다. 김 교수는 서울대 철학과를 졸업하고 웨스트민스터 신학교에서 석사학위를 취득한 후 시카고대학에서 구약학을 중심으로 고대 근동학을 공부했다. 수메르어, 아카드어, 히브리어 등 고대 근동의 문헌학에 정통하여, 고대 근동학 방면의 우수한 논저들을 출간해오고 있다.

고대 이집트와 서아시아에서 발생한 유일신교에 초점을 맞춘 김구원은 유일신교들이 다신교 문화가 특정 정치 사회적 위기에 적응하기 위해 고안한 문화적 전략들을 적용한 결과로 탄생했을 것으로 본다. 다신교 세계관을 파괴하는 혁명적 유일신교로 여겨지는 이집트의 아텐(기원전 14세기)과 이스라엘의 야훼(기원전 5세기경 민족 전체에 수용) 종교도 이점에서 예외가 아니다. 그 두 유일신교가 혁명적으로 불리는 납득할 만한 이유가 존재하지만, 그 두 종교가 정말 다신교 세계관을 거부한 것인지에 대해서는 여전히 논쟁의 대상이다. 아텐 종교는 말할 것도 없고, 야훼 유일신교도들도 그들이 영향 받았던 나라들의 다신교적 사회를 무시할 수 없었을 것이다. 페르시아의 후원을 받았던 제사장 계급의 엘로힘 유일신 사상은 앗수르, 마르둑, 아문-레의 최고신교(Henotheism)와 멀지 않다.

그럼에도 불구하고 아텐과 야훼 유일신교가 "혁명적"으로 불리는 이유는 분명하다. 유일신의 신성을 추상적으로 재정립하고 다른 신들의 제의에 적대적이었기 때문이다. 그리고 아텐 종교와 야훼 종교가 그런 혁명적 성격을 가지게 된 이유는 그것들이 발생한 정치적 사회적 배경만으로 해명되지 않는다. 왜냐하면 최고신교와 같은 포용적 유일신교도 정치 사회적 조건에 반응한 다신교의 특수 형태이기 때문이다. 김구원은 혁명적 유일신교의 발생 요인으로 해당 정치 사회적 조건들에 반응한 사상가들의 개성이나 종교적 창의성도 무시할 수 없다고 본다. 굳이 아텐 종교와 야훼 종교를 비교한다면, 후자가 좀 더 특수한 현상이다. 유일신 사상이 국력의 정점에서 도출된 다른 유일신교들에 비해 이스라엘의 야훼 유일신교는 국가가 망한 상황에서 출현했기 때문이다. 또한 한 개인의 노력이 아니라 다양한 지식인 그룹이 협업한 결과라는 점도 흥미롭다. 무엇보다도 유일신 사상을 꾸준히 문서화한 것(요시아의 신명기 율법, 신명기 역사서, 선지서 편집, 제사장 문서)이 야훼 유일신 종교가 다신교 사회에서 생존해 오늘날까지 영향을 주는 결정적 이유인 듯 하다.

    제2장 메소포타미아 문명의 물질적 토대에 대해서는 단국대 동양학연구원 박성진 연구교수가 담당했다. 선사고고학자인 박 교수는 단국대 사학과에서 학사, 석사를 마치고, 파리 10대학에서 "중기구석기시대후기와 말기의 돌감의 흐름과 석기제작체계"라는 논문으로 박사학위를 받았다. 국내외적으로 드문 구석기시대 석기 제작 전문가이다. 최근에는 전곡리 출토 석기와 고고학사 방면에도 좋은 연구들을 산출하고 있다.

    박성진의 논문은 인류사 최초 문명인 메소포타미아문명이 탄생했던 배경과 '우룩 팽창' 현상이라고 불리는 서아시아의 초기 문명 발전 과정을 분석했다. 초기 문명이 발생했던 남부 메소포타미아지역은 레반트를 비롯한 이른바 '비옥한 초승달' 지역에 비해 농경 발전이 뒤늦은 지역이었지만, 사냥-채집 활동에 유리한 생태 환경으로 문명단계에 도달하기 이전부터 대규모 취락이 형성되었다. 그러나 기원적 3500년, 즉 후기 우룩 시대부터 시작된 건조화로 인해 남부 메소포타미아지역에 거주하던 복합 사냥-채집사회는 생태적 위기를 맞이한다. 이를 극복하고자 사회적-생태적 '적응 유연성'을 높이는 과정에서 관개 농업이 발전하며 궁극적으로 도시와 국가가 출현하게 되었다. 관개 농업은 문명의 전제 조건이 아니라 결과일 뿐이며, 그런 측면에서 관개 농업이 초기 문명 발전의 원동력이라는 기존의 해석은 재고되어야 한다.

메소포타미아문명의 주요 특징은 문명이 형성되자마자 장거리 교역이 비약적으로 발전하게 되었고, 그 과정에서 '우룩 문화'로 대표되는 남부 메소포타미아 문화가 상류 메소포타미아지역은 물론 레반트, 튀르키예, 이란 등 주변 지역으로까지 광범위하게 확산되었다는 점이다. '우룩 팽창'이라고 불리는 이러한 현상이 처음 학계에서 제기되었을 때는 이 현상을 '세계체제론'의 관점에서 중심지와 주변부 간의 정치-경제적 비대칭 관계로 인식하여 고대의 제국주의와 식민주의의 결과물로 해석하였다.

그러나 최근에는 이 현상을 단순하게 정치-경제적 관계로만 해석하기에 무리가 있으며, 좀 더 다양한 시각에서 대칭적으로 접근할 필요가 있다는 인식이 점점 공감대를 얻고 있다. 대표적으로 '국제적 상호 작용 모델'과 '세계문화론'이 '세계체제론'의 대안으로 주목을 받고 있다. 이러한 대안 가설들은 정치-경제적 표준 서사에서 벗어나, 문화적 관점에서 코이네, 문화접변, 혼종화 및 사회적 모방 경쟁 등과 같은 개념들이 강조하면서 '우룩 문화'가 내포하는 다양한 스펙트럼을 구명하고자 하는데, 박성진의 논문에서는 주로 세계문화론의 관점에서 우룩 팽창 현상을 통해 문명의 조건들을 살펴보았다.

제3장 인더스 문명을 둘러싼 논의는 국내 유일한 인도 고고학 전문가인 김용준 고려대 문화융합유산연구소 연구교수가 집필했다. 김 교수는 고려대 역사교육학과를 졸업하고 교사로 복무하다 인더스 문명 연구에 뜻을 두고 인도로 유학을 떠났다. 대학원 중심 데칸대학 고고학과에서 "문헌과 고고학 자료를 통해본 초기 불교 사원의 위치: 산치(Sanchi)와 준나르(Junnar) 지역을 중심으로"라는 논문으로 박사학위를 받았다. 인더스 문명의 5대 도시 유적 중 하나인 라키가리 유적 발굴에 참여하는 등 인더스 문명 관련 연구를 수행하고 있다.

김용준의 논문에서 다룬 인도아대륙 최초 도시복합사회는 인더스대평원 지역에서 처음 발전했고, 이 시대는 통상적으로 하랍빠(인더스)문명(기원전 2600-1900년)이라고 부르는 시대이다. 최초 도시화의 기원을 둘러싸고 20세기 초 모티머 휠러(Mortimer Wheeler)의 수메르 도시엘리트 이주에 의한 비자생적 도시복합사회론이 제기된 이후, 이는 하랍빠고고학계의 가장 중요한 연구주제 중 하나가 되었다. 도시의 아이디어가 전해졌다는 수메르 간접전파론 등의 수정된 수메르론부터 기존 농·목축 사회로부터의 자생적, 독립적 진화론까지 다양한 가설들이 제안되었다. 하랍빠고고학 100년을 통해 인류 최초의 도시화가 진행되었던 지역으로 평가받는 서아시아의 문화사고고학연구에 근접하는 연구성과도 축적되었다. 이를 통해 인도아대륙 1차 도시화의 도시민들 대부분은 이 지역에서 수천 년 이상을 살았던 지역민들임이 확실해졌다. 이들은 본격적인 도시화 수백 년 이전부터 지역중심 거대 마을을 발전시키고 광역의 교역 망을 갖추었다. 이 기반 위에 이미 천 년 이상 성숙한 서아시아의 도시 아이디어(Idea of Urbanism)가 전해져 꽤 빠른 속도의 도시화가 진행되었던 것으로 추측된다. 다만 왜 서아시아보다 도시복합사회로의 진입이 늦었는지, 전환의 메커니즘이 구체적으로 무엇이었는지에 대한 명쾌한 설명은 또 다른 100년의 연구가 필요한 실정이다.

제4장 중국 고대문명의 물질적 토대에 대해서는 숭실대 사학과의 김정열 교수가 담당했다. 김 교수는 숭실대 사학과에서 서주시대 제후국 연구로 박사학위를 받은 후 중국으로 유학해서 사회과학원 고고연구소에서 "서주시대 공동묘지 연구"로 다시 박사학위를 받았다. 중국 고고학과 서주시대 연구에서 활발한 업적을 내고 있다. 중국고중세사학회 회장을 역임했다.

최근 중국 고대문명 연구의 흐름을 잘 정리한 김정열의 논문에서 분석한 중국은 신석기문화 후기 단계에 해당하는 룽산(龍山)문화기에 들어 본격적으로 사회복합화의 과정에 진입했다. 고도로 복합화된 사회의 흔적을 남겨놓은 오르도스 일대의 스마오(石峁) 유적, 황허강 중류의 타오쓰(陶寺) 유적, 양쯔강 중류의 스자허(石家河) 유적, 하류의 량주(良渚) 등 기원전 3000년기의 대형 성곽취락 유적은 고대 중국의 문명화 과정에서 획기적인 위치를 점하는 것으로 평가된다. 그러나 이들 대형 성곽취락 유적은 기원전 2000년경을 전후하여 하나하나 붕괴하기 시작했다. 중국의 전역에서 관찰되는 붕괴는 극심한 기후변동과 관련되어 있는 것으로 보이지만 그것이 모든 것을 설명하지는 못한다. 자연환경

변화에 대한 인간의 대응까지 두루 고려되어야 할 것으로 본다.

룽산문화기 대형 성곽취락의 붕괴 이후 기원전 19세기경 황허강 중류의 뤄양(洛陽)분지 일대에서 돌연 그에 비견할만한 얼리터우(二里頭) 유적이 출현했다. 룽산문화기의 대형 성곽취락과는 무관한 허난성 중서부의 뤄양분지 일대에서 갑자기 거대 취락 얼리터우가 출현하고 성장한 원인을 설명하기 위해 그 지리적 위치와 자연환경이 주목받고 있다. 그러나 거기에는 왜 얼리터우문화기에 들어 얼리터우 유적에서 급격한 인구증가가 일어났는지, 또는 현격한 진보와 함께 체계적인 도시가 건설되었는지를 설명할 수 있는 논리가 빠져 있다. 얼리터우에서 일어난 문명의 '신생'은 환경의 변화에 대응하는 통치계층의 역할과 무관하지 않다. 얼리터우에서는 혈연집단의 계층적인 재편성과 공통의 이데올로기 구축을 통해 내적 통합을 달성하고, 위세품의 적극적인 생산과 관리, 위세품과 일상생활용품의 생산과 교역을 통해 얼리터우를 물자의 집적과 교환의 중심지로 정착시킨 통치계층의 전략이 두드러지게 나타난다.

그렇다고 해도 그것을 전적으로 얼리터우의 통치계층의 혁신적 창안으로 볼 수는 없다. 오히려 얼리터우는 그에 선행하거나 또는 동 시기 여러 지역의 다양한 문화적 요소를 흡수하고 통합함으로써 그 진보를 달성했다. 다양한 지역의 문화전통이 얼리터우에 모이고 또 선택적으로 수용된 것은 혈연집단의 집적에 기반을 둔 대형 취락, 통치계층의 직접적인 수공업 통제, 취락 중심부에 위치한 대규모 의례공간, 위세품의 생산과 분배를 통한 광역적 취락체계 구축과 유지 등에서 골고루 드러난다. 그런 의미에서 얼리터우 취락은 북방의 황토고원부터 남방의 양하 유역 일대에서 꾸준히 진행되어 온 문명의 흐름을 수용하고 계승했던 것이 틀림없다.

그러나 얼리터우의 단계에서 확실히 모든 것이 발전했다. 즉 얼리터우는 룽산문화기를 마감하는 시기에 발생한 자연환경의 변화를 배경으로 하여 주변지대에서 신생의 형태로 출현하였지만, 그것이 신석기시대 이래 중국 각지에서 발전해 온 전통과 경험을 계승하는 동시에 더욱 발전된 사회 구성 모델을 제공했다. 환경의 변화와 제약 그리고 그것에 대응하는 인간 사이의 상호작용, 특히 얼리터우 통치계층의 전략은 문명의 붕괴를 극복하고 이를 다시 시작하게 하는 동력으로 작용했다.

2년 동안의 전체 연구를 총괄한 제5장은 내가 집필했다. 단국대 사학과에서 학사와 석사 학위를 취득한 나는 시카고대학 동아시아언어문명학과에서 "진국(晉國)의 초기 발전: 분봉에서 문공(文公)의 패업까지"라는 논문으로 박사학위를 받았다. 단국대 사학과 교수로 동아시아 역사를 가르치며 고대문명연구소 소장을 맡고 있다.

나는 1년차와 2년차 연구를 통해 산출된 총 9편의 논문을 내 나름의 시각으로 일별하고 연구사와 기원 문제 두 장으로 나누어 문명 비교연구의 가능성을 탐색했다. 첫 번째 연구사는 연구의 주체가 누군지에 따라 각 문명에 대한 연구 경향이 상당히 달라질 수 있음에 초점을 맞추었다. 이를 토대로 이집트와 메소포타미아는 서양 학자들이 주도해온 정치적 목적성에서 비교적 자유로운 "순수학문형," 인도의 힌두뜨와 역사학은 힌두 민족주의자들이 주도한 "극단적 민족주의형," 이스라엘과 중국의 경우는 "현지의 민족주의형과 외부 순수학문형의 길항"으로 나눌 수 있었다. 그 자체로 논란의 대상이 될 수 있는 이러한 분류는 근대 서양 학문의 도래 시점에서 문명 각각이 처한 내외재적 조건과 밀접하게 연관되어 있다. 이러한 흐름과 함께 사이비 역사가 성행하는 조건도 자연스럽게 드러난다.

두 번째는 이 책의 주제인 문명 기원과 형성 문제이다. 우선 문헌이 풍부한 고대 근동의 다신교적 종교 연구를 통해 내러티브가 결여된 갑골문 위주의 고대 중국 종교 연구에 유용한 실마리를 제공받을 수 있음을 제시했다. 나아가 오랜 연구가 진행된 메소포타미아의 우룩 도시 국가와 그 팽창 현상을 고대 중국의 얼리터우 유적과 그 확산에 대비시켜보았다. 지역별 환경 차이를 감안하지 않은 이러한 비교의 위험성에도 불구하고, 얼리터우는 문자를 제외하면 우룩의 기준을 어느 정도 충족함을 알 수 있었다. 다만 얼리터우 시기에 우룩과 같은 문화적, 정치적 팽창의 뚜렷한 고고학적 증거를 찾기는 어렵다. 통상 얼리터우 다음 단계이자 상(商) 전기로 추정하는 얼리강(二里崗) 시기 들어서야 유사한 양상이 나타난다.

지금까지 살펴본 본 공동연구의 결과물(1년차 『이집트에서 중국까지』 포함)은 비록 동일한 주제를 다루었음에도 저자마다 서술의 초점이 수미일관하지 않은 한계를 안고 있다. 이는 어떤 면에서 불가피한 일이다. 문명이 탄생한 각 지역의 물리적 환경뿐만 아니라 연구 대상으로서 각각의 문명에 연구자들이 접근하게 하는 정치사회적 환경에도 상당한 차이가 있기 때문이다. 그럼에도 이 연구를 통해 최소한 각 지역별 고대문명 연구의 핵심 과제들이 무엇인지 살펴보고, 그것들을 비교하여 얻을 수 있는 것이 무엇인지에 대해서도 고민해볼 수 있으리라 기대한다.

현재 국내에도 많은 연구자들이 고대사와 고고학 연구에 종사하고 있다. 내가 보기에 그 주된 흐름은 대체로 한국을 연구의 중심에 놓고 주변으로 외연을 확대해 나가는 방식이다. 한국에서 근대 학문이 시작된 1950년대 이래 이러한 접근 방법으로 많은 성과를 누적해왔지만, 한 가지 큰 아쉬움도 있다.

인문학이든 자연과학이든 학술의 본질은 수월성(秀越性) 추구에 있다. 이 책에서 검토한 핵심 고대문명에 비해서 고고학이나 문헌 자료가 너무나 빈약한 한국 중심의 고대 연구에서 수월성을 제고하기란 힘든 일이다. 한 두 개의 공식만으로 풀 수 있는 연구와 네 다섯 개 혹은 그 이상을 활용해야 풀 수 있는 연구는 근본적으로 다르기 때문이다. 국내의 주된 연구가 접근이 용이한 한국과 그 주변 연구에 치우치는 만큼이나, 고차원 방정식을 요하는 핵심 고대문명 같은 연구는 경시될 수밖에 없다.

나는 이러한 일반화에 뒤따를 비판을 기꺼이 감수하면서도 근대 국가 건설 열망으로 불가피한 측면이 있었던 우리 것에 대한 집착이 포스트모더니즘도 구식이 되어가는 21세기에도 관성화된 듯한 현실을 안타깝게 바라보고 있다. 고대의 연구를 넘어서까지 이미 구조화된 듯한 국학 중심의 인문학 생태계가 국내 인문학계에 만연한 "학문의 하향 평준화"를 고착시킨 주 요인이라고 보기 때문이다. 이제 이공계처럼 전세계 학문 장이 점차 일원화되어가는 인문학도 K리그가 주축이 되어서는 제자리 걸음 이상을 넘어서기 어려울 것이다.

물론 수십년에 걸쳐 조성된 이러한 학문 생태계가 단기간에 바뀌리라 보지는 않는다. 인문학 쇠락의 시대에 이런 생태계나마 유지하는 걸 다행으로 여겨야 할지도 모른다. 그러나 여러 이유로 인해 그동안 국내에서 경시된―어떤 면에서 접근 불가능했던―핵심 고대문명을 다룬 본 연구가 한국 중심 인문학 생태계에 작은 균열이라도 낼 수 있다면 그것만으로 충분하다. 나아가 이 책에서 제시된 고대문명 형성의 다양한 물질적 정신적 토대가 독자들이 그릴 수 있는 고대에 대한 상상의 폭을 확대해주리라 믿는다.

이 연구는 한국연구재단의 지원이 없었다면 불가능했다. 재단뿐만 아니라 이 연구를 선정해준 심사위원들께도 진심으로 감사드린다. 고대문명연구소는 2023년 "고대 근동과 중국 문헌 전통의 물줄기"라는 연구주제로 한국연구재단의 인문사회연구소지원 사업에도 선정되었다. 2029년까지 진행될 이 연구를 통해서 고대문명연구소가 인문학 연구의 수월성 제고에 기여하며 고대문명 연구의 작은 디딤돌이 되길 바란다.

어려운 상황에서도 상업성이 떨어지는 이 책을 기꺼이 출간해준 진인진 출판사에도 감사드린다.

2024년 12월 5일
저자들을 대표하여

목차

I. 들어가며: 유일신교 기원에 대한 패러다임을 다시 생각하기

II. 유일신교의 정의 문제

III. 다신교 사회의 문화 전략들
    1. 복합 도시 사회의 출현과 만신전 다신교
    2. 영토 국가들 사이의 조약과 신성의 번역 가능성 개념
    3. 제국 시대의 종교, 복합 신 현상과 최고신교
    4. 가족/부족 종교

IV. 아텐 유일신교
    1. 아켄아텐의 종교 개혁
    2. 아텐 유일신교의 다신교적 문맥
    3. 아텐 유일신교의 기원

IV. 야훼 유일신교
    1. 원시 야훼(Proto Yahweh)
    2. 야훼 단일신교의 다신교적 문맥
        1) 민족 국가와 야훼 단일신교의 형성
        2) 북왕국의 다신교적 단일신교
        3) 남 유다의 유일신적 단일신교
    3. 혁명적 유일신교의 발생
        1) 유일신교 혁명의 전조들
        2) 바빌론 유수와 유일신교
            (1) 신명기 사가의 유일신교
            (2) 예언자의 유일신교
            (3) 제사장의 유일신교

V. 후기: 아텐 종교와 야훼 종교의 관계

제1장
고대 근동 다신교의 문화 전략과 유일신교의 발달:
아텐과 야훼를 중심으로

김구원(전주대)

I. 들어가며: 유일신교 기원에 대한 패러다임을 다시 생각하기

지난 150여년 동안 유일신교의 기원에 대한 논의는 성서 학자들의 연구가 주를 이루었다.[1] 최근 유일신교의 기원과 발전에 대

---

[1] 유일신교의 기원에 대한 관심은 구약 성서에 대한 비평적 연구가 시작된 때부터 시작되었다. 역사비평의 아버지로 불리는 율리우스 벨하우젠(Julius Wellhausen, 1844-1918)은 1894년에 출판된 〈이스라엘과 유다의 역사〉(Israelitische und jüdische Geschichte)에서 유일신교는 바빌론 포로기의 갑작스런 산물이라고 언급했다. 그후 구약 성서학자와 종교사학자들은 유일신교의 기원에 문제에 대한 많은 논문과 책들을 쏟아 내었다. 이 논문에서는 지면이 한정된 이유로 이런 연구사에 대한 논의는 생략하기로 한다. 관심 있는 독자는 유일신교의 연구사를 정리한 다음의 글들을 참고하기 바란다:

한 질문은 성서 학자들 뿐이 아니라 메소포타미아와 이집트 학자들 사이에서도 뜨거운 감자가 되었다. 얀 아스만(Jan Assmann)과[2] 시모 파르폴라(Simo Parpola)의[3] 고대 이집트와 아시리아에서 발생한 유일신교 연구가 대표적이다. 유일신교의 기원과 발전에 대한 논의에 고대 근동학 연구자들이 참여함으로써 유일신교를 다신교와 대립적으로 보던 경향이 그 둘의 상호 연관성을 모색하는 시도로 대체되고 있다.[4]

Robert K. Gnuse, "Recent Scholarship on the Development of Monotheism," in *No Other Gods: Emergent Monotheism in Israel*, ed. Robert K. Gnuse (Sheffield: Sheffield Academic Press, 1997), 62–128; Henning Graf Reventlow, "Biblische, besonders alttestamentliche Theologie und Hermeneutik IV: Alttestamentliche Theologie und/oder israelitische Religionsgeschichte. Biblischer Monotheismus. Alttestamentliche Theologie als Rede von Gott," *Theologische Rundschau* 70 (2005): 408–54.

2   Jan Assmann, *Moses the Egyptian : The Memory of Egypt in Western Monotheism* (Cambridge, Mass.: Harvard University Press, 1997)『이집트인 모세』변학수 번역 (서울: 그린비, 2010); Jan Assmann, *From Akhenaten to Moses: Ancient Egypt and Religious Change* (Cairo: American University In Cairo Press, 2014); Jan Assmann, *The Price of Monotheism* (Stanford, Calif.: Stanford University Press, 2009); Jan Assmann, "Polytheism and Monotheism," in *Religions of the Ancient World: A Guide*, ed. Sarah Iles Johnston (Cambridge, MA: Belknap Press of Harvard University Press, 2004), 17–31.

3   Simo Parpola, "The Assyrian Tree of Life: Tracing the Origins of Jewish Monotheism and Greek Philosophy," *Journal of Near Eastern Studies* 52 (1993): 161–208; Simo Parpola, *Assyrian Prophecies*, State Archives of Assyria (Helsinki: Helsinki University Press, 1997).

4   이런 시도의 예로 폰그라츠-라이스텐이 편집한 책을 들 수 있다. Beate

유일신교가 다신교 세계로부터 생겨난 과정을 모색할 때 중요하게 고려해야 할 것은 신학 사상의 변화나 그것을 가능하게 한 정치 사회적 동인 뿐 아니라, 그 모든 것을 가능하게 만든 보다 큰 문명사적 배경이다. 고대 근동의 문화는 국경을 넘는 끊임없는 상호작용을 통해 새로운 사상과 예술을 만들어낸 역동적 간(間)문화적 현상이다. "고대 근동"(Ancient Near East)라는 용어 자체도 지정학적 용어가 아니다. 그것은 시대에 따라 그 지정학적 범위가 증감하는 문명사적 개념이다. 즉 고대 근동은 다양한 민족 서로 다른 언어와 지역으로 나뉨에도 불구하고, 종교, 학문, 법과 행정, 경제 등의 사회 제 분야에서 상호 작용함으로써 일종의 "문화 저수지"를 형성했다.[5] 이런 문화 저수지는 수천 년간 나라와 나라, 지역과 지역을 교통한 사람과 사물에 의해 형성되었다. 상인과 그들이 나르는 신 문물 뿐 아니라 여러 언어에 능통한 서기관과 학자들의 국제적 교류를 통해 문화적 교통이 강화되고 사상의 수용과 분산이 가능하게 되었다.[6]

Pongratz-Leisten, ed., *Reconsidering the Concept of Revolutionary Monotheism* (Winona Lake, IN: Eisenbrauns, 2011).

5 Pongratz-Leisten, "A New Agenda for the Study of the Rise of Monotheism," in *Reconsidering the Concept of Revolutionary Monotheism*, ed. Beate Pongratz-Leisten (Winona Lake, IN: Eisenbrauns, 2011), 4.

6 기원전 3천년기부터 증거되는 인적 물적 자원의 국제적 교통에는 장인, 건축가, 의사, 점성술사, 서기관 등의 학술인들도 포함되었다. 신아시리아 시대의 점성술사가 에살핫돈 왕에게 보낸 편지에는 엘람으로부터 온 서기관, 음악가, 점성술사, 의사 등이 언급된다. Pongratz-Leisten, "A New Agenda for the Study of the Rise of Monotheism," 5. 각주 15 참조.

고대 근동 종교들의 '국제성'이 가장 잘 증거되는 지점이 국가 혹은 도시 간의 조약이다. 조약 문서에는 반드시 신들을 증인으로 소환한 맹세와 저주 구문들이 포함되는데, 이 때 소환되는 신들은 조약 당사국들의 수호신이지만 국제 조약이라는 문맥에서 국제적이며 탈(脫)지역적인 성격을 가지게 된다. 다시 말해 조약에 인용되는 신들은 조약 당사국 모두에 의해 인정되는 국제적 신이 된다. 이런 국가 간 조약의 증거는 기원전 3천년기까지 거슬러 올라 간다. 고대 에블라가 주변 도시와 맺은 조약과 나람신(Naram-Sin, BC 2254-2218)이 엘람과 맺은 조약이 대표적이다. 그리고 이 시기에 남부 메소포타미아의 서기 문화가 이미 고대 근동 전역에서 퍼져 있었고, 이것은 메소포타미아의 초기 왕정 시대(Early Dynastic Period, 2900-2350)부터 서기관과 학자들 사이에 국경을 넘는 네트워크가 존재했음을 보여준다. 국제 조약을 통해 지역 신들이 국제 무대에 등장하는 현상은 기원전 2천년기 후반의 '세계화 시대'(BC 1500~1300)에 절정에 달한다. 이집트, 히타이트, 미탄니, 아시리아, 바빌로니아의 왕실 사이에 유사 가족적 관계가 형성되었을 때, 고대 근동 신들의 탈지역화와 상호 관계도 완성된다.

이 글은 고대 근동의 다신교 문명에서 유일신교가 발생한 과정을 추적한다. 유일신교의 발생은 단기간에 일어난 사건이 아니라 다양한 전통의 융합과 창조에 기여한 서기관과 학자들의 장기간(longue durée)에 걸친 집단적 노력의 결과이다.[7] 따라서 다

---

[7] 토마스 뢰머는 유일신교의 기원에 대해 "집단적 발명"(collective invention)이라는 용어를 사용한다. "발명"이라는 말은 유일신교의 혁신적 측면을 가리키고 "집단적"이라는 말은 그 혁신이 한 사람의 영감이 아니라 수많

신교와 유일신교를 이질적인 것으로 보고 유일신교의 계시적 혹은 초월적 기원을 추적하는 입장을 지양하고[8] 고대 근동의 다신 종교들을 관통하는 이념적 교차선들을 추적함으로써 유일신 사상을 형성하는데 사용된 문화적 전략들을 확인하는 것을 목적으로 한다. 특히, 고대 근동의 문화 저수지에서 나온 다양한 유일신교들 중, 다신교 체계를 파괴하는 듯한 소위 혁명적 유일신교(revolutionary monotheism)의 두 예를 중점적으로 살필 것이다.

본격적 논의에 앞서 한 가지만 말해 두고자 한다. 고대 이스라엘에서 발생한 야훼 유일신교를 다룰 때 구약 성서에 대한 비평적 연구와 고고학이라는 보다 포괄적 학문에 의존할 것이다. 이스라엘 고고학의 발전과 출토 문헌의 해독, 그리고 성서에 대한 비평 문헌학의 적용으로 인해, 구약 성서도 특정 환경과 도전에 응답한 역사적 결과물임을 깨닫게 되었다. 비록 성서의 모든 본문들의 저작 시기를 특정할 수는 없지만 성서 본문 형성 이면에 숨겨진 역사적 실재(historical *realia*)를 무시하고 유일신교의 기원을 논하는 것은 불가능할 뿐 아니라 무책임한 일이 될 것이다. 얀 아스만은 "명시적 신학(explicity theology)"과 "내재적 신

은 학자들의 노력이 오랜 기간 축적되어 결과된 것임을 가리킨다. Thomas Römer, *The Invention of God* (Cambridge, Massachusetts: Harvard University Press, 2015), 4.

8 이 논문은 유일신교의 기원을 내부자가 아닌 외부자의 관점에서 다룰 것이다. 즉 제임스 호프마이어(J. Hoffmeier)가 아텐 유일신교의 기원 연구에 채택한 종교현상적 접근을 취하지 않는다. James Karl Hoffmeier, *Akhenaten and the Origins of Monotheism* (New York, NY: Oxford University Press, 2015).

학(implicit theology)"을 구분하였다.⁹ 전자는 고대 근동의 신명록(godlists), 찬양, 기도, 신화 등에 반영된 종교 사상인 반면, 후자는 제의와 건축, 미술에 내포된 신학을 의미한다. 이스라엘의 경우 구약 성서의 최종본에 반영된 "명시적 신학"은 유일신교지만, 발굴을 통해 출토된 비문과 제의물 등에 반영된 "내재적 신학"은 다신교일 수 있다. 다신교의 문화 전략과 유일신교의 발생을 탐구하는 본 논문에서 구약 성서에 대한 비평적 독해와 고고학 유물들에 대한 분석이 중요한 이유가 바로 여기에 있다.

II. 유일신교의 정의 문제

유일신교의 발전을 고대 근동의 다신교를 배경으로 연구하는 일에 앞서 유일신교에 대한 잠정적 정의를 구축할 필요가 있다. 왜냐하면 현대 사전적 정의는 유일신교의 역사적 형태와 기원을 이해하는데 장애가 되기 때문이다. 국립국어원의 〈표준국어대사전〉은 유일신을 "오직 하나밖에 없는 신"으로 정의한다.¹⁰ 'Monotheism'에 대한 〈옥스포드영어사전〉의 정의도 크게 다르지 않다: "the doctrine or belief that there is only one God (as opposed to many, as in polytheism)."¹¹ 즉 유일신교에 대한 사전적

---

9 Assmann, *From Akhenaten to Moses: Ancient Egypt and Religious Change*, 10-11.

10 https://stdict.korean.go.kr/search/searchResult.do?pageSize=10&-searchKeyword=유일신, 2024년 2월 10일 접근.

11 https://www.oed.com/search/advanced/Entries?q=monothe-

정의에서 중요한 것은 신의 수(數)이다. 하지만 신에 수에 근거한 유일신에 대한 정의는 17세기에 처음 생긴 것으로[12] 고대 근동에서 발생한 다양한 유일신교뿐 아니라 고대 이스라엘의 종교를 설명하는 일에도 장애가 된다.

유일신교에 대한 이해가 학자마다 조금씩 다르다는 사실은 유일신교를 수식하는 다양한 형용사를 통해 증거된다. 필자가 유일신에 관한 책과 논문에서 만난 예는 다음과 같다: 혁명적(revolutionary),[13] 진화적(evolutionary),[14] 내재적(inclusive), 파생적(emanational),[15] 배타적(exclusive), 분산적(diffused),[16] 세계적(global),[17] 실천적(practical),[18] 초월적(transcendental), 고립적

---

ism&sortOption=Frequency, 2024년 2월 10일 접근.

[12] Assmann, "Polytheism and Monotheism," 17.

[13] Assmann, *The Price of Monotheism*, 36.

[14] Sarah Iles Johnston, *Religions of the Ancient World: A Guide* (Cambridge, Mass.: Belknap Press of Harvard University Press, 2004), 24.

[15] Mark S. Smith, *God in Translation: Deities in Cross-Cultural Discourse in the Biblical World*, Forschungen Zum Alten Testament, (Tübingen: Mohr Siebeck, 2008).

[16] Nili Fox, "Concepts of God in Israel and The Question of Monotheism," in *Text, Artifact, and Image: Revealing Ancient Israelite Religion*, ed. Gary M. Beckman (Providence, RI: Brown Judaic Studies, 2010), 331.

[17] Baruch A. Levin, "Gobal Monotheism: The Contribution of the Israelite Prophets," in *Melammu: The Ancient World in an Age of Globalization*, ed. Markham J. Geller (Berlin: epubli GmbH, 2014), 29–47.

[18] Robert K. Gnuse, "Recent Scholarship on the Development of

(insular),[19] 성경적(biblical), 이방적(pagan),[20] 원시적(primitive), 발아적(incipient),[21] 원조(original)[22] 유일신교 등. 이런 다양한 이해에도 불구하고 대부분의 종교 학자들은 고대의 유일신이 신의 수가 아니라 신의 성격으로 정의된다는 사실에 동의한다. 즉 유일신은 하나 밖에 없는 신이 아니라 독특한 신이다. 물론 유일신의 독특한 신성은 지역과 전통에 따라 다르게 정의된다. 따라서 이 논문에서는 헤르만 코헨(Herman Cohen)과 에스겔 카우프만(Yehezkiel Kaufmann)이 20세기 중반에 제안하고 최근 얀 아스만과 벤자민 솜머(Benjamin Sommer)가 다시 환기한 유일신에 대한 정의를 발견적 가설로 채택할 것이다.

성서가 고대 세계의 다른 종교 문서와 구분되는 지점은 그것이 마르둑, 바알, 제우스 등과 같은 신들의 존재를 부정하기 때문이 아니다. 성서의 독특한 주장은 야훼가 모든 다른

Monotheism," in *No Other Gods: Emergent Monotheism in Israel*, ed. Robert K. Gnuse (Sheffield: Sheffield Academic Press, 1997), 76.

19 Pongratz-Leisten, "A New Agenda for the Study of the Rise of Monotheism," 17.

20 Peter van Nuffelen, "Pagan Monotheism as a Religious Phenomenon," in *One God: Pagan Monotheism in the Roman Empire*, ed. Stephen Mitchell (Cambridge: Cambridge University Press, 2010), 16–33.

21 Peter Machinist, "Once More: Monotheism in Biblical Israel," *JISMOR* 1 (2005): 27.

22 Sung-Deuk Oak, "Competing Chinese Names for God: The Chinese Term Question and Its Influence upon Korea," *Journal of Korean Religions* 3 (2012): 95.

신들과 질적으로 다르다는 데에 있다. 즉 야훼는 (다른 신들보다) 무한히 강하다. 따라서 유일신교는 다른 모든 존재들에 절대적 주권을 가지는 최고 신에 대한 믿음이다. 다른 모든 존재들에는 하늘에 거처를 두는…불멸의 존재들도 포함한다. 우주의 모든 존재들은 하나의 최고 신에게 종속된다.[23]

이렇게 정의된 유일신교에서 중요한 것은 신들의 수가 아니라 신들 사이의 관계이다. 복수의 신들을 허용하는 종교라도 다른 신들에게 절대적 명령을 내리는 최고신을 상정한다면, 그것은 '유일신교적'이라 말할 수 있다. 동시에 그런 유일신교는 다신교 사유의 한 종류로 즉 신들의 다양한 역학 관계의 관점에서 이해될 수 있다.

다신교와 유일신교 이외에 고대 근동의 종교를 설명하기 위한 다양한 용어들이 도입되었다. 대표적인 예로 Monolatry, Henotheism, Syncretism 등을 들 수 있다.[24] 첫 두 용어는 세째 용어보다 유일신교에 근접한 것으로 통상 이해되지만 세 용어 모두 램버트(W. G. Lambert)가 말한 변형된 "세련된 다신교(so-

---

[23] Benjamin D. Sommer, "Monotheism," in *The Hebrew Bible: A Critical Companion*, ed. John Barton (Princeton, NJ: Princeton University Press, 2009), 241.

[24] 편의상 영어로 된 용어를 제시했지만 독일어, 프랑스어, 스페인어도 같은 어원의 용어를 사용한다. 독일어를 예로 들면 Monolatrie, Henotheismus, Sycretismus이다. 이 세 용어 이외에 cosmotheism, summotheism, kathenotheism이 있지만 앞의 세 용어보다는 일반적이지 않아 본 논문에서는 특별히 언급하지 않도록 한다.

phisticated polytheism)"에 불과하다.²⁵ "하나의 신에 대한 숭배"라는 어원적 의미를 가진 Monolatry는 고대 이스라엘을 포함한 시리아-팔레스타인의 다신교의 특정 형태를 표현하는 용어로 사용되는 반면, "하나의 신"을 의미하는 그리스어(εἷς θεός)에서 유래한 Henotheism는 본래 막스 뮐러가 힌두 종교에 최초로 적용한 것으로,²⁶ 고대 근동의 제국들에 나타나는 다신교의 특정 형태를 지칭하는 용어로 사용된다. 이 글에서 Monolatry는 "단일신교," Henotheism은 "최고신교"로 번역함으로 이 둘을 구분할 것이다.²⁷ 단일신교는 철기 시대 초에 시리아-팔레스타인 지역에서 발원한 민족 국가들—에돔, 모압, 암몬, 블레셋, 페니키아, 이스라엘—들이 이웃 국가들과 스스로를 구분하는 문화적 전략(boundary marking)으로, 그모스, 밀곰, 다곤, 바알, 야훼 등과 같은 하나의 민족신을 예배하는 종교이다. 단일신 교도들은 다른 민족 신들의 독립적 힘을 인정하지만 자기 민족과 특별한 관계에 있는 한 신만을 수호신으로 섬긴다. 민족 수호신의 힘의 크기는 국력에 비례해서 증감한다. "최고신교"는 이집트의 신왕국 시대, 제1천년기의 아시리아와 바빌로니아에서 발생한 형태의 다신교로 모

---

25 W. G. Lambert, *The Historical Development of the Mesopotamian Pantheon: A Study in Sophisticated Polytheism* (Baltimore: Johns Hopkins University Press, 1975).

26 Michiko Yusa, "Henotheism," in *Encyclopedia of Religion*, ed. Lindsay Jones (Farmington Hills, MI: Thompson Gale, 2005), 3913–3914.

27 이런 번역은 순전히 편의상 구분이며, 우리 학계에도 통일된 번역어가 없기 때문에 기회가 있을 때마다 괄호 안에 영문을 표기하도록 할 것이다.

든 지역 신들을 통치하는 최고신의 개념을 포함한다. 나아가 다른 모든 신들이 최고신의 지역적 현현 혹은 능력의 측면으로 이해된다. 이런 의미에서 최고신교는 앞서 정의된 유일신교의 개념에 부합하지만 최고신교에서 다른 신들이 독립적 신성을 유지하며 제의도 받는다는 점에서 여전히 다신교의 틀 안에 있다고 할 수 있다. 유일신교에 대한 잠정적 정의에 따르면 단일신교나 최고신교의 특정 형태는 유일신교적이라 말할 수 있다. 하지만 그 두 유일신교는 다신교 체제를 부정하지 않는다는 점에서 내제적(inclusive), 파생적(emanational), 진화적(evolutionary) 유일신교라 부를 수 있다. 이 글에서 따로 다루게 될 아텐과 야훼 유일신교는 다신교 문명에서 발현된 것이지만 다신교적 세계관을 반대하는 점에서 혁명적(revolutionary), 배타적(exclusive) 유일신교라 말할 수 있다.

III. 다신교 사회의 문화 전략들

독일의 종교학자이자 튀빙엔 학파의 거두인 부르크하르트 글래디고(Burkhard Gladigow, 1939-2022)는 1960년대에 종교학의 패러다임 변화를 주도한 인물이다. 그 이전의 종교학은 루돌프 오토(Rudolf Otto, 1869-1937)나 미르시아 엘리아데(Mircea Eliade, 1907-1986)의 영향을 받아, 성스러움을 독특한 현상으로 보고 그것을 파악하는 기술로 느낌, 공감 등의 종교적 체험을 중요시 했다. 이런 관점에서는 특정 종교를 이해하기 위해서는 그 종교에 공감해야 한다. 내부자적 관점을 가지지 않으면 종교의 본질을 이해할 수 없다. 하지만 글래디고는 종교학을 사회 과학으로 실천한다. 특히 종교를 문화적 현상으로 이해하고, 종교들 사이의 연관성, 그리고 그 연관성을 기술하는 사회 과학적 언어들의 정립에 기여했다. 이로써 글래디고와 함께 종교학에 비교적 관점이 도입되게 된다. 이 때 글래디고는 유일신 사상이 다른 종교를 평가하는 기준이 되는 것에 반대했다. 고대 사회에서 다신교가 표준적 세계관이었고 유일신교가 예외적 현상이었음을 지적하면서 "다신교 체계가 다양한 사회적 변이 속……종교를 분석하는 일에 더 적합한 해석학적 모델"이라고 주장했다.[28] 최근에 고대 근동과 성서 학자들도 그의 조언을 따라 다신교와 유일신교 사이의 "다차원적 상호 교차 관계(multidimensional intertwining)"를 이해하려고 노력한다. 이런 노력을 대표하는 학자가 폰그라츠-라이스텐(Beate Pongratz-Leisten)이다. 그는 "유일신교의 기원에 대한 연구의 새 패러다임"(A New Agenda for the Study of the Rise of Monotheism)이라는 제목의 논문에서 변화하는 사회 정치적 조건에 반응하는 다신교의 문화 전략들을 검토한다.[29] 특히 고대 근동 문화에서 다양한 형태의 유일신교가 다신교와 통합, 공존한 역사를 설명할 때 어느 한쪽에 대한 가치 판단을 유보하고 유일신교의 발생을, 한 민족이 특정 역사적 조건에서 신들의 관계를 재조정하는 문화

---

[28] Christoph Auffarth, *Religion in der Kultur—Kultur in Der Religion: Burkhard Gladigows Beitrag zum Paradigmen-Wechsel in der Religionswissenschaft* (Tübingen: Tübingen University Press, 2021), 9.

[29] Pongratz-Leisten, "A New Agenda for the Study of the Rise of Monotheism," 1-39.

전략들의 관점에서 설명하려 한다.³⁰

1. 복합 도시 사회의 출현과 만신전 다신교

다신교 사회에서 신들에 대한 개념화는 그 사회의 정치 체계와 연관된다. 기원전 4천년기 남부 메소포타미아에 복합사회가 출현하면서 그 종교도 원시적 다신교에서 세련된 다신교 즉 만신전 다신교로 발전하였다. 당시 가장 큰 규모의 복합 도시였던 우룩(Uruk)에서 수메르 만신전의 최고신 아누와 에안나의 신전 단지(É-anna)가 발견된 것은 이를 암시한다. 그후 도시 왕국들이 지역 패권을 놓고 서로 경쟁하던 초기 왕정 시대, 아카드 제국와 우르 3왕조의 통일 국가 시대를 거쳐, 아모리-아카드 영토 국가들의 시대를 지나면서, 국가들 사이의 국경의 유동성은 만신전에 속한 신들 사이의 서열의 조정으로 이어지곤 한다. 즉 정치 사회의 역학이 사람들에 의해 선호되는 신들에도 변화를 준다. 예를 들어, 메소포타미아의 만신전에서 최고신의 지위가 아누에서 엔릴로, 그리고 엔릴에게서 마르둑으로 옮겨 간 것을 들 수 있다. 특히 마르둑이 최고신으로 등극한 것이 엘람이 바빌론을 함락한 일에 대한 네부카드네자르 1세(BC 1121-1100)의 신학적 대응이었다는 사실은 주지의 사실이다.³¹

---

30 이어지는 다신교 사회의 문화적 전략에 대한 설명은 큰 틀에서 폰그라츠-라이스텐의 설명에 의존한다.

31 J. J. M. Roberts, "Nebuchadnezzar I's Elamite Crisis in Theological Perspective," in *Memoirs of the Connecticut Academy of Arts & Sciences: Essays on the Ancient Near East in Memory of Jacob Joel Finkelstein*, ed. Maria de Jong Ellis (Hamden, CT: Archon Books, 1977), 183–87.

세련된 다신교에서 만신전의 신들은 행동의 주체(active agents)로 개념화 된다. 즉 신 존재는 신의 활동과 밀접하게 연관되어 있다. 신은 이유나 목적 없이 존재하지 않으며 무엇인가를 '만들고 운영하는' 주체로서 존재한다.[32] 다시 말해, 신들은 자연과 인간 문명을 만들고 구성하고 운영하는 주체이다. 만신전을 구성하는 주요 신들은 각자 특기를 가지며, 그들의 상대적 힘은 사회 지배 구조를 통해 확인된다. 즉 만신전의 주요 신들은 메소포타미아의 주요 도시들의 주인이 된다. 예를 들어, 바람의 신 엔릴(Enlil)은 닙푸르의 주신이며, 달의 신 씬(Sin)은 우르에 거하고, 태양 신 샤마쉬(Shamash)는 키쉬의 주인이다. 만신전은 이런 도시 주신들의 모임이며, 그 모임의 머리가 되는 신은 주로 국가의 수도에 신전을 두고 그의 도시 뿐 아니라 국가 전체를 관장한다. 즉 만신전의 주신은 자기의 도시 뿐 아니라 다른 신들의 도시에서도 예배를 받는다. 다신교 신학에 따르면, 신들 사이의 작용과 반작용, 조화와 갈등이 우주의 질서를 결과한다. 이런 개념이 신화와 미술 속의 신인동형론적 표현 속에 잘 드러난다. 신화 속 신들은 기본적으로 사람들처럼 행동하다. 그들은 예측 불가능하며, 고집 세며, 때로는 비도덕적인 행위를 하며, 탐욕도 강하다. 만신전의 위계 체계가 신들의 상호 작용에 어느 정도 통제를 가하지만 하위의 신들이 상위의 신들에게 반드시 순종하는 것도 아니다. 이것은 메소포타미아 도시 국가들 사이의 정치 역학에 대한

---

[32] John H. Walton, *Ancient Near Eastern Thought and the Old Testament: Introducing the Conceptual World of the Hebrew Bible* (Grand Rapids, MI: Baker Academic, 2006), 91.

유비일 수 있다.

다신교 신학자들은 신들 간의 서열 관계를 규정하기 위해 신명록(godlist)을 만들었다. 최초의 신명록이 주전 3천년기의 도시 슈루팍(Shuruppak)의 왕궁 서기룸(scriptorium)에서 다른 행정 문서들과 함께 발견되었다. 이 수메르 신명록에는 약 500개의 신명이 수록되어 있는데, 흥미로운 사실은 신명록의 상위에 위치한 (아누, 엔릴, 인안나, 엔키, 난나, 우투 등의) 신들은 후대의 신명록에서도 변함없이 상위에 위치한다는 것이다.[33] 이보다 약 1000년후에 만들어진 신명록들 〈안-아눔〉(An=^{d}a-nu-um)에는 아카드 신들의 유입으로 신들의 숫자는 늘었지만 중요한 수메르의 신들은 그대로 승계되었다. 또한 〈안-아눔〉에는 신명 옆에 그 신명에 대한 설명이 붙어 있는데, 신들의 친족 관계("아버지," "아내," "아들") 혹은 신들의 직업(gu4.dúb "보좌관," ni.gab "문지기," sukkal "수석")에 관한 것이다.[34] 이것은 인간의 사회, 정치적 구조가 신들의 모임인 만신전을 조직하는 원리로 작용했음을 보여준다.[35] 이처럼 세련된 다신교에서 주요한 신들은 자연 요소로만 환원되지 않으며 나름의 정치, 문화, 사회적 역할을 가지며,[36] 만신전의 일원으로 우주

---

33 Richard L. Litke, *A Reconstruction of the Assyro-Babylonian God-Lists, AN:da-nu-um and AN:Anu sha amēli*, *Texts from the Babylonian Collection* (New Haven: Yale Babylonian Collection, 1998), 1-2.

34 Litke, *A Reconstruction of the Assyro-Babylonian God-Lists*, 7.

35 Jean Bottéro, *Religion in Ancient Mesopotamia* (Chicago, IL: University of Chicago Press, 2001), 50-52.

36 얀 아스만은 아마르나 시대 이후 이집트 다신교를 코스모테이즘(cosmotheism)으로 부르고, 그것을 신과 자연 요소를 동일시하는 범신적 종교

경영에 참여한다.

유일신교로 전환하는 과정에서 일어나는 가장 큰 변화는 우주 통치의 중심인 만신전을 구성하는 신들의 수가 줄어들거나 만신전이 아예 해체된다는 것이다. 가장 극단적인 예가 이스라엘 종교이다. 시편 82편에 따르면 만신전의 수장 야훼가 다른 신들로부터 신적 지위를 박탈함으로써 실질적으로 만신전을 해체해 버리고 홀로 우주를 다스리는 유일신이 된다:[37] "너희들은 신이었으나, 즉 너희 모두는 지존자의 아들이었으나, 사람들처럼 죽게 되며, 수장들처럼 쓰러지게 될 것이다. 오, 엘로힘이여, 세계를 다스리소서. 모든 민족을 유업으로 취하소서"(시 82:6-7). 이 구절에 따르면 "지존자의 아들들" 즉 만신전을 구성하는 신들이 그 지위를 박탈당해 사람처럼 죽게 된다. 그리고 엘로힘이 홀로 우주를 다스린다. 만신전이 실질적으로 해체되는 것이다. 이 때 시인은 모든 민족을 유업으로 취할 것을 호소한다. 본래 이스라엘의 신 야훼는 이스라엘만을 자신의 유업으로 취했고, 나머지 민족들은 다른 신들의 유업이었다(신 32:8-9). 하지만 시편 82편의 시인은 이스라엘의 신 엘로힘이 모든 민족의 신임을 선포한다.

로 이해하지만 베인에 따르면 이런 주장은 다신교의 현실을 심각하게 왜곡하는 것이다. Assmann, *Moses the Egyptian: The Memory of Egypt in Western Monotheism*, 142–43; Baines, "Presenting and Discussing Deities in New Kingdom and Third Intermediate Period Egypt," 64.

37 Peter Machinist, "How Gods Die, Biblically and Otherwise: A Problem of Cosmic Restructuring," in *Reconsidering the Concept of Revolutionary Monotheism*, ed. Beate Pongratz-Leisten (Winona Lake, IN: Eisenbrauns, 2011), 189–240.

단수와 복수의 개념을 모두 가진 히브리어 엘로힘은 이런 포괄적 유일신교에 적합한 신명이다.

2. 영토 국가들 사이의 조약과 신성의 번역 가능성 개념

제임스 쿠걸(James L. Kugel)에 따르면 만신전의 개념은 다신교의 다양한 신들 가운데 통일성을 추구하는 노력이다.[38] 즉 만신전의 신들은 하나의 체계적인 의미 세계를 형성한다. 그리고 이것은 다신교 신학에서 신성의 번역 가능성의 개념(concepts of divine translatability)을 만들어 낸다.[39] 이 개념은 얀 아스만이 유일신교와 구분되는 다신교 신학의 특징으로 처음 소개했으며[40] 마크 스미스가 이스라엘의 종교에 적용하였다.[41] 이런 신성의 번역 가능성의 개념은 동일한 다신교 체계 안에서 작동하기도 하지만 서로 다른 다신교 체계 간에도 작동한다. 후자의 경우, 같은 신성을 가지는 다른 이름의 신들을 연결시키는 정도―예들 들어, '페니키아의

---

[38] James L. Kugel, *The Great Shift: Encountering God in Biblical Times* (Boston, MA: Houghton Mifflin Harcourt, 2017), 158–161.

[39] 신성의 번역 가능성은 신 이름이, 프레게(Gottlob Frege, 1484-1925)의 말을 빌리면, 호칭(Bedeutung)으로 사용될 뿐 아니라 자체의 의미(Sin)를 가진다는 사실과 연관된다. 나아가 신명의 의미 즉 신성(divine attributes)이 신화나 찬양, 기도와 같은 문학 속에서 그 범위를 확장하기도 한다는 사실과도 연관된다.

[40] Assmann, *Moses the Egyptian: The Memory of Egypt in Western Monotheism*, 44–54.

[41] Mark S. Smith, "God in Translation: Cross-Cultural Recognition," in *Reconsidering the Concept of Revolutionary Monotheism*, ed. Beate Pongratz-Leisten (Winona Lake, IN: Eisenbrauns, 2011), 241–70.

아나트가 이집트의 하토 같은 신'이라는 정도—에 머물지 않고 "신성 자체와 범주의 번역 가능성"(the translatability of concepts and categories of divinity)까지 포함한다.**42** 이스라엘의 야훼가 가나안의 최고신 엘이나 풍우신 바알의 신성을 흡수한 것을 그 예로 들 수 있다. 아스만에 따르면 고대 근동 사회가 정치적으로 경제적으로 서로 밀접한 관계를 맺음에 따라, 신성의 번역 가능성의 개념은 공동 종교 혹은 보편 종교의 개념의 기초가 된다.**43**

고대 근동인들은 제2천년기 중반, 국제 조약이라는 정치적 문맥에서 보편 종교의 개념을 터득한 듯 하다. 나라와 나라 사이의 관계를 규정하는 조약에서 통상 신들이 증인으로 소환되는데 그 때 소환되는 신들은 조약 당사국이 모두 인정하는 신일 뿐 아니라 신성에 있어서도 상응해야 했다. 이것을 단적으로 보여주는 예가 하투실리 3세와 람세스 2세가 맺은 평화 조약, 일명 "백은 조약"(the Silver treaty)이다. 이 조약의 이집트 판에서는 증인으로 소환된 히타이트 신들의 이름이 다음과 같이 이집트식으로 바뀌었다: "하늘의 주 레(Re), 아린나의 주 레(Re), 하늘의 주, 세트(Seth), 하티의 주 세트(Seth)."**44** 후기 청동기 시대의 고대 근동은 유례없는 국제 교류의 시대를 이룩했다. 사람과 물건들이 국

---

42 Pongratz-Leisten, "A New Agenda for the Study of the Rise of Monotheism," 24.

43 Assmann, "Polytheism and Monotheism," 17–31; Assmann, *Moses the Egyptian: The Memory of Egypt in Western Monotheism*, 46–47.

44 Smith, *God in Translation: Deities in Cross-Cultural Discourse in the Biblical World*, 52.

경을 비교적 자유롭게 오가면서 다양한 국가의 신들이 신앙의 현장에서 조우하게 된다. 이집트의 델타 지역에서는 시리아의 풍우신 바알이 세트로 숭배되고, 시리아에서는 이집트 여신 하토르가 숭배될 수 있었다. 그리고 이것은 신명록의 작성 관행도 바꾸어 버렸다. 이 시기에 작성된 아카드 신명록 〈안=아누 샤 아멜리〉(An=Anu šá amēli)는 이전 신명록들과 달리 세 칼럼의 본문으로 구성된다. 첫번째 칼럼에는 수메르 신의 이름이, 두번째 칼럼에는 그에 상응하는 아카드 신의 이름이, 마지막 칼럼에는 그 이름의 의미가 적혀 있다.[45] 이렇게 신명록에 서로 다른 전통의 신들을 연결시키고, 신명의 의미를 부기하는 관행은 상이한 만신전들 사이에 번역 가능성을 환기하고 소위 공동의 보편 종교가 창출되는 배경을 만들었다.

마크 스미스는 신성의 번역 가능성과 공동 종교의 가능성이 고대 이스라엘 종교에도 작동했다고 주장한다.[46] 이스라엘의 조상 야곱이 아람 사람 라반과 조약을 맺을 때 각자의 신들을 소환한다: "아브라함의 신과 나홀의 신, 즉 그들 아버지의 신이 우리 사이를 재판하기를 원하노라"(창 31:53). 당시 유목 생활을 했던 야곱과 라반의 종교는 일종의 가정/부족 종교였다. 즉 지역 만신전의 신들 중 하나를 "아버지의 신"으로 섬기는 종교였다. "아브라함의 신"은 가나안의 신 엘(El)이었을 가능성이 높다. 반면, 라반의 수호신 "나홀의 신"은 아람 만신전의 신들 중 하나였을 것이

---

45 Litke, *A Reconstruction of the Assyro-Babylonian God-Lists*, 15-16.

46 Smith, "God in Translation: Cross-Cultural Recognition," 247-270.

다. 각자의 아버지의 신 즉 "아브라함의 신"과 "나홀의 신"이 야곱과 라반의 조약에서 증인으로 소환되었다는 사실은[47] 그 두 신 간의 번역 가능성을 전제하는 것이다. 왕정 시대의 이스라엘인들도 다른 나라의 신들의 존재와 힘을 인정했다는 것이다. 고대 이스라엘 종교에서 신성의 번역 가능성은 '언약' 신학에도 적용된다.

> "너는 너희의 신 그모스가 너희에게 유업으로 준 것을 유업으로 받지 않겠느냐? 우리 하나님 야훼가 우리 앞에서 빼앗아 준 모든 것을 우리는 유업으로 받을 것이다"(삿 11:24).

인용은 사사 입다가 암몬 왕과의 국경 협상에서 후자를 결정적으로 설득시킨 논리를 담고 있다. 당시 암몬 왕은 "얍복 강에서 아르논 강까지의 지역"을 이스라엘 사람들에게 빼앗겼다고 주장하며 돌려줄 것을 요구한다(삿 11:14). 하지만 입다는 야훼가 그 지역을 이스라엘(의 갓 지파)에게 유업으로 주었다고 주장한다. 그리고 인용에서 입다는 암몬 왕에게 역지사지(易地思之) 할 것을 요청한다. 암몬인들이 그들의 신 그모스가 유업으로 준 땅을 절대 내어주지 않는 것처럼, 이스라엘인도 야훼가 그들에게 유업으로 준 땅을 내어주지 않을 것이라 말한다. 여기서 제1천년기 팔레스타인의 민족 국가들에 공통된 신학을 엿볼 수 있다. 그 내용은 각 민족은 자기에게 땅을 유업으로 준 신을 수호신으로 모신다는 것이다. 입다는 단순히 그모스의 존재와 능력을 인정할 뿐

---

[47] "재판하다"로 번역되는 히브리어 동사가 복수형임(ישפטו)에 주목하라. Peter Machinist, "Once More: Monotheism in Biblical Israel," *JISMOR* 1 (2005): 3.

아니라 그가 암몬(과 모압)인들에게 그들의 땅을 유업으로 주었음을 인정하고 있다.[48]

스미스와 아스만의 주장처럼 이런 신성의 번역 가능성이 극도로 축소되거나 완전히 부정될 때 유일신교가 발생하지만 그 반대의 경우도 참일 수 있다. 즉 신성의 번역 가능성이 최대로 확대되는 경우 즉 하나의 신이 모든 신성들을 포함하는 경우도 유일신교에 가깝게 된다. 전자의 경우는 다신교 체제를 부정하는 배타적 유일신교(exclusive)이지만 후자는 다른 신을 부정하지 않는 포괄적(inclusive) 유일신교가 된다. 고대 이집트와 메소포타미아에서는 제국이라는 정치적 환경 아래서 신성의 번역 가능성이 복합 신 현상을 넘어 포괄적 유일신교(Henotheism)를 발생시켰다.

3. 제국 시대의 종교, 복합 신 현상과 최고신교

다신교 체제를 부정하지 않고 신성의 번역 가능성을 극단적으로 확대하면 최고신교(henotheism) 즉 포괄적 유일신교가 결과된다. 이것은 고대 이집트와 메소포타미아가 후기 청동기 시대와 철기 시대에 각각 제국의 단계에 접어들면서 출현한 종교이다. 최고신교에서는 만신전의 다른 신들이 각자의 지역 제의를 유지하지만 신학적으로는 최고 신의 현현 혹은 측면으로 이해된다. 신왕국의 이집트, 신아시리아와 신바빌로니아 제국에서 아문-레, 앗수

---

[48] 메사 석비에 따르면 그모스는 그의 왕에게 진노하여 이스라엘의 억압을 받도록 했다. 즉 민족의 수호신은 그의 백성에게 땅을 유업으로 주기도 하지만 진노하면 그 땅을 빼앗기도 한다. 비슷한 신학이 구약 성서에서도 발견된다.

르,⁴⁹ 마르둑이 각각의 만신전에서 유일신의 지위를 얻는다.

제임스 알렌(James P. Allen)은 이집트 다신교에서 신의 이름과 형상이 많다는 사실(多)과 그것이 하나의 신성(一)에서 유래했다는 생각⁵⁰ 사이에 갈등이 있다고 주장한다.⁵¹ 이 갈등을 해결하는 가장 중요한 방식이 신들을 연결시켜 복합 신들(syncretistic combination of gods)을 만드는 것이었다. 이 현상은 이집트 역사 전체에서 나타난다. '레-호르아크티,' '아문-레,' '프타-소카르'와 같이 보통 두명의 신이 결합되지만, 이론상 결합되는 신의 수에는 제한이 없는 듯하다. '아문-레-호르아크티'와 '아문-레-호르아크티-아툼' 처럼 세네 명의 신이 결합된 경우는 물론, 세티 1세의 무덤에 새겨진 "태양신 찬가"(litany of Re)의 예처럼, 태양 신이 75명의 다른 신과 결합되는 경우도 있다.⁵² 복합 신은 둘 이

---

49 Parpola, "The Assyrian Tree of Life: Tracing the Origins of Jewish Monotheism and Greek Philosophy," 161-208. 메소포타미아에서는 마르둑 이외에 잠시 앗수르 신이 유일신적이 되었다. 신아시리아의 사르곤 왕조 때에 앗수르가 마르둑을 대신해 "엔릴의 신"으로 불리며 포괄적 유일신이 되었고, 신바빌론의 마지막 왕 나보니두스 때에 잠시 씬(Sin)이 마르둑을 대신하였다.

50 우주의 다양한 존재들의 근원을 하나의 신에서 찾는 이집트 창조 신화들을 참조하라. 창조주를 아툼, 레, 아문, 무엇으로 부르든지 공통적인 것은 그들의 창조 신화가 다양한 신들이 결국 하나라는 생각을 반영한다는 것이다.

51 James P. Allen, "Monotheism, Monolatry, Polytheism," in *Text, Artifact, and Image: Revealing Ancient Israelite Religion*, ed. Gary Beckman, Brown Judaic Studies (Providence: Brown Judaic Studies, 2006), 322.

52 Erik Hornung, *Conceptions of God in Ancient Egypt: The One and*

상의 신이 결합되었지만 하나의 새로운 신으로 간주되어 별도의 제의를 받는다. 그러나 하나로 묶인 신들 사이의 관계는 한 마디로 정의하기 어렵다. 과거에는 복합 신이 서로 다른 신들의 일치를 의미하다고 여겨졌지만 최근에는 한 신이 다른 신의 "현현" 혹은 "측면"(ba)으로 이해된다. 예를 들어 "아문-레"에서 레는 감추어진 신 아문의 창조 에너지의 현현으로 이해될 수 있고, "레-호르아크티"에서 레는 우주 통치력(호루스)이 지평선에 나타난 것이다. 한스 보넷(Hans Bonnet)은 이것을 한 신이 다른 신 안에 거함(Einwohnung)의 개념으로 설명한다. 이런 개념을 통해 한스 보넷은 신성의 개념이 특정한 '현현'에 묶인 것은 아님을 주장한다. 특정 복합 신을 형성한 신들은 독립적 존재를 잃지 않으면, 언제든지 다른 복합 신의 일부가 될 수 있다.[53] 알렌이 주장하는 것처럼 복합 신은 이집트 다신교 내의 "一과 多" 사이의 갈등을 한쪽 개념의 희생없이 해결하려는 노력일 수 있다.[54]

---

the Many (Ithaca, NY: Cornell University Press, 1982), 55-56, 127-128.

53 John Baines, "Egyptian Syncretism: Hans Bonnet's Contribution," *Orientalia* 68 (1999): 205-6.

54 이집트 다신교에서 신격의 다자성과 신성의 단일성 사이의 갈등을 해결하는 또 하나의 방식이 있다. 에릭 호르눙(Erik Hornun)은 연합(*Demeji*)의 개념으로 그 해결책을 설명한다. 호르눙에 따르면 매일 밤 태양 신이 오시리스가 다스리는 지하 세계로 내려간다는 사실은 이집트인들에게 신학적 문제가 된다. 어떻게 한 영역에 두 '왕'이 있을 수 있을까? 이 문제에 대해 현대인들은 이 둘을 등치시킬 것이다. 즉 그 둘이 하나의 신이라고 말할 것이다. 동일한 신성이 낮 세계에서는 태양이고 밤 세계에서는 오시리스인 것이다. 아니면 복합 신 현상으로 설명하려 할 것이다. 즉 오시리스가 본질이고 레가

신왕국 시기에 이집트 신관들은 이 복합 신 개념을 논리적 극단까지 몰고가 모든 신성들이 하나의 최고 신 아문의 측면으로 이해될 수 있다는 신학을 만든다. "숨겨짐"이라는 이름의 의미가 암시하듯이 아문은 이집트 신들 중에 유일하게 자연을 초월하는 존재이다. 즉 자연의 일부가 아니다. 하지만 그의 존재가 일상의 모든 현상 속에서 감지된다는 점에서 그는 아문-레(Amun-Re)로 불린다.[55] 이런 아문-레 최고신교(henotheism)는 아문의 측면으로 이해된 다른 신들에 대한 제의를 폐하지 않았다. 아스만에 따르면 이집트에서 하나의 신이 만신전의 모든 신들을 포괄한다는 사상이 생겨난 때는 람세스 왕조 시절이다. 아스만은 이집트 최고신교 사상(Henotheism)이 아켄아톤 왕의 종교 개혁에 대한 반

그것의 현현 혹은 레가 본질이고 오시리스가 레의 현현이라고 말할 것이다. 하지만 오시리스와 레의 복합 이름이 없다는 사실에 착안하여 호르눙은 제3의 해결책이 있었을 것이라 생각한다. 호르눙에 따르면 신왕국의 사제들은 레와 오시리스의 '연합'이라는 개념을 고안한다. 즉 레가 지하 세계로 내려가서 오시리스와 한 몸이 된다. 즉 그 둘은 "하나의 입으로 말한다." 하지만 낮이 되면 그 둘은 분리되는 별개의 존재이다. 이런 연합의 개념은 복합 신명이 암시하는 신학과 조금 다르게 신성의 다자성과 단일성의 갈등을 해결한다. 오시리스와 레는 "연합"의 관계에 있다. 이 연합 관계는 한 신이 다른 신 안으로 "들어간다"는 표현에 담겨 있다. 네페르타리의 무덤 벽화를 보면 이시스와 네프티스 여신들의 측방 보호를 받으며 태양 원반을 머리에 이고 있는 뿔양의 미이라 모습이 있다. 호르눙은 그것을 밤에 태양이 오시리스와 연합한 모습으로 이해한다. 실제로 그림 옆의 비문에 "연합된 자"라는 말과 서로가 서로 안에 "들어간다"는 표현이 담겨 있다.

[55] James P. Allen, *Middle Egyptian : An Introduction to the Language and Culture of Hieroglyphs* (Cambridge: Cambridge University Press, 2014), 46–47.

작용이라고 주장한다: "아마르나의 유일신교 개혁 이후, 이집트 문화는 전통적 다신교로 돌아가지 않았다. 그대신 신은 하나라는 새 신학과 신이 여럿이라는 전통 신학 사이의 중간 길을 모색하려 시도했다."[56]

메소포타미아의 다신교에도 복합 신 현상이 존재했다. 타쿨투(tākultu)로 불리는 제의(cf. K. 252)에서 여러 신들에게 공물이 드려지는데, 공물을 받는 신 가운데 복합 신들이 있었다. 예를 들어, ᵈ다간-앗수르(ᵈDa-gan Aš-šur), ᵈ라흐무-앗수르-디쿠(ᵈLaḫ-mu^meš Aš-šur DI.KU₅^meš), ᵈ닌갈-앗수르(ᵈNIN.GAL Aš-šur)에게 타쿨투 제의가 드려졌다.[57] 신성을 표시하는 결정사가 복합 신명의 맨 앞에 한 번만 쓰인 것으로 보아 그 복합 신은 하나의 신으로 간주된 듯하다. 하지만 이집트 종교의 복합 신명처럼 메소포타미의 경우도 복합 신명 안 신들의 관계는 불분명하다. 다만 포터(Porter)는 그것을 "잠정적 융합"(temporary merger)로 규정하고 한 신이 다른 신들의 측면들을 대표할 수 있음을 보여주는 단서로 이해한다.[58] 그가 옳다면 메소포타미아의 제국의 시대에 헤노

---

56   Assmann, *The Price of Monotheism*, 32–33.

57   Benjamin D. Sommer, *The Bodies of God and the World of Ancient Israel* (Cambridge, New York: Cambridge University Press, 2009), 18; Rintje Frankena, *Tākultu. De Sacrale Maaltijd in Het Assyrische Ritueel* (Leiden: Brill, 1954).

58   Barbara N. Porter, "The Anxiety of Multiplicity: Concepts of Divinity as One and Many in Ancient Assyria," in *One God or Many? Conceptions of Divinity in the Ancient World*, ed. Barbara N. Porter (Casco Bay, ME: Casco Bay Assyriological Institute, 2000), 230; Sommer, *The*

테이즘 즉 포괄적 유일신교가 발생한 배경을 이해할 수 있다. 바빌로니아에서 마르둑이 다른 신들의 측면들을 흡수하여 유일신적 지위에 오른다. 램버트(W. G. Lambert)에 따르면 고바빌론 시대에는 마르둑이 바빌론 시 주변의 지역 신들을 흡수하기 시작했고, 신바빌론 제국의 시대에는 주요 도시들의 신들까지 흡수하여 유일신이 되었다.[59] 〈에누마 엘리쉬〉는 마지막은 마르둑에 부여된 50개의 이름들로 끝나지만, 투투(Tutu)와 엔빌루루(Enbilulu)의 예에서 알 수 있듯이 마르둑이 지역의 소신(minor deities)를 흡수했음을 보여주는 증거에 불과하다. 하지만 신바비로니아 시대의 문서들, '안=아누=샤 아멜리'(An=Anu=ša amēli)와 〈앗수르바니팔의 마르둑 찬양〉(Acrostic Hymn to Marduk)에서는[60] 마르둑이 아누, 엔릴, 에아, 아다드, 샤마쉬, 네르갈, 닌우르타 등 바빌로니아의 주요 신들을 흡수한다. 이로서 잠시지만 신바빌론 시대에 마르둑은 "신들의 엔릴"(Enlil-ilî)으로서 포괄적 유일신(henotheism)의 지위에 오르게 된다.[61]

Bodies of God and the World of Ancient Israel, 18.

59 W. G. Lambert, *Babylonian Creation Myths* (Winona Lake, IN: Eisenbrauns, 2013), 264–65; Benjamin D. Sommer, "Yehezkel Kaufmann and Recent Scholarship: Toward a Richer Discourse of Monotheism," in *Yehezkel Kaufmann and the Reinvention of Jewish Biblical Scholarship*, ed. Job Y. Jindo (Fribourg: Academic Press, 2017), 230.

60 〈앗수르바니팔의 마르둑 찬양〉은 포스터의 번역을 참고하라. Benjamin R. Foster, *Before the Muses: An Anthology of Akkadian Literature* (Bethesda, Maryland: CDL Press, 1996), 704–709.

61 하지만 메소포타미아의 제의에서는 마르둑 유일신교 증거되지는 않는

만신전 다신교가 포괄적 유일신교로 발전하게 된 배경에는 제국 정치가 있다. 이집트의 왕이 해 지는 곳에서 해 뜨는 곳을 다스리는 보편 왕이 되면서,[62] 메소포타미아의 왕이 "세계의 왕(šar kiššāti)" "네 모서리의 왕(šar kibrāt erbetti)"이 되면서,[63] 제국 수도의 신도 지역의 신들의 능력을 흡수한 유일신이 된다. 하지만 그 '유일신' 때문에 다른 신들의 신성이 소멸하거나 제의가 없어지지는 않았다. 이것은 고대 근동의 제국의 개념이 정복한 지역에 대한 영토적 병합을 전제하지 않는다는 사실과 연관 있어 보인다. 후기 청동기 시대의 국제 관계에 대한 연구에서 리버라니(M. Liverani)는 고대 근동 왕들의 통치에 대해 다음과 같이 말한다: "먼 지역에 대한 왕의 정치적 주권을 증명하는 데에는 그곳에 행정 기관을 유지할 필요가 없으며 왕의 방문이면 충분하다. 즉 정복(conquest)이 아닌 인정(knowledge)을 목적으로 한 약탈 원정과 같은 상징적 업적만 있으면 된다."[64] 제국의 근대적 개념에 접근했다고 여겨지는 신아시리아의 경우도 필요한 경우에 한정하여 정복지를 자국 영토로 병합하여 직할 관할했으며, 그럴

다. Sommer, *The Bodies of God and the World of Ancient Israel*, 16.

62 Marc Van de Mieroop, *A History of Ancient Egypt* (New York, NY: Wiley Blackwell, 2021), 145. 투트모세 1세는 자신의 통치 영역에 대해 다음과 같은 내용을 남겼다: "나는 태양이 순회하는 범위를 이집트의 국경으로 만들었다."

63 Levin, "Global Monotheism: The Contribution of the Israelite Prophets," 43.

64 M. Liverani, *Prestige and Interest: International Relations in the Near East ca. 1600-100 B.C.* (Padova, Italy: Sargon, 1990), 59.

필요가 없는 경우에는 충성 서약을 받고 지역 왕들의 독립을 유지시켰다.[65] 이 때 지역 왕들은 형식적 독립은 유지하지만 아시리아 왕의 통치를 대리한다는 의미에서 아시리아 왕권의 지역적 현현이라 말할 수 있다. 지역 신들에 대한 제의를 폐하지 않으면서 그 신들을 최고신의 현현 혹은 측면으로 이해하는 포괄적 유일신교는 당시 제국 정치의 구조를 반영하는 듯 보인다.

4. 가족/부족 종교

지금까지 우리는 이집트와 메소포타미아의 도시, 국가, 제국 문명을 배경으로 다신교 사회의 문화 전략들을 살펴보았다. 이 지역 유일신교들을 이해하는데 한 가지 더 고려해야 할 것은 유목민의 종교이다. 고대 근동의 도시 문명은 유목 민족과 상호 작용 가운데 발전하였다. 제2천년기 초기에 아모리인들이 유프라테스 강의 상류 지역에서 동서로 이동하여 다양한 도시에 정착하였는데, 특히 메소포타미아 지역에서는 다양한 왕조(라르사, 키쉬, 바빌론, 십파르, 우룩, 마리 등)를 이룬다.[66] 2천년기 후반에는 카슈 민족이[67] 바빌로니아를 다스렸으며 1천년기 초기에는 아람인들이 유

---

[65] Marc van de Mieroop, *A History of the Ancient Near East ca. 3000-323 BC* (Malden, MA: Blackwell Publishing, 2004), 250. 『고대 근동 역사』강후구, 김구원 옮김 (서울: 기독교문서선교회, 2008).

[66] Robert M. Whiting, "Amorite Tribes and Nations of Second-Millennium Western Asia," in *Civilizations of the Ancient Near East*, ed. Jack M. Sasson (New York: Charles Scribner's Sons, 1995), 1234-1235.

[67] 후기 청동기 시대에 바빌론을 다스린 유목 왕조로 정확한 기원을 알려져 있지 않다. 우리말로는 "카시트 왕조"로 알려졌지만, 이것은 영어 Kassite

프라테스 상류에서 동서로 이동하여 도시 문명에 흡수되거나 독립적 민족 국가를 건설했다.

정착민이 그들이 속한 도시에서 자기 정체성을 찾은 것과 반대로 유목민들의 정체성은 특정 도시가 아니라 공동의 조상을 통해 형성된다. 제1천년기에 아람인들이 시리아 지역에 세운 나라들의 이름이 "아무개 조상의 집"(bīt PN)의 형식을 가진 것은 이를 잘 보여준다. 도시 시민의 종교가 공적인 성격—도시 신들에 대한 봉양—을 가진 것과 반대로, "조상들의 신"(the god of the fathers)을 섬기는 유목민들의 종교는 개인이나 부족의 생존 혹은 번영과 매우 밀접한 연관을 가진다. 도시 신들과 달리 "조상들의 신"은 유목민들과 함께 돌아다닌다. 이런 유목 문화에 기원하는 종교는 그들과 특별한 관계에 있는 신 하나를 수호신으로 섬기게 된다. 유목생활 하던 야곱은 자신의 신을 다음과 같이 정의한다: "내 고난의 날에 나에게 말씀하시고 내가 어디를 가든지 나와 동행하신 하나님"(창 35:3). 그렇다고 유목민들이 다른 부족 신의 존재나 힘을 부정하지 않는다. 또한 다른 신들이 그들이 숭배하는 신의 측면에 불과하다고 생각하지도 않는다. 유목민의 종교는 하나의 수호신을 섬길 뿐이다. 삶의 다양한 필요에 따라 다른 신을 섬기는 것도 가능하다. 이것을 단일신교(monolatry)라 부를 수 있을 것이다. 단일신교는 숭배되는 단일신이 다른 신들과 가지는 관계에 따라 유일신교에 근접할 수도 있다.[68]

에 대한 음역에 근거한 번역처럼 보인다. 바빌로니아 문헌에서 그 유목민들을 ka-aš-šu-ú로 부른다는 점을 고려해서 "카슈 왕조" 혹은 "카슈 민족"으로 부르는 것이 좋을 듯 하다.

68 왕정 시대 이스라엘의 단일신교의 독특한 성격에 대해서는 아래에서

단일신교는 제1천년기 시리아-팔레스타인 지역에서 가장 두드러지게 나타난다. 이스라엘, 모압, 암몬, 에돔, 블레셋, 아람 등은 각자 민족의 수호신을 가진다: 야훼, 그모스, 밀곰, 코스, 다곤, 하다드. 성서 전통에 따르면 이들은 외지에서 가나안 땅으로 이주한 사람들이다(출 20:2; 신 2:10-12; 암 9:7). 또한 이들 민족과 연결된 조상이 특정될 수 있다(창 32:28[야곱]; 19:30-38[롯의 두 딸]; 25:30[에서]; 10:23[아람]).**69** 성서가 제공하는 타민족의 조상들에 대한 이야기는 타민족에 대한 이스라엘인들의 편견을 담고 있다. 하지만 혈통적으로 상이한 인구 그룹에 동일한 백성으로서 정체성을 부여하기 위해 인공적으로 만들어진 혈연 관계에 근거한 이스라엘의 조상 이야기를 생각할 때, 그 주변 민족도 그에 상응하는 이야기를 가졌을 가능성을 배제할 수는 없다.**70** 시리아-팔레스타인에서 유행한 단일신교는 언약 신학도 공유한다. 그것은 한 민족과 한 신의 관계의 근거가 된다. 메사 석비에서, 모압 왕 메사는 이스라엘의 오므리 왕조에 의한 40여년 간의 억압적 지배를 그모스 신의 진노로 이해한다. 그리고 후에 그가 독립할 수 있었던 것을 그모스의 은혜 덕분이라고 말한다.**71** 이처럼 유목 그룹

다루기로 한다.

69 성서 전통에서 블레셋의 조상은 특별히 언급되지 않는다. 이것은 블레셋이 가나안 주변을 떠돌던 유목민이 아니라 그리스 지역에서 지중해를 건너온 이민자라는 사실과 관계 있을 수 있다.

70 Van der Toorn, *Religions of the Ancient Worlds*, 423ff.

71 제임스 프리처드, 『고대 근동 문학 선집』(서울: 기독교문서선교회, 2016), 558-559. 그모스의 "진노"로 번역된 모압어는 y'np로 히브리어에서 야훼의 진노를 가리키는 אף와 같은 어원의 말이다. 단 비문에서 그모스의 "은

이 단일 민족의 정체성 위에 나라를 세울 때, 다른 민족과의 차별화 전략의 일환으로 단일신교라는 종교를 활용한 듯 하다. 즉 단일신교도 다신교 사회가 특정 정치적 위기에 반응하기 위해 고안한 문화적 전략이다.

지금까지 우리는 고대 근동에서 다양한 유일신교들이 다신교 신학의 문화적 전략들의 결과임을 살펴 보았다. 다신교 신학자들은 언제나 신성의 단일(一)성과 다자(多)성의 관계에 대해 질문해 왔다. 이런 질문에 다양한 사회적 조건에서 다양한 형태의 종교로 이어진다. 이런 다신교 신학의 역학 아래에서 출현한 다신교의 변주들이 최고신교(Henotheism)와 단일신교(Monolatry)이다. 특히 최고신교는 유일신교에 대한 잠정적 정의에 따라 유일신교의 범주에 들어가지만, 다신교 체제를 공격하거나 무너뜨리지는 않는다. 이제 물어야 할 것은 아켄아텐의 아텐 종교와 모세의 야훼 종교이다. 이 두 유일신교는 다신교 체제를 반대하는 것처럼 보이기 때문이다. 아텐과 야훼 유일신교의 기원은 다신교와 어떤 접점도 없을까? 그 둘은 다신교와 양립 불가능할까? 아텐과 야훼 유일신교는 어떤 점에서 '혁명적'이라고 불릴 수 있을까? 그 두 유일신교도 사회 정치적 위기에 대한 다신교 신학의 응전으로 설명될 수 있을까? 이제부터 이 질문들에 대답해 보자.

혜"라는 말은 나오지 않는다. 다만 8열과 9열에 걸치는 문장은 "그모스가 내 날에 그것을 회복시켜 주었다(*wyšbh kmš bymy*)"고 번역된다.

IV. 아텐 유일신교

1. 아켄아텐의 종교 개혁

이집트는 통일 왕정 역사가 시작된 기원전 4천년기 말부터 성각문자가 필레 신전에 마지막으로 새겨지는 기원후 5세기까지 다신교 사회와 문화를 줄곧 유지하였다. 알렌(James P. Allen)에 따르면 그 기간 문자 혹은 도상 증거에 언급된 신들의 수는 1700 여명에 이른다.[72] 물론 이집트 전역에 신전을 유지하고 제사를 받은 신들이나 문서에 언급되는 중요한 신들의 수는 그보다 훨씬 적어 50여명에 불과했지만, 분명한 것은 이집트 종교는 틀림없는 다신교였다는 사실이다. 하지만 이런 다신교로 충만한 고대 이집트에서 세계 문명 최초로 유일신 종교가 탄생했다.

신왕국 제18왕조의 왕 아켄아텐(Akhenaten, B.C. 1352-1336)은 이집트의 다신교 역사에 큰 단절을 가져온 왕으로 유명하다. 그의 아텐 신앙은 유일신교에 대한 오늘날의 통념에 가장 근접한 것이었다. 그는 기원전 1350년 왕위에 오른 지 3년째 되던 해 본격적으로 종교 개혁의 시동을 건다. 카르낙의 아문 신전 단지에 태양 신을 위한 신전(게메트 파-아텐 $gmt\ p^3\ jtn$)을 짓기 시작한다. 이 신전 부조에서 태양 신은 전통적 상징인 매가 아닌 빛을 내는 원반으로 표현된다. 또한 태양 신에게 새로운 이름이 부여되어 왕의 이름처럼 두 개의 카르투쉬 안에 담긴다: "살아 있는 자(nh), 레-헤루-아크티(r^c-hrw-^3htj), 지평선 안에서 활동하는 자($h^cj\ m\ ^3ht$), 태양 원반(아텐) 안에 있는 빛으로 불리는 자(m rn.f m

---

72 Allen, "Monotheism, Monolatry, Polytheism," 319.

šw ntj m jtn)."⁷³ "아텐" 이라는 신명은 바로 이 이름을 줄인 것이 다. 태양 신 숭배는 고 왕국 때부터 존재했지 만 카르낙 신전 단지 에 건설된 태양 신전 의 주인은 그 상징과 이름에서 완전히 다른 종류의 태양신 같았 다.

그림 1.1 카르투쉬에 담긴 아텐의 이름 1⁷⁴

카르낙 신전 단지에 새 태양 신전이 완성되었을 때 아켄아 텐은 자신의 이름을 아멘호텝(jmn-ḥtp "아문이 기뻐하는 자")에서 아 켄아텐(ꜣḫ-n-jtn "아텐을 위해 일하는 자")로 바꾸고⁷⁵ 세드 축제(ḥꜣb-sd)를 주관하는 것으로 보인다. 세드 축제는 왕이 즉위 30년이 되 던 해 왕권을 갱생하는, 일종의 왕의 회춘제 혹은 희년제의 성격 을 가진다. 그렇다면 왜 젊은 왕이 즉위 4-5년 만에 세드 축제를 열었을까? 이에 대한 다양한 의견들이 제시되었지만 제임스 호

---

73 Allen, *Middle Egyptian: An Introduction to the Language and Culture of Hieroglyphs*, 200. 이집트어 문장의 번역은 알렌의 번역을 참조 하였다.

74 카르투쉬 그림의 출처. Ibid.

75 이것은 그가 섬기는 신이 아문에서 아텐으로 바뀌었음을 상징한다. 즉 위 4/5년부터 "아켄아텐"이 공식 문서에 등장하며 그 전에 만든 비문에 새겨 진 "아멘호텝"도 지우고 그 위에 "아켄아텐"을 새로 새겼다.

프마이어(James Hoffmeier)의 견해가 가장 설득력이 있다. 호프마이어에 따르면 게메트 파-아텐에서 열린 세드 축제는 왕을 위한 것이 아니라 신을 위한 것이다. 즉, 이제 막 데뷔한 아텐 신을 "신들의 왕"의 지위로 끌어올리기 위한 장치였다.[76] 그 전적까지 그 호칭으로 불린 신은 아문이었다. 하지만 세드 축제를 통해 아텐이 아문을 몰아내고 "신들의 왕"이 된 것이다.[77] 그림 1이 보여주는 것처럼 아텐의 이름이 왕의 이름처럼 두 개의 카르투쉬에 기록된 것도 이와 무관하지 않을 것이다. 신이 카르투쉬에 적힌 것은 매우 드문 일이지만, "신들의 왕"의 개념은 다신교 체제와 조화될 수 있는 것이다. 아직까지는 다신교 체제를 무너뜨리는 혁명적 유일신교는 아니다.

그후 즉위 5/6년에 아켄아텐은 멤피스와 테베를 대신할 새 수도를 건설한다. 새 수도는 어떤 신과도 연고가 없는 처녀지(오늘날 텔-아마르나)에 건설되었고 "아케트-아텐"(ʾḥt-jtn, 아텐의 지평선)으로 불렸다. 그곳에는 아텐 신전만이 여럿 건설되었으며 그 중 가장 큰 규모의 신전은 카르낙의 태양 신전과 동일한 이름인 게메트 파-아텐으로 불렸다. 이 때부터 아텐 종교는 혁명적 유일신교의 성격을 노골적으로 드러낸다. 즉 아켄아텐은 아문을 비롯한 다른 신들의 신전과 제의를 폐쇄한다. 이런 경향은 아텐 신

---

76 Hoffmeier, *Akhenaten and the Origins of Monotheism*, 117–25.

77 보통 세드 축제 장면에서 아문이 왕에게 관을 씌워 주는 모습이 등장한다. 대표적인 예가 하트셉수트의 오벨리스크이다. 하지만 카르낙의 태양 신전에 묘사된 세트 축제 장면에는 태양 원반(아텐)에서 나오는 광선이 왕의 머리를 비추는 장면이 나온다. 아문의 영향력이 거의 없어졌음을 보여준다. Ibid., 92. Figure 4.1을 참조하라.

의 새 이름에서 잘 나타난다. 다음의 아텐 신의 이름에서 중요한 것은 그 의미보다 '철자'이다.

새 이름의 의미는 카르낙의 태양 신전에 새겨진 신 이름과 대동소이하다: "살아 있는 자(ʿnḫ), 지평선의 통치자 레(rʿ ḥkʾ), 지평

그림 1.2. 카르투쉬에 담긴 아텐의 이름 2[78]

선 안에서 활동하는 자(ʾhtj ḥʾj m ʾht), 태양 원반(아텐)에서 나오는 빛으로 불리는 자(m rn.f m ḥʾt jj m jtn)."[79] 하지만 새 이름의 철자에서는 '매' 모양의 성각 문자와 '깃털' 모양의 성각 문자가 사용되지 않았다. 그 이유는 그 두 문자는 각각 다른 신들(호루스와 슈)의 상징으로 사용될 수 있기 때문이다. 즉 이 시점의 아텐 종교는 아텐 이외에 다른 신의 존재나 활동을 부정하는 단계에 이른다. 이를 증명이라도 하듯 아켄아텐은 즉위 8-9년부터 이집트 전역에 장인 관료들을 보내어 아문의 이름, 도상, 신상을 파괴하기 시작했다. 또한 "아멘호텝"과 같은 선왕의 이름에 있는 "아문"과 복합신 "아문-레"에 들어있는 "아문"도 일일이 제거해 버렸다. 이

---

78 그림의 출처는 Allen, *Middle Egyptian: An Introduction to the Language and Culture of Hieroglyphs*, 201.

79 이집트 문장 이름의 번역은 알렌의 것을 참조하였다. Ibid.

런 폭력은 아문을 넘어 다른 신들의 이름과 도상, 그리고 신상에게도 향했다. 심지어 "신들"을 의미하는 이집트어 ntrw(세 개의 깃대로 표기됨)에서 깃대 두 개를 제거함으로써 하나의 "신"을 의미하는 ntr(한 개의 깃대로 표기됨)로 편집하였다. 이 때문에 아스만은 아텐 유일신교를 "혁명적"이라 규정하고 그것의 특징을 "반종교"(counter-religion) 혹은 "2차종교"(secondary religion)라는 용어에 담았다. 즉 아스만은 혁명적 유일신교의 정체성을 참과 거짓의 이분법과 다른 거짓 신들에 대한 반대 혹은 폭력에서 찾는 것이다. 물론 아켄아텐이 아텐 이외의 신들에게 가한 폭력이 다른 신들의 존재에 대한 부정을 의미하는지 아니면 존재하지만 반대하는 다른 신에 대한 박해인지는 확실하지 않다. 그럼에도 불구하고 다른 신들에 대한 박해는 분명히 아텐 유일신교를 기존의 다신교적 세계관과 멀리 분리시킨다.[80]

또한 아켄아텐은 신의 유일한 선지자를 자처했다. 이집트 다신교 체제에서는 다양한 중간자들(신성한 동물, 하위 신들, 죽은 조상, 성인 등)이 주요 신들과 인간 사이를 매개하였다. 하지만 아텐 종교에서는 왕과 그 가족만이 유일신과 사람들을 연결시킬 수 있다.[81] 따라서 왕과 그 가족들은 아텐 종교에서 특별한 지위를 가진다. 이를 암시하는 것이 왕과 그 가족들에 대한 기괴한 묘사이다. 특히 아켄아텐 왕은 긴 타원형의 머리, 기괴한 이목구비, 여

---

[80] Ibid. 아켄아텐은 "신들(ntrw-세 개의 깃대)"로 적힌 본문도 "신(ntr-한 개의 깃대)"으로 고쳐 적었다.

[81] Hornung, *Conceptions of God in Ancient Egypt: The One and the Many*, 96.

성과 같은 몸으로 묘사되는데 과거에는 그 이유를 병리적인 것에서 찾았지만[82] 최근에는 유일한 선지자인 왕과 일반 사람들의 존재론적 차이를 예술적으로 승화시킨 것이라는 의견이 주목을 받는다.[83]

아켄아텐 신학의 특징은 아텐 신의 추성성에 있다. 이집트 다신교의 신들은 모두 형상(ḫprw)이 알려져 있어서 그들의 제의 신상이 장인들에 의해 제작되었다. 하지만 아텐의 경우 형상이나 장인들이 만든 제의 신상도 없다. 경계 석비에서 아켄아텐은 아텐에 대해 다음과 같이 말한다: "자기 손으로 스스로를 창조한 자, 어떤 장인의 기술(ḥmw)도 모르는 자."[84] 태양 원반은 사람들이 숭배하는 아텐의 신상이 아니라 아텐 신의 본질인 빛을 상징한다. 이 때문에 동물 형상이나 인간 형상이 그에게 적용되지 않는다. 유일하게 남은 신인동형론의 잔재는 태양 원반에서 나오는 광선 끝에 그려진 손 모양이다. 호프마이어는 아텐이 신상을 가지지 않기 때문에 신상을 대신하는 다소 긴 이름을 취했다고 주장한다.[85] 이것은 고대 이스라엘 종교에서 야훼의 신상을 대체하

---

[82] Kathryn A. Bard, *An Introduction to the Archaeology of Ancient Egypt* (Malden, MA: Blackwell Publishing, 2007), 222.

[83] Allen, *Middle Egyptian: An Introduction to the Language and Culture of Hieroglyphs*, 202.

[84] Williams J. Murnane and Charles C. van Siclen III, *The Boundary Stela of Akhenaten* (New York: Routledge, 1993), 39. 저자의 번역은 다음과 같다: "The one who constructed himself with his own hands, ,who knew not crafting."

[85] Hoffmeier, *Akhenaten and the Origins of Monotheism*, 164. 카르

는 다양한 제의 "중심점"(focal points) 중 하나로 야훼의 "이름"이 사용된 것을 연상시킨다.[86] 아텐 신의 추상성의 절정은 아마르나 도상에서 말하지 않는 신이 된 것이다. 아마르나 시대를 제외하면 왕이 신 앞에 공물을 드리는 부조에서 그 둘 간의 대화를 쉽게 찾을 수 있다. 하지만 아마르나 시대의 도상에서는 아텐 신이 말하는 장면을 찾을 수 없다. 왕궁 서기 이피의 무덤 벽화에 묘사된 아켄아텐 왕의 제의 장면에서 아텐 신은 말 없이 생명의 광선을 왕과 그의 제물에 비추일 뿐이다.[87]

이상의 특징들에 비추어 볼 때 아켄아텐이 창시한 아텐 종교는 유일신교에 대한 현대적 통념에 근접함을 알 수 있다. 특히 아마르나 시대에 유행한 태양신 찬가는 고대 이스라엘의 유일신교에 영향을 준 것으로 여겨질 정도다.[88] 다음은 아마르나의 고

투쉬에 적힌 아텐의 이름 안에 다음과 같은 내용이 있다: "태양 원반 안에 있는 빛의 이름으로 불리는 자(m rn.f m ḫ'jt jj m jtn)"

[86] Theodore J. Lewis, *The Origin and Character of God: Ancient Israelite Religion through the Lens of Divinity* (New York: Oxford University Press, 2020), 407–9. 다신교에서 제의 중심점은 당연히 신상이다. 신상을 향해 기도하고 신상에게 공물을 바친다. 하지만 신상을 사용하지 않은 고대 이스라엘에서는 신상을 대신하는 제의 중심점이 필요하다. 대표적인 예가 지성소 안에 있던 언약궤과 그룹이다. 이외에도 학자들은 다양한 제의 중심점을 제안하는데 그 중에 하나가 새겨진 이름이다. 자세한 논의는 인용한 루이스의 문단들을 참고하라.

[87] Erik Hornung, "Monotheismus im Paranoischen Ägypten," in *Monotheismus im alten Israel und seiner Umwelt*, ed. Othmar Keel (Fribourg: Verlag Schweizerisches Katholisches Bibelwerk, 1980), 85.

[88] 20세기 초 제임드 브리스테드(James H. Breadted)는 아텐 찬가들과

관들의 무덤 벽에 새겨진 아텐 찬가의 일부이다.

> 당신의 행위가 얼마나 큰지요!
> 비록 보이지는 않지만,
> (당신은) 유일하신 하나님이며,
> (당신) 외에는 다른 신이 없습니다.
> 당신, 오직 당신만이 뜻 대로 땅을 만드셨습니다……
> 당신은 모든 사람을 그 거처에 두시고,
> 그들의 필요를 공급하십니다…….
> 당신은 내 마음에 있습니다.
> 당신을 아는 사람은 나 외에 아무도 없습니다.
> 오로지 당신의 아들, 레의 유일한 아들에게
> 당신은 당신의 법도와 힘을 가르쳤습니다…….[89]

시편 104편의 유사성에 주목하고 후자가 전자에 직접 영향을 받은 것이라고 주장했다(*A History of Egypt* [London: Hodder&Stoughton, 1921], 371). 그후 이 둘의 관계에 대한 성서학자들의 연구가 활발히 진행되었다. 다음의 책과 논문들을 참고하라: George Nagel, À propos des rapports. Du psaume 104 avec les textes égyptiens," in *Festschrift für Alfred Bertholet*, eds. Ott Essfeldt et al (Tübingen, 1950); Mitchell Dahood, *Psalms III, 101-150* (New York: Doubleday, 1970); Peter Craigie, "The Comparison of Hebrew Poeotry: Psalm 104 in the Light of Egyptian and Ugaritic Poetry," *Semitics* 4 (1974): 9-24; Paul Dion, "YHWH as Storm-God: the Double Legacy of Egypt and Canaan as Reflected in Psalm 104," *ZAW* 103 (1991): 43-71; J. Glen Taylor, *Yahweh and the Sun: Biblical and Archaeological Evidence for Sun Worship in Ancient Israel* (Sheffield: JOST Press, 1993).

89 W. W. Hallo, ed., *Context of Scriptures,* volume 1 (Leiden: Brill,

2. 아텐 유일신교의 다신교적 문맥

지금까지의 논의는 아켄아텐의 창시한 아텐 종교가 다신교 체제를 파괴하는 듯한 혁명적 유일신교임을 보여준다. 그리고 많은 이집트 학자들이 아텐의 종교를 혁명적 유일신교로 정의한다. 그렇다면 아텐의 유일신교가 이집트의 다신교와의 접점은 무엇인가? 아텐 유일신교의 성격을 어떻게 규정하든지 분명한 것은 그것이 무로부터 나오지 않았다는 사실이다. 아텐 유일신교의 탄생에 기여한 요소들이 이집트의 전통적 다신교 안에 있었을 것이다. 지금부터는 아텐 유일신교의 다신교적 접점들을 논의해 보자.

첫째, 고대 이집트에서 다신교에는 통일 왕국의 시작부터 질서 있는 세련된 다신교로 출발했다. 다양한 신들의 신전과 제의가 전역에 퍼져 있었지만 하나의 핵심 신이 이집트 다신교 개념에서 중요하게 된다. 고왕국 초반까지 매 형상의 호루스가 핵심 신으로 숭배되었고, 고왕국 후반부터는 태양 신이 핵심 신으로 등장한다. 그리고 중왕국 12왕조부터 신왕국까지 아문이 만신전의 최고 지위에 오른다. 그리고 후기 왕조 시대에는 오시리스가 가장 중요한 신이 된다.[90] 이 핵심 신들이 홀로 혹은 그룹으로 만신전의 지도자로 기능했지만 다른 신들의 존재와 기능이 부정된 것은 아니었다. 아텐 유일신교와 접점의 관점에서 중요한 다신교적 문화 전략은 핵심 신들이 신화나 찬양의 문맥에서 후대의 유일신 신학을 연상시키는 내용과 연관되는 것이다.[91] 단적인 예

2000), 46. Lichtheim의 번역을 참고하였다.

90 James K. Hoffmeier, "The First God," in https://aeon.co/users/james-k-hoffmeier. 2024년 2얼 14일 접근.

91 Hornung, "Monotheismus im Paranoischen Ägypten," 88–89.

가 핵심 신들이 다른 모든 신들의 창조주 혹은 아버지라는 칭호를 얻는 것이다. "신들의 아버지(the king of the gods)"라는 호칭도 신왕국 때에 아문-레에게 적용되지만, 페피 1세(B.C. 2312-2287)의 피라미드 문서에서 같은 호칭이 호루스에게도 적용되었다.[92] 고대 이집트에 다양한 창조주와 신들의 아버지, 신들의 왕이 존재했던 것으로 보아 그 표현은 문자가 아닌 문학적 의미로 이해해야 한다. 한편, 이집트 다신교의 핵심 신들은 수많은 '현현'이나 '측면'으로 존재할 수 있다. 예를 들어, '호르아크티'(Harakhty)는 태양신의 현현으로 호루스를 가리키며, 태양 신은 아툼, 케프리, 아크티 등의 측면으로 나타날 수 있다. 이런 신의 현현과 측면들은 각각의 신전을 가지며 별도의 신격으로 간주된다. 유일신 아텐도 초기에는 태양신의 한 현현으로 간주되었다.

둘째, 이집트 다신교 신학에서 다양한 신들을 관통하는 하나의 신성에 대한 믿음이 있다. 이것은 중왕국 시대의 이집트의 지혜 문학에서 신을 익명처리 하는 관행에서 엿볼 수 있다.[93] 예를 들어 다음의 메리카레의 교훈에서 특정 신의 이름 대신 "신"(ntr)이라는 일반명사를 사용하고 있다:

"한 세대가 가고 다른 세대가 가도, 신은 보이지 않지만 (모든 사람의) 성격을 안다; 누구도 손의 주에 맞설 수 없다. 사람은 그 길에서 신을 경외해야 한다….올바르고 정의롭게 삶으로써 무덤 속 너의 지위를 견고하게 하라…신을 위해 일하라.

---

[92] Hornung, *Conceptions of God in Ancient Egypt: The One and the Many*, 231.

[93] Assmann, "Polytheism and Monotheism," 23.

그러면 신도 너를 위해 일할 것이다…. 신은 그를 위해 일하는 자를 돌보신다."(메리카레의 교훈)[94]

인용된 메리카레의 교훈에서 "손의 주"는 태양 신의 한 현현을 가리키는 말이지만 그의 이름을 언급하지 않고 계속 "신"이라는 일반 명사를 사용한 이유는 다신교 내의 수많은 신들을 관통하는 공동의 신성이 있음을 반영하는 것일 수 있다.[95] 공동의 신성에 대한 믿음이 이집트의 창조 신화에도 반영되어 있다. 이집트의 창조 신화는 조물주를 지칭할 때에 일반명사 "신" 대신, 도시 전통에 따른 조물주의 이름을 사용하지만, 그 다양한 창조 신화들은 한결 같이 모든 세계—여기에는 당연히 신계도 포함됨—의 근원을 하나의 신에서 찾는다. 헤르모폴리스, 헬리오폴리스, 멤피스, 테베, 어느 도시의 창조 신화이든 하나의 신(누, 아툼, 프타, 혹은 아문)에서 모든 다양한 신들이 유출되었다는 주제가 엿보인다.[96] 이것은 다양한 신들이 결국 하나의 신성을 공유한다는 생

94　Hallo, *Context of Scripture*, 64. Lichtheim의 번역을 참조했음.

95　Allen, "Monotheism, Monolatry, Polytheism," 321-323. 알렌은 호르눙의 견해도 소개한다. 즉 호르눙은 지혜 문학에서 신을 익명 처리하는 것을 문학적 관행으로 이해한다. 즉 지혜 문학은 어떤 신을 믿는 사람에게도 적용가능해야 한다. 따라서 지혜 문학에서는 신의 구체적 이름을 언급하는 대신 모든 신을 포괄할 수 있는 보통 명사 "신"을 사용한다. 스미스(Mark S. Smith)는 지혜 문학의 "신"을 "a temple deity"라고 부른다. Smith, *God in Translation*, 54.

96　이집트 창조 신화들에 대한 간결하면서 믿을 만한 설명은 알렌의 글을 참고하라: Allen, *Middle Egyptian: An Introduction to the Language and Culture of Hieroglyphs*, Essays 11-15.

각을 반영한다.

　　세째, 앞서 언급한 여러 신들을 붙여 '복합 신'을 만드는 관행과 그것이 확대된 최고신교(Henotheism)도 아텐 유일신교의 배경이 된다. 그것들은 이집트 다신교에서 신성의 다자성과 단일성 사이의 갈등을 해결하는 방식 중 하나임을 앞서 설명했다. 예를 들어, 최고신이 다른 신들의 능력을 모두 흡수한 유일무이한 신이지만 그렇다고 다른 신들의 존재나 제의가 부정되는 것은 아니다. 하지만 이런 포괄적 유일신의 개념이 모종의 정치 사회적 자극 아래서 배타적 유일신의 개념으로 넘어가는 것은 어려워 보이지 않는다. 즉 '다른 신들은 최고 신의 측면에 불과하다'와 '(당신은) 유일하신 신이며 (당신 외에) 다른 신은 없습니다' 사이에 신학적 거리가 크지 않다.[97]

　　이처럼 아텐 유일신교는 이런 이집트 다신교 신학과 접점들을 가진다. 그럼에도 불구하고 아켄아텐의 유일신교는 아텐의 신격이 추상적이라는 점과 다른 신들에 대한 제의를 거부한다는 점에서 전통적 다신교 세계관과 대치된다. 그렇다면 아텐 유일신교의 혁명성은 어디로부터 기원한 것일까?

3. 아텐 유일신교의 기원

아텐 유일신교의 기원을 설명하는 다양한 이론들이 제안되었다.

97　매키니스트는 야훼 종교에 대해 비슷한 언급을 한다. 즉 다른 신들은 야훼의 주권 아래에 있는 종에 불과하다는 개념에서 '다른 신들은 신이 아니다'라는 선언으로 넘어가는 것은 매우 쉽다고 말한다. Machinist, *Once More: Monotheism in Biblical Israel*, 25-26.

이미 용도 폐기된 원시 유일신교 이론에서부터[98] 아텐 유일신교를 다신교 신학의 논리적 발전으로 보는 이론, 종교인의 영감에서 아텐 종교의 혁명성을 찾는 이론,[99] 당시 신왕국의 정치 사회적 역학에서 그 기원을 찾는 이론 등이 다양한 형태로 제시되었다.

우선, 아텐 유일신교를 전통적 다신교 신학의 논리적 발전으로 볼 수 있다. 이런 입장에 따르면 아켄아텐의 새 종교는 그다지 혁명적인 것은 아니다. 앞서 언급했듯이 이집트 종교에는 수천의 신격이 존재하지만 그 신격들을 관통한 공동의 신성에 대한 힌트들도 존재한다. 이런 공동의 신성 개념이 이집트가 제국의 시대로 들어선 신왕국 시대에 그것도 이집트 영토와 부가 절정에 달한 아멘호텝 3세(B.C. 1390-1352) 이후 유일신 개념—즉 모

---

[98] 이집트 종교가 본래 즉 선사 시대에는 유일신교였는데 국가가 생기면서 다신교로 퇴화했다는 주장이 있다. 이런 주장에 따르면 아켄아텐의 종교 개혁은 이집트 종교를 유일신교적 뿌리로 되돌리려는 노력이었다. 이런 입장을 "원시 유일신교 가설"이라 부른다. 흥미로운 것은 중국 종교에 관해서도 비슷한 가설이 있다는 것이다. 19세기 중국에서 활동한 영국 선교사 제임스 레게(James Legge, 1815-1897)는 중국인들이 본래 유일신교를 신봉했는데 후에 점복과 우상숭배자가 되었다고 주장한다. 그는 중국인들이 섬긴 상제(上帝)가 단순히 최고 신을 가리키는 것이 아니라 인격적 창조신이라고 말한다. 한국 기독교에서 신명으로 채택한 "하느님/하나님"도 한국 토속 신앙의 최고 신이다. 이와 같은 "원시 유일신교 가설"이 이집트 학자들 사이에서 거의 받아들여지지 않지만 이집트 종교에서 유일신교의 씨앗들이 발견된다는 주장은 꾸준히 제기되었다. Allen, "Monotheism, Monolatry, Polytheism," 321; Oak, "Competing Chinese Names for God: The Chinese Term Question and Its Influence upon Korea," 89-115.

[99] Hoffmeier, *Akhenaten and the Origins of Monotheism*, chapters 5-6.

든 신들의 능력을 흡수한 절대적 창조주—으로 진화했을 가능성이 있다. 하지만 이런 주장의 문제는 아켄아텐의 종교가 아텐 이외의 다른 신들을 부정한다는 사실을 설명하기 힘들다. 제1천년기 제국의 시대에 비슷한 종교 발전을 보인 메소포타미아에서도 포용적 유일신교가 발생했지만 다른 신들에 대한 박해로 이어지지는 않았다는 점은 시사하는 바가 크다. 그럼에도 불구하고 아켄아텐의 새 종교를 이집트 다신교 문화와 양립 가능한 것으로 이해할 수 있을까?

존 베인즈(John Baines)는 이 질문에 긍정적으로 답하는 듯하다. 폰그라츠-라이스텐이 편집한 책 〈혁명적 유일신교의 개념을 재고하기〈Reconsidering the Concept of Revolutionary Monotheism)〉에 이집트의 아텐 유일신교를 다루는 논문을 기고한 베인스는 자신의 논문에서 아켄아텐의 종교를 전통 다신교와 단절한 혁명적 종교로 보지 않는다.[100] 그는 아텐의 유일성을 보이는 비문과 도상 증거들을 문학적 그리고 건축적 문맥에서 분석한 후, 아텐 유일신교의 표현들이 극단적이긴 하지만 여전히 전통 다신교의 문화적 전략에 속함을 주장한다. 예를 들어, 베인즈에 따르면, 아텐의 대찬가(the Great Hymn to Aten)는[101] 아멘호

---

100 John Baines, "Presenting and Discussing Dieties in New Kingdom and Third Intermediate Period Egypt," in *Reconsidering the Concept of Revolutionary Monotheism*, ed. Beate Pongratz-Leisten (Winona Lake, IN: Eisenbrauns, 2011), 41–90.

101 아텐의 대 찬가는 아마르나 고관 아이(Ay)의 무덤 서쪽 벽에 13개의 칼럼으로 구성된 문서이다. 아텐 유일신교 신학의 정수를 담고 있는 것으로 평가된다. 태양의 하루 여행을 소재로 하는 다른 찬가들과 다른 점은 아텐이

텝 3세 때의 귀족인 수티(Suty)와 호르(Hor) 형제의 석비에 새겨진 태양 찬가에 사용된 문학적 수사와 크게 다르지 않다. 이 때는 아직 아텐이 유일신이 되기 이전이다. 나아가 유일신교적 수사들이 사용된 태양신 찬가들이 기록된 건축적 문맥, 즉 무덤이나 신전은 분명 다신교적이다. 즉 태양신 이외의 신들의 신상과 도상들이 존재했다. 수티와 호르의 태양신 찬가 비문 위에 저부조는 수티와 호르가 오시리스와 아누비스를 경배하는 모습을 묘사하며, 석비 자체를 감싸는 틀에 새겨진 비문은 12명의 다른 신들을 향한 주문이 들어 있다. 즉 수티와 호르의 태양신 찬가는 분명 유일신교적이지만 그 위의 도상, 그 주변의 비문들은 전부 다신교 문화를 그대로 노출한다.[102] 베인즈는 아켄아텐 왕이 태양신 찬가의 문학적 수사를 문자적으로 이해하여 아텐에게 적용했을 가능성이 있다고 주장하는 동시에, 왕실에서 발생한 신학적 사유의 혁신이 이집트 백성들의 실제 종교 생활에는 거의 영향을 주지 못했다고 지적한다. 유일신의 성도(Holy City) 아마르나에서 발견된 베스(Bes)와 타웨레트(Taweret)의 신상은 아마르나 시민들이 아텐 이외에 다른 신들에 대한 제의를 지속했음을 시사한다.[103]

수행하는 신 없이 홀로 여행한다는 것이다. 일반적으로 태양 신의 하루 여정에는 수행신들이 동행한다. 하지만 아텐 찬가는 "신은 하나며 다른 신은 없다"고 선언한다. 아텐 대찬가의 영문 번역과 해설을 보려면 Hallo, *Context of Scriptures*, 44-46을 참조하라.

[102] Baines, "Presenting and Discussing Deities in New Kingdom and Third Intermediate Period Egypt," 58-59. 58쪽에 비문 사진이 수록되어 있다.

[103] Baines, "Presenting and Discussing Deities in New Kingdom and

이런 베인의 주장이 옳다면 아텐 종교는 기존의 전통 다신교를 대체한 것이 아니라 특정한 정치적 환경에 자극 받은 신학적 돌연변이라 평가할 수 있다. 수티와 호르의 유일신교적 수사가 다신교적 부조와 양립 가능하듯이 아켄아텐의 유일신 종교도 일반 이집트인들의 다신교와 양립했다. 베인에 따르면 아켄아텐이 공격 대상으로 삼은 것은 아텐 이외의 모든 신들이 아니라, 아문과 그의 연관된 신들에 국한된다. "신들"이 "신"으로 편집된 것도 아문 신에 대한 박해로 이해한다. 아문이 "신들의 왕"의 칭호로 불린다는 점에 착안하여 "신들"을 단수로 바꾼 것은 아문 세력들에 대한 거세의 의미가 있다는 주장이다.[104]

둘째, 아텐 유일신교를 기존의 다신교와 조화될 수 없는 혁명적 종교로 이해하는 학자들 중 일부는 그 혁명성의 기원을 종교 지도자의 영감에서 구한다. 예를 들어, 호프마이어는 아켄아텐 왕이 즉위 초년이나 그 이전에 신현(theophany)을 경험했을 것이라 추정한다.[105] 아텐 신이 정말 아켄아텐에게 나타났는지는 알 수 없지만 중요한 것은 아켄아텐 왕이 아텐을 정말 경험했다고 믿었을 가능성이다. 인류 역사에서 많은 종교 지도자들이 그런 신비 체험을 주장했음은 주지의 사실이다. 호프마이어에 따르

Third Intermediate Period Egypt," 62.

104 Baines, "Presenting and Discussing Deities in New Kingdom and Third Intermediate Period Egypt," 63.

105 Hoffmeier, *Akhenaten and the Origins of Monotheism*, 142, 149. 149쪽에서 호프마이어는 신현에 관한 그의 주장이 '추정'(conjecture)임을 분명히 한다. 하지만 제임스 알렌도 아켄아텐이 신현을 체험했을 가능성을 부정하지 않는다. Allen, *Monotheism, Monolatry, Polytheism*, 320.

면 아켄아텐도 신현 체험을 통해 바울의 '다마스쿠스의 회심'과 같은 극적인 영적 각성에 도달했다.[106] 그 증거로 아켄아텐이 아마르나, 테베, 그리고 누비아에 아텐 신전을 짓고 그것의 이름을 게메트 파-아텐(Gemet Pa-Aten) 즉 "아텐을 만남"이라고 명명했다는 점을 제시한다. 호프마이어는 다음과 같이 말한다.

> "세 개의 신전이 같은 이름으로 불리는 것은 유례없는 일이다. 그 이름의 의미 "아텐을 만남"이 그 청년 왕의 종교 개혁에 중요했을 것이다. 그 세 신전의 이름이 왕이 체험한 극적 신현을 기념하는 것이며, 왕의 (종교) 혁명을 출범시킨 것은 아닐까?"[107]

호프마이어는 신현에 대한 또 하나의 증거로 경계 석비의 내용을 제시한다. 경계 석비에서 아켄아텐 왕은 새 수도의 후보지 아마르나를 발견하게 된 경위를 다음과 같이 설명한다: "보아라. 아텐이다. 아텐께서 거대 건물 즉 아케트-아텐을 건설하기 원하신다….아텐 나의 아버지께서 아케트-아텐을 건축하도록 내게 명령하셨다."[108] 석비의 내용에 따르면 아텐 신이 직접 아마르나를 성도(聖都)로 정하고 그것을 아켄아텐에게 계시해 주었다. 호프마이어의 '신현' 이론은 아켄아텐 종교의 혁명성을 가장 잘 설명하지만, 신현 체험이 곧 유일신 사상으로 이어지지는 않는다

---

106 Hoffmeier, *Akhenaten and the Origins of Monotheism*, 141.

107 Hoffmeier, "The First King," in https://aeon.co/users/james-k-hoffmeier. 2024년 2월 15일 접근.

108 Hoffmeier, *Akhenaten and the Origins of Monotheism*, 154.

는 점, 즉 신현 체험에 대한 다신교도들의 증언도 많다는 사실은 호프마이어의 가설의 가장 큰 약점이다.

셋째, 20세기 중엽부터 정치 사회적인 요인들이 아켄아텐의 종교 개혁을 설명하는 기제로 제안되었다. 먼저, 게오르그 스타인도르프(Georg Steindorff)는 아켄아텐이 새 수도를 건설한 계기를 헬리오폴리스(Heliopolis)의 사제단을 지원하는 왕과 테베의 아문 사제단 사이에 발생한 심각한 신학적 견해차(a bitter religious controversy)에서 찾으려 한다.[109] 존 윌슨(John Wilson)도 아켄아텐의 종교 개혁의 배경으로 왕실과 아문 사제간의 관계 악화를 꼽지만, 그 원인을 신학적 견해 차이가 아닌 왕의 소극적인 군사 원정에서 찾는다. 아켄아텐의 아버지 아멘호텝 3세 아래 신왕국의 국력이 정점을 달했을 때, 시리아-팔레스타인과 누비아에 대한 정복으로 많은 자원과 부가 이집트로 흘러 들어왔다. 그리고 그에 대한 최대 수혜를 아문 신전과 그 사제들이 누렸다. 하지만 아마르나 외교 서신에 따르면 아켄아텐은 시리아 팔레스타인에 부대를 주둔시키지 않았으며, 그 지역의 속왕들이 침략을 당해 원군을 요청해도 군대를 보내지 않았다. 윌슨에 따르면 아켄아텐의 소극적인 군사 원정으로 인해 수입을 상실한 아문 사제들이 이집트의 권력을 놓고 아켄아텐과 대립했다.[110] 실버만은 아멘호텝 3세부터 급격히 커진 아문 사제단의 권력을 아켄아

---

109   Georg Steindorff, *When Egypt Ruled the East* (Chicago, IL: The University of Chicago press, 1942), 80–81, 204.

110   John Albert Wilson, *The Culture of Ancient Egypt* (Chicago: University of Chicago Press, 1951), 207.

텐의 종교 개혁의 배경으로 특정한다. 실버만에 따르면 아켄아텐이 왕이 되었을 때 아문 사제단과의 갈등이 노골화된 것은 아니지만 아켄아텐의 정치적 감각(political astuteness)이 그 위험성을 예견하고 아문 사제단을 견제하는 종교 개혁을 단행하게 만들었다.[111]

이상 제시된 아텐 유일신교의 기원에 대한 설명은 모두 정황적 증거에 근거한 추론의 지위를 벗어나지 못한다. 또한 유일신교 개혁에는 세 가지 요인이 복합적으로 작동했을 가능성도 있다. 실제로 아켄아텐의 종교 개혁에 정치적 동기가 있었다고 주장하는 학자들도 아켄아텐 왕의 영감—이것이 계시의 의한 것이든 상관 없이—이나 독특한 성격이 이집트의 전통 종교에 대한 개혁을 가능하게 했을 가능성을 무시하지 않는다.[112] 또한 아켄아텐의 유일신 개혁이 다신교 세계관의 돌연변이일 뿐이라 주장한 베인즈도 그 돌연변이가 발생한 정치, 사회적, 혹은 종교현상학적 이유를 찾아야 한다. 분명한 것은 아텐 유일신교가 아텐의 추성적 신성과 다른 신들과 대립 관계에 있어 전통적 다신교와 대립함에

---

111 David P. Silverman, "Divinity and Deities in Ancient Egypt," in *Religion in Ancient Egypt: Gods, Myths, and Personal Practice*, ed. Byron E. Shafer (Ithaca: Cornell University Press, 1991), 75–76. 이상의 정치 사회적 측면에 대한 논의는 호프마이어의 논의에 근거해 필자가 내용을 직접 확인하여 서술한 것이다. Hoffmeier, *Akhenaten and the Origin of Monotheism*, 140.

112 Silverman, *Religion in Ancient Egypt*, 75. 실버만은 왕의 정치적 영리함이 선제적으로 종교 개혁을 단행하게 만들었다고 주장하면서도 왕의 독특한 성격이 새 종교 형성에 기여했음을 부정하지 않는다.

도 불구하고 전통적 다신교 문화와 여러 접점들도 가진다는 사실이다.

V. 야훼 유일신교

다신교 배경에서 발생했지만 다신교 세계관을 거부한, 보다 분명한 예는 고대 이스라엘의 야훼 유일신교에서 발견된다. 적어도 구약 성서에 반영된 야훼 유일신교는 주변국가들의 다신교 세계관의 대척점에 위치한다. 하지만 구약 성서가 매우 복잡한 편집의 역사를 거친 후대의 기록물이며 이방 민족의 지배 하에서 민족의 정체성을 지켜 내기 위한 '기억 역사(mnemonic history)'임을 고려할 때, 야훼 유일신교에 대한 구약 성서의 표면적 서술을 액면 그대로 받아들이기 어렵다. 야훼 종교의 역사적 실재(historical realia)을 규명하고 그것이 유일신교로 발전한 과정을 추적함에 있어, 구약 성서에 대한 비평적 독해와 시리아-팔레스타인 고고학에 대한 종합적 고려는 필수적이다. 물론, 구약 성서에 대한 모든 역사 비평의 결과를 신뢰할 수 있는 것은 아니다. 특정 본문의 연대 문제는 많은 경우 가설적 지위를 가진다. 이 때문에 매키니스트(Peter Machinist)는 유일신교의 역사적 발전보다 '논리적' 발전에 주목하자고 제안한다.[113] 하지만 역사 비평의 이득이 균일

---

113 Machinist, "Once More: Monotheism in Biblical Israel," 35. 매키니스트는 "논리적 관계"를 다음과 같이 설명한다: "A 본문에 있는 사상이 B 본문에 있는 사상을 전제하거나 그것의 발전인 경우, B 본문이 A 본문보다 논

하지 않다고 해서 그것을 무시하는 것은 건강하지 못하다.[114] 역사가는 제한된 정보를 가지고 최대한 합리적인 역사를 재구성할 의무를 지닌다. 이어지는 지면(紙面)은 야훼 유일신교의 역사적 발전과정을 간단히 추적함으로써 그것이 가지는 혁명적 성격과 그 기원을 정리하려 한다.

지난 백 년 동안 야훼 유일신교의 기원에 대한 학자들의 합의는 시대에 따라 큰 궤적의 진자 운동을 했다. 20세기 초, 종교사학자들은 야훼 유일신교의 기원을 후대의 일로 설명했다. 성서비평학의 아버지 율리우스 벨하우젠(Julius Wellhausen, 1844-1918)은 "고대 이스라엘인들은 유일신교를 몰랐다……그런 개념이 생긴 것은 바빌로니아 포로기다. 야훼가 땅과 바다, 그 안의 모든 생물, 그리고 하늘과 천체들을 창조하고 다스린다는 주장은 그 때 갑자기 생겨났다."[115] 이런 주장은 1948년에 출판된 〈오경의 전승 역사〉(Überliefrungsgeschichte des Pentateuch)에서, 마르틴 노트(Martin Noth, 1902-1968)가 모세가 역사적 인물일 가능성을 부

리적으로 빠르다고 할 수 있다." 하지만 매키니스트도 인정하듯이 이런 접근에는 문제가 있다. 논리적 순서가 반드시 시간적 순서는 아니기 때문이다. 다시 말해 논리적 선후 관계로 보이는 A와 B가 같은 문제에 대한 동시간적 이견일 수 있기 때문이다. 야훼 종교의 발전에 관한 어느 접근을 취하든 이 주제는 매우 복잡하여 다루기 어렵다.

114   이 진술이 방금 언급한 매키니스트에게는 적용되지 않는다. 그는 역사비평의 결과들을 진지하게 고려하는 학자다. 다만 유일신교의 발전에 대한 논의에서 논리적 순서에 집중할 뿐이다.

115   Hoffmeier, *Akhenaten and the Origins of Monotheism*, 257에서 재인용. Cf. Julius Wellhausen, *Prolegomena to the History of Ancient Israel* (Gloucester: Peter Smith, 1993), 417-420.

정함으로써 더욱 강화되었다. 노트의 주장에 영향 받은 학자들은 야훼 유일신교의 기원을 모세의 영감 혹은 계시에서 찾는 것을 잘못이라 여겼다. 하지만 1960년대에 독일에서 신에 대한 이성적 이해를 부정하는 변증 신학(dialectical theology)이 유행하자 야훼 유일신교의 기원을 모세가 시내 산에서 받은 계시에서 찾는 학자들이 많이 생겨났다. 하지만 최근 시리아-팔레스타인의 고고학의 업적들(쿤틸레트 아즈루드 비문, 키르베트 엘콤 비문, '아세라' 여신상들)이 축적되고 성서에 대한 비평적, 문학적 연구가 보다 널리 받아들여지면서 야웨 유일신교의 기원에 대한 논의는 20세기 초의 종교 사학자들의 결론으로 다시 수렴하게 된다.[116] 하지만

---

116 Konrad Schmidt, "The Quest for 'God': Monotheistic Arguments in the Priestly Texts of the Hebrew Bible," in *Reconsidering the Concept of Revolutionary Monotheism*, ed. Beate Pongratz-Lesten (Winona Lake, IN: Eisenbrauns, 2011), 271-272. 이상의 변화는 독일의 종교학 사전 『종교의 과거와 현재』(*Die Religion in Geschichte und Gegenwart*)에 실린 유일신교의 기원에 대한 설명에 잘 반영되어 있다. 1930년대 2판에서 "유일신교와 다신교"를 다룬 Max Heller는 "유일신교는 하나의 신만이 존재한다는 종교로 바빌로니아 포로기 시절 처음 증거된다"고 적는다. 하지만 1960년다 3판에서 "유일신교와 다신교"를 담당한 Friedrich Baumgärtel은 정반대의 입장을 취하여 성서의 유일신교는 모세가 창시했다고 말한다. 그리고 2002년 제4편에서 다시 한번 학자들의 합의가 크게 선회하여, Hans-Peter Müller는 "유일신교는 바빌론 유수라는 위기에 대한 반응으로 처음 출현한다"고 적고 있다. 그리고 이 입장은 여전히 많은 학자들에 의해 지지받는다. 『종교와 과거의 현재』에 나타난 유일신교의 기원에 대한 설명이 판을 거듭하면 변천했다는 내용은 인용한 Konrad Schmid의 논문에서 가져온 것이다. 제4판은 온라인 버전으로 열람 가능하다. https://referenceworks.brillonline.com/browse/religion-in-geschichte-und-gegenwart, 2024년 1

최근의 논의는 유일신교의 발전을 단순히 진화-결정론적으로 이해하지 않고 다신교 세계관이 특정한 사회, 역사적 상황에 적응하여 특정 지식인 집단들에 의해 지속적으로 수정되어 결과된 것으로 파악한다. 이 때문에 뢰머(T. Römer)는 유일신 사상의 기원을 "집단적 발명"(collective invention)의 결과로 이해한다.[117]

그렇다면 야훼란 어떤 신이고, 그가 어떤 과정을 통해 포로기 이후의 유일신의 신격을 가지게 되었을까? 야훼 유일신교의 발전도 다신교적 문화 전략의 틀에서 이해될 수 있을까? 이스라엘의 유일신교는 어떤 의미에서 혁명적이며 어떤 사회 정치적 배경에서 발생했는가?

야훼 종교의 발전 과정에도 다신교의 문화적 전략들이 확인된다: "신들의 회의," "신성의 번역 가능성," "최고신 개념" 등. 하지만 이것 만으로 야훼 종교의 기원을 다 설명할 수 없다. 유목민의 종교 즉 가족/부족 종교의 세계관을 함께 고려해야 한다. 이스라엘 민족의 호국신이 되기 전 야훼는 신전을 보유한 도시 주신이 아니라 유목민들과 함께 움직이는 신이었다. 왕정 시대의 야훼의 복합 신성(엘 + 바알 + 태양신 + 아세라)과 단일신교(Monolatry)는 유목민들의 신 야훼가 신전을 가진 도시 신으로 발전했다는 사실과 밀접히 연관되어 있다. 핵심적인 질문은 이스라엘 민족이 나라를 잃고 다시 떠돌이 신세가 되었을 때 '야훼의 신격에 어떤 변화가 일어났는가'이다. 또한 그런 변화 뒤에 숨어있는 사회 정

월 26일 접근.

117 Thomas Römer, *The Invention of God* (Cambridge, Massachusetts: Harvard University Press, 2015).

치적 요인은 무엇인가?

1. 원시 야훼(Proto Yahweh)

구약 성서는 야훼가 우주를 창조한 유일신이며 이스라엘 민족을 이집트의 속박에서 해방시킨 후 그들의 특별한 신이 되었다고 서술한다. 이런 성서의 주장을 액면 그대로 받아들인다 해도 변하지 않는 사실은 야훼가 고유명사라는 사실이다. 또한 야훼로 불리는 신이 이스라엘과 영원부터가 아니라 역사의 특정 시점부터 관계하기 시작했다는 것이다. 이 사실들에서 다음과 같은 질문들이 발생한다. 먼저 이스라엘의 신에 특정 이름이 있다는 사실은 그가 처음에는 유일신이 아니었음을 암시한다. 그가 처음부터 유일신으로 이해되었다면 다른 신들과 구분을 위한 호칭이 필요했을까?[118] 또한 그 야훼가 역사의 한 시점에 이스라엘의 신이 되었다면, 그 이전의 야훼는 어느 민족의 신으로 존재했을까? 학자들은 이스라엘과 언약 맺기 전의 야훼를 "원시 야훼"(proto Yahweh)라 부른다. 이 원시 야훼는 어느 지역에서 어떤 사람들의 신으로 숭배되었을까?

성서 비평학과 고고학의 발전으로 이런 문제에 대한 답을 구하는 것이 가능하게 되었다. 오랜 기간 성서 본문이 상황에 따

---

118 "야훼"라는 이름이 모세 때에서 세상에 처음 알려졌다는 출애굽기 6장 2절에 대한 다양한 해석은 차치하고라도 성서 비평학자들은 그 본문을 포로기 이후에 사제 계급들에 의해 작성된 것으로 여긴다. 또한 논쟁의 여지는 있지만 "야훼"를 연상시키는 신명이 청동기 시대의 다양한 문서에서 언급이 되는 것을 볼 때 이스라엘과 야훼가 관계하기 전에 야훼라는 신이 이미 사람들에게 알려졌을 가능성을 배제할 수 없다.

라 수정과 증보를 거듭했지만, 구약 성서의 편집자들은 자신의 신학적 견해와 상충하는 이전 전승들을 완전히 제거하지 않고 (그것들이 자신의 신학으로 재해석 가능하다면) 유지하는 경향을 보였다.[119] 이 때문에 구약 성서 중 비교적 오래된 전승에서 우리는 야훼의 기원에 대한 힌트를 얻을 수 있다. 고대 근동의 출토 문헌에서도 야훼라는 신을 연상시키는 내용들을 찾을 수 있다. 이런 증거들을 종합해 볼 때 야훼는 가나안 지역에서 이스라엘의 민족신이 되기 전에 본래 가나안의 남동 스텝 지역 유목민들의 신이었음을 추정할 수 있다.

먼저 출토 문헌의 증거를 살펴보자. 학자들은 원시 야훼에 대한 언급을 에블라, 우가리트, 마리, 이집트에서 발견된 문헌에서 찾아 내었다. 하지만 이 중 이집트 문헌에 언급된 증거를 제외하한 다른 증거들은 이스라엘의 야훼와 역사적, 언어적 관계가 분명하지 않다.[120] 아멘호텝 3세(B.C. 1390-1352)가 누비아의 지

---

119 Smith, "God in Translation: Cross-Cultural Recognition," 244.

120 1976년 지오바니 페티나토(Giovanni Pettinato)는 3천년기 에블라 문서에서 NI로 끝나는 이름들을 발견하였다. 이것은 ia로 음역될 수 있는데, 그것은 성경 인명에 사용된 야훼의 축약형을 연상시켰다. 정작 지오바니 페티나토는 그것이 이름에 사용되는 축약 신명이라고 단정할 수 없다고 하였지만 많은 성서 학자들은 그것을 성경의 야훼와 동일시하는 유행을 일으켰다. 예를 들어 미첼 다후드(Mitchell Dahood)는 에블라의 인명 증거들이 야훼가 본래 가나안의 지역 신이었음을 보여준다고 주장한다. 하지만 오늘날 에블라에서 야훼가 숭배되었다는 주장을 받아들이는 학자들은 없다. 인명 끝의 NI가 ilī 'my god'에 대한 축약형임이 밝혀졌을 뿐 아니라 에블라의 제의 문서나 신명록에서 야훼라는 신이 증거되지 않기 때문이다. 우가리트의 바알 신화(KTU 1.1 IV:14)에 언급된 YW는 YM에 대한 오기일 가능성이 높

역(Soleb)에 남긴 비문(geographical list)에 *tʾ šʾsw yh(w)/yhwʾ*, "샤수의 땅 yhwʾ"이라는 대목이 나온다. 여기서 yhwʾ는 문맥상 지명이다. 하지만 신이름이 지명에 반영되는 다른 예들(앗수르, 아테네, 벧엘 등)을 고려할 때 샤수의 땅 yhwʾ는 원시 야훼에 대한 흥미로운 자료가 된다. 학자들은 샤수의 지역이 람세스 2세(B.C. 1279-1213)의 지명 목록에서 세일(Seir)을 연상시키는 *sʿrr*로 표기된 것에 근거해, 샤수 유목민들이 에돔과 아라비아 북부에서 활동했다고 추정하고, yhwʾ가 그들의 부족신/수호신 이었을 가능성을 논한다.¹²¹ 야훼를 섬긴 샤수 유목민과 성경의 이스라엘 민족과의

다. 마리 문서에서 증거되는 Ya-aḫ-wi-DINGIR, Ya-wi-DINGIR, Ya-wi-i-la, Ya-wi-ᵈIŠKUR, Ya-wi-ᵈDAGAN 등의 인명에서 '야흐위' 혹은 "야위"로 발음되는 부분이 신명일 가능성은 거의 없다. 이상의 논의는 야훼가 가나안이나 메소포타미아의 도시 신이었을 가능성을 배제한다. Cf. Giovanni Pettinato, "Der Polytheismus in Ebla," in *Monotheismus Im alten Israel und seiner Umwelt*, ed. Othmar Keel (Fribourg: Verlag Schweizerisches Katholisches Bibelwerk, 1980), 31–51; Theodore J. Lewis, *The Origin and Character of God: Ancient Israelite Religion through the Lens of Divinity*, 228-229; André Finet, "Yahvé au royaume de Mari," in *Circulation des monnaies, des marchandises, et des biens* (Louvain: Peeters, 1993), 15-22.

121 샤수는 18왕조 아멘호텝 3세 때에 처음 나타난다. 19왕조 람세스 2세의 누비아 비문에서는 그들이 사는 곳이 sʿrr로 표기되는데, 이것은 성서에서 에돔 지역을 가리키는 세일을 연상시킨다. 카르낙 신전에 묘사된 카데쉬 전투 장면에서 샤슈 사람들은 짧은 치마와 터번을 쓴 모습으로 등장한다. 또한 샤수가 "돌아다니다"를 의미하는 이집트 동사 šʾs에서 파생되었기 때문에, 학자들은 그들을 유목민이나 반유목민으로 여긴다.

관계는 앞으로 더 탐구할 문제이지만,**122** 지금까지 증거에 따르면 야훼로 불리는 신이 14세기에 가나안의 남동 스텝 지역 유목민들의 수호신이었을 가능성은 충분해 보인다. 이것은 야훼의 거처를 에돔 지역으로 특정하는 성경의 고(古)문들(신 33:2; 삿 5:4-5; 합 3:3. Cf. 시 68:8-9)과 함께, 소위 야훼의 '남방 기원설'의 증거가 된다.

야훼가 본래 가나안의 남동 스텝 지역의 신이었음을 보여주는 성경 전승들 중 사사기 5장은 구약 성서 본문 중 가장 오래된 전승으로 이해된다.

> יהוה בצאתך משעיר
> בצעדך משדה אדום ארץ רעשה גם־שמים נטפו גם־עבים נטפו מים
> הרים נזלו מפני יהוה זה סיני מפני יהוה אלהי ישראל

> 여호와여 주께서 세일에서부터 나오시고 에돔 들에서부터 진행하실 때에 땅이 진동하고 하늘도 새어서 구름이 물을 내렸나이다 산들이 여호와 앞에서 진동하니 저 시내산도 이스라엘 하나님 여호와 앞에서 진동하였도다 (삿 5:4-5, 개역한글)

---

122 샤수와 이스라엘의 관계에 대한 논의는 그 둘을 동일한 인구 그룹으로 보는 입장에서 그 둘을 완전히 다른 민족으로 보는 입장으로 나뉜다. 이스라엘이 샤수인들의 일부를 형성했다고 보는 중간적 입장도 있다. 자세한 논의는 다음의 글과 그 안에 인용된 문헌들을 참고하라. Lewis, *The Origin and Character of God : Ancient Israelite Religion through the Lens of Divinity*, 231-232.

인용에서 주목할 대목은 야훼가 이스라엘을 위해 싸우기 위해 출정하는 원점이 세일과 에돔이라는 사실이다. 세일과 에돔이 야훼의 본적지(本籍地)처럼 읽힌다. 이와 관련해 흥미로운 대목은 야훼가 "시내 산의 신"으로 불린다는 것이다. 일반적으로 히브리어 구문 *제 시나이*(זה סיני)의 *제*(זה)를 전칭(前稱)의 지시사로 이해하여 "시내 산도 (요동했습니다)"로 이해하지만,[123] 이 시가 히브리어 고문법을 반영할 가능성을 고려하면 *제*를 우가리트어의 관계사 *d*와 동족어로 이해하여 해당 구문을 "시내산의 신 (야훼)"로 이해하는 것이 더 좋다.[124] 나바테안인들의 신명 "두샤라(Dushara)"도 *제 시나이*와 같은 구문으로 "샤라 (산)의 신"으로 번역될 수 있다. 시내 산의 위치에 대한 논쟁이 있지만 적어도 인용 구절(cf. 신 33:2)에서 시내 산은 가나안의 남동쪽 스텝 지역, 에돔의 어딘가로 특정된다.[125] 헨드릭 파이퍼(Hendrik Pfeiffer)는 야훼의 기원

---

123 개역개정과 공동번역은 물론, 대부분의 영역 성경(e.g. ESV, KJV, RSV)도 시내 산을 동사 나즐루(נזלו)의 의미상 주어로 여긴다.

124 Römer, *The Invention of God*, 44; Johannes C. De Moor, *The Rise of Yahwism: the Roots of Israelite Monotheism* (Leuven: Leuven University Press, 1990), 194. 반대 입장을 보려면 시편 68편의 평행 구절에 대한 크라우스의 주석을 보라. Hans-Joachim Kraus, *Psalms 60-150: A Commentary* (Minneapolis: Fortress, 1989), 46. 크라우스는 히브리어 זה סיני를 "he of Sinai"로 번역하는 것은 히브리어 문법상 불가능하다고 단정한다. 하지만 이것은 구약 성서가 제공하는 언어적 데이터가 제한적이며, 그 구문이 매우 고문법을 반영했을 가능성을 고려하지 않는 것이다.

125 시내산의 정확한 위치에 대한 학자들의 합의는 없다. 전통적으로 시내 반도 남쪽 제벨 무사를 시내산으로 특정한다. 그 이유는 출애굽기 19장 1-2에서 이스라엘 백성들이 이집트에서 탈출한 후 약 50일만에 "시내 광야"로 진

에 대한 본문들이 고문체를 흉내 내어 작성된 포로기의 것이라고 주장하지만,[126] 예루살렘 이외의 성소를 가정하는 것은 신명기 사가의 포로기 신학과 배치된다는 점에서 야훼의 에돔 기원에 대한 구절들은 실제로 가장 오래된 전승을 포함하고 있을 가능성이 더 크다.

인용에서 주목할 또 한 가지는 원시 야훼가 전사의 신으로 그려진다는 사실이다. 먼저 사사기 5장이 드보라가 가나안 연합군에 맞서 싸우는 문맥임을 기억하자. 인용 구절은 그 싸움에 참여하는 전사 야훼를 혼돈 세력과 싸우는 근동의 풍우신들을 연상시키는 방식으로 묘사한다. 야훼가 이스라엘의 전사로 등장할 때 천둥으로 땅이 흔들리고 폭우가 내린다. 〈에누마 엘리쉬〉에 따르면 바빌론의 풍우신 마르둑이 혼돈의 바다 신 티아맛(Tiamat)을 물리칠 때 번개와 바람을 사용한다(제4토판, 35-44열). 가나안의 풍우신 바알이 혼돈의 바다 얌무(Yammu)와 싸울 때는 명시적으로 번개와 바람을 무기로 사용하지 않지만(KTU 1.2 IV), 바알이 사용한 두 개의 무기 야그루슈(*ygrš*)와 아야미리(*aymr*)가 모두

입했으며 그곳에 시내 산이 있었다는 진술 때문이다. 하지만 야훼의 기원에 관한 성경 본문은 시내 산의 위치를 에돔 혹은 아라비아 북서부 쪽으로 특정한다.

126 파이퍼는 586년 예루살렘의 파괴로 대안적 성소가 필요했을 때 야훼의 기원을 예루살렘 밖에서 찾는 기억을 만들어 냈다고 주장한다. Römer, *The Invention of God*, 47에서 재인용. Cf. Hendrik Pheiffer, *Jahwes Kommen von Süden*: *Jdc 5, Hab 3, Dtn 33 und Ps 68 in ihrem literatur-und-theologiegeschichtlichen Umfeld* (Göttingen: Vandenhoeck & Ruprecht, 2005).

새처럼 비행하여 적의 이마와 가슴에 꽂힌다는 점을 고려할 때, 그 두 무기가 번개와 바람에 대한 은유일 가능성을 배제할 수 없다.[127] 이렇게 스텝 지역 유목민들의 신 야훼가 (이집트의 사막 신 세트가 아니라)[128] 바빌론의 도시 주신 마르둑이나 우가리트의 도시 주신 바알을 연상시키는 방식으로 이스라엘의 구원자로 등장하는 것은 성경의 야훼는 도시에 신전을 가진, 특정 국가이나 왕조의 신이 될 것임을 시사한다.[129]

---

[127] 하박국 3장 8절에 사용된 심상은 야훼를 더욱 풍우신 바알과 연결시킨다: "야훼여, 당신이 말을 타고 올 , 구원의 병거를 타고 올 때, 당신의 분이 강을 향한 것입니까? 당신의 화가 바다를 향한 것입니까?." 우가리트 신화에서 풍우신 바알의 적이 "강"(nbr)와 "바다"(ym)로 불린다.

[128] 기원전 11-10세기 가나안 남부 스텝 지역서 발견된 인장 문양에서 "동물들의 주인"(Master of the animals) 모티프가 나타난다. "동물들의 주인" 모티브는 사람 형상의 신이 타조를 길들이는 모습을 하며, 키일과 울린저(Keel and Uehlinger)는 그 신이 야훼일 가능성을 제시한다. "동물들의 주인" 모티브는 스텝 지역의 신에게 특정적으로 나타나는 것으로 이집트의 신 세트를 연상시킨다. 세트는 오시리스와 호루스의 대적으로 알려졌지만 신왕국 시대에는 혼돈의 신 아포피스와 싸워 태양 신을 수호하여 "레의 사랑받는 자"의 별명도 얻는다. 이것은 비록 구약 성서에서 야훼가 가나안 혹은 메소포타미아의 풍우신의 이미지를 입은 전사신으로 등장하지만, 본래는 세트와 같은 신격의 전사였을 가능성도 제시한다. 『블랙 아테나』의 저자 마르틴 베르날도 힉소스 버전의 세트를 유대인의 야훼와 동일시한다. Römer, *The Invention of God*, 48-50. Cf. Simson Najovits, *Egypt, Trunk of the Tree: A Modern Survey of an Ancient Land. Vol. II: The Consequences* (New York: Algora Publishing, 2004), 208.

[129] 야훼의 남방 기원설에 대한 보다 자세한 설명은 Baruch Halpern이 『앵커바이블딕셔너리』(*Anchor Bible Dictionary*)에 기고한 "Kenites"의 마지막 소단락 "C. Kenites and Israelite Proto-History"를 참조하라.

야훼의 남방 기원설은 모세가 자신을 야훼로 소개하는 신과 처음 대면한 곳이 미디안이었다는 사실과 잘 조화된다. 미디안 제사장의 사위로서 미디안 지역에서 생활할 때 모세는 그 지역 산인 호렙(Horeb)에서 야훼와 대면했다(출애굽기 3장 참조). 한편, 그의 장인 이드로는 미디안의 제사장이었지만 특별한 계시 없이 야훼의 이름과 그에게 제사하는 법을 알고 있었다(출애굽기 18장 참조). 이 모든 것은 원시 야훼가 가나안 남동쪽 스텝 지역 유목민들이 섬긴 신이었음을 보여준다.

그렇다면 사막의 신 원시 야훼가 어떻게 이스라엘의 호국신이 되었는가?

출애굽기 19-24장에 따르면 야훼는 시내산에 현현하여 "계약(ברית)"을 통해 이스라엘의 신이 되었다. 이 때 야훼는 이스라엘을 이집트의 속박에서 해방시킨 신으로 등장한다(출 20:2). 소위 출애굽에 관한 성서 서술의 역사성은 의심될 수 있지만, 그 이야기는 야훼가 처음부터 이스라엘의 호국신은 아니었다는 사실을 상기시킨다. 앞서 우리는 야훼가 이스라엘의 신이 되기 전 어느 지역에 근거를 둔 어떤 종류의 신이었는지 살폈다. 이제는 출애굽 이전의 혹은 출애굽과 무관한 이스라엘의 조상들이 어디에서 살았고 어떤 종류의 신을 섬겼는지 생각해야 한다. 성서의 야훼 이전에 원시 야훼가 있었듯이 성서의 이스라엘 이전에 원시 이스라엘(Proto-Israelite)도 있었다.[130]

---

[130] "원시 이스라엘"은 기원전 1200-1000년 사이의 이스라엘 지칭하기

먼저 원시 이스라엘의 종교에 대해 살펴보자. 원시 이스라엘을 어떻게 정의하든지 그들의 섬긴 신은 야훼가 아니었다. 이에 대한 다양한 정황적 증거들이 있다. 우선 "이스라엘"이라는 이름 속에 반영된 신은 가나안 만신전의 최고신 엘(El/ilu)이다. 성서 저자는 그 이름의 의미를 "엘(하나님)과 싸웠다"로 제시하지만(창 32:26; 35:10), 이것은 이야기 플롯에 맞추어 새롭게 부여한 문학적 의미(folk etymology)에 불과하다. 그것의 어원적 의미는 "엘이 다스린다"에 가깝다. 이것은 엘이 가나안 만신전의 최고신으로 신들과 인류의 창조자(qny), 아버지(ab), 왕(mlk)로 불린다는 사실과 잘 조화된다.[131] 이와 관련해 흥미로운 고고학 자료는 이집트 18-19왕조의 문헌에서 발견된 지명 야곱-엘(Jacob-el)이다. 투트모세 3세, 람세스 2세, 람세스 3세가 작성한 지명 목록에 따르면 북 이스라엘에 "야곱-엘"으로 불리는 지명이 있다. 이 문서를 처음 연구한 다레시(Daressy)는 "야곱-엘"을 실로와 동일시했지만, 성서에서 야곱이 이스라엘의 다른 이름이라는 점에서 매우 흥미로운 자료이다.[132] 야곱이 세겜에 제단을 세운 후 그것을

위해 윌리암 데버가 고안한 말이다. 그는 메르엔프타의 석비에 언급된 "이스라엘"을 초기 철기 시대 가나안 고원지대에 급증한 촌락 인구와 연결시킨다. Cf. William G. Dever, *Who Were the Early Israelites and Where Did They Come From?* (Grand Rapids, MI: Eerdmans, 2006).

131   Marvin H. Pope, *El in the Ugaritic Texts* (Leiden: Brill, 1955). 특히 IV. El's Epithets and Attributes in the Ugaritic Texts를 참조하라.

132   James Henry Breasted, *Ancient Records of Egypt: Historical Documents*, Vol. IV (Chicago, IL: The University of Chciago Press, 1906), 71; Ronald Hendel, *Remembering Abraham: Culture, Memory, and*

"엘, 이스라엘의 하나님"(אל אלהי ישראל)이라고 명명한 것은 우연이 아니다(창 33:20).**133**

원시 이스라엘이 엘을 섬겼다는 또 하나의 정황 증거는 창세기의 족장 이야기다. 족장들은 그들의 신과의 조우(遭遇)를 기념할 때마다 "엘" 이름을 사용한다: 엘 엘욘(예루살렘), 엘 올람(브엘세바), 엘 벧엘(벧엘), 엘 로이(수르 광야?) 등. 엘 신이 지역 현현태(local manifestations)로 언급되는 것은 유목민 종교의 성격을 보여준다. 거처를 옮겨 다니는 유목민들의 정체성은 특정 도시가 아니라 공동의 조상에 있었다. 그들의 신도 "조상들의 신"(*the god of the fathers*)으로 불린다. 가나안에 정착한 초기 이스라엘의 경우 그들이 섬긴 "조상들의 신"이 가나안의 최고신 엘이었을 것으로 추정된다. 이스라엘인 족장들은 거처를 옮길 때마다 그들이 경험한 신현(theophany)을 다양한 엘 별칭으로 표현했다. 아울러 이스라엘의 지명들에 다양한 가나안 신들의 이름(엘, 바알, 아낫 등)이 사용된 반면 야훼가 사용된 지명은 없다는 점도 원시 이스라엘의 종교의 가나안적, 다신적 성격을 잘 예시해 준다.**134**

History in the Hebrew Bible (Oxford: Oxford University Press, 2005), 137; Lewis, *The Origin and Character of God: Ancient Israelite Religion through the Lens of Divinity*, 112.

133 제단 이름에 사용된 히브리어 אל(엘)은 "신"을 가리키는 일반 명사일 수 없다. 그 역할은 אלהי가 감당하고 있다. 따라서 אל은 가나안의 신을 가리키는 고유명사로 보는 것이 합당하다.

134 Römer, *The Invention of God*, 86; Lewis, *The Origin and Character of God: Ancient Israelite Religion through the Lens of Divinity*, 83–85; Walter Moberly, *The Old Testament of the Old Testament: Patri-*

원시 이스라엘에 대한 가장 오래된 고고학적 증거는 이집트 신왕국 19왕조 왕 메르엔프타(B.C. 1213-1203)의 석비이다. 메르엔프타는 이 석비에 기원전 13세기 말 가나안 지역에서 행한 군사 원정의 업적을 새겼는데, 메르엔프타에 의해 정복된 가나안 지역의 적들 가운데 "이스라엘"이 언급되어 있다. 흥미로운 것은 이스라엘이 파라오에 의해 정복된 다른 존재(아스켈론, 게제르, 야노암)과 달리 도시가 아닌 "사람들"을 가리키는 결정사(남자, 여자, 세로 막대 세 개)로 표기된다는 것이다. 즉 메르엔프타가 정복한 이스라엘은 아직 가나안의 특정 도시에 정착한 사람들이 아니라는 뜻이다. 그럼에도 불구하고 파라오가 석비에서 "이스라엘이 파괴되었다. 그의 씨(pr.t)가[135] 더이상 없다"고 자랑한 것으로 보아 원시 이스라엘이 가나안 고원 지역에서 중요한 세력을 형성했음을 짐작할 수 있다. 가나안 고원에 있던 '원시 이스라엘'이 이집트에서 가나안으로 이주한 '성서 이스라엘'과 가지는 관계에 대한 학자들의 합의는 없다.[136] 하지만 신명기 33장 2절과 5절은 그 두 '이스라엘'이 하나가 된 순간을 시적 언어로 표현하는 듯하다.

"야훼가 시내에서 나왔다. 세일에서 나타났다……백성(עם)의

---

archal Narratives and Mosaic Yahwism (Minneapolis: Fortress, 1992), 36.

135 이집트인들은 정복한 영토의 밀밭을 파괴하는 관습을 가졌다. 혹은 정복한 시체의 성기를 자르는 관습도 있다.

136 이 주제만 다루더라도 별도의 책 분량의 논문이 필요할 것이다. 메르엔프타의 이스라엘 석비에 대한 참고 문헌을 보려면 다음을 참조하라: https://www.cjconroy.net/bib/orig-mernep.htm. 2024년 2월 21일 접근.

수장들이 이스라엘의 부족들과 함께 모였을 때, 그는 여수룬에서 왕이 되었다."

인용된 구절은 야훼가 이스라엘의 왕/호국신이 되는 순간을 노래하는 운문이다. 여기에는 성서 이스라엘을 구성하는 두 인구 그룹이 구분되어 언급된다. 하나는 "백성"(עם)이고 다른 하나는 "이스라엘"이다. "백성"으로 번역되는 히브리어 עם(암)은 본래 친족 관계를 가리키는 말이다. 출애굽에 관한 성서 이야기에서 "이스라엘"보다 "백성"이라는 말이 더 많이 사용된다. 즉 이집트에서 해방된 사람들은 하나님과 피로 맺어진 계약 관계에 있음을 암시한다. 시내산 언약을 요약하는 구절, "나는 너의 하나님이 되고 너는 나의 백성이 된다"(출 6:7; 레 26:12; 렘 7:23; 11:4; 겔 11:20)는 입양이나 결혼과 같은 문맥에서 나온 표현이다. 인용 구절에서 "백성"(עם)은 이집트에서 가나안으로 올라 온 인구 그룹을 가리키며 이들은 광야를 거치면서 야훼를 받아들였을 것이다. 한편 인용 구절의 '이스라엘'은 메르엔프타 석비에 언급된 대로 아직 도시나 국가를 이루지 못했지만 가나안의 고원지대에서 단일한 세력을 형성한 인구 그룹을 가리킬 수 있다. 인용 구절은 출애굽한 야훼의 "백성"들이 가나안 고원에 살며 엘을 숭배한 "이스라엘"과 하나가 되어 후에 이스라엘 왕국을 형성했음을 보여준다. 그 때 그들을 하나로 묶는 것은 출애굽한 '백성'이 함께 가져온 야훼 종교다. 맥카터에 따르면 후기 청동기 시대에 가나안의 고원 지대와 요르단 강 동편 지역에 문화적 연속성(a continuum of culture)이 존재했으며, 그것은 에돔/미디아 지역의 신 야훼가 가나안으로 유포되어 뿌리를 내릴 수 있던 충분한 배경이 된다.[137] 비록 시적 언어로 된 신명기 33장 2-5절이 초기 이스라엘의 형성사에 대한 정확한 묘사는 될 수 없지만 철기 시대 이스라엘 왕국이 다양한 인구 그룹이 야훼 신앙을 중심으로 하나로 뭉쳐 구성되었다는 점을 시사한다.

2. 야훼 단일신교의 다신교적 문맥
1) 민족 국가와 야훼 단일신교의 형성

많은 학자들이 다양한 인구들로 구성된 '이스라엘'이 야훼를 주신으로 받아들인 것을 주변의 민족들과 구분되는 정체성 형성(ethnic self-identification)을 위한 문화 전략으로 설명한다.[138] 초기 철기 시대의 시리아-팔레스타인에는 청동기 시대의 다민족 도시 국가 체제 대신 민족에 기반한 영토 국가 체제가 생겨난다. 갈릴리 호수 이북에는 아람 민족 국가, 가나안 고원에는 이스라엘, 요단 동편에는 암몬, 모압, 에돔, 가나안 저지대에는 블레셋 등이 생겨난다. 특히 가나안 고원 지대와 요단 동편에서 발생한 민족 국가들은 유사한 종교 양태를 공유한다. 이스라엘의 야훼,

---

137   P. Kyle McCarter, "The Origins of Israelite Religion" in *BAS The Rise of Ancient Israel*, ed. Hershel Shanks, Logos Bible Software.

138   민족 정체성(Ethnic self-identification)과 그것을 위한 경계 짓기(boundary marking)로서의 종교를 논의한 루이스의 글을 참고하라: Lewis, *The Origin and Character of God: Ancient Israelite Religion through the Lens of Divinity*, 284-285. 앞서 언급한 맥카터의 논문도 이 문제를 잘 다룬다: P. Kyle McCarter, "The Origins of Israelite Religion" in *BAS The Rise of Ancient Israel*, ed. Hershel Shanks, Logos Bible Software.

모압의 그모스, 암몬의 밀곰, 에돔의 코스 등은 모두 가나안 만신전에 속하지 않았던 신이다. 그 신들은 자기 백성들과 함께 돌아다니며 수호신의 역할을 감당한다.[139] 이들 민족은 그들의 신이 선물로 준 땅에서 살고 있으며, 외래 민족의 침략과 같은 국난을 신의 진노로 이해한다. 이들 국가의 왕은 다른 민족의 신, 혹은 가나안의 전통적 만신들을 부정하지 않으면서 하나의 신을 호국신으로 섬긴다.[140] 즉 그들의 종교는 다신교의 매우 특수한 형태인 단일신교(Monolatry)이다. "단일신교"(Monolatry)가 하나의 신만을 숭배한다는 그리스어 어원(μόνος 단일 + λατρεία 예배)을 가지기 때문에 다신교보다는 유일신교에 가까울 것이라는 인상이 있지만 실제로 단일신교는 하나의 호국신을 가질 뿐 다른 영역에서 다른 신들에 대한 예배를 묵인한다. 그리고 단일한 호국신이 다른 신들과 가지는 관계는 나라의 상황마다 조금씩 다르다. 국가의 힘이 강해지면 호국신이 지역 만신전의 최고신에 오르며, 이런 종류의 단일신교는 이집트 메소포타미아의 제국들의 최고신교(Henotheism)와 유사한 특징을 보이게 된다: 호국신이 다른 신들의 특성을 흡수하여 보다 강력하고 온전한 신이 된다.

고대 이스라엘의 야훼 단일신교의 큰 요지는 1천년기 요르

---

139 Patrick D. Miller, *The Religion of Ancient Israel* (Louisville, KY: Westminster John Knox Press, 2000), 3–4.

140 Smith, *God in Translation: Deities in Cross-Cultural Discourse in the Biblical World*, 110–11. 마크 스미스는 사사기 11장의 입다와 암몬의 외교 협상을 논의하면서 '그 두 나라의 신들은 각자의 백성에게 군사적 승리를 제공하는 존재로 이해되고, 따라서 타문화의 신들에 대한 명백한 인정을 보여준다'고 언급한다.

단 동편 국가들의 종교와 다르지 않다. 구약 성서에 제1천년기 초 이스라엘-요르단 단일신교 신학의 흔적들이 남아 있다. 먼저 신명기 2장에서 야훼가 요단 동편 나라들을 통과하여 가나안 땅에 들어가려 하는 이스라엘 백성과 주고 받은 대화를 살펴보자. 야훼는 이스라엘 백성에게 "모압을 괴롭히지 마라"(신 2:9)고 명령한다. 이것은 그들이 모압 사람들에게 식량이나 군수를 요구함으로써 경제적 부담을 주지 말라는 요지이다. 곧이어 야훼는 그 이유를 설명한다.

> 이전에는 에밈 사람이 거기 거주하였는데 아낙 족속 같이 강하고 많고 키가 크므로 그들을 아낙 족속과 같이 르바임이라 불렀으나 모압 사람은 그들을 에밈이라 불렀으며 호리 사람도 세일에 거주하였는데 에서의 자손이 그들을 멸하고 그 땅에 거주하였으니 이스라엘이 여호와께서 주신 기업의 땅에서 행한 것과 같았느니라(신 2:10-12, 개역개정)

인용은 모압과 에돔 사람들이 요단 동편에 정착하게 된 경위를 이스라엘이 가나안 땅에 정착하는 경위와 비교한다. 이스라엘이 야훼가 준 가나안 땅을 정복하여 차지하는 것처럼, 모압과 에돔 사람들도 그들의 신이 선물로 준 땅을 차지하고 살고 있다. 이스라엘의 영토 주장이 정당성을 가진 것처럼 모압과 에돔의 영토 주장도 정당성을 가진 것이다. 똑같은 논리가 이스라엘의 사사 입다가 암몬 왕과 국경 협상하는 과정에도 사용된다. 하지만 이번에는 이스라엘이 분쟁 영토를 지켜야 하는 수세적 입장에 있다. 사사기 11장에 따르면 암몬 왕이 길르앗 땅을 자신의 땅이라고 주장하자 입다는 다음과 같은 말로 그 땅을 양보할 수 없다고 천명한다.

> 너희들은 너희 신 그모스가 너희에게 준 땅을 지키지 않겠느냐? 우리 하나님 야훼가 우리에게 유업으로 준 땅은 모두 우리가 지킬 것이다. (삿 11:24)

입다는 암몬 왕을 설득하기 위해 그들이 공유한 단일신교의 언약 신학에 호소한다. 즉 민족마다 수호신이 있고 그 수호신이 정해 준 땅에서 신의 뜻을 따라 사는 삶이 마땅하다. 입다는 암몬 사람들이 그들의 신 그모스가 준 땅을 지키고 살고 있듯이 이스라엘인들도 야훼가 준 땅을 포기하지 않을 것이라 말하는 것이다. 그리고 이것은 단순한 선언이 아니라 협상의 문맥에서 발화되었다는 점이 중요하다. 즉 입다의 논리는 암몬 왕도 동의하는 세계관에 근거한 것이다. 공동의 종교를 가정하지 않고는 그런 설득력을 기대할 수 없다. 물론 입다와 암몬 왕의 협상이 결렬되어 실제 군사적 충돌로 이어지지만 인용 구절은 초기 철기 시대 팔레스타인에 얀 아스만(Jan Assmann, 1938-2024)이 고안하고 마크 스미스(Mark S. Smith)가 고대 이스라엘 종교에 적용한 '신성의 번역 가능성'이 존재했음을 잘 보여준다.[141] 이 모든 것은 야훼가 이스라엘과 특별한 관계를 맺기 시작했을 때에도 야훼 종교는 다신교적 세계관과 잘 조화됨을 보여준다.

---

141 앞의 "2.4 가족/부족 종교" 논의도 참조할 것.

왕정 시대 이스라엘의 종교의 성격에 대해 크게 두 가지 상반된 견해가 존재한다. 이스라엘의 종교를 근본적으로 유일신교적 단일신교 즉 다른 신들의 존재를 부정하지 않지만 야훼가 이스라엘이 예배하는 유일한 신이었다고 주장하는 학자들이 있는 반면, 다른 학자들은 왕정 시대 이스라엘이 야훼를 주신으로 섬긴 것을 제외하면 주변 국가들처럼 다신교적 세계관을 실천했다고 주장한다.[142] 이들은 각자의 주장을 지지하는 성서 본문과 고고학적 증거들을 취사선택하여 왕정 시대 이스라엘 종교를 하나의 틀로 규정하려 한다.[143] 하지만 보다 공정한 접근법은 왕정 시대의 야훼 종교의 다양성을 인정하고, 이스라엘 종교를 지역에 따라 구분해 이해하는 것이다. 사마리아, 벧엘, 단, 데만, 브엘세바, 실로, 느보, 기브온, 예루살렘, 라기스, 기타 산당들의 야훼 종

---

142 Sommer, *The Bodies of God and the World of Ancient Israel*, 148.

143 이스라엘 왕정 역사에 대한 성경 서술을 액면 그대로 받아들이면 이스라엘은 야훼만을 섬기는 것이 원칙이었다. 이런 성경 서술을 지지하는 듯한 고고학 증거는 왕정 시대 비문에 증거된 인명들이다. 티게이(Tigay)의 연구에 따르면 왕정 시대 이스라엘인들의 이름에는 야훼가 압도적으로 많이 언급된다. 야훼 이외 신들의 이름을 언급하는 이름은 거의 없다. 반면, 왕정 시대 이스라엘의 종교를 기본적으로 다신교로 파악하는 학자들은 구약 성서의 규범적 주장과 이스라엘 종교의 역사적 실재 사이에 괴리가 있음을 지적한다. 이들은 인명이 그 사람의 종교에 대한 증거가 될 수 없다고 주장한다. 야훼 이름을 가진 사람도 다른 종교를 가질 수 있다는 것이다. 그리고 이스라엘 종교가 다신교적이었음을 보여주는 정확적 증거로 선지자들의 우상 숭배에 대한 비판을 제시한다. 다른 신들에 대한 제의가 편만하지 않았다면 선지자들이 우상 숭배를 그렇게 지속적으로 비판할 이유가 없었을 것이다. 강후구, "구약성서의 인명변화에 대한 연굽," 『구약논단』82 (2021): 8–45; 강후구, "페르시아 시대 유다 인명 연구," 『구약논단』84 (2022): 10–42.

교를 말할 수 있듯이,¹⁴⁴ 각 도시 성소마다 조금씩 상이한 교리와 제의 방법이 존재하여, 야훼 종교의 양태들이 지역 마다 달랐을 것이다. 왕정 시대 종교의 성격을 더욱 복잡하게 하는 것은 지배층의 국가 종교와 일반 백성의 대중 종교가 충돌없이 공존했을 가능성이다. 이하에서는 논의의 편의상 왕정 시대의 종교를 북이스라엘과 남 유다로 나누어 살필 것이다. 전자는 페니키아 종교의 영향을 받은 남유다는 요단 동편의 암몬, 모압, 에돔의 종교에 좀더 가까웠다.

2) 북왕국의 다신교적 단일신교

가나안-페니키아에 영향을 받은 북왕국의 종교를 한 마디로 요약하면 야훼를 호국신으로 한 다신교적 단일신교(Polytheistic Monolatry)라 할 수 있다.¹⁴⁵ 바알과 같은 가나안 신들의 존재와 능력을 인정하는 것을 너머 다른 신들에 대한 제의가 왕의 후원 아래 진행되었다. 즉 왕조의 수호신 야훼는 그때 그때의 정치-외교적 상황에 따라 가나안 만신전의 다른 신들과 호국신의 자리를

---

144 여기에 언급된 도시들은 성서에서 혹은 출토 문헌에서 야훼의 제단 혹은 성소가 있는 것으로 확인된 지역들이다. 이 중 출토 문헌에 야훼 제단, 제의물, 혹은 성소가 있었던 것으로 언급된 도시들은 데만, 느보, 라기스 등이 있다. 데만은 쿤틸렛 아즈루드 비문에서, 느보는 메샤 비문에서, 라기스는 사르곤 2세의 비문에 언급된다.

145 왕정 시대의 단일신교를 다신교적 단일신교와 유일신교적 단일신교로 구분하고 각각 Polytheisic Monolatry와 Monotheistic Monolatry로 명명한 학자는 벤자민 솜머(Bejamin Sommer)이다. Sommer, *The Bodies of God and the World of Ancient Israel*, 148.

놓고 경쟁하는 지위로 강등된다. 하지만 북왕국의 단일신교가 처음부터 그렇게 다신교적인 것은 아니었다. 신명기 사가(史家)는 북왕국의 창시자 여로보암을 우상 숭배자 즉 다신교도로 폄하하지만 여로보암이 후원한 야훼 종교는 유다의 야훼 단일신교의 분파 정도였을 것이다. 이것을 보여주는 힌트는 여로보암이 출애굽 전통을 받아들였다는 사실이다. 성서 역사 서술에 따르면 여로보암은 이집트로 망명했다가 돌아와 솔로몬의 억압적 통치로부터 북 이스라엘을 독립시켰다. 그 때 여로보암이 전면에 내세운 야훼는 출애굽의 신이다. 여로보암이 단과 벧엘 신전에 송아지 신상을 설치하고 "보라, 너희들을 이집트에서 올라오게 한 너희의 신들이다"(הנה אלהיך ישראל אשר העלוך מארץ מצרים)라고 말한 사실은 이것을 잘 보여준다(왕상 12:28). 신명기 사가의 의도적 편집에도 불구하고[146] 이 이야기는 여로보암이 새 나라를 세우면서 그 정당성을 이집트에서 이스라엘을 해방시킨 야훼에 대한 신앙에서 찾았음을 보여준다. 이것은 유다 왕국을 창시한 다윗이 왕조의 정당성을 나단 언약, 즉 야훼가 다윗 왕조를 선택했고 영원히 보호하겠다는 약속(삼하 7장)에서 찾은 것과 대조적이다. 이런 차이에도 불구하고 북 이스라엘 종교의 출발은 야훼 단일신교라는 점은 변하지 않는다.

---

146 신명기 사가는 여로보암의 대사를 구성할 때 "너의 엘로힘(אלהיך)"에 상응하는 동사 "올라오게 하다"를 복수 형태(העלוך)로 처리함으로써, "너의 엘로힘"을 다신교적 개념으로 바꾸어 버린다. 즉 여로보암을 다신교도로 묘사한다. Simon J. DeVries, *1 Kings* (Dallas: Word, 2003), 162-163. 이런 점에서 신명기 사가가 우상으로 묘사한 베델의 황소도 실은 야훼와 관련된 제의물(그룹과 같은 기능이거나 야훼 신상)이었을 수 있다.

북 이스라엘의 종교는 야훼를 왕조의 수호신으로 하는 단일 신교로 출발했지만, 기원전 9세기 메소포타미아와 지중해를 연결하는 무역을 위해 페니키아와 긴밀한 외교관계를 맺으면서 북왕국의 야훼 단일신교는 가나안 다신교의 영향을 받게 된다. 종교가 사회정치적 조건에 적응하는 또 하나의 예가 된다. 먼저 야훼 신전의 수가 늘어난다. 신전의 수가 늘어난다는 것은 야훼 종교의 양태가 다양해 진다는 의미다. 여로보암이 건설한 단과 베델 신전 이외에 적어도 사마리아, 느보, 아타로트에 신전이 존재했다는 증거들이 있다. 예를 들어 소위 〈모압 석비〉에서 모압 왕 메사는 느보로 부터 "야훼의 그릇"(כלי יהוה)을 약탈했다 주장한다. "야훼의 그릇"은 느보에 있던 야훼 성소에서 사용된 그릇을 가리킨다(참고 כלי יהוה 사 52:11). 쿤틸레트 아즈루드 비문에서도 "사마리아의 야훼(יהוה שמרון)"가 언급되는데 이것은 사마리아에 있는 야훼 신전을 가리킬 가능성이 높다. 이 때문에 일부 학자들은 열왕기상 16장 32절의 "바알의 집에 바알의 제단"(לבעל בית הבעל מזבח)에서 "바알"이 불필요하게 두 번 언급된 것에 착안하여, 본래 "야훼의 집에 바알의 제단"이라는 표현을 신명기 사가가 현재 본문으로 편집한 것으로 이해한다. 이것은 기원전 9세기 사마리아의 야훼 신전이 일종의 만신전으로 기능하여, 그[147] 안에 야훼 뿐 아니라 다른 신의 제단도 설치되었음을 암시한다. 아타로트에 있던 신전은 야훼가 아니라 DWDH라는 신의 위한 제단을 가졌는데, 이것은 북왕국의 야훼 단일신교의 다신교적 성격을 단적으

---

147 Robert K. Gnuse, *No Other Gods: Emergent Monotheism in Israel* (Sheffield: Sheffield Academic Press, 1997), 186.

로 보여준다.

북 이스라엘 종교의 다신교적 성격은 야훼의 복합 신격에서도 드러난다. 북왕국의 야훼는 가나안의 풍우신 바알처럼 이해되었다. 기원전 9세기 아합 왕은 페니키아와의 국제적 협력을 강화하기 위해 페니키아 공주와 결혼하고 페니키아의 신 '바알'도 수입했다. 페니키아인들은 다양한 바알 신들―바알샤멤, 바알말라게, 바알짜폰, 멜케르트, 에스문 등―을 섬겼는데 이들 중 어느 '바알'이 아합의 궁에 수입되었는지는 확실하지 않다.[148] 분명한 것은 성경 저자가 그 바알의 이름을 특정하지 않은 채 풍우신적인 성격만을 부각시켰다는 사실이다. 이것이 중요한 이유는 기원전 9세기에 야훼와 페니키아의 풍우신이 모두 "바알"이라는 호칭으로 불릴 수 있었기 때문이다. 히브리어 바알(בעל)은 신명 이외에도 "주님/주인"을 뜻할 수 있는데, 야훼도 후자의 의미에서 "바알"로 불렸던 것이다. 이 모든 사실을 종합할 때, 페니키아와 경제적 동맹을 원했던 아합 왕은 페니키아의 신 바알을 북왕국의 '바알'(주님/주인)이었던 야훼의 경쟁자로 추천했음을 알 수 있다. 단일신교의 틀은 버리지 않았지만 실질적으로 세련된 다신교처럼 신들간의 경쟁을 허용한 것이다.[149] 열왕기상 18장에 기록

---

148 아합이 섬긴 '바알'이 페니키아의 어떤 신인가에 대한 논쟁이 있다. 멜카르트는 두로의 수호신으로 죽고 부활하는 신의 측면을 가진다. 그가 풍우신이었는지는 확실하지 않지만 바알이 야훼와 국가 수호신을 놓고 경쟁했다면 두로의 수호신 멜카르트가 아합이 지지한 '그바알'일 가능성이 있다.

149 엘리야는 이런 오므리 왕조의 다신교 정책에 반대해 야훼 단일신 운동을 하며(왕상 18:21 참조) "바알보다 여호와가 강하다"는 메시지를 일관되게 전달한다. 예를 들어, 열왕기상 18장에서 엘리야는 바알 성소가 있던 갈멜

된 엘리야와 바알 선지자들 간의 대결은 이런 신들간 경쟁 상황을 잘 예시한다. 갈멜 산 대결에서 이스라엘의 '바알' 야훼가 페니키아의 바알을 이김으로써 야훼는 그의 속성을 흡수하게 된다. 이것은 야훼의 승리를 목격한 이스라엘 백성들의 말에 잘 나타난다: *야훼 후 하엘로힘*(יהוה הוה האלהים). 이것은 "야훼가 그 신들이다"로 직역될 수 있다. 즉 야훼가 풍우신 바알을 비롯한 다른 만신전 신들의 능력을 흡수하여 최고신이 되었다는 의미이다. 아스만의 신성의 번역 가능성 개념이 여기에 적용될 수 있다. 야훼가 단일신이 되는 과정에서 다른 신들의 신격이 그에게 흡수되었다. 사마리아의 야훼의 경우 바알의 신격을 흡수했지만, 예루살렘의 야훼는 태양 신과 여신의 신성을 흡수하게 된다.[150] 시리아-팔레스타인의 만신전의 주신들이 10여명에 그친다는 점에서 야훼가 흡수한 신들이 제한된 것은 이해할 만하다.

기원전 9세기에 엘리야가, 8세기에는 예후와 호세아가 야훼

산에서 '주님' 자리를 놓은 신들 간 대결을 주선한다. 페니키아 신의 주특기인 풍우로 종목을 정한다. 야훼가 페니키아의 바알보다 더 비를 잘 내린다는 것이 입증되었을 때, 이스라엘 백성들은 "야훼 후 하엘로힘"(יהוה הוה האלהים)을 반복해 말한다(39절). 여기서 하엘로힘이 "신들"로 번역된다면 야훼가 풍우신을 포함한 다른 신들의 능력을 모두 흡수한 신이라는 의미이다. 엘리야 일화가 야훼의 풍우신적 특징에 집중한 것은 9세기 가나안의 만신전에서 야훼의 라이벌이 풍우신 바알이었기 때문일 것이다.

150 남유다의 야훼가 태양신의 이미지와 여신의 이미지를 흡수하는 과정에 대한 자세한 소개는 다음의 책을 참고할: Römer, *Invention of God*, chapter 7; Smith, *The Early History of God: Yahweh and the Other Deities in Ancient Israel* (Grand Rapids, MI: Eerdmans, 1990), chapters 3 and 4.

단일신교를 주창한다. 특히 호세아는 풍우신으로 이해된 야훼가 가나안 만신전에서 바알과 경쟁하는 구도 자체를 거부한다. 야훼를 이스라엘의 남편에 비유하고 그 둘 사이의 언약 관계를 강조한다:

> "야훼가 선포하신다, '그 날에 너는 나를 '내 남편'(אישי)으로 부르고 "내 주님"(בעלי)로 부르지 마라. 나는 너의(!) 입에서 바알들의 이름을 없앨 것이다. 그들의 이름이 더이상 기억되지 않을 것이다"(호 2:18)

호세아 선지자는 이스라엘 사람들이 야훼를 בעלי(바알리) "내 주님"으로 부르는 것 자체를 금한다. 왜냐하면 '바알리'라는 말이 야훼를 부르는 존칭일수 있지만 이방 신의 이름을 연상시키기 때문이다. 그 대신 אישי(이쉬) "내 남편"으로 부르라 권한다. '바알리'와 '이쉬'가 모두 "내 남편"으로 번역되고 이스라엘과 야훼의 언약 관계를 표시하는 말로 기능할 수 있음에도 불구하고 호세아가 일종의 언어 경찰이 되어서 '바알리'를 이스라엘 사회에서 퇴출시킨 것은 호세아가 주창하는 '오직 야훼 운동'(*Jahwe-allein-Bewegung*)의 일환이다.[151]

바알에 대한 거부는 언어적 차원에서 끝나지 않고 바알과

---

151 베른하르트 랑(Bernhard Lang)에 따르면 기원전 9세기 야훼와 바알의 경쟁은 여전히 다신교적 틀 안에서 이루어졌다. 그후 8세기 북이스라엘에 "오직 야훼 운동"을 일으킨 것이 예후와 호세아이다. Bernhard, *Die Jahwe-allein-Bewegung. Der einzige Gott. Die Geburt des biblischen Monotheismus* (München, 1981), 62-63.

연관될 수 있는 야훼 제의물에도 영향을 미쳤다. 10세기 여로보암이 단과 벧엘의 야훼 성소에 설치했던 금송아지는 야훼를 위한 제의물로 의도되었지만 9세기 오므리 왕조 때에는 풍우신 바알의 우상과 혼동된다. 사마리아의 야훼/바알 신전에 송아지 상이 설치 되었다. 하지만 8세기, 호세아의 종교 개혁 때 벧엘에 설치된 금송아지 상이 파괴됨으로써 야훼를 숭배할 때 바알을 연상시키는 제의나 제의물이 사용되지 못하게 한다(호 8:5-6 참조). 하지만 이런 노력이 북왕국 종교의 다신교적 성격을 근본적으로 변화시키지는 못한 듯 하다.[152] 고고학적 증거들은 8세기부터 북이스라엘이 멸망할 때까지 야훼 종교가 다른 신들에 대한 제의를 허용했음을 보여준다. 아시리아의 수도 칼후(Kalhu)에서 발견된 사르곤 2세의 비문에서 사마리아의 야훼 신전에서 취한 약탈물로 "그들이 신뢰하는 신들"(DINGIR.MEŠ ti-ik-le-šú-un)을 언급하는데,[153] 부조를 통해 그것이 사람 모양의 신상들임을 확인할 수 있다. 이 신상들이 야훼에 대한 신인동형적 우상일 가능성보다 다른 신들의 신상일 가능성이 더 높다. 또한 메사 석비에 따르면

---

152 예후와 호세아의 노력으로 야훼가 가나안의 풍우신의 모습을 벗었다는 증거는 8세기 도상에서 나타난다. 하솔에서 두 날개의 젊은 남신의 형상이 발견되는데, 그 신상은 태양신의 상징인 날개를 가졌다. 그 신상이 곡물을 나르는 것으로 보아 풍요의 측면과 태양신의 특징을 모두 가짐을 보여준다. 즉 야훼가 가나안 만신전의 신이 아니라 단일신으로 섬기면서 태양신적 측면이 강해진다.

153 Grant Frame, *The Royal Inscriptions of Sargon II, King of Assyria (721-705 BC): Royal Inscriptions of the Neo-Assyrian Period* (University Park, Pennsylvania: Eisenbrauns, 2021), 330.

북 이스라엘의 마을 아타로트(Ataroth)에 DWDH로 불리는 신의 제단(???????? ?? ????????)이 존재했다(12행). 즉 8세기 야훼가 이스라엘의 국가 신이었지만 아타로트에서는 그 지방의 신 DWDH에 대한 제의가 행해졌다는 뜻이다.

3) 남 유다의 유일신적 단일신교

남 유다의 종교도 야훼 단일신교라는 점에서 북 이스라엘과 크게 다르지 않다. 남 유다 사람들도 다른 신들의 존재와 능력을 인정한다는 측면에서 여전히 다신교적 세계관 안에 있다고 평가할 수 있다. 다만 북왕국의 종교가 가나안 만신전의 영향을 받아 야훼가 바알과 호국신의 자리를 놓고 경쟁을 벌였다면 남 유다에서는 야훼의 호국신 지위가 흔들리지 않았다. 이것은 야훼와 다윗 왕조의 관계가 둘 사이의 언약에 근거했기 때문이다. 이런 점에서 남 유다의 단일신교를 유일신교적이라 부를 수 있다. 그럼에도 불구하고 남 유다의 종교는 북왕국 종교와 마찬가지로 그 신학과 제의에 있어 지역적 다양성을 보인다. 선지자들과 신명기 역사가들은 예루살렘 제사장들의 신학과 제의만을 인정하고, 다른 산당들의 신학과 제의를 우상 숭배로 폄하했지만, 산당 종교도 큰 범주에서는 야훼 단일신교에 속했을 것이다.

쿤틸레트 아즈루드(Kuntillet Ajrud)와 키르베트 엘콤(Khribet El Qom)에서 발견된 기원전 8세기 비문도 우상 숭배가 아니라 야훼 단일신교의 문맥에서 해석될 수 있다.

ברכת אתכם ליהוה שמרון לאשרתה

"나는 사마리아의 야훼와 그의 아세라에게 너를 축복한다(1
열 후반과 2열)"[154]

많은 성서 학자들이 이 비문을 유다의 다신 종교의 예로 인용한다. 즉 야훼만을 섬기라는 율법과 선지자들의 호소에도 불구하고 유다 백성들은 야훼와 다른 신들을 함께 섬긴 증거로 인용한다. 하지만 이 비문 증거에 대한 다른 해석도 가능하다. 즉 "그의 아세라"가 2천년기 가나안 만신전의 최고신 엘의 아내가 아니라 야훼의 여성적 측면을 형상화한 제의물이라는 것이다.[155] 이를 뒷받침하는 것이 아세라 앞에 붙은 인칭 대명사이다. 보통 신

---

154 Jahannes Renz and Wolfgan Röllig, *Handbuch der Alhebäischen Epigraphic* (Darmstadt: Wiss. Buchges, 1995), Taf III, KAgr(9):8.

155 Mark S. Smith, *The Early History of God: Yahweh and the Other Deities in Ancient Israel*, Biblical Resource Series. (Grand Rapids, Mich.: William B. Eerdmans, 2002), xxxii; William H. C. Propp, "Monotheism and 'Moses': The Problem of Early Israelite Religion," *Ugarit Forschungen* 31 (1999): 547, foonote 49; Patrick D. Miller, *The Religion of Ancient Israel*, Library of Ancient Israel (Louisville, KY: Westminster John Knox Press, 2000), 29-40; P. Kyle McCarter, "The Religious Reforms of Hezekiah and Josiah," in https://library.biblicalarchaeology.org/book/aspects-monotheism/the-religious-reforms-of-hezekiah-and-josiah/. 2024년 2월 24일 접근;

명을 포함한 고유명사에는 인칭 대명사가 붙지 않기 때문이다. 물론 "그의 아세라"에 대한 해석, 그리고 왕정 시대 유다에서 아세라 숭배가 있었는지에 대한 논쟁은 아직도 뜨겁지만, 쿤틸레트 아즈루드 비문이 야훼 단일신교의 다양한 버전 중 하나일 수 있다는 사실은 변하지 않는다. 또한 유다의 야훼 단일신교가 어떤 형태로 존재했든지, 그것이 포로기 이후 온전한 유일신교로 발전하기까지는 가나안의 다신교적 세계관 안에서 작동했음도 분명한다.

　　7세기 유다의 왕 요시아는 예루살렘 이외의 야훼 성소를 폐지하고 예루살렘 제사장들의 신학과 제의만을 합법적인 것으로 만드는 개혁 조치를 단행한다. 이런 요시아의 개혁 뒤에는 아시리아의 쇠퇴와 이집트의 부흥이라는 국제 정세의 변화가 있었다. 즉 요시아는 억압적인 아시리아의 통치를 버리고 속국의 내정에 간섭하지 않던 이집트의 종이 되기로 결심한다. 요시아의 종교 개혁은 이집트라는 새로운 주인 아래서 받은 정치적 자유에 의해 가능한 것이었다. 그리고 그것은 유일신교에 대한 깨달음 보다는 왕권 강화라는 정치적 의도에 근거한 것이었다. 그럼에도 불구하고 요시아에 의한 제의의 일원화가 혁명적 유일신교 형성의 토대가 되었다고 평가할 수 있다.

3. 혁명적 유일신교의 발생

지금까지 우리는 왕정 시대에 야훼 단일신교의 성격이 지역에 조금 달랐지만 다신교 세계관 안에서 작동했음을 살폈다. 지금부터는 다신교 세계관과 충돌하는 유일신교가 생겨난 과정과 그것의 특징을 살펴보자. 이스라엘 종교사학자들은 유대교, 기독교, 이슬람교로 이어지는 유일신교 혁명이 바빌론에서 포로 생활하던 유대 지식인들 사이에서 발생했다는데 큰 이견을 보이지 않는다.

1) 유일신교 혁명의 전조들

하지만, 어떤 현상도 전조 없이 발생하지 않는다. 6세기 바빌론에서 발생한 유일신교 혁명은 8세기부터 그 전조를 보인다. 유다 지식인들에게 큰 자극을 준 첫번째 사건은 아시리아 제국의 등극과 북 이스라엘의 멸망이다. 이스라엘 왕국은 야훼 단일신교로 출발했다. 즉 언약에 기초하여 야훼가 왕조와 백성의 안녕을 돌보는 대신, 왕조와 백성은 야훼만을 예배하는 종교이다. 왕정의 초기에는 이 단일신교가 잘 작동했다. 예를 들어 다윗 왕이 처한 위협은 블레셋, 암몬, 모압, 에돔 등 가나안 지역의 소국가들로부터 오는 것이었고, 다윗은 야훼의 이름으로 이들을 어려움 없이 물리칠 수 있었다. 다시 말해 당시의 국제 정세가 야훼 단일신교가 잘 작동될 수 있는 환경이었다. 하지만 8세기 티글라트 필레세르(Tiglath Pileser III, B.C. 745-727)의 등장으로 아시리아가 제국으로 성장하면서 야훼 단일신교를 유지하기 매우 어려운 환경이 조성된다. 호국신 야훼 종교는 주변 국가에 대한 정치 군사적 패권에 크게 의존했기 때문이다. 따라서 기원전 722년 사르곤 2세에 의해 북 이스라엘의 사마리아가 함락된 사건은 당시 남 유다의 지식인들에게 큰 신학적 충격을 가져다 주었다. 그리고 북 이스라엘의 멸망에 대한 반성에서 나온 이사야의 예언을 통해 혁명적 유일신교 사상이 그 첫 모습을 들어낸다. 이사야를 필두로 8세기 선지자들은 신아시리아의 군사력에 대한 신학적 대응으로 유일신 사상을 상상해 낸다. 이사야 10장 5-7절에 따르면 아시리아는 야훼가 휘두르는 막대기이다. 야훼는 아시리아를 사용해 죄 있는 민족을 벌한다. 즉 북 이스라엘이 멸망한 것은 야훼가 능력이 없거나 존재하지 않는 가짜 신이기 때문이 아니라 이스라엘이 야훼와의 언약 즉 율법을 어겼기 때문이다. 세계 1등 국가 아시리아를 자신의 목적의 도구로 쓰는 야훼는 절대로 약한 신이 아니다. 이사야는 또한 야훼가 아시리아를 멸할 것이라고 예언한다. 아시리아는 야훼의 도구에 불과한데 아시리아 왕이 그것을 모르고 야훼의 뜻에 따르지 않으면 아시리아 왕도 때가 되면 야훼의 심판을 받을 것이다(사 14:24-27).[156] 여기에 이사야가 주장하는 유일신 사상의 핵심이 있다. 이사야는 신성을 물리적 힘으로 정의하지 않고 도덕적 가치로 정의한다. 야훼가 특별한 이유는 그가 "모든 신들의 총합"으로 불리는 앗수르 신처럼 신들 중 가장 힘이 세기 때문이 아니다. 그 이유는 야훼가 세상에 도덕적 가치를 실현하는 신이기 때문이다. 즉 자신의 민족이라도 그 가치에 위배되면 멸하는 신이다. 이사야는 신성을 물리적 힘이 아니라 "영"으로 재정의한다. 이것은 페르시아 시대에 활동한 예언

---

[156] 이 때문에 이사야는 유다 왕 히스기야에게 아시리아에게 저항하지 말라고 조언한다. 즉 100년 후 예레미야가 시드기아 왕에게 주게 될 조언을 연상시킨다. Baruch A. Levin, "Global Monotheism: The Contribution of the Israelite Prophets," 29-47; Baruch A. Levin, "'Wehe, Assur, Rute meines Zorns!'(Jesaja 10,5): Der biblische Monotheismus als Antwort auf die neue Politische Realität des assyrischen Weltreiches," in *Der Eine Gott Und Die Götter: Polytheismus und Monotheismus im Antiken Israel*, ed. M. Schmidt (Zürich: Theologischer Verlag Zürich, 2003), 77-96.

가 스가랴의 예언에 명확히 반영되어 있다: "힘이 아니다. 능도 아니다. 오직 내 영이다"(슥 4:6).

이사야가 유다 사회에 던진 화두는 100년후 요시아 왕에 의해 제도적으로 실현될 기회를 얻는다. 신명기 사가는 요시아를 우상을 제거한 왕으로 제시한다. 예루살렘 신전으로부터 바알과 아세라, 일월성신 우상들을 없애고, 유다의 지방 성소들을 파괴하고, 심지어 유다 국경 밖에 있었던 벧엘의 신전도 파괴했다고 보고한다. 이런 신명기 사가의 보고에도 불구하고 요시아가 실제 파괴한 것은 이방 신상들과 이방 성소들이 아니라 야훼 성소와 야훼 제의에 사용된 물품이었을 가능성이 높다.[157] 다시 말해, 요시아는 유다의 야훼 종교 안의 분파들을 제거하고, 예루살렘 신전을 중심으로 한 신학과 제의만을 정통으로 인정했다.

요시아의 종교 개혁이 후대 유일신교의 형성과 발전에 미친 보다 큰 영향은 자신의 종교 개혁 사상을 담은 문서를 만들었다는 점에 있다. 신명기 사가는 요시아의 종교 개혁을 설명하기 전에 비교적 긴 공간을 할애하여 성전에서 발견된 율법책을 소개한다. 열왕기상 22장에 따르면 성전을 보수하던 작업자들이 우연히 "율법책"을 발견하고, 그 율법책의 진위가 다양한 사람을 통해 확인된다. 대제사장 힐기야, 서기관 사반, 그리고 마지막으로 예언자 훌다의 손을 거치면서 율법책이 진본임이 확인된다. 오래동안 감추어진 율법책이 발견되는 것도 드문 일인데, 그것의 진위가 당시 종교, 학술, 점술의 최고 권위자들의 의해 확인되었음을 장황히 보고하는 것, 그리고 그 안의 내용이 요시아 왕이 추친

---

157 이것은 아시리아 장수 랍사게의 말로 증명된다. 참조. 왕상 36:6-7.

하던 개혁 조치와 일치한다는 점은 우연일 수 없다. 많은 학자들이 요시아가 발견한 율법책(=신명기의 자료)이 실제로는 요시아가 창작한 것이라 의심한다. 고대 근동에서도 신전에서 오래된 문서가 발견되어 당면의 문제가 해결되는 모티브가 적지 않게 발견된다. 예를 들어, 페니키아 역사를 쓴 필로(Philo)는 페니키아에 대한 당대의 신화들을 자신의 구미에 맞게 재구성한 후 그것이 마치 최근에 발견된 옛 문서인양 사람들에게 제시했다.[158] 요시아는 자신의 종교 개혁을 정당화하는 문서를 만들었는데 그 문서가 후에 유일신 사상을 담은 신명기적 역사의 토대가 된다. 요시아의 새 종교는 경전을 가졌음에도 불구하고 절반만의 성공을 거두었는데, 그 이유는 그 경전을 수용할 "독서 공동체"가 없었기 때문이다. 요시아의 개혁은 급진적 엘리트 지식인들에게만 수용되었을 것이다. 유다 공동체에 집단 독서 문화가 생기는 것은 페르시아 시대이다.

2) 바빌론 유수와 유일신교

바빌론에 의한 국가의 멸망은 유대인들의 집단적 정체성에 큰 위기를 가져왔다. 이 정체성의 위기에 유다의 지식인들이 조금 다른 방식으로 반응하지만 그들 모두는 왕정 시대의 혁신적 예언가들(엘리야, 호세야, 이사야 등)과 개혁 왕 요시아의 율법서에 암시된 유일신 사상을 논리적 극단까지 발전시킨다. 종교 사학자 뢰

---

158 Lewis, *The Origin and Character of God*, 256. 무르실리도 신전에서 발견된 문서 덕분으로 전염병이 창궐했는지 알게 된다. 〈죽음의 서〉 64장도 소카리스 신전에서 오랫동안 숨겨졌다 발견되었다고 전해진다. Cf. Römer, *The Invention of Monotheism*, 193.

머는 프랑스 역사학자 아르민 스테일(Armin Steil)의 위기 극복의 세 가지 모델을 사용해 바빌론와 페르시아 시대에 유다 엘리트 계층에서 발생한 사상 혁명들을 설명한다. 아르민 스테일은 프랑스 혁명을 설명하는 문맥에서 위기 극복 모델을 다음의 세 가지로 제안한다: 관료 모델(the mandarin), 예언자 모델(the prophet), 제사장 모델(the priest). 관료 모델은 위기를 그대로 맞으며 적응함으로써 위기 속 기득권을 지켜내려 한다. 이를 위해 그 위기를 '설명하는' 내러티브를 만들어 낸다. 예언자들은 위기가 새로운 변화의 기회라고 주장한다. 즉 옛 것을 버리고 새 것으로 가자고 외치며 급진적 변혁을 이끈다. 마지막 제사장 모델은 위기 극복의 열쇠가 근원으로 돌아가는데 있다고 주장한다. 이상적인 태초 원시를 상정하고 그 시절도 돌아감으로써 위기를 극복하려 한다.[159]

(1) 신명기 사가의 유일신교

바빌론 유수라는 민족적 위기를 극복하기 위한 관료적 대응으로 신명기 사가의 역사 서술을 들 수 있다. 신명기 사가들은 유다 왕실에 고용된 서기관 학자들로 요시아의 개혁 문서를 만들었거나 그 개혁을 지지했던 사람들이다. 그들은 다윗 왕조와 유다의 멸망을 설명하기 위해 야훼와 그 백성의 관계를 주제로 한 이스라엘 통사를 저술했다. 그 관계를 규정하는 가장 중요한 요소가 신명기 율법이다. 신명기적 역사 서술에서 유일신 사상과 관련해 특히 주목할 개념은 선택이다. 본래 선택의 개념은 가족 혹은 부

---

[159] Römer, *The Invention of God*, 214–15.

족 종교에서 작동하는 다신교적 개념이다. 기원전 1천년기 이스라엘, 모압, 암몬, 에돔의 공동 문화권에서 발생한 단일신교 신학의 특징이다. 이 때 선택은 호혜(互惠)적 원리에 근거한다. 야훼는 이스라엘의 안녕과 번영을 돌보면, 이스라엘은 야훼를 예배―즉 야훼 신전에 공물을 공급―하는 관계이다. 하지만 신명기적 역사서가 전제하는 유일신 사상에서 이런 다신교적 선택 개념에 변화가 생긴다. 야훼가 모든 민족을 다스리는 유일신이라면 이스라엘을 선택한 이유가 별도로 특정되어야 한다. 그 이유는 다른 민족들을 납득시킬만한 보편적인 것이어야 한다. 이에 대한 답으로 주어진 것이 율법이다. 신명기 사가의 관점에서 율법책은 보편적 가치를 담은 지혜서이다.

> "내가 나의 하나님 야훼께서 명령하신 대로 규례와 법도를 너희에게 가르쳤나니…너희는 지켜 행하라. 이것이 여러 민족 앞에서 **너희의 지혜와 지식이라**. 그들이 이 모든 규례를 듣고 이르기를 이 큰 나라 사람은 과연 **지혜와 지식있는 백성이로다** 하라"(신명기 4:4-6).

인용 본문에서 율법책은 '지혜'와 '지식'이라는 보편적 가치를 담은 책으로 소개되고 있다. 즉 이스라엘이 하나님의 특별한 백성인 이유는 그들이 유일신의 보편적 도덕을 가장 잘 실현하는 민족이기 때문이다. 반대로 말하면, 이스라엘 백성이 율법에 불순종하는 순간 선택 백성으로서의 지위가 위태롭게 된다. 따라서, 신명기 사가는 다윗 왕조와 이스라엘의 멸망을 율법에 대한 불순종에서 찾는다. 이 때 유일신의 신격도 재정의 된다. 즉 유일신은 모든 신들의 능력을 흡수한 가장 강력한 신일 뿐 아니라 보편적 도덕—정의와 사랑—의 신이다.

신명기 역사서에 반영된 유일신교의 또 하나의 특징은 다른 신에 대한 파괴적인 배타성이다. 신명기 사가는 모세의 입을 빌려 "그들의 제단을 헐며 주상을 깨뜨리며 아세라 목상을 찍으며 조각한 우상을 불사"르라고 명령한다(신 7:5). 신명기 사가의 영웅 요시아는 모세의 이런 명령을 가장 잘 수행한 인물이다(왕하 22:5-16 참조). 다른 신에 대한 이런 배타성은 유일신의 신성에 대한 새로운 각성의 부산물이다. 신명기 사가가 우상을 만들지 말아야 하는 이유로 제시한 내용(신 4:11-12, 15-16)에 따르면, 야훼는 가시적 형상(תמונה 테무나)으로 이스라엘 백성들에게 나타난 적이 없다. 이스라엘 백성들은 하늘에서 들리는 목소리 즉 말씀(קול 콜)으로만 야훼를 체험했다. 신명기 사가의 유일신 신학에 따르면 유일신 야훼는 동물이나 인간의 형상을 가진 신상으로 인간 세계에 존재하는 것이 아니라 목소리, 말씀, 즉 율법으로 인간과 함께 한다. 이처럼 신명기 사가는 유일신의 존재 방식을 매우 추상적이며 초월적으로 제시한다.[160] 이것은 야훼 유일신교를 신상 중심의 종교들로부터 차별화하는 기제로 작용했다. 다신교 신(상)들이 거짓 신이라는 과격한 주장은 선지자들의 입에서 처음 나오지만 신명기 사가는 유다 지역의 야훼 성소들에서 합법

---

160 Ronald S. Hendel, *Remembering Abraham: Culture, Memory, and History in the Hebrew Bible* (Oxford : Oxford University Press, 2005), 27‒29, http://dx.doi.org/10.1093/0195177967.001.0001; Lewis, *The Origin and Character of God: Ancient Israelite Religion through the Lens of Divinity*, 356.

적 예배 도구로 사용되던 돌기둥(מצבות 마쩨보트)이나 아세라 목상 (האשרה 하아세라)들도 한갓 우상에 불과하다고 폄하했다. 아스만이 말한 대로 유일신 사상의 핵심이 참과 거짓에 대한 구분(Mosaic Distinction)이라면, 신명기 사가는 역사 서술을 통해 그 구분을 먼저 야훼 종교 내의 분파들 속에 적용한 것이다.

(2) 예언자의 유일신교

포로기 예언자들은 가장 과격한 형태의 유일신 신학을 제안하였다. 신명기 사가들이 유일신교의 신성과 제의에 혁신적 생각을 도입했지만 다른 민족의 신들과 종교들에 대한 완전한 부정으로 진화하지는 않았다(참고 신 4:19, 10:17, 32:8-9).[161] 제2이사야의 예언은 구약 성경 전체에서 가장 명확하게 다른 신의 존재를 부정하는 유일신 사상을 표현한다. 8세기 선지자 호세아는 야훼 이외의 이스라엘을 구원하는 신이 없다(호 13:4)고 주장하지만, 포로기 예언자 '이사야'는 야훼 이외의 신은 없다고 주장한다: "나는 처음이와 나중이며, 나 외에는 신들(אלהים 엘로힘)이 없다"(사 44:6).[162] 뿐만 아니라 그는 다른 신들이 아무 쓸모가 없는 나무나

---

161 신명기 4장 19절과 32장 8-9절에는 다신교적 개념인 만신들의 회의 개념이 등장한다. 이 구절들에서 만신전의 최고신을 야훼로 생각하더라도 그 야훼가 지구상 다른 민족들에게 그들의 호국신들을 지정해 주었다는 점은 부정할 수 있다. 신명기 사가는 아직 다른 신들의 존재 자체를 부정하지는 않고 있다.

162 신명기에도 이와 비슷한 구절이 등장한다(신 4:35, 39). 하지만 이 구절들은 다른 신의 존재를 인정하는 다른 구절(신 4:19, 5:7, 6:4; 32:8-9)과 함께 있다.

돌에 불과하다고 조롱한다.

> (우상을 만드는) 목공은 줄을 늘여 재고 붓으로 긋고 대패로 밀고 곡선자로 그어 사람의 아름다움을 따라 사람의 모양(우상)을 만들어 집(신전)에 두게 한다….(그가 다루는) 나무는… 그가 그것을 가지고 자기 몸을 덥게도 하고 불을 피워 떡을 굽기도 하고 신상을 만들어 경배하며 우상을 만들어 그 앞에 엎드리게도 하는구나. 그중의 절반은 불에 사르고 그 절반으로는 고기를 구워 먹고…그 나머지로 신상 곧 자기의 우상을 만들고 그 앞에 엎드려 경배하며 그것에게 기도하여 이르기를 너는 나의 신이니 나를 구원하라 하는도다 (이사야 44장 14-17절)[163]

학자들은 야훼 이외의 다른 신의 존재를 지워버린 제2이사야의 유일신 사상을 관점에 따라 최초의 "참된" 유일신교 혹은 "과격한" 유일신교로 평가한다. 분명한 것은 다른 신의 존재 자체를 부정하는 신학은 이전에 없었다는 것이다. 실제로 이것은 제2이사야에게도 두 가지 문제를 야기한다. 하나는 여신의 역할 문제이고 다른 하나가 악의 문제이다. 과거 다신교 체계에서는 야훼를 단일신으로 섬기더라도 그의 아내 신을 상정하고 그녀의 제의를 모시는 것이 가능했다. 다시 말해, 야훼의 여성적 측면을 형상화한 제의물을 성소에 설치할 수 있었다. 선지자들이 우상 숭

---

163   제2이사야와 거의 동시대에 활동한 예레미야와 에스겔도 비슷한 우상에 대한 조롱을 예언으로 남겼다: 렘 10:3-15, 겔 16:17. Cf. 시 115:4-7.

배로 비판한 아세라 목상이나 쿤틸렛 아즈루드 비문에서 증거된 "그(야훼)의 아세라"가 바로 그런 상황을 예증한다. 하지만 제2이사야의 과격한 유일신교는 야훼의 아내로 이해된 여신 제의도 부정한다. 이에 제2이사야가 취한 대책은 여신들의 기능을 야훼의 신성 속에 포함시키는 것이다. 가장 명확한 유일신 사상을 전한 제2이사야에서 야훼에게 여성적 이미지를 적용한 구절들이 가장 많은 것은 우연이 아닐 것이다(cf. 49:15). 악의 문제도 마찬가지다. 다신교 체계에서 인간이 당하는 재앙은 적대적 신 혹은 악한 신의 활동으로 이해되었다. 하지만 과격한 유일신교에서는 악의 존재는 매우 첨예한 문제가 된다. 이에 대한 다양한 해결책이 구약 성서에 제시되지만 제2이사야의 제안이 가장 과격하다. 다른 신의 존재를 완전히 부정하는 제2이사야는 야훼가 악의 창조자라고 주장한다(참조 사 45:5-7). 야훼의 여성성과 악의 문제에 대한 제2이사야의 해결책은 그의 유일신 사상이 얼마나 과격하며 동시에 일관적이었는지를 잘 보여준다.[164]

(3) 제사장의 유일신교

페르시아 시대의 제사장들은 국가의 멸망이라는 위기에 대응하기 위해 기원 이야기를 담은 문서를 만들었다. 즉 이스라엘의 정체성을 형성하는 중요한 이념과 관습들이 왕정 이전에 이미 존재했음을 증명하는 제사장 문서("the Priestly Document"를 줄여 P로 통칭함)를 만들었다. 이 문서는 세상의 기원(안식일), 할례의 기원, 유월절의 기원, 제사의 기원 등을 다룬다. P의 주장대로 민족

---

[164] Römer, *The Invention of God*, 220–25.

의 정체성과 밀접히 관계하는 이스라엘의 종교 제도가 왕정 이전에 완성되었다면 이스라엘 왕정과 상관 없이 이스라엘의 종교적 민족적 정체성은 유지될 수 있다. 국가가 없어도 종교와 민족은 지속 가능하다. 제사장 문서는 유일신의 이름으로 "야훼"가 아닌 "엘로힘"을 사용한다. 히브리어에서 단수 "신"와 복수 "신들"로 모두 해석될 수 있는 엘로힘은 모든 신들의 현현으로서 유일신을 가리킨다.[165] 즉 페르시아 제국 내의 많은 지역 신들이 유일신 엘로힘의 현현에 불과하다는 주장을 포함한다. 나아가 야훼가 그 유일신의 가장 정확한 현현이기 때문에, 제사장 문서에 따르면 창조주 엘로힘을 예배하는 모든 민족들은 자신들이 모르는 사이에 야훼 유일신을 섬기는 것이다. 신명기 역사가나 제2이사야의 배타적 유일신교와 달리 제사장 문서는 포괄적 유일신교에 가깝다. 이것은 제사장들의 일터인 제2성전이 페르시아 정부의 후원 아래 건설되었다는 사실과 무관하지 않다.

요약하면, 유다의 지식인 그룹들은 나름의 방식으로 국가의 멸망이라는 위기에 대처하는 신학을 만들어 냈다. 각자 처한 입장에 따라 뉘앙스의 차이는 존재하지만 유다의 지식인들은 국가의 멸망을 야훼의 무능에 돌리는 대신, 민족신 야훼를 유일신으로 승격시키는 기회로 삼았다. 신명기 사가와 제2이사야는 신성의 번역 가능성을 완전 부정한 배타적 유일신교를 주창하였다. 그들은 야훼의 신성을 물질적 힘에서 도덕적 가치로 재정의하고, 제의도 신상(statues)에서 경전으로 그 중심을 옮겼다. 아울러, 이

---

165 Schmidt, "The Quest for 'God': Monotheistic Arguments in the Priestly Texts of the Hebrew Bible," 282–83.

스라엘 백성이 선민이 된 이유를 그들에게 주어진 율법에서 찾는다. 즉 이스라엘과 유일신의 관계는 혈연과 같은 우연적 요소에 근거한 것이 아니라 율법에 반영된 보편적 도덕에 근거한 것이다.[166] 이런 야훼 유일신교는 다신교 세계관의 핵심 주장들을 거부한다는 점에서 혁명적이라 할 수 있다. 하지만 그 혁명적 유일신교가 실천된 환경은 여전히 다신교적이었다. 바빌론과 페르시아의 이교도 정부의 부정할 수 없는 힘 아래에서 유다 지식인들은 민족의 정체성을 지켜 내기 위해 유일신 사상을 상상해야 했다. 이 때문에 보다 포용적인 유일신교가 페르시아 시대의 유다 제사장들에 의해 제안되었다. 하지만 헬레니즘 시대를 지나면서 다른 신들의 존재를 완전 부정하는 과격한 유일신 사상이 주류로 받아들여 진다.[167]

---

166   출애굽과 시내 산 언약의 원 이야기는 1천년기 요단 동편 민족들도 공감할 수 있는 민속적 이야기였다. 즉 신이 한 민족의 친족이 되어 그들에게 살 거처를 제공한다는 주제는 모압, 암몬, 에돔의 건국 신화와 크게 다르지 않았을 것이다. 하지만 신명기 사가는 이런 출애굽과 시내 언약 이야기를 요시아의 율법과 연결시킴으로써 신명기 전체를 국제적 종주 조약의 형식의 책으로 승격시킨다. 초기 이스라엘의 종교에서 야훼와 이스라엘의 관계는 혈연적 모델에 근거했다면, 후대 유일신교에서 야훼 유일신과 이스라엘의 관계는 율법에 근거하게 된다. 야훼는 이스라엘이 자신의 친족이기 때문에 돕는 것이 아니라 이스라엘이 법을 지킬 때 그들을 돕는 것으로 이해된다.

167   Thomas L. Thompson, "The Intellectual Matrix of Early Biblical Narrative: Inclusive Monotheism in Persian Period Palestine," in *Biblical Narrative and Palestine's History*, ed. Thomas L. Thompson (New York, NY: Routledge, 2013), 105–118.

VI. 후기: 아텐 종교와 야훼 종교의 관계

아텐 종교와 야훼 종교는 고대 근동 3000년 역사에서 단 둘 뿐인 혁명적 유일신교이다. 이것은 야훼 유일신교의 창시자가 이집트 왕궁에서 교육을 받은 모세였다는 성서 전승과 이집트 종교 개혁의 왕 아켄아텐을 모세와 거의 동시대적 인물로 만든 출애굽의 늦은 연대 이론(Late Date Theory)와 함께, 이스라엘의 유일신 사상에 이집트의 영향이 있었을 가능성을 제기한다. 아텐과 야훼 종교의 영향관계에 대한 질문은 아텐 대찬가가 시편 104편과 비교되면서 더욱 첨예해 졌다.

    이 질문에 긍정적으로 대답한 최초의 학자는 지그문트 프로이트이다. 그는 〈모세와 유일신교〉라는 책에서 역사적 모세가 히브리인이 아니라 아켄아텐 유일신교에 심취한 이집트인 관료였다고 주장한다. 아켄아텐이 죽은 후 그의 종교를 고센 지방의 히브리인들에게 실험했으나 실패했으며, 그런 실패가 이스라엘의 집단 의식 속에 트로마(trauma)로서 잠재해 있다가 후대의 유대교와 기독교 유일신교 창발(創發)했다고 주장한다.[168] 프로이트의 주장은 다소 형태를 달리하여 후대의 학자들에 의해 반복되었다. 예를 들어, 크나우프(E. A. Knauf)와[169] 드무어(Johannes C. de Moor)는 모세의 실존 인물은 아켄아톤의 유일신 사상을 신봉한

---

168 Sigmund Freud, Moses and Monotheism (New York: Alfred A. Knot, 1939).『인간 모세와 유일신교』이은자 번역 (서울: 부북스, 2017).

169 E. A. Knauf, Midian: Untersuchungen zur Geschichte Palästinas und Nordarabiens am Ende des 2. Jahrtausends v. Chr. (Wiesbaden: Harrassowitz, 1988), 135–141.

이집트 총리 베야(Beya "in YH is my trust")였다고 주장한다. 드무어는 이집트의 해리스 파피루스(Harris Papyrus), 성경의 발람 이야기, 우가리트 왕이 이집트 파라오와 주고 받은 편지 등을 종합하여, 이집트 총리 베야가 탈이집트하여 가나안으로 온 과정을 재구성한다.[170]

보다 최근에는 이 두 종교의 직접적 영향 관계보다 간접적 영향 관계에 초점을 맞춘다. 이것은 야훼 유일신교의 기원이 후기 청동기가 아니라 그보다 700년 정도 후인 바빌론-페르시아 시대라는 학자들의 합의에 영향을 받은 것이다. 최근에 프롭프(William H. C. Propp)는 아텐 종교가 신명기 사가에 간접적으로 영향을 미쳤을 가능성을 제기한다. 7세기 레위인들 중 전례 없이 이집트식 이름을 가진 사람들(Phinehas, Pashhur, Hophni, Merari, Hanamel, Putiel, Hur 등)이 많아 진다는 것은 우연이 아니라고 설명한다.[171] 프롭프의 주장과 유사하게, 호프마이어(James K. Hoffmeier)도 아텐 찬가와 시편 114편의 유사점에 대한 논의가 과장되었다고 지적한 후, 후기 청동기 시대에 발생한 이집트-가나안 공동 문화권이 이집트 서기관들의 가나안 이주를 촉진하였고 그들의 영향이 철기 시대에 꽃을 피웠다고 주장한다. 그럼에도 불구하고 호프마이어는 야훼 유일신교의 발생에 이집트 서기 문화가 준 영향은 제한적인 것으로 파악한다.[172]

---

[170] Johannes C. de Moor, *The Rise of Yahwism: The Roots of Israelite Monotheism* (Leuven: Uitgeverij Peeters, 1997), chapter 4.

[171] William H. C. Propp, "Monotheism and 'Moses': The Problem of Early Israelite Religion," *Ugarit Forschungen* 31 (1999): 537–575.

[172] Hoffmeier, *Akhenaten and the Origins of Monotheism*, chapters 8-9.

참고자료

강후구. "구약성서의 인명변화에 대한 연굽," 『구약논단』82 (2021): 8 – 45;
강후구. "페르시아 시대 유다 인명 연구," 『구약논단』84 (2022): 10 – 42.
Allen, James P. *Middle Egyptian: An Introduction to the Language and Culture of Hieroglyphs*. Cambridge: Cambridge University Press, 2014.
Allen, James P. "Monotheism, Monolatry, Polytheism." In *Text, Artifact, and Image: Revealing Ancient Israelite Religion*, edited by Gary Beckman. Brown Judaic Studies; Providence: Brown Judaic Studies, 2006.
Assmann, Jan. *From Akhenaten to Moses: Ancient Egypt and Religious Change*. Cairo: American University In Cairo Press, 2014.
Assmann, Jan. *Moses the Egyptian: The Memory of Egypt in Western Monotheism*. Cambridge, Mass.: Harvard University Press, 1997.
Assmann, Jan. "Polytheism and Monotheism." In *Religions of the Ancient World: A Guide.*, edited by Sarah Iles Johnston, 17 – 31. Cambridge, MA: Belknap Press of Harvard University Press, 2004.
Assmann, Jan. *The Price of Monotheism*. Stanford, Calif.: Stanford University Press, 2009.
Auffarth, Christoph. *Religion in der Kultur--Kultur in der Religion: Burkhard Gladigows Beitrag zum Paradigmen-Wechsel in der Religionswissenschaft*. Tübingen: Tübingen University Press, 2021.
Baines, John. "Egyptian Syncretism: Hans Bonnet's Contribution." *Orientalia* 68, no. 3 (1999): 199 – 214.
Baines, John. "Presenting and Discussing Dieties in New Kingdom and Third Intermediate Period Egypt." In *Reconsidering the Concept of Revolutionary Monotheism*, edited by Beate Pon-

gratz-Leisten, 41 –90. Winona Lake, IN: Eisenbrauns, 2011.

Bard, Kathryn A. *An Introduction to the Archaeology of Ancient Egypt*. Malden, MA: Blackwell Publishing, 2007.

Bottéro, Jean. *Religion in Ancient Mesopotamia*. Chicago, IL: University of Chicago Press, 2001.

Breasted, James Henry. *Ancient Records of Egypt: Historical Documents*, Vol. IV. Chicago, IL: The University of Chciago Press, 1906.

De Moor, Johannes C. *The Rise of Yahwism: The Roots of Israelite Monotheism*, Bibliotheca Ephemeridum Theologicarum Lovaniensium. Leuven: Uitgeverij Peeters, 1997.

DeVries, Simon J. *1 Kings*, WBC Vol. 12. Dallas: Word, 2003.

Foster, Benjamin R. *Before the Muses: An Anthology of Akkadian Literature*. Bethesda, Maryland: CDL Press, 1996.

Fox, Nili. "Concepts of God in Israel and The Question of Monotheism." In *Text, Artifact, and Image: Revealing Ancient Israelite Religion*, edited by Gary M. Beckman. Providence, RI: Brown Judaic Studies, 2010.

Frame, Grant. *The Royal Inscriptions of Sargon II, King of Assyria (721-705 BC)*. Royal Inscriptions of the Neo-Assyrian Period; University Park, Pennsylvania: Eisenbrauns, 2021.

Frankena, Rintje. *Tākultu. De Sacrale Maaltijd in Het Assyrische Ritueel*. Leiden: Brill, 1954.

Freud, Sigmund. *Moses and Monotheism*. New York: Alfred A. Knot, 1939.

Gnuse, Robert K. "Recent Scholarship on the Development of Monotheism." In *No Other Gods: Emergent Monotheism in Israel*, edited by Robert K. Gnuse, 62–128. Sheffield: Sheffield Academic Press, 1997.

Hendel, Ronald S. *Remembering Abraham: Culture, Memory, and History in the Hebrew Bible*. Oxford: Oxford University Press,

2005.

Hoffmeier, James Karl. *Akhenaten and the Origins of Monotheism*. New York, NY: Oxford University Press, 2015.

Hornung, Erik. *Conceptions of God in Ancient Egypt: The One and the Many*. Ithaca, NY: Cornell University Press, 1982.

Hornung, Erik. "Monotheismus im Paranoischen Ägypten." In *Monotheismus im alten Israel und seiner Umwelt*, edited by Othmar Keel, 83–98. Biblische Beiträge. Fribourg: Verlag Schweizerisches Katholisches Bibelwerk, 1980.

Johnston, Sarah Iles. *Religions of the Ancient World: A Guide*. Edited by Johnston Sarah Iles. Cambridge, Mass.: Belknap Press of Harvard University Press, 2004.

Knauf, E. A. *Midian: Untersuchungen zur Geschichte Palästinas und Nordarabiens am Ende des 2. Jahrtausends v. Chr.* Wiesbaden: Harrassowitz, 1988.

Kugel, James L. *The Great Shift: Encountering God in Biblical Times*. Boston, MA: Houghton Mifflin Harcourt, 2017.

Lambert, W. G. *Babylonian Creation Myths*. Winona Lake, IN: Eisenbrauns, 2013.

Lambert, W. G. *The Historical Development of the Mesopotamian Pantheon: A Study in Sophisticated Polytheism*. Baltimore: Johns Hopkins University Press, 1975.

Levin, Baruch A. "Gobal Monotheism: The Contribution of the Israelite Prophets." In *Melammu: The Ancient World in an Age of Globalization*, edited by Markham J. Geller, 29–47. Berlin: epubli GmbH, 2014.

Levin, Baruch A. "'Wehe, Assur, Rute meines Zorns!'(Jesaja 10,5): Der biblische Monotheismus als Antwort auf die Neue Politische Realität des Assyrischen Weltreiches," in *Der eine Gott und die Götter: Polytheismus und Monotheismus im antiken Israel*, ed. M. Schmidt (Zürich: Theologischer Verlag Zürich,

2003), 77–96.

Lewis, Theodore J. *The Origin and Character of God: Ancient Israelite Religion through the Lens of Divinity*. Oxford Scholarship Online. New York: Oxford University Press, 2020.

Litke, Richard L. *A Reconstruction of the Assyro-Babylonian God-Lists, AN:da-nu-um and AN:anu sha amēli*. Texts from the Babylonian Collection; New Haven: Yale Babylonian Collection, 1998.

Liverani, M. *Prestige and Interest: International Relations in the Near East ca. 1600-100 B.C.* Padova, Italy: Sargon, 1990.

Machinist, Peter. "How Gods Die, Biblically and Otherwise: A Problem of Cosmic Restructuring." In *Reconsidering the Concept of Revolutionary Monotheism*, edited by Beate Pongratz-Leisten, 189–240. Winona Lake, IN: Eisenbrauns, 2011.

Machinist, Peter. "Once More: Monotheism in Biblical Israel." *JISMOR* 1 (2005): 25–39.

Mieroop, Marc Van de. *A History of Ancient Egypt*. New York, NY: Wiley Blackwell, 2021.

Mieroop, Marc Van de. *A History of the Ancient Near East ca. 3000-323 BC*. Malden, MA: Blackwell Publishing, 2004.

Miller, Patrick D. *The Religion of Ancient Israel*. Library of Ancient Israel. Louisville, KY: Westminster John Knox Press, 2000.

Moor, Johannes C. de. *The Rise of Yahwism: The Roots of Israelite Monotheism*. Bibliotheca Ephemeridum Theologicarum Lovaniensium. Leuven: Uitgeverij Peeters, 1997.

Murnane, Williams J., and Charles C. van Siclen III. *The Boundary Stela of Akhenaten*. New York: Routledge, 1993.

Nuffelen, Peter van. "Pagan Monotheism as a Religious Phenomenon." In *One God: Pagan Monotheism in the Roman Empire*, edited by Stephen Mitchell, 16–33. Cambridge: Cambridge University Press, 2010.

Oak, Sung-Deuk. "Competing Chinese Names for God: The Chinese Term Question and Its Influence upon Korea." *Journal of Korean Religions* 3 (2012): 89–115.

Parpola, S. "The Assyrian Tree of Life: Tracing the Origins of Jewish Monotheism and Greek Philosophy." *Journal of Near Eastern Studies* 52 (1993): 161–208.

Parpola, Simo. *Assyrian Prophecies*. State Archives of Assyria. Helsinki: Helsinki University Press, 1997.

Pongratz-Leisten, Beate. "A New Agenda for the Study of the Rise of Monotheism." In *Reconsidering the Concept of Revolutionary Monotheism*, edited by Beate Pongratz-Leisten, 1–39. Winona Lake, IN: Eisenbrauns, 2011.

Porter, Barbara N. "The Anxiety of Multiplicity: Concepts of Divinity as One and Many in Ancient Assyria." In *One God or Many? Conceptions of Divinity in the Ancient World*, edited by Barbara N. Porter, 211–71. Casco Bay, ME: Casco Bay Assyriological Institute, 2000.

Propp, William H. C. "Monotheism and 'Moses': The Problem of Early Israelite Religion." *Ugarit Forschungen* 31 (1999): 537–75.

Renz, Johannes and Wolfgan Röllig, *Handbuch der Althebäischen Epigraphic*. Darmstadt: Wiss. Buchges, 1995.

Roberts, J. J. M. "Nebuchadnezzar I's Elamite Crisis in Theological Perspective." In *Memoirs of the Connecticut Academy of Arts & Sciences: Essays on the Ancient Near East in Memory of Jacob Joel Finkelstein*, edited by Maria de Jong Ellis, 183–187. Hamden, CT: Archon Books, 1977.

Römer, Thomas. *The Invention of God*. Cambridge, Massachusetts: Harvard University Press, 2015.

Schmid, Konrad. "The Quest for 'God': Monotheistic Arguments in the Priestly Texts of the Hebrew Bible." In *Reconsidering the Concept of Revolutionary Monotheism*, edited by Beate Pongratz-Lesten, 271-290. Winona Lake, IN: Eisenbrauns, 2011.

Silverman, David P. "Divinity and Deities in Ancient Egypt." In *Religion in Ancient Egypt: Gods, Myths, and Personal Practice*, edited by Byron E. Shafer, 7-87. Ithaca: Cornell University Press, 1991.

Smith, Mark S. "God in Translation: Cross-Cultural Recognition." In *Reconsidering the Concept of Revolutionary Monotheism*, edited by Beate Pongratz-Leisten, 241-270. Winona Lake, IN: Eisenbrauns, 2011.

Smith, Mark S. *God in Translation: Deities in Cross-Cultural Discourse in the Biblical World*. Forschungen zum Alten Testament. Tübingen: Mohr Siebeck, 2008.

Smith, Mark S. *Early History of God*. Grand Rapids, MI: Eerdmans, 1990.

Sommer, Benjamin D. "Monotheism." In *The Hebrew Bible: A Critical Companion*, edited by John Barton, 239-270. Princeton, NJ: Princeton University Press, 2009.

Sommer, Benjamin D. *The Bodies of God and the World of Ancient Israel*. ACLS Fellows' Publications. Cambridge, New York: Cambridge University Press, 2009.

Sommer, Benjamin D. "Yehezkel Kaufmann and Recent Scholarship: Toward a Richer Discourse of Monotheism." In *Yehezkel Kaufmann and the Reinvention of Jewish Biblical Scholarship*, edited by Job Y. Jindo. Orbis Biblicus et Orientalis; Fribourg: Academic Press, 2017.

Steindorff, Georg. *When Egypt Ruled the East*. Chicago, IL: The University of Chicago press, 1942.

Thompson, Thomas L. "The Intellectual Matrix of Early Biblical Narrative: Inclusive Monotheism in Persian Period Palestine." In *Biblical Narrative and Palestine's History*, edited by Thomas L. Thompson, 105-118. New York, NY: Routledge, 2013.

Walton, John H. *Ancient Near Eastern Thought and the Old Testament*:

Introducing the Conceptual World of the Hebrew Bible. Grand Rapids, MI: Baker Academic, 2006.

Whiting, Robert M. "Amorite Tribes and Nations of Second-Millennium Western Asia." In *Civilizations of the Ancient Near East*, edited by Jack M. Sasson, 1231-1242. New York: Charles Scribner's Sons, 1995.

Wilson, John Albert. *The Culture of Ancient Egypt.* An Oriental Institute Essay. Chicago: University of Chicago Press, 1951.

Yusa, Michiko. "Henotheism." In *Encyclopedia of Religion*, edited by Lindsay Jones, 3913-3914. Farmington Hills, MI: Thompson Gale, 2005.

목차

I. 머리말

II. 독특한 자연환경

III. 수메르 도약
    1. 농업 및 목축
    2. 공예 및 건축
    3. 운송 수단
    4. 공간의 구조화와 위계화
    5. 문자의 발명과 행정·회계 시스템 발전
    6. 예술과 종교 관습

IV. 우룩 팽창 현상: '우룩 세계체제론' 또는 '우룩 세계문화론'
    1. 우룩 팽창 현상의 연구 약사
    2. 알가쎄의 '우룩 세계체제론(Uruk World System)'
    3. '우룩 세계체제론'에 대한 비판과 대안들
    4. 우룩문화 스펙트럼의 다양성과 '우룩 세계문화론'

V. 맺음말

• • • •

제2장
문명의 조건:
제4천년기 서아시아의 우룩 팽창 현상

박성진(단국대)

I. 머리말

메소포타미아는 고대 문명 연구자들에게는 물론 일반 대중에게도 '문명의 요람'으로 잘 알려진 지역이다. "역사는 수메르에서 시작되었다"라는 말처럼, 현재 우리가 사는 세상의 원초적 모습은 메소포타미아 문명에서 찾을 수 있다.[1] 그런 의미에서 메소포타미아 문명은 현대 문명사회의 '오래된 미래'이다. 최초의 도시, 최초의 국가, 최초의 학교, 최초의 사회 개혁 등, '세계 최초'라는 수식어들은 메소포타미아 문명에 익숙한 것들이다. 이러한 여

---

1 새뮤얼 노아 크레이머, 『역사는 수메르에서 시작되었다』, 가람기획, 2018.

러 가지 '세계 최초' 중 이 연구에서는 왜 이 지역에서 문명이 처음으로 출현하게 되었느냐는 문제에 관해 다루고자 보려고 한다. 학술적으로 '문명(Civilization 또는 Civilisation)'을 정의하기란 쉽지 않지만, 대체로 학계에서는 "국가의 출현, 사회 계층화, 도시화, 음성언어를 넘어서는 의사소통의 상징적 체계, 즉 표기체계(writing system)를 특징으로 하는 복합 사회(complex society)를 문명이라고 정의한다."[2] 따라서 메소포타미아 문명이 탄생하게 된 조건을 탐색한다는 것은 도시 및 국가, 사회 계층화, 도시화, 표기체계를 특징으로 하는 복합 사회가 메소포타미아라는 지역에서 왜, 그리고 어떻게 출현하게 되었는지를 탐구한다는 뜻이다.

메소포타미아 문명이 출현한 시기는 제4천년기(기원전 4000년~기원전 3200년 또는 3100년) 후반이다. 이 시기는 선사시대가 끝나고 역사시대가 막 시작되는 전환기로, 관련 학계에서는 이 시대를 '우룩시대(Uruk period)'라고 부른다(표 2.1). 원래 우룩은 이 시기에 남부 메소포타미아지역에 세워졌던 여러 도시국가 중에서 가장 규모가 크고 강력했던 도시국가의 이름이었으나, 남부 메소포타미아 저지대의 지역 문화를 일컫는 말로도 사용된다. 따라서 우룩이라는 명칭에는 시대, 국가, 문화라는 세 가지 의미가 담겨 있다는 점에 유념해야 한다. 이 글에서는 시대를 지칭할 때는 '우룩시대,' 도시국가를 지칭할 때는 '우룩-와르카(Uruk-Warka),' 그리고 문화를 지칭할 때는 '우룩 문화'라고 구별하여 사용

---

2   Haviland, W. *et al. Cultural Anthropology: The Human Challenge*, Cengage Learning. 2013, p. 250.

표 2.1 메소포타미아지역의 선사 및 역사시대 초기 연표(Rothman, 2001)

연대(기원전,비교정연대)	북부지역	남부지역	금석병용 시대
2000	카부르 토기 시대 중기 청동기 시대 EB 4기 레리안 2a기 니네비트 5기	구바빌로니아 시대 이신 라르사 시대 우르 3왕조 시대 아카디안 시대	
3000	초기 청동기 시대	초기 왕조 시대 젬뎃나스르시대 **후기 우룩시대** **중기 우룩시대**	금석병용기 5기 금석병용기 4기 금석병용기 3기
4000	아무크 F 시기 후기 금석병용기	**전기 우룩시대** 우바이드시대 말기	금석병용기 1기
5000	우바이드시대 후기 할라프 전기 할라프	우바이드시대 초가 마미 이행기	
6000	하수나-사마라	사완 3기	

하였다.³

---

3 Rothman, M, "The Local and the Regional," *In*: *Uruk Mesopotamia and Its Neighbors: Cross-culture Interactions in the State Formation*, ed. by Mitchell S. Rothman, School for Advanced Research Press, 2001, p. 5-8.

흥미로운 점은 후기 우룩시대에 이르러 남부 메소포타미아 지역에서 멀리 떨어진 유프라테스강의 중류지역과 이란의 수시아나(Susiana)지역, 그리고 멀게는 아나톨리아고원에서 이란고원에 이르기까지 우룩 문화가 광범위하게 확산한다는 점이다. 이러한 현상을 기예르모 알가쎄(Guillermo Algaze)는 "우룩 팽창(Uruk expansion)"이라고 명명하였는데,[4] 메소포타미아 문명의 탄생 과정에서 "우룩 팽창" 현상은 매우 중요한 역할을 수행했던 것으로 알려져 있다. 그러나 이와 같은 "우룩 팽창" 현상이 왜 발생했으며 또 그 과정이 어떠했는지에 관해서는 의견이 아직 분분하다.

본문에서는 먼저 서아시아의 자연환경에 관해 알아볼 것이다. 현재 서아시아지역은 연안 지역과 산록 지역에 삼림지대가 일부 있지만, 대부분이 사막 아니면 초원지대로서 메소포타미아 문명은 상대적으로 삶의 조건이 열악한 건조지대에서 발생하였다. II장에서는 삼림지대가 아닌 건조지대에서 고대 문명이 최초로 출현하게 된 배경에 대해 살펴보겠다. III장에서는 메소포타미아 문명에서 복합 사회의 출현을 지시하는 다양한 요소들에 관해 논하겠다. 후기 우룩시대에 메소포타미아에서는 사회 전 영역에서 혁신적 변화가 일어났다. 이러한 변화를 '수메르 도약(Sumerian take off)'이라고 하는데, 이 장에서는 그와 같은 혁신적 요소들을 농업 및 목축 공예 및 건축 운송 수단, 공간의 구조화와 위계화, 문자의 발명과 행정·회계 시스템 발전, 예술과 종교 관습 등 분야별로 나누어 살펴본다. IV장은 "우룩 팽창" 현상의 해석에 관

---

4 Algaze, G., "The Uruk Expansion: Cross-cultural Exchange in Early Mesopotamian Civilization," *Current Anthropology*, 30, 1989, p. 571-608

한 장이다. "우룩 팽창" 현상이 학계에서 처음 제기되었을 때, 정치-경제적 관점에서 접근했었다. 그러나 그 이후 다양한 이론이 학계에 제출되었는데, 여기서는 주로 '우룩 세계체제론'과 '우룩 세계문화론'을 중심으로 설명한다.

본문으로 넘어가기 전에 메소포타미아지역의 선사시대와 초기 역사시대의 연대 문제에 관해 설명할 필요가 있다. 왜냐하면 메소포타미아지역의 선사시대 및 초기 역사시대를 연구하는 데 있어서 편년과 용어에 관한 논란이 많기 때문이다. 이러한 문제점을 극복하기 위해 90년대 후반에 미국의 산타페(Santa Fe)에서 미국과 유럽의 주요 연구자들이 모여 학술대회를 개최하여 용어와 편년에 관한 통일안을 2001년에 제시하였다. 이 연구에서는 산타페 회의에서 제시한 편년안을 따른다.[5]

II. 독특한 자연환경

어느 지역이나 마찬가지겠지만 고대 메소포타미아 문명의 발생 과정을 알려면 먼저 이 지역의 자연환경을 이해해야 한다. 만약 삶의 조건이 달랐더라면 고대 메소포타미아의 초기 역사는 다른 방향으로 흘러갔을 것이고, 어쩌면 메소포타미아 문명은 아예 탄생조차 하지 못했을지도 모른다. 아시리아학자였던 아돌프 레오 오펜하임(Adolf Leo Oppenheim: 1904-1974)의 말처럼, 메소포타미아의 자연환경은 '메소포타미아 문명 만들기(The making of Meso-

---

[5] Rothman, *op. cit.* 2001, table 1.2.

potamia)'의 무대(background)이면서, 동시에 문명을 세팅(setting)했다.[6] 그럼 거시적 틀 속에서 메소포타미아지역의 지형학적 그리고 수문 지리학적 특성을 살펴보자.

중생대 말기까지 침강을 계속해 온 알프스-히말라야 조산대는 신생대에 이르러 습곡·단층을 동반하는 격심한 융기 운동이 시작하였고, 그 결과 서남아시아의 북부지역인 아나톨리아반도와 동부지역인 페르시아지역에서는 북서 방향에서 남동 남향으로 험준한 산맥들이 발달하였는데, 이때 튀르키예의 폰투스산맥과 토로스산맥 그리고 이란의 자그로스산맥과 엘부르즈산맥 같은 높고 험준한 산맥들이 형성되었다(그림 2.1-1).[7]

한편 서쪽 해안지대에서는 단층 활동으로 지중해 연안과 나란하게 요르단 열곡이 길게 발달하게 되었고, 그 연장선상에서 레반트산맥도 형성되었다. 그리고 아라비아판이 아프리카에서 북동쪽으로 이동하면서 열곡과 산맥이 형성되었는데,[8] 요르단 열곡의 좁고 긴 골짜기를 따라 요르단강이 흐르게 되었다. 요르단 열곡의 가장 낮은 곳은 해수면보다도 790m나 낮지만, 가장 높은 열곡의 동서 양쪽 절벽의 정상부는 해발고도가 1,200m에 이를 정도로 고도가 급격하게 증가한다. 요르단 열곡에서 좀 더 남

---

6 Oppenheim, L. *Ancient Mesopotamia*, University of Chicago Press, 1964, p. 32.

7 서남아시아라고도 불리는 서아시아지역은 아시아대륙의 서남부 지역으로, 아라비아반도와 메소포타미아지역, 아나톨리아반도(터키), 이란을 포함한다.

8 남영우, 『퍼타일 크레슨트: 메소포타미아, 레반트, 이집트 문명의 이해』, 푸른길, 2021, p. 44-45.

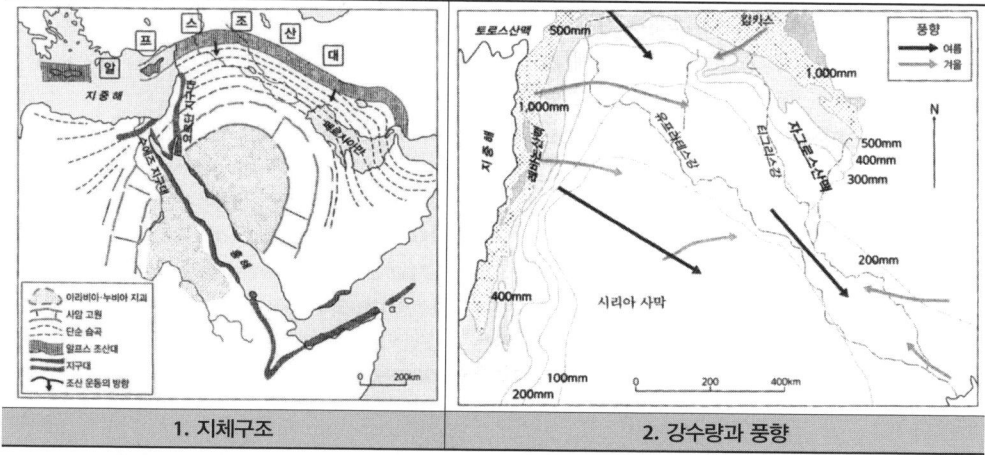

| 1. 지체구조 | 2. 강수량과 풍향 |

그림 2.1 서아시아지역의 지체구조 형성과 강수량 및 풍향(남영우, 2021)

쪽으로 내려가면 홍해가 나온다. 홍해를 접하는 아라비아반도 서쪽 연안을 따라 히자즈산맥이 예멘고원지대까지 길게 뻗어있다. 이상과 같은 지형적 특성을 종합해 보면 서남아시아지역은 남부(아라비아반도)와 동남부(메소포타미아)의 저지대를 제외하고 험준한 산맥과 바다(아라비아해와 페르시아만)로 둘러싸여 있는 지형이라고 할 수 있다(그림 2.1-1). 이러한 지형적 조건 아래에서 풍향은 서남아시아지역의 기후대 형성과 식생대 발달에 지대한 영향을 끼쳤는데, 홀로세 이후 바람은 우기인 여름에는 주로 서북쪽에서 동남쪽으로 불고, 건기인 겨울에는 여러 방향에서 분다(그림 2.1-2).

주지하듯이 서남아시아지역의 자연환경은 지중해 연안의 좁은 해안지대를 제외한 대부분 지역이 사막과 초원과 건조기후대이다. 산맥들이 우기인 여름철에 지중해, 흑해, 카스피해에서 불어오는 따뜻하고 습한 바람을 가로막고 있어서 대부분 지역이 건조 지역으로 남게 되는 것이다. 북서쪽에서 동남쪽으로 불러오는 습한 바람은 높은 산맥을 넘으면서 레반트지역을 비롯한 좁은 연안 지역에 많은 비를 내린다. 그러나 정상을 넘게 되면 바람은 이미 습기가 고갈되어 반대편 사면에서는 비를 내릴 수 없게 된다. 이러한 현상을 '비그늘 효과(rain shadow effect)'라고 하는데, 이러한 '비그늘 효과'로 인해 아라비아반도와 메소포타미아지역의 대부분 지역은 사막 지역이거나 연강우량 200mm 이하의 매우 건조한 지역으로 남게 된다(그림 2.1-2).

    메마른 땅에서 마르지 않는 강은 생명줄과 같다. 그런 맥락에서 튀르키예의 고산지대에서 발원하여 시리아, 이라크를 거쳐, 페르시아만으로 빠져나가는 유프라테스강과 티그리스강은 메소포타미아 저지대에 살아가는 사람들에게는 예나 지금이나 절대적이다. 홀로세 이후 지구가 따뜻해지자, 튀르키예의 토로스산맥과 고원지대, 이란의 자그로스산맥 정상부의 빙하가 녹으면서, 무기질과 유량이 풍부해진 유프라테스와 티그리스강이 저지대의 충적 대지를 비옥하게 만들었다. 비가 거의 내리지 않는 지역에서도 농사를 지을 수 있는 여건을 조성하게 된 것이다. 그렇지만 경작이 가능한 토지는 강에서 물을 댈 수 있는 인접 지역으로 제한되었다(그림 2.2).

    대개 서아시아지역은 해발고도, 수문지리, 식생, 지역 자원 등과 같은 요소들을 종합적으로 고려하여 여러 생태 지대(environmental zone)로 세분된다. 연구자에 따라 많게는 14개 지역으로 구분하기도 하지만,[9] 여기서는 해발고도를 중시하는 찰스 레

---

[9] Hewett, Z., Gruchy, (de) M., Hill, D. & Lawrence, D., Raincheck: A new diachronic series of rainfall maps for Southwest Asia over the Ho-

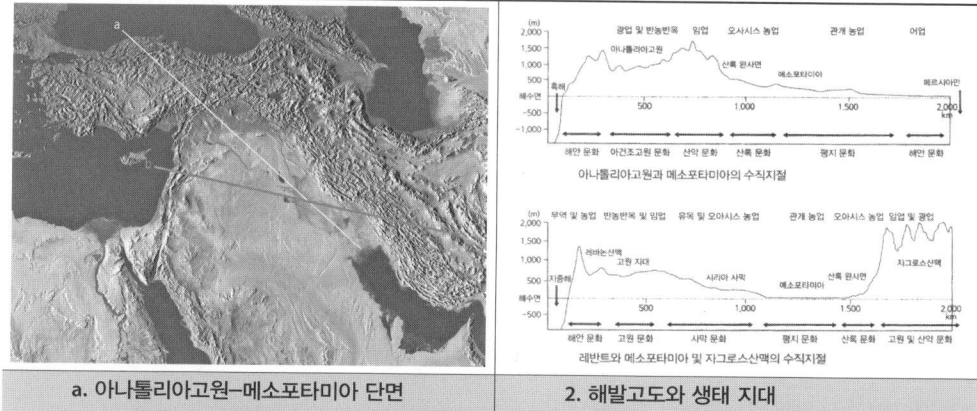

그림 2.2 서아시아지역 해발고도의 변화와 생태 지대(남영우, 2021)

드맨(Charles Redman)의 분류법에 따라, 서아시아지역을 해안 평야 지대, 충적 평야 지대, 산록 지대, 반건조 고원지대, 구릉 및 계곡지대, 산악 지대, 분지, 사막 등 8개 생태 지대로 구분하였다. 생태 지대는 선사시대 사람들의 삶의 방식, 즉 문화와 밀접하게 관련되어 있다는 점에서 고대인의 삶을 이해한 전제 조건이다.[10] 이렇게 나눈 8개 생태 지대 중에서 주목해야 할 점은 고온다습한 해안 평야 지대인 지중해 동쪽 해안 레반트지역에서 서아시아에서 정주 생활, 농경, 교역이 가장 먼저 시작되었다는 점이다.[11] 신석기 시대로 진입하기 전에 레반트지역에서는 이미 정주 생활

locene, *Levant*, 54, 2022, p. 9-10.

10 남영우, 앞의 책, 2021, p. 26; Redman, C., *The Rise of Civilization*: *From Early Farmers to Urban Society in the Ancient Near East*, W.H. Freeman and Company, 1978, p. 27.

11 앨런 시몬스, 「서남아시아의 초기 농업」, 『농업과 세계사』, 그레이엄 바커(엮음), 소와당, 2021, p. 44-47.

이 BP 15000~12000년에, 그리고 BP 11700~10500년에 농경이 시작되었다.¹² 그리고 레반트지역보다 약간 늦게 튀르키예 아나톨리아고원과 이란 자그로스산맥의 남부 산록 완사면에서도 정착 생활과 농경 문화가 시작되었다. 500m~800m 해발고도로 비교적 높은 산록 완사 지대는 지중해에서 불러오는 고온다습한 바람이 토로스산맥과 자그로스산맥에 부딪히면서, 산록 완사면에 비를 많이 뿌리기 때문에 농경이 다른 지역보다 일찍 시작되었던 것이다. 한편 험준한 산맥 정상부의 만년설이 녹은 물들이 집적된 호수 주변 지대도 농경이 출현하는 데 유리하게 작용하였다.¹³ 따라서 서아시아지역에서 정착 생활, 농경, 가축화가 가장 먼저 출현한 지역은 해안 평야 지대 또는 거대한 산맥 아래 산록 완사면이지, 충적 평야 지대가 아니었다. 해안 평야 지대와 산록 지대는 강우에 의존하는 '건식 농업(dry farming)'이 가능한 지역으로서, 강우에 의존하지 않고 하천을 이용하는 '관개(irrigation) 농업'은 건식 농업이 시작되고도 한참 뒤인 기원전 5500년~4800년 사이에 메소포타미아 상류 지역에서 처음 시작되었다. 현재 관개 농업의 고고학적 증거가 남아있는 가장 이른 시기 유적은 이라크의 티그리스강 상류 지역에 자리 잡은 텔에스-사완(Tell es-Sawwan)이다.¹⁴

---

12   이 글에서는 보정 연대를 사용하였다. 앨런 시몬스, 위의 글, p. 44.

13   앨런 시몬스, 위의 글, p. 39; Zeder, M., "The Origins of Agriculture in the Near East," *Current Anthropology*, 52, 2011, S222.

14   Breniquet, C., "Tell es-Sawwan, Irak. Essai de synthèse et de prospective sur la néolithisation de la plaine mésopotamienne," *Paléorient*,

메소포타미아 하류의 저지대에서 선토기시대(Pre-Pottery Neolithic), 즉 전기 신석기 시대까지 거슬러 올라가는 유적은 현재까지 발견된 적 없다. 토지는 비옥하지만, 강우량이 적어 메소포타미아 하류 지역은 해안 평야 지대나 거대한 산맥 아래 산록 완사면 지역보다 농경과 목축이 늦게 발생했다. 기원전 5000년 이후 서아시아지역의 기후변화에 관한 고환경에 관한 연구들에 따르면 메소포타미아 하류 충적 평야 지대는 연 강우량이 200mm 이하로 늘 비가 부족한 지역이었다.[15] 강물을 이용한 관계 농법 없이는 농사를 지을 수 없는 지역이라는 뜻이다. 이와 같은 이유로 마르크스, 베버와 같은 19세기와 20세기의 근대 사상가들은 일찍이 관개 농업에 주목하였고 고대 오리엔트에서 최초로 국가가 탄생하게 된 근본적인 이유도 관개 농업의 도입에서 찾았다.

다분히 오리엔탈리즘적인 근대 사상가들의 주장은 1950년대 후반에 중국학 연구가인 칼 비트포겔(Karl Wittfogel: 1896-1988)의 『동양적 전제주의(Oriental Despotism)』로 완성된다.[16] 비트포겔의 동양적 전제주의론은 관개 시설 건설처럼 막대한 인력과 재화를 요구하는 대규모 토목 사업을 실행하기 위해 고대 오리엔트

42, 2016, p. 146.

15 Hewett *et al*,, *op. cit*., 2022, p. 18; Clarke, J., *et al*., "Climatic changes and social transformations in the Near East and North Africa during the 'long' 4th millennium BC: A comparative study of environmental and archaeological evidence," *Quaternary Science Reviews*, 136, 2016, p. 96-121.

16 칼 A. 비트포겔, 구종서(옮김), 『동양적 전제주의』, 법문사, 1991, 730p.

지역에서 국가가 가장 먼저 출현하게 되었다는 이론이다. "수메르 세계에서 관개 농업이 없었다면 도시 또한 없었을 것"이라는 톨키드 야콥센(Thorkild Jacobsen: 1904-1993)의 말에서도 알 수 있듯이, 관개 농업이 도시와 국가 발생의 근본적 원인이었다는 인식은 메소포타미아지역을 연구하는 고고학자와 문헌학자들에게도 크게 영향을 끼쳤다.[17]

그러나 소수 의견이지만 고대 근동 문명에서 도시와 국가 탄생 과정에서 관개 농업의 역할을 과대평가하는 것을 경계하면서, 고대 국가 탄생 이전에는 생업 경제에서 어업이나 목축이 농업 못지않게 중요했을 것이라고 주장하는 조안 오티스(Joan Oates: 1928-2023) 같은 학자도 있었다.[18] 어쩌면 이러한 관점의 차이는 토판 자료에 주로 의존하는 문헌학자와 물질 자료에 의존하는 고고학자 간의 방법론상의 차이에서 빚어졌다고 볼 수도 있겠다. 문제는 당시에는 메소포타미아 하류 지역에 관한 고환경에 관한 실증적인 연구가 거의 없었다는 점이다. 그러나 70년대 말부터 80년대 전반기까지 남부 메소포타미아지역에서 우바이드시대에 속하는 상태가 양호한 유적이 조사되고, 나아가 2000년대

---

17 Jacobsen, T., "The Waters of Ur," *Iraq*, 22, 1960, p. 174; Pournelle, J. and Algaze, G., "Travels in Edin: Deltaic Resilience and Early Urbanism in Greater Mesopotamia," *In: Preludes to Urbanism: Studies in the Late Chalcolithic of Mesopotamia in Honour of Joan Oates*, ed. by Augusta McMahon and Harriet Crawford, McDonald Institute for Archaeological Research, Oxford, 2015, p. 7.

18 Oates, J., 1960, "Ur and Eridu, the Prehistory," *Iraq*, 22, 1960, p. 48-50; Pournelle and Algaze, *ibid*.

초에는 첨단 기술을 이용한 고환경 연구가 이뤄지면서 우룩시대 이전 문명 전야의 상황에 관한 상세한 정보를 얻을 수 있게 되었다.

텔엘-우에일리(Tell el-Oueili)는 메소포타미아 하류 지역에서 가장 이른 신석기 시대 유적이다.[19] 후기 신석기 시대인 우바이드시대 0기에서 5기(기원전 6500년~기원전 5400년)까지 점유되었던 텔엘-우에일리는 동시대 다른 유적들과 별반 다르지 않았다. 작은 마을 규모의 사회였고 우바이드시대를 특징짓는 정성스레 제작된 기하학적 채색토기가 사용되었지만, 물레를 사용한 흔적은 없다. 사회는 계층화가 미약하다는 점에서 평등사회에 가까웠다. 게다가 흑요석 교역을 제외하고는 외부와의 교역의 흔적도 없었으며 모든 물자는 공동체 내에서 생산되고 소비되었다. 관개 시설은 있었지만, 그 규모가 매우 작아 공동체의 생계를 부양하기에 턱없이 부족했고, 목축 및 어업과 사냥이 차지하는 비중이 컸다. 한가지 텔엘-우에일리유적에서 주목되는 점은 곡물 저장시설로 추정되는 건물터와 후대에 신전과 같은 신성한 구역에 세워지는 삼열구조의 건축물(tripartite)이 발견되었다는 점이다.

---

19   Huot, J.-L., *Une archéologie des peuples du Proche-Orient*: t. 1, *des Premier villageois aux peuples des cités-états*, édition errance, Paris, 2019, p. 58-66; Forest, J.-D., Vallet, R. et Breniquet, C., "Stratigraphie et architecture de Oueili Obeid 0 et 1. Travaux de 1987 et 1989," *In*: *Oueili. Travaux de 1987 et 1989*, dir. par Jean-Louis Huot, Éditions sur Recherche sur les civilisations, Paris, 1996, p. 39-42; Vallet, R., Baldi, J., Padovani, C., Abd-El-Kadim, R. and Douché, C., "Preliminary Report on the VIIIth and IXth Campaigns at Tell el-'Uwaili," *Sumer*, LXVI, 2019. p. 13-16.

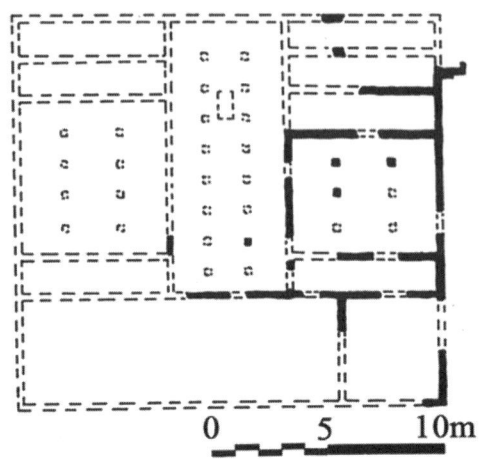

그림 2.3 텔엘-우에일리의 삼열구조 건축물(Fores et al., 1987)

이 삼열구조 건축물은 다음 시대인 우룩시대에도 계승된다(그림 2.3).[20]

이러한 결과들을 종합해 볼 때 우바이드시대의 신석기 마을에서는 그다음 시기인 우룩시대에서 보는 것처럼 비약적인 발전은 없었지만, 문화적 연속성만은 확인된다고 요약될 수 있겠다. 특히 주목해야 할 점은 생업 경제에서 관개 농업이 차지하는 비중이 작고, 사냥, 어로, 채집 활동의 비중이 크다는 점으로 이러한 사실은 위에서 설명했던 관개 농업이 도시와 국가 형성의 원동력이었다는 가설과 정면으로 배치된다. 그렇지만 한 유적에서 얻어진 결과만을 가지고 일반화하는 것은 무리다. 따라서 우룩시대 이전 시대의 문화 발전 상황을 파악하기 위해선 메소포타미아 지역에 대한 정밀 광역 고환경조사가 필요한데, 90년대에 토니

---

20 Huot, *ibid.*; Huot,, J.-L., "The first farmers at Oueili," *The Biblical Archaeologist*, 55, 1992, p. 188-195.

윌킨슨(Tony Wilkinson)이 상류 지역을, 그리고 2000년대에 제니퍼 퍼넬(Jennifer Pournelle)이 하류 지역을 대상으로 그와 같은 연구를 하였다.[21] 여기서는 메소포타미아 하류 지역을 대상으로 한 퍼넬의 연구를 중심으로 살펴보도록 하겠다.

퍼넬에 따르면 기원전 4000년경 메소포타미아 하류 지역은 지금과 달리 충적 평야 지대가 아니라, 강과 바다가 만나는 지점에 형성된 삼각주(delta) 생태 지대이었다. 그 당시는 해수면이 높아서 페르시아만이 안쪽으로 250km 정도 들어와 있었다(그림 2.4-1). 해발고도가 매우 낮고 거의 평지에 가까워서 나타난 현상이다. 나중에 고대 도시국가로 성장하는 우룩-와르카, 라르사(Larsa), 우르(Ur)가 자리 잡은 곳은 해안 습지(marshland)였고 기르수(Girsu), 라가쉬(Lagash)와 같이 도시국가로 성장하는 지점들은 바닷물 속에 잠겨 있었다(그림 2.4-1).[22] 복원된 그 당시 경관에 따르면 과거 삼각주의 생태 환경은 현재 페르시아만 연안의 습지 지역과 유사했을 것으로 추정되는데, 위에서 보면 마치 '거북등(turtleback)'처럼 사방이 늪지로 둘러싸인 조그만 육지들이 듬성듬성 드러나는 그런 경관이다(그림 2.4-2).[23]

---

21 Wilkinson, T., "The Structure and Dynamics of Dry-Farming States in Upper Mesopotamia," *Current Anthropology*, 35, 1994, p. 483-520; Pournelle, J., *Marshland of Cities: Deltaic Landscapes and the Evolution of Early Mesopotamian Civilization*, Dissertation Ph. D of University of California, San Diego, 2003a, 315p.

22 Pournelle, *ibid*. p. 267.

23 Pournelle, *ibid*. p. 212; Marchetti et al., "The Rise of Urbanized Landscapes in Mesopotamia," *Zeitschrift für Assyriologie und Vorderasi-*

| 1. 기원전 4천 년경 해침(海浸) | 2. 메소포타미아 삼각주 습지의 현재 거주민 |

그림 2.4 **기원전 4000년의 남부 메소포타미아지역의 해침과 삼각주 지역의 현재 습지 거주민(Pournelle, 2003)**

      기원전 6000년~기원전 3500년까지, 즉 우바이드시대부터 전기 우룩시대까지 남부 메소포타미아인들은 고온다습한 환경이 지속되던 시기에 삼각주 생태 지대가 주는 이점을 충분히 살려 생활했던 것으로 보인다(그림 2.5). 민물과 바닷물이 합류하는 지점에서 형성되는 삼각주 생태 지대는 생물학적으로 다양하여 식량자원으로 사용할 수 있는 동식물이 풍부한데, 특히 거북, 어류, 연체류, 갑각류, 조류, 가젤과 같은 식량자원을 손쉽게 획득할 수 있다.[24] 사냥-채집-목축에 유리한 이러한 환경에서는 관개 농업에 대한 의존도가 그리 높지 않다고 하더라도 많은 인구를 부양

---

atische Archäologie, 109, 2019, p. 216.

24 Curtis, R. and Najah H., "Restoring the Garden of Eden: An Ecological Assessment of the Marshes of Iraq," *BioScience*, 56, 2006, p. 477–489.

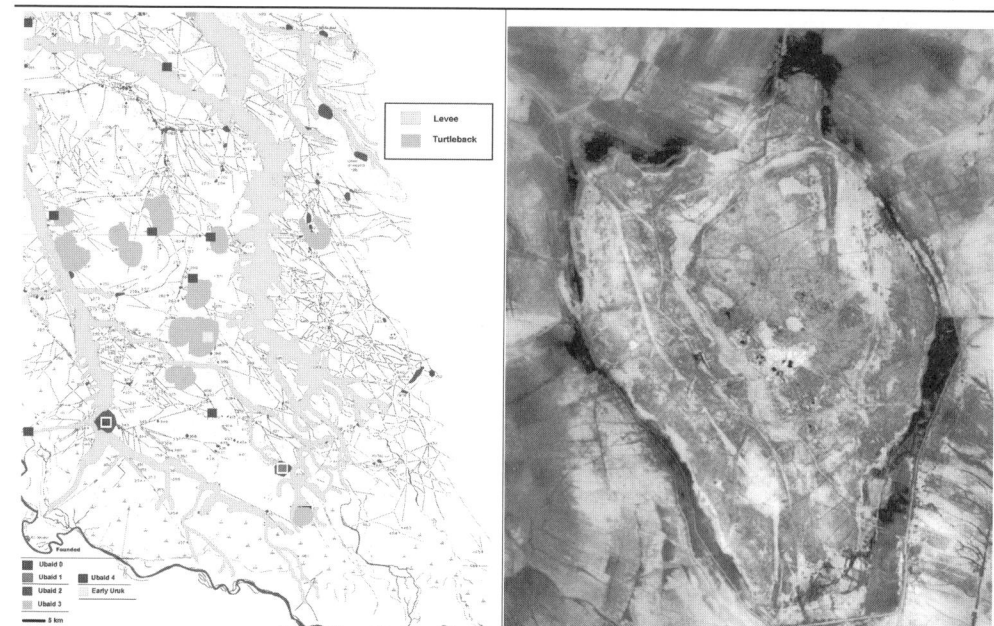

| 1. 우룩시대 우룩-와르카지역 조사 지역 제방 시스템과 유적 | 2. 거북등 습지 위에 세워진 텔로(고대 기르수)유적을 가로질러 수로가 흐르고 있다. |

그림 2.5 우룩시대 제방 시스템, 유적의 분포, 거북등 지형의 흔적(Pournelle, 2003)

할 수 있고 정주 생활을 가능케 하는데, 주지하듯이 정주 생활은 농업 생산과 상관 없이 인구 증가를 초래한다.[25] 따라서 남부 메소포타미아 저지대에서는 관개 농업이 본격화되기 이전부터 이미 많은 사람이 정착 생활을 하였으므로 이 지역의 인구 집중이 관개 농업에 기인한다는 주장은 재고되어야 한다.

사실 남부 메소포타미아에서의 관개 농업의 발달은 원인이라기보다 오히려 결과에 가깝다. 또한 관개 농업은 단기간에 처

---

25 Testart, A. "The Significance of Food Storage Among Hunter-Gatherers: Residence Patterns, Population Densities, and Social Inequalities," *Current Anthropology*, 23, 1982, p. 523-537.

음부터 대규모로 진행된 것이 아니라, 후기 우바이드시대부터 우룩시대까지 기후가 건조해짐에 따라 수 천 년에 걸쳐 조금씩 진행되었고 그 규모도 점진적으로 확장되었다.[26] 고온 다습했던 우바이드시대가 끝나고 우룩시대에 접어들자 남부 메소포타미아지역은 건조화되기 시작한다.[27] 건조화의 영향으로 해수면이 내려가고 습지가 점점 줄어들면서 토양은 염류화되어 경작할 수 있는 땅이 줄어들면서, 경작이 가능한 하천 주변 토지로 사람들이 집중되고 특정 지점에 인구 과밀화가 일어났다.[28] 이러한 과정이 가속화될수록 관개 시설과 수로가 더 길어졌고 개수도 더 늘어났는데, 이는 이전 시대보다 치수가 더 중요해졌고 농업이 더 노동집약적인 형태로 변하게 되었음을 의미하는 것이었다. 취락 형태가 습지 환경에서 보이던 패턴인 거북등형에서 물줄기를 따라 거주하는 선형(線形) 패턴으로 변화했다는 점은 이러한 환경 변화를 극명하게 보여주는 사례이다.[29]

한편 후기 우룩시대 치수 사업과 관련하여 주의해야 할 점은 농지에 물을 대는 것도 중요했지만, 물을 빼는 것이 더 중요했

---

26 Forest, J.-D., "Le rôle de l'irrigation dans la dynamique évolutive en Mésopotamie," *Archéo-Nil*, 5, 1985, p. 67-77; Pournelle, J., "Physical Geography," In: *The Sumerian World*, ed. by Harriet Crawford, Routledge, 2016, p. 23; Wilkinson, T., "Hydraulic Landscapes and Irrigation Systems of Sumer," In: *The Sumerian World*, ed. by Harriet Crawford, Routledge, 2016, p. 42-45.

27 Clarke, J. *et al.*, *op. cit.* p. 117.

28 제임스 C. 스콧, 전경훈(옮김), 『농경의 배신』, 책과함께, 2019, p. 168.

29 Wilkinson, *op. cite.* 2016, p. 37.

다는 점이다. 급수보다 배수가 더 중요했다는 뜻이다.[30] 몬순기 후에 맞춰진 나일강의 홍수 주기와 달리, 유프라테스강과 티그리스강의 홍수 주기는 곡물이 여물기도 전인 4월과 5월에 절정을 이뤄 농사를 망칠 위험이 크기 때문이다.[31] 남부 메소포타미아지역의 경관은 건조화로 더 도시적이고 더 노동집약적으로 변화하면서 후기 우룩시대에 노동과 행정을 관리하고 통제할 필요성이 커지게 되었다. 제임스 스콧의 말처럼 "건조함이야말로 국가 형성의 시녀였던 것이다."[32]

토니 윌킨스 등은 강우량이 180mm~300mm인 지역은 강우량만으로 농사를 짓는 것은 가능하지만, 불규칙한 강우로 인해 농사를 망칠 위험이 큰 '불확실성 지대(zone of uncertainty)'라고 정의하였다.[33] 이러한 '불확실성 지대'에서는 곡물 재배 실패라는 위험 요소를 약화하고 분산시킬 목적에서 농업과 목축을 병행(agro-pastoralism)하고, 사회적 네트워크를 발전시킨다. 그 결과 불확실성이 큰 지역에서는 사회조직의 적응 유연성을 높임으로써, 강우량이 많은 지역보다 더 생산성을 비약적으로 발전시킬

---

[30] Civil, M., *The Farmer's Instructions*, Aula Orientalis, Barcelona, 1994. p. 110.

[31] Hunt, R.C. 1988. "Hydraulic management in southern Mesopotamia in Sumerian times," *Bulletin on Sumerian Agriculture*, 4, p. 193.

[32] 제임스 C. 스콧, 위의 책, p. 169.

[33] Wilkinson, T. *et al*, "Contextualizing Early Urbanization- Settlement Cores, Early States and Agro-pastoral Strategies in the Fertile Crescent During the Fourth and Third Millennia BC," *Journal of World Prehistory*, 27, 2014, p. 53-54.

수 있고 그만큼 도시화도 더 촉진할 수 있다고 주장하였다.[34] 아마도 남부 메소포타미아의 사회조직과 도시화는 건조화로 인해 인구 밀도가 높아지고 생존을 위협하는 요소들이 증대되자, 농업, 어업, 목축을 병행함으로써 위험 부담을 분산하고, 이전보다 관개농업을 발전시켜 생산력을 증대하는 과정에서 발전하게 되었던 듯하다.[35] 즉 후기 우룩시대에 건조화라는 위기를 맞이하여 남부 메소포타미아의 공동체들은 사회-생태적 시스템의 '적응 유연성(resilience)'을 높임으로써 위기 상황을 타개했다는 뜻이다.[36]

이상에서 살펴본 바와 같이 우룩시대 '건조화'라는 위기를 직면하여, 남부 메소포타미아 주민들은 사회-생태적 시스템의

---

34 Wilkinson, T. *et al*, *ibid*., 2014, p. 96.

35 Pournelle, "The Littoral Foundations of The Uruk State: Using Satellite Photography Toward a New Understanding Of 5th/4th Millenium BCE Landscapes in the Warka Survey Area, Iraq," *In*: *Chalcolithic and Early Bronze Age Hydrostrategies*, ed. by Dragos Gheorghiu, BAR International Series 112, Oxford University Press, 2003b, p. 11.

36 UN 산하 기구인 〈기후변화에 관한 정부 간 협의체(IPCC: the International Panel on Climate Change)〉가 정의한 '적응 유연성'이란 "기능, 정체성, 구조를 유지하는 동시에 적응, 학습, 변형을 위한 역량을 유지하는 방식으로 대응하거나 재구성하여 (환경적) 위험한 사건이나 장애 요소에 대처할 수 있는 역량"을 말한다. IPCC, *Climate Change 2014*: *Impacts, Adaptation, and Vulnerability. Part A*: *Global and Sectoral Aspects. Contribution of Working Group II to the Fifth Assessment Report of the Intergovernmental Panel on Climate Change*, ed. by Field, C.B., Barros *et al*., Cambridge University Press, Cambridge and New York, 2014. p. 1132.

'적응 유연성'를 높임으로써, 다른 지역보다 오히려 문명화 단계로 빠르게 나아갈 수 있었다. 그러나 이 지역은 고대 문명 발전에 필수 불가결한 목재, 석재, 금속 같은 자원들이 매우 부족하거나 전혀 없었다. 이 지역에서 풍족한 것이라고는 고작 찰흙, 갈대, 대추야자, 물고기, 보리, 밀뿐이었다.[37] 이처럼 자원이 절대적으로 부족한 지역에서는 다른 지역과의 교역이 사회체제 유지의 관건이 될 수밖에 없다. 이것이 바로 남부 메소포타미아의 고대 도시들이 일찍부터 장거리 교역에 나설 수밖에 없었던 근본적인 이유였다.

III. 수메르 도약

메소포타미아지역의 선사시대에서 역사시대로 이행하는 제4천년기는 여러모로 결정적인 시기였다. 인류 역사상 최초로 도시, 국가 그리고 문자와 같은 많은 현상과 혁신들이 우룩시대라고 불

---

37 Ess, van M. and Neef, R., "Timber for temples," *In*: *Uruk: first city of the ancient world*, ed. by Nicola Crüsemann, J. Paul Getty Museum, 2019d, p. 38-39; Ess, van M. and Neef, R., "Reeds as raw materiel," *In*: *Uruk: first city of the ancient world*, ed. by Nicola Crüsemann, J. Paul Getty Museum, 2019c, p. 38-39; Ambos, C., "Clay and mud: life's basic building blocks," *In*: *Uruk: first city of the ancient world*, ed. by Nicola Crüsemann, J. Paul Getty Museum, 2019, p. 202-203; Ess, van M. and Hilgert, M., "Stone as a raw material," *In*: *Uruk: first city of the ancient world*, ed. by Nicola Crüsemann, J. Paul Getty Museum, 2019b, pp. 278-279.

리는 바로 이 시기에 발생했기 때문이다. 따라서 이 시기에 출현한 메소포타미아 문명은 좁게는 서아시아지역의 고대사, 더 넓게는 인류 고대 문명 발달사에서 중대한 전환점이었다. 특히 남부 메소포타미아지역에서는 북부 메소포타미아지역에 비해 현저하게 도시화와 국가화가 진척되면서 남북 간 격차가 커지게 된다. 오늘날 우리가 메소포타미아 문명의 특징이라고 부르는 것들은 사실 남부의 특징을 말하는 것이라 해도 과언이 아니다. 알가쎄는 제4천년기 후반기, 즉 후기 우룩시대에 남부 메소포타미아지역에서 각각의 영역에서 발생했던 기술과 발전을 "수메르 도약"이라고 표현했는데,[38] 여기서는 그 "수메르 도약"의 구체적 내용들을 분야별로 살펴보도록 하겠다.

1. 농업 및 목축

농업 분야에서는 우바이드시대 말기와 우룩시대 동안에 여러 가지 중요한 기술 혁신이 이루어졌고 이를 "2차 생산물 혁명(Secondary products revolution)"이라고 부른다. 1980년대 초 앤드류 셰럿(Andrew Sherratt: 1946-2006)은 제4천년기부터 제3천년기까지 농업과 목축에서 일련의 혁신이 이뤄져 도시화와 국가 형성을 이끌었다고 주장하면서, 이를 "2차 생산물 혁명"이라고 명명하였다.[39] 고든 차일드가 정의한 고전적 의미의 "농업 혁명"이 식

---

38 Algaze, *op. cit.* 2008, p. 5.

39 Sherratt, A., "Plough and pastoralism: aspects of the secondary products revolution," *In*: *Pattern of the Past*: *Studies in honour of David Clarke*, edited by I. Hodder, G. Isaac and N. Hammond, Cambridge

량 확보를 위한 식물과 동물의 순화(domestication)를 특징으로 한다면, 2차 생산물 혁명은 육류 소비를 위해 가축을 도살하지 않으면서도, 인간에게 유익한 생산물을 가축으로부터 확보하는 행위라고 정의할 수 있다. 이때 가축으로부터 얻어지는 생산물이란 우유, 양모, 견인(牽引, traction)인데, 이 중에서 특히 메소포타미아 남부의 비약적 발전에 크게 이바지한 생산물은 양모와 견인이었다.

또한 제4천년기에는 당나귀 또는 소가 끄는 나무 쟁기가 등장하여 땅에 깊게 고랑을 팔 수 있게 되면서, 메소포타미아 남부 저지대의 농업생산력이 증대되었다.[40] 괭이 같은 도구를 사용하여 손으로만 파종하던 이전 농법보다 견인 동물을 이용하여 밭을 깊게 일구는 심경 농법이 시작됨으로써, 곡물들을 훨씬 더 간단하게 파종할 수 있게 된 것이다. 게다가 우바이드시대 이후 점토낫(clay sickle)을 사용하면서, 곡물의 수확도 쉬워졌다.[41] 나아가 후기 우룩시대에 완성된 관개 농업 기술은 초기왕국 시대에 더 큰 규모로 확장·적용되면서 곡물 생산이 비약적으로 발전하

University Press: Cambridge, 1981, p. 261–305.

[40] Faivre, X., "Outils," *In*: Dictionnaire de la civilisation mésopotamienne, dir. par Francis Joannès, Robert Laffont, coll. 《Bouquins》, Paris, 2001b, p. 608.

[41] Anderson, P. et Fermenti, F., "Fonctionnement de faucilles en céramique de Tell El Oueili," In: *Oueili. Travaux de 1987 et 1989*, dir. par Jean-Louis Huot, Éditions sur Recherche sur les civilisations, Paris, 1996, p. 373-379.

게 된다.⁴² 이러한 다양한 혁신은 신석기 시대부터 이어져 온 수작업으로만 이뤄진 농경과 달랐다. 우선 제도적 틀 안에서 이뤄진 새로운 농업은 더 넓은 지역을 경작할 수 있었다. 아울러 후기 우룩시대는 관개 수로를 따라 나란하게 개간된 농지가 직사각형으로 구획화되었다. 비로소 진정한 의미의 "농지 또는 토지"가 출현한 것이다. 알가쎄의 말처럼 이때부터 남부 메소포타미아 저지대의 '자연경관(natural landscape)'은 '창조된 경관(created landscape)'으로 탈바꿈하였다.⁴³

한편 2천 년간 점진적으로 도입되었던 관개 농업 시스템을 통해 높은 수확량을 달성함으로써, 더 많은 잉여생산물을 창출할 수 있었고, 이렇게 생산된 보리는 신전과 왕실 등 국가기관에 고용된 농업 노동자들에게 배급되었다.⁴⁴ 국가기관은 이러한 유형의 농업을 구현할 수 있는 인적, 물적, 기술적 자원을 보유하고 있었기 때문에, 기존의 가족 단위의 농업에 비해 우월한 위치를 차지할 수 있었다. 국가기관에 의한 농업 경영이 남부 메소포타미아지역의 생업 경제에서 상당한 비중을 차지하고 있었고 이는

---

42 Pournelle, *op. cit.* 2016, p. 23; Wilkinson, *op. cit.* 2016, p. 46-48.

43 Liverani, M., *Uruk: The First City*, Equinox, London, 2006, p. 15-19; Algaze, G., *Ancient Mesopotamia at the dawn of civilization*, University of Chicago Press, 2008, p. 1-2.

44 Englund, R., "Texts from the Late Uruk Period ," *In: Mesopotamien: Späturuk-Zeit und Frühdynastische Zeit*, ed., by Joseph Bauer, Robert K. Englund und Manfred Krebernik, Fribourg und Göttingen, Universitätsverlag Freiburg Schweiz und Vandenhoeck & Ruprecht, coll, 《Orbis Biblicus et Orientalis》, 1998, p. 181-213.

결국 인구 증가로 이어져 다른 지역에 비해 도시화와 국가 정치구조의 출현을 촉진하는 계기가 되었다. 알가쎄는 남부 메소포타미아지역이 다른 지역에 헤게모니를 장악할 수 있었던 근본적인 이유를 농업생산력에 있어서 남부 메소포타미아지역이 다른 지역보다 월등했다는 점에서 찾고 있다.[45] 그러나 남부 메소포타미아지역이 다른 지역보다 농업생산력에서 비교 우위를 점하고 있었다는 점보다는 신전과 왕실 같은 국가기구의 대규모 농업이 가구 단위 소규모 농업을 압도했다는 점, 즉 국가 독점적 농업 경영이 남부 메소포타미아지역에서 다른 지역에 비해 훨씬 강했다는 점 때문에 헤게모니를 거머쥘 수 있었다는 해석도 있다.[46]

우룩시대에는 목축도 크게 발전했는데, 특히 조직화된 운송 능력의 발달이라는 측면에서 당나귀의 가축화가 중요하다.[47] 기원전 6천 년 또는 5천 년 기에 이집트에서 처음으로 가축화된 당나귀는 적어도 제4천년기에는 이 지역에도 유입되었을 것으로 추정된다.[48] 당시 낙타는 아직 가축화되지 못했다.[49] 당나귀는 사람보다 두 배가 넘는 운반 능력과 지구력 때문에, 그리고 조직적으로 대규모의 물자를 운송할 수 있다는 점 때문에 단거리는 물

---

[45] Algaze, *op. cit.* 2008, p. 40-63.

[46] Liverani, *op. cit.* 2006, p. 19-25.

[47] Mitchell, P., *The donkey in human history: an archaeological perspective*, Oxford University Press, 2018, p. 79.

[48] Todd, E., *et al.*, "The genomic history and global expansion of domestic donkeys," *Science*, 377(6611), 2022, p. 1172-1180.

[49] 박성진, 「청동기시대 서아시아지역의 라피스 라줄리 생산체계」, 『호서고고학』 49, 2021, p. 71-72.

론 장거리 교역의 훌륭한 수단이었다.[50] 한편 단백질 공급원으로서 가구 단위로 사육되었던 양, 염소, 소 등의 가축들이 남부 메소포타미아지역에서는 털과 우유 생산을 위해 국가기구의 통제 속에서 대규모로 사육하게 되었다는 점도 중요하다. 왜냐하면 거의 산업화 수준으로 대량 생산된 양모는 내수용이었을 뿐만 아니라, 남부 메소포타미아의 주요 수출품이었기 때문이다.[51]

2. 공예 및 건축

우룩시대에 직물 재료가 아마포(린넨)에서 점차 모직으로 변했다는 점은 남부 메소포타미아지역 경제에 크게 영향을 미쳤다. 먼저 목축이 제도화되고 확대되면서, 휴경지와 강에 가까운 언덕과 산에서 양 떼를 방목하는 이동 방목(transhumance)이 나타났다.[52] 나아가 아마포가 모직으로 대체되면서 아마의 경작지는 줄어드는 대신, 다른 작물들을 재배하기 위한 경작지가 늘어났다. 원통형 인장의 도상에서 보듯이, 거의 산업화 수준까지 발달한 직물 생산 산업은 도시화와 국가 형성의 근간으로, 양모는 보리와 함께 국가기관에서 일하는 노동자들에게 보수의 형태로 제공되었다. 마리오 리베라니(Mario Liverani)의 말처럼, "보리의 순환"과 함께 "양모의 순환"은 고대 남부 메소포타미아 경제를 떠받치는 두

---

50 Lafont, B., "Équidés," *In*: Dictionnaire de la civilisation mésopotamienne, dir. par Francis Joannès, Robert Laffont, coll. 《Bouquins》, Paris, 2001, p. 299-300; Algaze, *op. cit.* 2008, p. 141-142.

51 Sherratt, *op. cit.* 1981, p. 261-305.

52 Englund, *op. cit.* 1998, p. 143-50.

기둥이었다.⁵³ 특히 모직물은 쉽게 상하는 곡물과 달리 부패하지 않는다는 점에서 장거리 교역에 유리한 상품이었다. 남부 메소포타미아의 도시국가들은 모직물을 주변 지역으로 대량 수출함으로써, 무역 수지를 맞춰나갈 수 있었다.⁵⁴

토기 제작은 물레의 등장과 보급으로 진정한 혁명을 겪었다.⁵⁵ 기술 혁신은 두 단계로 진행되었는데, 먼저 느리게 돌아가는 물레가 제5천년기가 끝날 무렵에 개발되었고 제4천년기에는 빠르게 돌아가는 물레(fast-rotating potter' wheel)가 개발되었다.⁵⁶ 물레의 등장으로 토기를 신속하게 제작할 수 있었고 대량 생산도 가능해졌다. 물레를 사용하면서 토기 표면을 매끄럽게 하려고 슬립(Slipware)도 입혀졌다. 이전 시대에 유행했던 채도는 토기의 대량 생산 체제에 맞지 않아 사라졌고 문양도 거의 없어졌다. 후기 우룩시대의 도시유적에서는 상당히 많은 양의 토기편들이 발

---

53 Liverani, *op. cit.* 2006, p. 36-40.

54 Charvat, P., "Lambs of the Gods: The Beginnings of the Wool Economy in Proto-Cuneiform Texts," *In*: *Wool Economy in the Ancient Near East and the Aegean?*: *From the Beginnings of Sheep Husbandry to Institutional Textile Industry*, ed. by C. Breniquet and C. Michel, Oxbow, Oxford, 2014, p. 79-93.

55 Moorey, R., *Ancient Mesopotamian materials and industries: the archaeological evidence*, Oxford University Press, 1994, p. 148.

56 Faivre, X., "Céramique," *In*: Dictionnaire de la civilisation mésopotamienne, dir. par Francis Joannès, Robert Laffont, coll. 《Bouquins》, Paris, 2001a, p. 171; Petrie, C., "Ceramic Production," *A Companion to the Archaeology of the Ancient Near East*, ed. by Daniel T. Potts, Blackwell Publishers, Oxford, 2012, p. 284-286.

견되는데, 이는 인구 증가로 토기의 수요가 급격하게 늘어났기 때문이다. 그와 같은 수요를 감당하려면 토기를 전문적으로 생산할 수 있는 기술자가 필요하다. 이들은 도시 내 특정 구역에 집단으로 거주하면서 토기를 생산했다. 이전 시대에 비교할 때 우룩시대의 토기는 전반적으로 품질은 떨어지지만, 기능이 다양화되었으며 기형도 훨씬 다양해졌다. 그러나 모든 토기가 물레로 만들어진 것은 아니었다. 우룩시대의 일상적으로 사용했던 토기는 빗각테두리토기(BRB: beveled rim bowls)이다(그림 2.6).[57] 틀에 대고 거칠게 찍어 생산된 이 토기는 사치재와 달리 대량생산, 대량소비 그리고 획일화를 특징으로

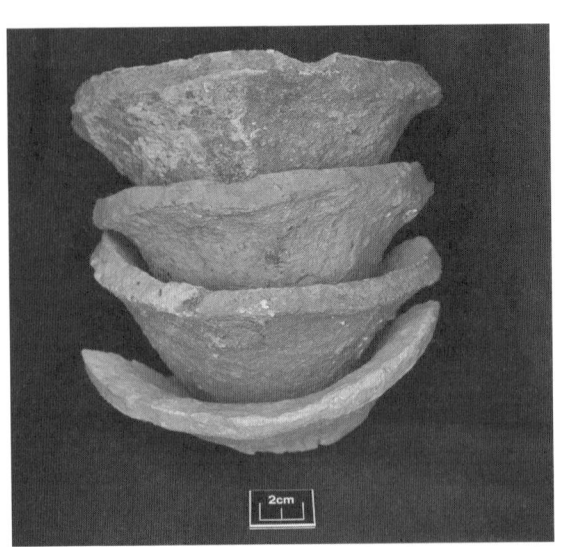

그림 2.6 빗각테두리토기(Perruchini *et al.*, 2023)

[57] Millard, A., "The Bevelled-Rim Bowls: Their Purpose and Significance," *Iraq*, 50, 1988, p. 49-57; Potts, D., "Bevel-Rim Bowls and Bakeries: Evidence and Explanations from Iran and the Indo-Iranian Borderlands," *Journal of Cuneiform Studies*, 61, 2009, p. 1-23; Perruchini, E. *et al.*, "Revealing invisible stews: new results of organic residue analyses of Beveled Rim Bowls from the Late Chalcolithic site of Shakhi Kora, Kurdistan Region of Iraq," *Journal of Archaeological Science: Reports*, 48, 2023, 103730.

한다.[58] 광역 메소포타미아의 여러 유적지에서 발견된 이 토기는 사적인 용도가 아닌 식량 배급과 같은 제도적 환경 속에서 사용되었던 것으로 추정되지만, 이 토기의 정확한 용도에 관해서는 여러 가지 견해가 있다.[59]

한편 현재 남아 있는 유물의 수가 적어 확신할 수는 없지만, 후기 우룩시대에는 야금술도 발전했던 것으로 보인다.[60] 금속이 최초로 사용된 시기는 우바이드시대부터인데, 이 시대를 '금석병용 시대(Chalcolithic),' 또는 '순동 시대(Copper Age)'라고도 한다. 합금하지 않고 순동만 사용하여 도구를 제작하는 행위는 이후에도 지속되지만, 우룩시대에도 순동으로 제작된 유물들이 대부분이지만, 후기에는 간혹 구리와 비소 또는 납을 합금한 비소-청동제 유물이 발견되기도 한다. 주석을 사용한 진정한 의미의 청동은 초기 왕조 시대, 즉 제3천년기에 들어서야 비로소 메소포타미아 각지에서 발견된다.

우룩시대 중반부터 야금술이 발달했다는 점은 단순히 기술 발전뿐만 아니라, 장거리 교역에서 있어서 중대한 변화가 있었다는 것을 의미한다. 왜냐하면 순동은 물론 합금에 사용되는 비소, 납, 주석 등과 같은 광물 자원이 남부 메소포타미아지역에는 전혀 없기 때문이다. 청동기 제작에 필요한 원료들은 주로 북부의

---

58   박성진, 「사치의 탄생: 메소포타미아 문명의 우르(Ur) 유적」, 『고문화』, 98, 2021, p. 122.

59   Potts, *op. cit.* 2009, p. 1-23.

60   Müller-Karpe, M., "Aspects of early metallurgy in Mesopotamia," *Archeometry*, 90, 1991, p. 105-116; Algaze, *op. cit.* 2008, p. 74-77.

아나톨리아지역이나 동부의 이란고원지역으로부터 원료를 공급받았다. 우룩시대 금속기 사용의 증가가 메소포타미아지역의 장거리 교역을 초래했다는 점에 관해서는 현재 거의 모든 연구자가 동의하고 있다. 아마도 남부 메소포타미아지역에서 사회적으로 금속기에 대한 수요가 급증하면서 그와 같은 수요를 맞추기 위해 상류 지역에 식민지 건설하고 장거리 교역에 나서게 되었을 것이다.

우룩시대는 건축에서도 괄목할 만한 성과를 거두었다. 특히 후기 우룩시대의 "백색 신전(White Temple)"을 비롯하여 기념비적 건축물들에서 잘 드러나는데, 그 규모와 투입된 자원이 막대하다는 점에서 전례가 없다.[61] 당시의 장인들은 일정하게 규격화된 자연 건조한 점토 벽돌을 사용했고, 건물 외장재로 사용할 목적에서 소성하여 단단한 벽돌을 제작하였다. 석고로 만든 모르타르를 사용하여 벽돌을 결합하여 세워진 건축물 하부에는 방수 처리를 위해 역청까지 발랐다.[62] 신전을 비롯하여 주요 건축물에는 대리석과 석회암 같은 암석을 외장재로 이용하여 웅장하고 화려한 건축을 축조하였다, 석조 건물에 사용된 석재들은 적어도 우룩 도시유적에서 서쪽으로 약 50km 떨어진 채석장에서 채굴된 것들이다. 새로운 유형의 장식, 특히 우룩 에안나구역의 신전 건물로 추정되는 건축물의 안쪽에서는 색칠한 점토 뿔(clay cone)을 차곡차곡 쌓아 모자이크 문양으로 화려하게 치장한 벽면을 조

---

61 Eichmann, R., "Uruk's Early Monumental Architecture," *In*: *Uruk: first city of the ancient world*, ed. by Nicola Crüsemann, J. Paul Getty Museum, 2019, p. 97-107.

62 Moorey, R., *op. cit.* 1994, p. 309-334,

성하였다(그림 2.7).⁶³ 우 룩시대의 건축물에는 두 가지 표준화된 형태의 건식 점토 벽돌이 있었다. 하나는 독일어로 "Riem-chen"이라고 불리는 작고 다루기 쉬운 정사각형 벽돌이고, 다른 하나는 테라스 조성용 "Patzen"이라고 불리는 대형 벽돌

그림 2.7 **우룩 에안나 신전구역 건축물의 장식용 점토 뿔 모자이크(Wikimedia)**

이다. 이 두 가지 유형의 규격화된 벽돌들은 주로 신전과 같은 대형 공공 기념물을 축조하는 데 사용되었다. 한편 우룩시대에는 우바이드시대부터 계승되어 온 삼열구조의 건축물뿐만 아니라, 평면도 상 미로형 건물, 정사각형 건물 등 다양한 양식의 건축물이 축조되었다는 점에서 혁신적이다. 이러한 건축물들을 통해 우룩 도시국가의 건축가와 장인들의 창의력을 볼 수 있다.

3. 운송 수단

언제, 그리고 어디에서 바퀴가 처음 발명되었는지는 늘 논쟁거리이다.⁶⁴ 중부 유럽과 코카서스 지역에서 바퀴가 발명되었을 가능

---

63 Ess van, M., "The clay cone mosaic technique," *In*: *Uruk: first city of the ancient world*, ed. by Nicola Crüsemann, J. Paul Getty Museum, 2019a, p. 108–109.

64 데이비드 W. 앤서니, 공원국(옮김), 『말, 바퀴, 언어』, 에코리브르, 2015, p. 100–103.

성이 크지만,[65] 기원전 3400년 이후부터 유럽, 중동, 중앙아시아 전역에서 바퀴를 암시하는 고고학적 증거들은 많다.[66] 아마도 비슷한 시기에 각지에서 바퀴 제작기술이 독자적으로 발명되어 빠르게 확산하였던 것으로 추정된다. 바퀴의 발명은 육상 운송을 크게 촉진하고 더 무거운 짐을 운반할 수 있는 차량 개발로 이어졌다. 일찍이 셰럿은 제2차 생산물 혁명 과정에서 견인 동물의 가축화와 연관 지어 바퀴가 달린 수레가 이때 발명되었을 것이라고 추론한 적 있다.[67] 아마도 후기 우룩시대에 남부 메소포타미아지역에서 처음 등장한 수레는 그다음 시대인 제3천년기에 보편적으로 사용되었던 것으로 보인다.[68]

당나귀는 인류 역사상 무거운 짐을 이고 가게 할 목적으로 가축화된 첫 번째 '등짐 동물(Pack animal)'이다. 메소포타미아지역에서 당나귀는 평지에서는 수레를 끄는 데 사용되었지만, 험준한 산악 지형처럼 수레로 이동하기 어려운 지역에서는 당나귀 등에 짐을 얹어 운반하였다. 그러므로 당나귀는 바큇살이 있는 바퀴가 발명되기 전까지 장거리 운송에 보편적으로 사용되었던 동물이었을 것이다. 아마도 문화권을 넘나드는 장거리 대상 무역(隊商 貿易)은 당나귀의 가축화와 함께 동시에 시작되었을 것으로 보이는

---

65 리처드 불리엣, 소슬기(옮김),『바퀴, 세계를 굴리다』, MID, 2016, p. 69-86.

66 피타 켈레크나, 임웅(옮김),『말의 세계사』, 글항아리, 2019, p. 91.

67 Sherratt, *op. cit.* 1981, p. 261–305.

68 Lyonnet, B., "Véhicules," *In*: *Dictionnaire de la civilisation méso-potamienne*, dir. par Francis Joannès, Robert Laffont, coll. 《Bouquins》, Paris, 2001, p. 905–906.

데,⁶⁹ 당나귀 대상 무역은 제3천년기 후반에 대량으로 수송할 수 있는 낙타 대상으로 대체되었다.⁷⁰

앞서 우룩시대의 남부 메소포타미아지역의 고환경에 관해 언급했듯이, 이 시기 도시국가들은 지금과 달리 삼각주에 자리 잡은 항구 도시가 많았다. 따라서 배를 이용한 해운 교통이 중요했고, 또 유프라테스와 티그리스강을 이용한 수운 교통도 중요했다.⁷¹ 그렇지만 메소포타미아지역은 배를 건조하기 위한 목재가 절대적으로 부족한 지역이므로 갈대를 묶고 역청을 발라 방수 처리한 배를 만들었다.⁷² 수상 교역은 편의성, 안정성, 경제성 때문에 초기 왕조 시대 이후에 육상 운송보다 더 활성화되었다.⁷³

4. 공간의 구조화와 위계화

우룩은 역사상 처음으로 건설된 국가이다. 통상 고고학자들은 위계화된 취락 구조, 공간의 구역화, 서열화된 주거지, 기념비적인 건축물 등을 통해 국가의 존재 여부를 판별하는데, 여기서는 이

---

69 Mitchell, *op. cit.* 2018, p. 72-86.

70 박성진, 위의 논문, 2021, p. 71-72.

71 Ascalon, E., *Mesopotamia: Assyrians, Sumerians, Babylonians*, University of California Press, 2007, p. 234.

72 Connan, J., Carter, R., Crawford and Tobey, M., A comparative geochemical study of bituminous boat remains from H3, As-Sabiyah (Kuwait), and RJ-2, Ra's al-Jinz (Oman), *Arabian Archaeology and Epigraphy*, 16(1), p. 21-66.

73 박성진, 「라피스 라줄리 로드(Lapis Lazuli road): 실크 로드 이전의 실크 로드」, 『동양학』, 83, 2021, p. 316-318.

에 대해 논해 보도록 하겠다.[74]

로버트 맥코믹 애담스(Robert Mc Adams: 1926-2018)는 1950년대부터 1970년대까지 장기간에 걸쳐 남부 메소포타미아지역에서 광범위한 지표 조사를 통해 우바이드시대에서 우룩시대에 취락이 위계화되는 과정을 정밀하게 조사하였다(그림 2.8).[75] 이 조사에 따르면 메소포타미아 남부 저지대의 도시들은 우룩시대 전 기간에 걸쳐 운하를 따라 서로 멀지 않은 거리를 두고 발전하였고 각각의 도시들은 위계화된 취락 구조 속에 유기적으로 통합되어 있었다. 이러한 현상은 이미 우룩시대 초기, 즉 제4천년기 초기부터 나타났는데, 당시 가장 큰 도시인 우르-와르카는 그 규모가 70~100ha였으며, 에리두를 비롯하여 규모가 40ha 이상 되는 도시도 적어도 세 곳이 있었고, 15~25ha 규모의 큰 마을도 십여 곳에 이르렀다.[76] 그런데 청동기시대 초기에 이미 큰 취락이 존재했다는 점보다 더 중요한 점은 여러 가지 규모의 취락지들이 네 집단으로 군집을 이루면서 계층화되었다는 점이다. 나아가

---

74 Matthews, R., *The archaeology of Mesopotamia: Theories and approaches*, Routledge, 2003, p. 95-96.

75 츠네키 아키라, 「농경사회에서 도시 문명으로: 고대 서아시아의 사례」, 『고대 도시의 출현과 장거리 교역 네트워크』, 동양학연구원 엮음, 단국대학교출판부, 2023, p. 73-75; Adams, R. M., *Heartland of Cities: Surveys of Ancient Settlement and Land Use on the Central Floodplain of the Euphrates*, University of Chicago Press, Chicago and London, 1981, 363p; Adams, R. M. and Nissen, Hans, *The Uruk Countryside: The Natural Setting of Urban Societies*, University of Chicago Press, Chicago and London, 1972, 241p.

76 Adams, *op. cit.* 1981, p. 71-74.

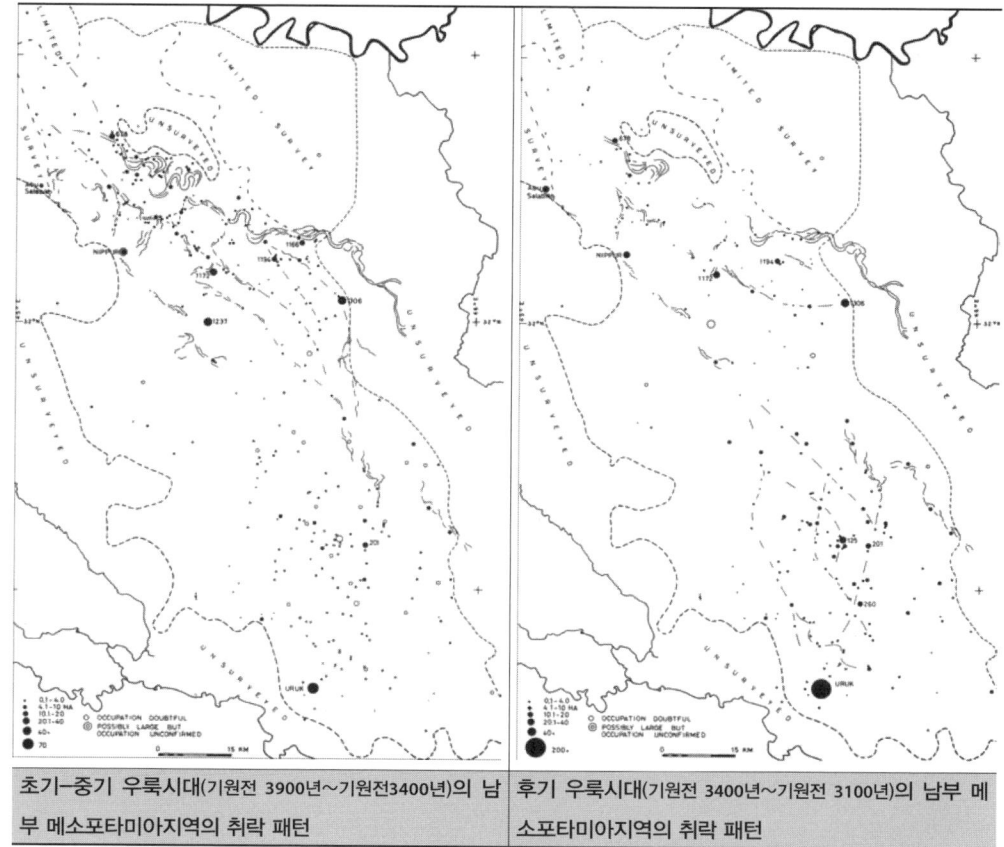

| 초기–중기 우룩시대(기원전 3900년~기원전3400년)의 남부 메소포타미아지역의 취락 패턴 | 후기 우룩시대(기원전 3400년~기원전 3100년)의 남부 메소포타미아지역의 취락 패턴 |

그림 2.8 우룩시대 남부 메소포타미아 충적지 취락 패턴의 변천(Adams, 1981)

도시들은 각각 자신을 부양할 배후지를 두어 농촌 마을과 도시가 유기적으로 통합되어 있었다는 점도 주목해야 한다.[77]

애담스는 초기 우룩시대에 10ha 규모의 읍(large town)이나

---

77 Johnson "Spatial Organization of Early Uruk Settlement Systems," In: *L'Archaologie de l'Iraq: Du Debut de L'Epoque Neolithique A 333 Avant Notre Ere*, ed. par Marie Thérèse Barrelet, Paris, Editions du Centre national de la recherche scientifique, 1980, p. 249.

40ha 이상의 도시 규모 취락지에 거주했던 인구가 전체 인구의 50% 이하였을 것이라고 추정했다.[78] 그러나 나중에 애덤스의 데이터를 다시 집계한 수잔 폴락(Susan Pollock)에 따르면 전체 인구의 약 80%가 읍이나 도시에 거주했을 것이라는 놀라운 결과가 나왔다.[79] 따라서 남부 메소포타미아지역은 이미 초기 우룩시대부터 도시화가 급속하게 진행되었음을 알 수 있다. 취락의 서열화는 후기 우룩시대에서도 꾸준히 지속되었는데, 여기서 흥미로운 점은 취락 간 규모 차가 더욱 극단적으로 커졌다는 점이다. 가장 큰 도시였던 우룩-와르카는 그 규모가 우룩시대 초기에는 100ha이었던 것이 후기에는 250ha로 커졌다. 한스 니센(Hans Nissen)의 추산에 따르면 아무리 보수적으로 잡아도 적어도 2만 명 정도의 인구가 이 도시에 거주했던 것으로 보인다.[80] 그러나 니센의 추정은 단지 도시 거주민만을 대상으로 한 것이라는 점에 유의할 필요가 있다. 우룩-와르카에서 반경 15km 이내 영향권 이내의 종속된 몇몇 도시민, 읍민, 그리고 농민까지 합치면 적어도 5만 명 정도의 인구가 단 하나의 도시국가의 영향력 아래

---

78 Adams, *op. cit.* 1981, p. 75, table 4.

79 Pollock, S., "The Uruk period in southern Mesopotamia," *In*: *Uruk Mesopotamia and Its Neighbors*: *Cross-culture Interactions in the State Formation*, ed. by Mitchell S. Rothman, School for Advanced Research Press, 2001, p. 216, table 6.7.

80 Nissen, H., "Cultural and political networks in the ancient Near East during the fourth and third millenia B.C.," *In*: *Uruk Mesopotamia and Its Neighbors*: *Cross-culture Interactions in the State Formation*, ed. by Mitchell S. Rothman, School for Advanced Research Press, 2001, p. 158.

운영되었던 것이다.[81] 정리하자면 남부 메소포타미아 저지대에서 우룩시대 초기부터 도시화가 급진적으로 진행되었고, 후기에 이르러서는 취락 간 위계화가 극단적으로 커졌다. 그리고 이처럼 극단적으로 위계화된 취락 체계에서 도시로의 인구 집중화 또한 가속화되었는데, 후기 우룩시대에 이르러 우룩-와르카를 비롯한 메소포타미아 남부의 도시들은 이미 국가 단계에 진입했던 것으로 추정된다.

우룩시대에 건설된 도시 중에서 도시의 전체적 양상을 파악할 수 있는 유적은 거의 없다. 유적의 전체적인 윤곽을 알 수 있을 정도로 광범위하게 조사된 사례가 없고, 설령 조사되었다고 하더라도 너무 오래전이라 도시의 전체적인 윤곽을 알 수 있는 유적이 없기 때문이다. 남부 메소포타미아지역에서 신전 등 공공 건축물이 아닌 일반 주거 구역이 알려진 사례는 아부살라비크(Abu Salabikh)유적이 유일한데 남부 메소포타미아인들의 주거 방식을 파악하기에는 충분하지 않다.[82] 그러므로 우룩시대의 도시의 전체적 양상을 알려면 불가피하게 시리아의 하부바카빌라(Habuba Kabira)유적과 이웃한 제벨아루다(Djebel Aruda)유적 등 메소포타미아 중류에 있는 유적들로 눈을 돌려야만 한다.[83] 하부

---

81   Algaze, 2008, *op. cit.* p. 103.

82   Postgate, J. N, "Excavations at Abu Salabikh," 1983, *Iraq*, 46, 1984, p. 95-113.

83   Strommenger, E., *Habuba Kabira: Eine Stadt vor 5000 Jahren*, Sendschrift der Deutschen Orient-Gesellschaft, 1980, 86 p.; Vallet, R., "Habuba Kebira ou la naissance de l'urbanisme," *Paléorient*, 22, 1997, p. 45-76; Driel, van, G., and Driel-Murray, van, C., *Jebel Aruda: An Uruk*

바카비라는 성으로 둘러싸인 도시유적으로 규모는 약 22ha이지만, 발굴·조사는 전체 도시 면적의 10% 정도만 실시되었다. 토기, 원통형 인장, 점토 봉투, 수판(numerical tablets) 등의 유물들의 전반적인 양상을 볼 때, 이 두 도시유적은 자생적으로 발전한 도시가 아니라, 남부 메소포타미아지역에서 온 이주민에 의해서 최초로 세워진 식민도시들이라는 공통점이 있으므로 이 두 도시유적을 중심으로 남부 메소포타미아인들의 주거방식을 파악할 수밖에 없다.[84] 그런 맥락에서 하부바카빌라와 제벨아루다는 남부 메소포타미아인들이 어떻게 도시를 구획하고 조직화했는지, 그리고 어디에 기념비적 건축물을 배치했는지 알 수 있는 핵심 유적이다.[85]

하부바카비라유적에서는 가장 높은 지점인 카나스 언덕(Tell Qanas)의 남쪽 기슭을 따라 일반 가옥들이 집중되어 있었다. 이 중에서 발굴을 통해 20여 채의 다양한 규모의 가옥이 발견되었다. 규모는 평균 $400 m^2$의 정도이지만, 가장 큰 가옥은 $1,000 m^2$에 이른다. 가옥의 구조는 우바이드시대부터 계승된 평면 삼열구조 양식으로, 가옥 중앙에 중정이 있다는 점과 응접실(hall)이 있다는 점이 특징적인데, 가옥 안에 응접실, 즉 공적 공간을 배치한 것은 외부인과 가족 간의 접촉을 최소화하려는 의도에서 비롯된 것이다. '사원'으로 불리는 기념비적인 건축물들은 카나스 언덕

---

period temple and settlement in Syria(I, II), Papers on Archaeology of the Leiden Museum of Antiquities, Sidestone Press, 2023, 390p, 452p.

84 Strommenger, *op. cit. 1980*, Vallet, *ibid*.

85 Vallet, *ibid*.

정상에 배치되었다. 이곳은 도시의 지도자들이 거주하던 구역이었을 가능성이 큰데, 위계적인 하부바카비라유적의 공간 배치는 후기 우룩시대에 이르러 사회적 계층화가 급속하게 진행되었음을 잘 보여준다.

　　고대 사회에서 권력관계의 변화 양상을 가장 잘 보여주는 건축물은 기념비적 공공건물이다. 우룩-와르카 도시유적이 이 시기를 대표하는 유적으로 인식하는 이유도 우룩-와르카에 바로 이 기념비적 건축물들이 잘 남아있기 때문이다. 우바이드시대 말기의 가장 큰 건축물로 알려진 에리두(Eridu) 사원(6층)은 그 규모가 280㎡에 불과하였다. 그러나 우룩-와르카의 에안나(Eanna) 구역이라고도 불리는 우룩 층(4층)의 '사원 구역'은 그 규모가 최대 4,600㎡로, 이전 시대와 비교할 때 비약적으로 커졌다. '백색신전'이라고 불리는 건축물은 175×200m 규모의 커다란 직사각형의 기단부 위에 세워졌는데, 기단부는 나중에 지구라트로 발전하게 된다(그림 2.9). 또한 에안나 구역 안에는 1,000㎡ 이상의 여러 채의 다른 건물이 있다는 점에서 에리두유적의 우바이드시대 단독 사원 건물과 확연하게 다르다. 앞서 언급했듯이 건물의 내벽은 백색, 적색, 흑색으로 채색된 점토 뿔로 구성된 모자이크로 화려하게 장식되었다. 따라서 우룩시대의 공공 건축물은 그 이전 시대에서는 볼 수 없는 비약적 단계에 진입했음을 잘 보여준다. 그런 측면에서 공공 건축물들은 도시의 지배층이 전례 없이 수많은 인적, 물적 자원을 동원할 수 있는 권력을 소유하고 있었음을 여실히 보여준다. 그렇지만 우룩시대 도시국가에는 세속권력을 지시하는 고고학적 증거들은 매우 비약한 편이다. 우룩-와르카에서는 아직 궁전이라고 볼만한 건축물은 확인되지 않았으며, 눈

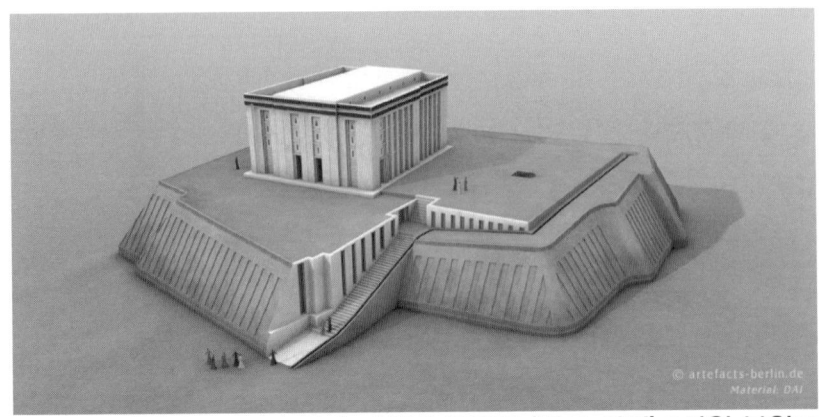

그림 2.9 기원전 3450년 전에 세워진 우룩의 '백색 신전' 3차원 복원도 (Eichmann, 2019)

에 떨만한 권력자의 매장 유구도 발견된 적 없다.

5. 문자의 발명과 행정·회계 시스템 발전

규모가 상당하고 복잡한 경제 활동을 제어하는 공적 또는 사적 기구를 유지하려면 그에 상응하는 행정 수단과 회계 시스템이 갖추어져야 한다. 그런 맥락에서 우룩시대는 인류 역사에 있어서 행정 및 회계 시스템이 최초로 탄생한 '경영 혁명'의 시대였다. 우선 복잡한 행정 및 회계 처리하려면 문자가 있어야 하는데, 중기 우룩시대에 문자가 새겨진 토판(clay tablets inscribed)이 갈대 필기구(reed stylus)와 함께 처음 등장하였다. 그러나 토판문서가 집중적으로 출토되는 시기는 후기 우룩시대와 젬데트나스르시대이다.[86] 이 시기에 사용된 문자는 쐐기문자가 사용되기 이전 문자로 선쐐기문자(proto-cuneiform script)라고 부른다. 우룩-와르

---

[86] Glassner, J.-J., Écrire à Sumer: L'invention du cunéiforme, Paris: Seuil, p. 45–68.

카 에안나 구역의 후기 우룩시대에 해당하는 4층에서는 거의 2천 점의 토판문서가 출토되었고, 젬데트나스르시대에 해당하는 3층에서는 약 3천 점의 토판문서가 출토되었다. 이 시기의 문서들은 약 85%가 행정 문서일 정도로 행정적인 성격이 강한데, 출토 장소도 공적 공간(신전)이었다.

그렇지만 이 시기 문서 대부분을 차지하는 우룩-와르카의 토판문서들은 원래의 위치에서 벗어난 채 발견되었다. 따라서 문서가 작성된 맥락을 파악하기 어렵고, 또 문자 자체도 후대에 사용된 쐐기문자와 달리 정확하게 해독하기가 쉽지 않다. 문자는 국가기구들이 성장함에 따라 점점 더 많은 물품을 관리해야 하고 또 더 다양한 업무를 기록하고 보관하는 과정에서 점차 정교화되고 복잡해졌다. 비록 문자가 완전히 해독되지 않았다고 하더라도 우룩시대 문서 대부분이 관리와 회계를 위한 것이었다는 점만은 틀림없다.[87] 행정 문서 이외에도 무역, 금속, 토기, 곡물, 지명 등 다양한 주제들을 다루는 토판들이 출토되었다. 그중에서 초기 형태의 학교 교재(school texts) 성격의 어휘 목록 또는 어휘 사전에 관한 기록물에서 메소포타미아 문명의 특징이 잘 드러난다. 이 어휘 목록에는 다양한 직업명(도공, 직공, 목수 등)이 기록된 "직업 목록(List of Professions)"이 있는데, 이 목록에 따르면 이미 후기 우룩시대에 수많은 유형의 직업 또는 장인들이 있었음을 알 수 있다.[88]

---

[87] 제이콥 스타비스, 「쐐기문자와 기록 문화」, 『메소포타미아, 저 기록의 땅』, 국립중앙박물관, 2022, p. 49.

[88] Englund *op. cit.* 1998, p. 82-106; Glassner, *ibid.* p. 251-256; Le-

후기 우룩시대 토판문서 중에는 필경사가 되려는 학생들이 행정 업무 학습 과정에서 남긴 토판들이 많다. 필경사들은 후기 우룩시대 관료체계 아래에서 행정과 회계를 담당했다. 이와 같은 연습용 토판은 행정과 회계 업무를 담당할 필경사를 양성하는 학교가 있었음을 보여준다.[89] 필경사들은 저장시설의 재고 제품을 관리하고 상품의 도착과 출발을 기록하면서, 거래 물자들과 재고량을 통제할 수 있었다. 또한 그들은 토지를 측량하고 농업과 목축에서 얻어진 생산물의 생산량을 측정했고 군대 내 행정 업무도 담당했으며, 수공업 장인들이 제작하는 물품들의 생산량을 관리·감독했다. 이렇게 여러 국가기구에서 행정과 회계를 담당했던 필경사들은 자신들이 작성한 문서들을 국가기록보관소에서 보관하는 업무도 함께 맡았다.[90]

　　메소포타미아지역에서 인장(seal)은 상품을 비축하거나 교환하는데 사용되었고, 상품 보관이나 관리자와 상인을 식별하는데도 사용되었다. 고대 근동에서 봉인하는 관습은 빠르면 제7천년기 중반 또는 적어도 제6천년기부터 존재했는데,[91] 교역 범위

---

compte, C., "The Archaic Lists of Professions and Their Relevance for the Late Uruk Period: Observations on Some Officials in Their Administrative Context," In: *What's in a Name? Terminology Related to the Work Force and Job Categories in the Ancient Near East*, ed. by Agnès Garcia-Ventura, Ugarit-Verlag, Münster, 2018, p. 81-131.

89　Englund, *ibid.* p. 106-111.

90　Liverani, *op. cit.* p. 53-57

91　Brown, B. and Feldman, M., *Critical Approaches to Ancient Near Eastern Art*, Walter de Gruyter, 2013, p. 304; Di Palma, S., *The History*

가 확장되면서 인장의 사용 또한 빈번해졌다. 장거리 교역이 급격하게 증가하는 기원전 3500년부터 단순한 형태의 스탬프형 인장이 원통형 인장으로 대체되었는데, 그 후로 원통형 인장은 남부 메소포타미아를 대표하는 인장 형식으로 정착됐다.[92] 원통형 인장은 점토 봉투와 토판을 봉인하여 물건과 상품을 보증하는 용도로 사용되었다. 인장은 봉인을 한 사람이나 기관의 서명과 같은 기능을 했던 것이다. 따라서 메소포타미아 문명권에서 인장은 근본적으로 상거래와 행정상 확인과 보증이 필요할 때 사용되던 것으로 보인다. 그렇지만 원통형 인장 중에는 초자연적인 이미지를 담고 있는 인장도 적지 않고 이러한 이미지들이 서사 구조를 갖추고 상징적 메시지를 전달한다는 점에서 주술적 의미도 담겨 있었던 것으로 보인다.[93]

6. 예술과 종교 관습

후기 우룩시대에 이르러 사회가 복잡해지자 권력 엘리트들은 예술가를 동원하여 다양한 방식으로 자신의 지배력을 표현하고자 했는데, 그중 하나가 바로 예술작품이다. 그중에서도 특히 조각 분야가 중요한 위치를 차지하는데, 몇몇 환조(Ronde-bosse), 부

---

of Marks from Antiquity to the Middle Ages, Société des écrivains, 2015. p. 21.

92 Brown, and Feldman, *ibid*.

93 Englund, *op. cit.* 1998, p. 43-45; Glassner, *op. cit.* 2000, p. 219-223; Butterlin, P., *Les temps proto-urbains de Mésopotamie: Contacts et acculturation à l'époque d'Uruk au Moyen-Orient*, CNRS Éditions, Paris, 2003, p. 77-80.

조(bas-reliefs) 작품이 남아있어 당시 예술세계를 엿볼 수 있다.[94] 엄밀한 의미에서 예술품이라고 볼 수는 없지만, 앞서 언급했던 우룩시대 중기 무렵부터 등장한 원통형 인장은 조각작품보다 상대적으로 훨씬 풍부하다는 점에서, 이 유물들 또한 수메르인들의 의식, 가치관을 연구하는 데 없어서는 안 될 중요한 자료이다.

우룩시대의 예술작품들은 전반적으로 이전 시대보다 더 사실적이고 인간 중심적이었다. 수사(2층)에서 발견된 원통형 인장의 도상에서 알 수 있듯이, 군주뿐만 아니라 일상생활, 농경, 공예에 종사하는 평범한 사람들의 모습도 묘사되었다. 게다가 인간의 형상을 화면의 전면에 배치한다는 점은 우룩시대의 이전 시대 예술에서는 없었던 일이다. 남부 메소포타미아지역에서 이처럼 의인화한 신의 형상이 나타난 시기는 우룩시대 말기이다. 대표적 작품으로는 우룩-와르카유적에서 출토된 '사제-왕(priest-king)'상과 원래는 등신상이었던 것으로 추정되는 '우르의 귀부인(lady of Uruk)'이라고 불리는 여성의 두상이 있다(그림 2.10).[95] 설화 석고(alabaster)로 제작된 우룩-와르카의 꽃병(Warka Vase)의 가장 위 열에는 통상 이난나 여신으로 해석되는 여인상이 묘사되어 있을 뿐만 아니라,[96] 이난나 여신을 위해 제물을 이고 나르는 평범

---

94 Moorey, R., *op. cit.* 1994, p. 23-33,

95 Hansen, D., "Art of the early city-states," *In: Art of the first cities: the third millennium B.C. from the Mediterranean to the Indus*, ed. by Joan Aruz, the Metropolitan Museum of Art, 2003, p. 24-25.

96 *ibid.*; Jones, Ph. and Pittman, H., "Sign and Image: Representations of Plants on the Warka Vase of Early Mesopotamia," *Origini*, 39, p. 56.

한 사람들의 모습도 함께 묘사되어 있다. 수메르 사람들은 다산과 풍요를 기원하기 위해 이난나 여신을 숭배했다.[97]

수메르의 정신세계에서 의인화된 신의 출현은 새로운 유형의 정치체를 정당화하는 왕권 이데올로기의 출현과 관련이 있다. 이러한 예술작품들을 통하여, 그리고 사회 질서의 상징적 토대가 된 희생 제

그림 2.10 사제-왕(Wikipedia)

의와 축제를 통하여, 지배층은 신과 인간 사이의 중개자로 자임하면서 자신들의 지배를 정당화했다. 우룩-와르카 꽃병의 도상에서 의례 목적의 봉헌물을 옮기고 있는 장면과 이러한 봉헌물을 언급하는 행정 토판문서들을 통해서 이러한 이데올로기를 확인할 수 있다. 비록 후대의 메소포타미아 종교관이긴 하지만, 수메르 사람들은 신을 봉양하기 위해 인간이 창조되었고, 신을 잘 봉양하면 그 반대급부로 신의 자비를 받아 인간 사회가 번영한다고 믿었다.[98]

---

97 Jacobsen, T., *The Treasures of Darkness: A History of Mesopotamian Religion*, New Haven, 1976, p. 23-73.

98 Liverani, *op. cit.* 2006, p. 63-64; Joannès, F., "Sacrifice," *In: Dictionnaire de la civilisation mésopotamienne*, dir. par Francis Joannès, Robert Laffont, coll. 《Bouquins》, Paris, 2001, p. 743-744.

비석과 원통형 인장은 권력의 본질에 관해 시사하는 바가 크다. 이러한 매체들에서 묘사되는 지배자의 모습은 머리띠를 두른 수염 난 남성의 모습이다. 이들은 대개 상체는 나체이고 하체는 치마와 비슷한 옷만 걸치고 있는 모습으로 묘사된다. 한편 지배자는 야생 동물과 싸우는 전사로도 묘사되었는데, 우르크-와르카에서 발견된 이른바 '사냥 비석'에 새겨진 남성 지배자가 활로 사자를 물리치는 장면이 대표적이다. 지배자는 또한 동물들에게 먹이를 주는 모습으로 묘사되었는데, 이는 지배자가 백성들을 보호하고 왕국의 번영을 보장하는 '목자와 같은 왕'이라는 메타포이다. 그 밖에 승전하는 장면, 전쟁 포로들을 심판하는 장면 그리고 기념비적 건축물을 건설하는 장면 등으로 지배자의 영광이 표현되었다. 즉 이상적인 지배자란 전쟁 사령관이고 제사장이자 위대한 건축물의 창조자였던 것이다.[99] 우룩시대 지배자의 모습은 후대의 작품인 『길가메시 서사시(Epic of Gilgamesh)』에서 그려진 반인반신의 영웅과 유사하다는 점에서 남부 메소포타미아지역의 유구한 신화적 전통을 확인할 수 있다.[100]

통상 우룩-와르카의 에안나구역을 "신전 구역"이라고 한다(그림 2.11). 그렇지만 고고학적으로 그곳이 정말 신성 구역이었는지 밝히는 것은 그리 쉬운 일이 아니다. 다만 에안나 구역의 건축물들이 이전 시대인 우바이드시대 성역에 축조되었던 건물과 유사하다는 점에서, 그리고 이 건축물들이 종교적 목적에서 세워졌

---

99 Bottéro, J., *Religion in Ancient Mesopotamia*, The University of Chicago Press, 2004, p. 95-103.

100 *ibid*.

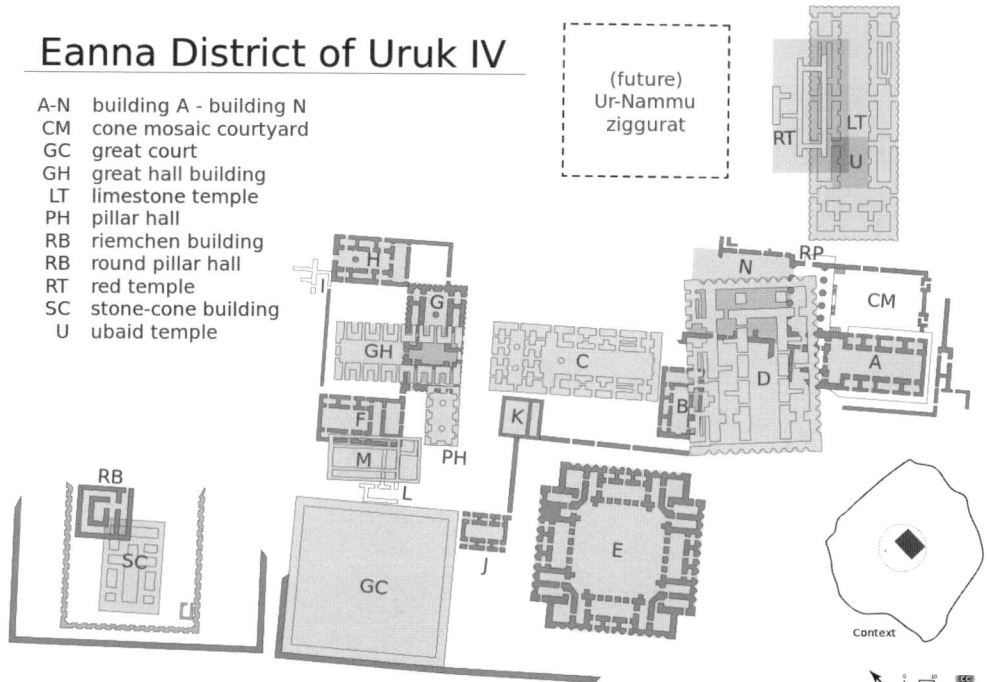

그림 2.11 우룩시대 에안나구역(4층)의 사원 건축물(Eichmann, 2019)

다는 점에서, 이 구역을 '신전 구역'으로 인식하고 있을 뿐이다. 한편 우룩-와르카에서 출토된 토판문서 중에는 숭배하는 신과 예배의 관습에 대한 실마리를 제공한다. 수메르 신화에 따르면 신전은 신들이 지상에서 거주하는 '집'이다. 토판문서 중에는 "집(E)"을 뜻하는 문서들이 있는데, 여기서 언급된 "집"이란 통상 신전을 의미한다.[101] "직업목록"에는 신을 전문적으로 섬기는 사람인 사제가 직업명으로 기재되어 있다. 따라서 적어도 후기 우룩

---

101 *ibid*.; Cunninggham, G., "Sumerian religon," In: *The Cambridge History of Religions in the Ancient World*, vol. I, ed. by Michele Renee Salzman, Cambridge University Press, 2013, p. 46.

시대에는 제도화된 사제단이 있었던 것으로 보인다. 토판에서 가장 확실하게 표현되는 신적 인물은 위대한 여신, 후대의 이슈타르(Ishtar)로 불리는 에안나이다. 토판에서 MÙŠ로 표시되어 있는데, 에안나는 우룩-와르카의 주신으로 집단 숭배의 대상이었다. 에안나와 같은 도시의 수호신들에게는 매일 여러 가지 제물들이 바쳐졌고, 특히 축제 기간에는 성대한 제물들이 봉헌되었다.[102]

IV. 우룩 팽창 현상: '우룩 세계체제론' 또는 '우룩 세계문화론'

1. 우룩 팽창 현상의 연구 약사

율리우스 요르단(Julius Jordan: 1877-1945)을 단장으로 하는 독일 조사단이 남부 메소포타미아지역의 핵심 도시국가 중 하나인 우룩-와르카유적을 1931년부터 1939년까지 발굴·조사하면서, "우룩 문화"가 처음으로 알려지게 되었다.[103] 그로부터 얼마 지나지 않아 맥스 말로완(Max Mallowan: 1904-1978)을 단장으로 하는 영

---

102 Szarzyńska, K. "Offering for the goddess Inana in Ancient Uruk," *Revue d'Assyriologie et d'archéologie orientale*, 87, 1993, p. 7-22; Steinkeller, P. "Archaic City Seals and the Question of Early Babylonian Unity," *In*: *Riches Hidden in Secret Places: Ancient Near Eastern Studies in Memory of Thorkild Jacobsen*, ed. by Tzvi Abusch, Winona Lake, 2002, p. 249-257.

103 Butterlin, P., "The expansion of Uruk culture," *In*: *Uruk: first city of the ancient world*, ed. by Nicola Crüsemann, J. Paul Getty Museum, 2019, p. 185-191.

국 조사단이 니네베(Nineveh)유적와 텔브락(Tell Brak)유적을 발굴·조사하였고 이를 통해 우룩 문화가 메소포타미아 하류뿐만 아니라 상류에서도 확인된다는 사실이 밝혀졌다.[104] 이처럼 하류 지역의 문화가 상류 지역에서 확인되는 이유에 대해 말로완은 제4천년기에 이라크 남부의 상인집단이 시리아 북부지역을 식민화했기 때문이라고 생각했다. 우룩-와르카유적의 발굴이 끝나기도 전에, 이미 벌써 우룩 문화 팽창 현상이 쟁점화되었던 것이다. 한편 20세기 초부터 이란 남서부 수시아나지역의 수사(Susa)에서 진행된 발굴·조사 결과, 수사 2기 문화와 우룩 문화가 상당히 유사하다는 사실이 알려지게 되면서, 메소포타미아 하류 지역의 문화가 이라크를 넘어 시리아와 이란까지 미쳤다는 사실이 밝혀졌다.[105] 이와 같은 몇몇 중요한 유적들에 대한 발굴조사 덕택에 1950년대에 이르러서는 우룩 문화가 메소포타미아지역뿐만 아니라, 아나톨리아반도에서 이란 동부에 이르는 광범위한 지역에 걸쳐 있었다는 사실은 학계에서 하나의 상식처럼 여겨지게 되었다.

1960년대에 들어 '우룩 팽창' 현상에 관한 연구는 전환기를 맞이한다. 시리아의 유프라테스강 중류 지역에 타브카(Tabqa) 댐이 들어서게 되면서 주변 지역이 구제 발굴되었고, 이를 통해 우

---

104 Mallowan, M., *Twenty-Five Years of Mesopotamian Discovery (1932–1956)*, British School of Archaeology in Iraq, 1959, 80p.

105 Mecquenem, R., "Fouilles de Suse: Campagnes des années, 1914-1921-1922," *Revue d'Assyriologie et d'archéologie orientale*, 19, 1922, p. 109-140.

룩시대에 속하는 유적들이 대거 발견된 것이다. 벨기에 조사단은 텔카나스지역에서 유프라테스강 서안의 우룩 문화의 도시인 하부바카비라를 조사하여 우룩 양식의 신전과 더불어 거주 구역 일부를 발굴·조사하였다.[106] 거기서 북쪽으로 불과 몇 km 떨어진 곳에서는 네덜란드 조사단이 제벨아루다를 조사하였다.[107] 한편 유프라테스강 동안을 조사한 독일 조사단은 두꺼운 퇴적층의 텔세이크핫산(Tell Sheikh Hassan)을 발견하였는데, 이 유적은 시기 변화에 따른 취락양상의 변화 과정을 잘 읽을 수 있다는 점에서 중요하다.[108] 시리아에서 구제발굴이 끝나고 얼마 지나지 않아, 이와는 독립적으로 캐나다 조사단이 이란 서부 자그로스산맥의 고원지대에 있는 고딘테페(Godin Tepe)를 발굴·조사하였는데, 이 유적은 우룩시대에 수사에서 온 상인들이 운영했던 식민도시로 밝혀졌다.[109]

이처럼 60년대에 북부 메소포타미아지역과 이란 서부에서 굵직한 발굴·조사들이 이어지자, 학계에서 잠시 소강상태로 들어갔던 우룩 문화에 관한 논의가 활기를 되찾았다. 1,000km 이상 떨어져 있는 유적들에서 똑같은 구조의 건축물과 똑같은 형태의 유물이 존재한다는 점에서 이 유적들은 메소포타미아의 남쪽 도

---

106 Strommenger, *op. cit.* 1980.

107 Driel, van, G., and Driel-Murray, van, C., *op. cit.* 2023.

108 Boese, J., *Ausgrabungen in Tell Sheikh Hassan I: Vorläufige Berichte über die Grabungskampagnen 1994-1990 und 1992-1994*, Schriften zur Vorderasiatischen Archäologie 5. Saarbrücken, 1995, 146p.

109 Cuyler, Y., *Excavations at Godin Tepe: First Progress Report*, Royal Ontario Museum, 1969, 145p.

시들에서 온 사람들이 건설했던 식민도시였을 것이라는 쪽으로 의견이 모아졌다. 그러나 남부 메소포타미아 도시들의 식민도시라고 생각되었던 유적 중에서 몇몇은 남부 메소포타미아지역의 유물 중에서 남부에서 제작되는 것이 아니라, 지역적 방식으로 제작된 우룩 문화 모방품이었다는 점이 밝혀지게 됨으로써, 상황이 복잡하게 전개되었다. 이러한 유적으로는 이탈리아 조사단이 튀르키예 동남부에서 발굴·조사한 알슬란테페(Arslantepe)가 대표적이다.[110] 기념비적 건축물이 인상적인 이 유적에서는 몇몇 우룩 문화의 유물들과 함께 고도로 발달한 지역 문화의 유물들이 대거 출토되었다.[111]

---

[110] 멜리드(Melid)라고도 불리는 알슬란테페는 프랑스의 루이-조제프 델라포르트(Louis-Joseph Delaporte: 1874-1944)에 의해 최초 발굴·조사되었다. 그는 1933년부터 1939년까지 유적을 발굴·조사하였으나, 2차 대전 중 레지스탕스로 활동하다 체포되었다. 폴란드 감옥에 투옥되었던 델라포르트는 해방을 몇 달 앞두고 그만 옥사하고 만다. 그런 이유로 초창기 알슬란테페 유적 발굴·조사는 미완으로 남게 되었다. 이 유적에 관한 연구가 본격적으로 시작된 것은 60년대 이후로, 이탈리아 조사단이 조사를 담당하면서부터이다. 90년대 이후 지금까지 마르첼라 프란지파네(Marcella Frangipane)가 연구 책임을 맡고 있다.

[111] Frangipane, M., "The Late Chalcolithic IEB I sequence at Arslantepe. Chronological and cultural remarks from a frontier site," In: *Chronologies des pays du Caucase et de l'Euphrate aux IVe-IIIe millénaires. From the Euphrates to the Caucasus*: *Chronologies for the 4th-3rd millennium B.C*, Vom Euphrat in den Kaukasus: Vergleichende Chronologie des 4. und 3. Jahrtausends v. Chr. Actes du Colloque d'Istanbul, 16-19 décembre 1998. Istanbul, Institut Français d'Études Anatoliennes, 2000. p. 439-471.

2. 알가쎄의 '우룩 세계체제론(Uruk World System)'

메소포타미아지역과 인근 지역의 우룩 팽창 현상은 도시화의 핵심 요소로서 오래전부터 주목받아 왔다. 그러나 어떤 과정을 통해 이와 같은 현상이 발생하게 되었는지를 구체적으로 설명하게 된 것은 비교적 근래의 일이다. 외래계 토기와 물품들을 생산하고 소비했던 주제가 식민지를 경영했던 메소포타미아 남부지역 출신의 상인이었는지, 아니면 경작할 토지를 찾아 이주한 농민이었는지, 그도 아니면 삶의 터전을 상실한 난민(refuges)이었는지가 명확하지 않았던 것이다. 이와 같은 상황에서 1989년에 기예르모 알가쎄는 '우룩 세계체제론'을 제기하였는데, 그의 '우룩 세계체제론'은 우룩 팽창 현상을 이매뉴얼 월러스틴(Immanuel Wallerstein: 1930~2019)의 '세계체제론'과 국제 교역론을 적용하여 최초로 우룩 팽창 현상을 구체적으로 설명하려 했다는 점에서 학사적으로 중요하다.[112]

알가쎄는 남부 메소포타미아지역의 수메르 사람들이 정치-경제적 이유로 바깥에 일련의 식민지를 건설하였다고 주장했다. 그는 수메르인들이 처음에는 유프라테스강을 거슬러 올라가 중류로 진출하고, 나아가 수시아나와 이란고원까지 확산하는 과정에서 우룩 팽창 현상이 발생했을 것이라고 보았다. 장거리 교역이라는 경제적 요인에 추동되어 우룩-와르카는 일찍부터 고대제국주의로 일찍 전화하였고 그러한 과정의 물적 표현이 바로 우

---

[112] Algaze, G., "The Uruk Expansion: Cross Cultural Exchange in Early Mesopotamian Civilization," *Current Anthropology*, 30, 1989, p. 571-608.

룩 팽창 현상이라는 것이다(그림 2-12). 알가쎄는 남부 메소포타미아지역의 지배 엘리트가 유프라테스강과 티그리스강 유역에서 산출되지 않는 여러 가지 자원들을 확보하고 정기적으로 공급하고자 주요 거점에 식민지를 건설하게 되었다고 해석했다. 복합사회의 지속적인 발전을 위해서는 자원 확보가 필수적인데, 남부 메소포타미아지역은 이러한 자원들이 거의 없는 지역이라는 점에서 그의 해석은 타당해 보였다. 우룩-와르카는 농업생산력과 모직물 수출 경쟁에서 다른 도시에 비교우위를 점할 수 있었고, 이러한 경제적 힘을 발판으로 더 발전된 국가 구조와 장거리 교역 네트워크를 구축할 수 있었다.[113] 또한 그는 우룩-와르카가 경제적 우위를 바탕으로 이웃 도시국가들에 정치적 영향력을 행사할 수 있었으며 심지어 외곽의 몇몇 거점도시는 군사적으로 지배했다고 보았다. 반면에 외부 세계의 토착민들은 자신들의 의지와 무관하게 선진적인 우룩 문화에 흡수·동화될 수밖에 없었을 것이라고 보았다.

알가쎄 주장의 핵심은 남부 메소포타미아지역과 그 주변 지역에서 형성된 식민지 간의 관계는 본질적으로 비대칭적이며 불평등했다는 것이다. 우룩 식민주의 모델은 후대의 그리스 식민지 모델과 유사한 측면이 많다. 알가쎄의 우룩 세계체제론은 '우룩 문화'로 규정되는 물질문화의 실체가 무엇이고, 우룩 문화만이 가지는 독창성이란 무엇인가라는 근본적인 문제를 학계에 처음 제기했다는 점에서도 의의가 크다.

---

113 Algaze, G., "Initial Social Complexity in Southwestern Asia: The Mesopotamian Advantage," *Current Anthropology*, 42, 2001, p. 199–233.

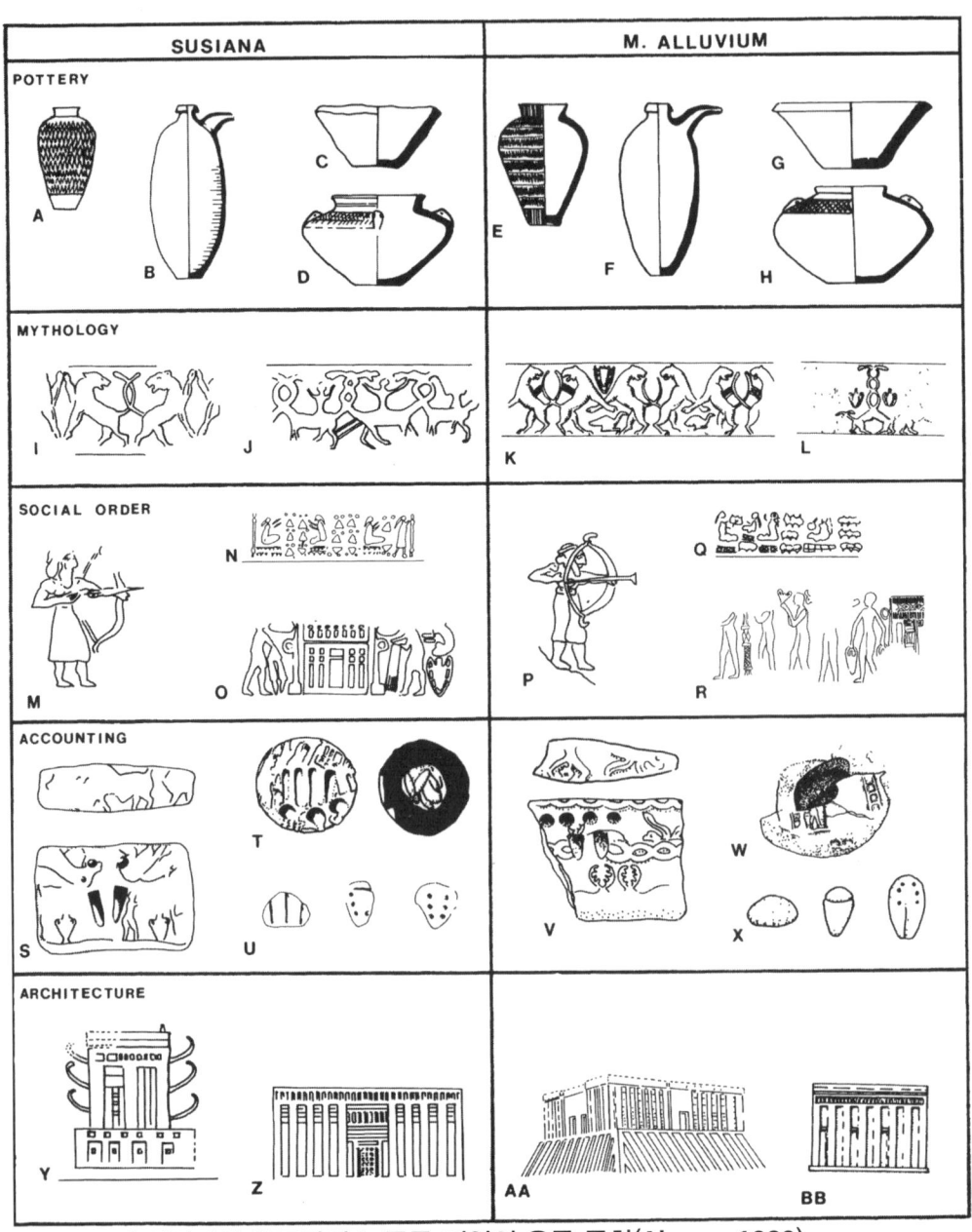

그림 2.12 수시아나와 유프라테스 중류 지역의 우룩 문화(Algaze, 1989)

3. '우룩 세계체제론'에 대한 비판과 대안들

알가쎄의 '우룩 세계체제론'이 학계에 신선한 충격을 준 이후 많은 논란이 일어났다.[114] 그중에 몇 가지 예로 들어 보면 첫째, 남부 메소포타미아지역의 우룩 문명에 대해 아직 모르는 부분이 많으므로, 세계체제론과 같은 근대 국가를 대상으로 한 세계체제론과 같은 모델을 고대 문명에 대입하는 것은 적절하지 않다. 둘째, 현재 우룩시대 편년 체계는 신뢰하기 어려운데, 우룩 팽창 현상이 단기간에 일어난 것이 아니라, 장기간에 걸쳐 서서히 발생한 현상이므로, 우룩 세계체제론은 성립하기 어렵다. 셋째, 우루크의 팽창 현상의 원인으로 자주 사용되는 장거리 교역은 동시대의 토판문서에서는 전혀 언급되지 않았을뿐더러, 설사 장거리 교역으로 인해 '우룩 세계 체제'가 발생하였더라도 그것이 필연적으로 식민주의로 연결되는 것은 아니다.[115] 또한 문명 발생의 내재적 원인을 중시하는 시각에서 장거리 교역은 남부 메소포타미아 도시국가 발전에서 부차적인 현상에 불과했을 뿐이며, 장거리 교역은 복합 사회 발전의 원인이라기보다는 오히려 그 결과였다는 비판도 있다.

한편 우룩 팽창 현상을 설명하는 다른 대안을 제시함으로써, 우룩 세계체제론을 비판하기도 한다. 예를 들어 남부 메소포

---

114   Stein, G., *Rethinking World Systems*: *Diasporas, Colonies, and Interaction in Uruk Mesopotamia*, Arizona Press, 1999, p. 27-43.

115   Postgate, J., "Learning the Lessons of the Future: Trade in Prehistory through a Historian's Lens," *Bibliotheca Orientalis*, 60, 2004, p.5 - 26.

타미아지역에서의 토지 부족이 우룩 팽창 현상을 낳게 되었다는 주장이다. 후기 우룩시대에 메소포타미아 하류 지역에서 인구 증가와 토지 부족 문제로 생태적 또는 정치적 문제로 인해 난민들이 새로운 토지를 찾아 떠나야 했기에 우룩 팽창 현상이 발생했다는 설명이다. 이 이론은 주로 시리아-아나톨리아지역의 유적들을 중심으로 제기되었지만, 이를 고고학적으로 입증하는 연구는 그다지 많지 않다. 또 다른 설명 모델은 우룩 팽창 현상을 정치적, 경제적 측면에서 접근하기보다 문화적 측면에 방점을 찍고 접근한다. 이러한 관점을 견지하는 질 스타인(Gil Stein)은 우룩 팽창 현상은 신석기 시대부터 후기 우룩시대까지 장기간에 걸쳐 형성된 문화적 현상이지, 결코 단기간에 형성된 일시적 현상이 아니라는 점을 강조하면서, 국제적 상호 작용 모델을 통해서 우룩 팽창 현상을 설명하였다.[116] 이처럼 문화적 측면을 강조하는 연구자들은 정치-경제적 이유 이외에 코이네(koine), 동화, 혼종화(hybridization) 및 사회적 모방 경쟁(social emulation) 등과 같은 문화적 개념을 가지고 우룩 팽창 현상을 설명한다. 그러한 연구자 중에서 파스칼 뷔테르랭(Pascal Butterlin)은 후기 우룩시대의 남부 메소포타미아와 그 이웃을 잇는 연결망은 '세계체제'가 아닌 문화적 토대 위에 구축된 '세계 문화 체제(World culture)'로 인식해야 한다고 주장하였다.[117] 그는 우룩 문화의 영향력은 지역

---

116 Stein, *op. cit.* 1999, p. 44-64.

117 Butterlin, P., *Les Temps proto-urbains de Mésopotamie: Contacts et acculturation à l'époque d'Uruk au Moyen-Orient*, CNRS Editions, Paris, 2003, 467p.

과 유적마다 그 정도가 다른데, 몇 가지 척도를 통하여 우룩 문화의 영향력을 측정할 수 있다고 본다. 우룩 문화의 특징이라고 여겨지는 빗각테두리토기, 원통형 인장, 삼열구조의 건축물 등과 같은 여러 가지 고고학적 지표들을 사용하여, 문화적 접촉의 성격을 몇 가지 유형으로 분류할 수 있다는 것이다. 그와 같은 기준에 따라 뷔테르랭은 우룩 문화의 강도에 따라 ① 우룩의 식민도시 및 마을, ② 우룩의 교역 거점도시 및 군사 요새, ③ 우룩 문화의 영향을 많이 받은 도시, ④ 우룩 문화의 영향을 적게 받은 도시 등으로 구분하였는데, 여기서는 이러한 문화적 관점에서 우룩 팽창 현상을 풀어보도록 하겠다.

4. 우룩문화 스펙트럼의 다양성과 '우룩 세계문화론'

'우룩 문화'로 규정되는 일종의 문화적 조합(set) 속에는 어떤 기술적 그리고 문화적 혁신이라는 개념이 내포되어 있다. 이러한 기술-문화적 혁신 중에서 가장 눈에 띄는 것은 바로 표준화된 토기이다. 이 시기 토기들은 대부분 빠르게 회전하는 물레를 사용하여 제작되었고 토기 표면에 문양은 거의 없지만, 있는 경우 새김격자문양(cross hatching)으로 장식되어 있다. 빗각테두리토기도 이처럼 표준화된 토기 중 하나인데, 발굴조사에서 수습된 토기 조각들의 절반 이상을 차지할 정도로 우룩시대에 많이 사용되었다. 사발 형태의 틀에다가 정제되지 않은 찰흙을 대고 찍어서 획일적으로 만든 빗각테두리토기의 용도에 관해서는 의견이 분분하지만, 통상 식량 배급을 위해 사용되었다고 본다.[118] 따라서

---

118 Nissen, H., *The early history of the ancient Near East, 9000-2000 BC*, University of Chicago Press, 1988, p. 84-85.

빗살테두리토기와 그밖에 표준화된 토기들은 우룩시대에 이르러 경제체제에서 근본적인 변화가 있었음을 시사한다. 토기와 식량을 강력하게 통제하는 경제체제가 이 시기에 확립되었을 것으로 추정된다.

제4천년기가 끝나는 시점에 발생한 또 다른 혁신은 정보기술 분야에서 일어났다. 신석기 시대 동안 줄곧 용기를 봉인하는 데 사용되었던 스탬프형 도장이 사라지고 이 시기에 이르러 원통형 인장으로 대체되었다. 그밖에 우룩 문화에 영향을 받았던 유적들에서는 구형체의 점토봉투(clay bullae), 물표(token), 원통형 인장이 찍힌 토판이 출토되는데, 이러한 유물들은 정보기술 분야에서의 혁신이 발생했음을 의미한다(그림 2-13).[119] 그러나 문자가 새겨진 토판은 오로지 우룩-와르카유적에서만 확인되는데, 이러한 문자 토판문서는 우룩시대 말기 정보분야 기술 혁신의 정수이다. 우룩-와르카를 제외한 나머지 도시들에서는 원통형 인장이 흔

그림 2.13 **점토봉투와 물표(Wikipedia)**

---

119 Schmandt-Besserat, D., *How Writing Came About*, University of Texas Press, 1996.

하게 발견된다. 원통형 인장에 새겨진 전쟁 장면, 의례 장면 그리고 장인들이 일하는 도상(iconography)은 강렬한 메시지를 전달한다.

우룩 문화에서의 세 번째 혁신은 건축 분야에서 일어났다. 세 개의 통로로 구성된 삼열구조의 건축물은 남부 메소포타미아 지역에서 기원한 건축양식이다. 그런데, 이러한 양식의 건축물들은 오로지 우룩 문화의 영향을 받은 유적들에서만 나타난다는 점에서 우룩 문화를 지시하는 중요한 증거이다. 우룩 문화 건물들의 정면은 정사각형의 벽돌과 여러 가지 색칠한 점토 뿔을 사용하여 화려하게 장식되었고, 중앙에는 냄비 형태의 난로(pan-shaped hearth)가 배치되어 있다. 제벨아루다와 하부바카빌라유적에서 신전과 일반 가옥 모두에서 이러한 구조의 건물들이 발견되었다. 제벨아루다와 하부바카빌라의 두 유적의 신전 건축물은 우룩-와르카의 신전과 구조는 매우 비슷하지만, 규모와 구성에서 약간 다르다. 그렇지만 전반적으로 이 건축물들은 우룩 양식을 따른 건축물로 식민도시의 건축물로 봐도 무리가 없다. 아직 우룩-와르카에서는 일상생활을 영위했던 가옥이 발견된 적 없고 일반 가옥들은 오로지 유프라테스강 중류 유역에서만 확인된다. 그렇지만 우룩-와르카유적의 일반 가옥들도 제벨아루다와 하부바카빌라 등 메소포타미아 중류에서 확인된 가옥들과 유사했을 것으로 추정된다.

다음으로는 '우룩 문화의 영향을 받았다'는 말이 내포하는 의미에 관해 논의할 필요가 있다. 이는 '식민지' 문제와도 연관되어 있으며 우룩 문화와 토착 문화간 관계에 대한 문제이기도 하다. 하부바카빌라와 고딘테페는 모두 우룩 문화에 영향을 받은 도시들이다. 그러나 이 두 유적은 우룩 팽창 현상의 본질을 규명하는 데 있어서, 스펙트럼의 양극단을 보여주는 전형적 사례다. 하부바카빌라는 제4천년기에 폐기된 이후에 정상부의 아크로폴리스를 제외하면 후대에 세워진 건축물이 전혀 없다. 문화층은 크게 세 층으로 구성되어 있는데, 가장 아래층은 그 면적이 고작 6ha밖에 안 되지만, 중간층은 10ha이며, 가장 위층의 면적은 22ha이다. 문화층 간에 시차가 그리 크지 않다는 점에서 하부바카빌라는 후기 우룩시대에 급성장한 도시였다. 유프라테스강을 따라 길게 타원형으로 늘어선 도시는 성으로 둘러싸여 있고 높이 13m가량의 망루도 있었다. 삼열구조의 건축물 내부에는 한가운데에 난로가 배치되어 있다. 한편 거주 공간과 떨어진 독립된 구역에 같은 형태의 대형 건축물이 두 동 있는데, 높은 기단 위에 세워진 이 대형 건축물의 정면은 색칠된 원뿔로 화려하게 장식된 벽이 있다. 두 건축물 모두 응접실로 해석되는 커다란 정사각형의 방이 있고 남북 방향으로 창고로 보이는 좁고 긴 방이 배치되어 있다. 이러한 점들을 고려할 때 이 두 동의 건축물은 신전이었던 것으로 추정된다.

    하부바카빌라의 주민들의 물질문화는 우룩 문화의 영향을 강하게 받았으며 토착 문화의 흔적은 거의 없다. 하부바카빌라유적과 인접한 제벨아루다유적도 취락 구조와 물질문화 모두 면에서 우룩 문화의 영향을 강하게 받았다. 두 유적 모두 우룩시대가 끝나는 시기에 단기간 번성했던 도시였다. 제벨아루다는 유프라테스강 유역에서 지중해 연안으로 나가는 길목에 자리 잡고 있다는 점에서, 아마도 남부 메소포타미아인들이 지중해권과 교역을 위한 거점(entrepôt)으로 삼기 위해 건설했던 도시였던 것으로 추정된다.[120] 그러나 우룩-와르카에서 온 이주민들은 두 도시가 건설되기 전부터 군사적 그리고 경제적 측면에서 유프라테스강 중류 지역에 관심이 많았던 듯하다. 기원전 3500년경에 건설된 텔세이크핫산유적이 그 증거이다. 남부 메소포타미아인들의 요새로 추정되는 이 유적은 하부바카빌라유적과 제벨아루다유적보다 2~3세기 전에 건설되었다. 텔세이크핫산유적이 주로 군사적인 목적에서 운영되었다면, 하부바카빌라유적과 제벨아루다유적는 외부 세계와 교역을 위해 운영되었던 것으로 보인다. 이러한 사실들을 종합해 볼 때 후기 우룩시대에 남부 메소포타미아에서 온 이주민들은 유프라테스강 중류 지역으로 진출하여, 먼저 군사적 교두보를 건설함으로써 주변 지역을 자기 세력권 안에 둔 다음, 서부 지중해 세계와 장거리 교역을 위한 거점도시를 세웠던 것으로 보인다.[121]

메소포타미아지역의 초기 역사에서 제5천년기와 제4천년기에 속하는 유적들의 연대가 세부적으로 알 수 된 것은 비교적 최근이다. 이처럼 유적 간 연대가 좀 더 명확해지면서 메소포타미아지역과 이웃 지역의 접촉이 장기간에 걸쳐 다양한 방식으로 진행되었음이 밝혀지게 되었다(그림 2-14).[122]

제5천년기에 이미 남부 메소포타미아지역 이외에 튀르키예,

---

120   Butterlin, *op. cit.* 2019, p. 189.

121   Butterlin, *ibid.*

122   Sundsdal, K., "The Uruk Expansion: Culture Contact, Ideology and Middlemen," *Norwegian Archaeological Review*, 44, 2011, p. 164-185.

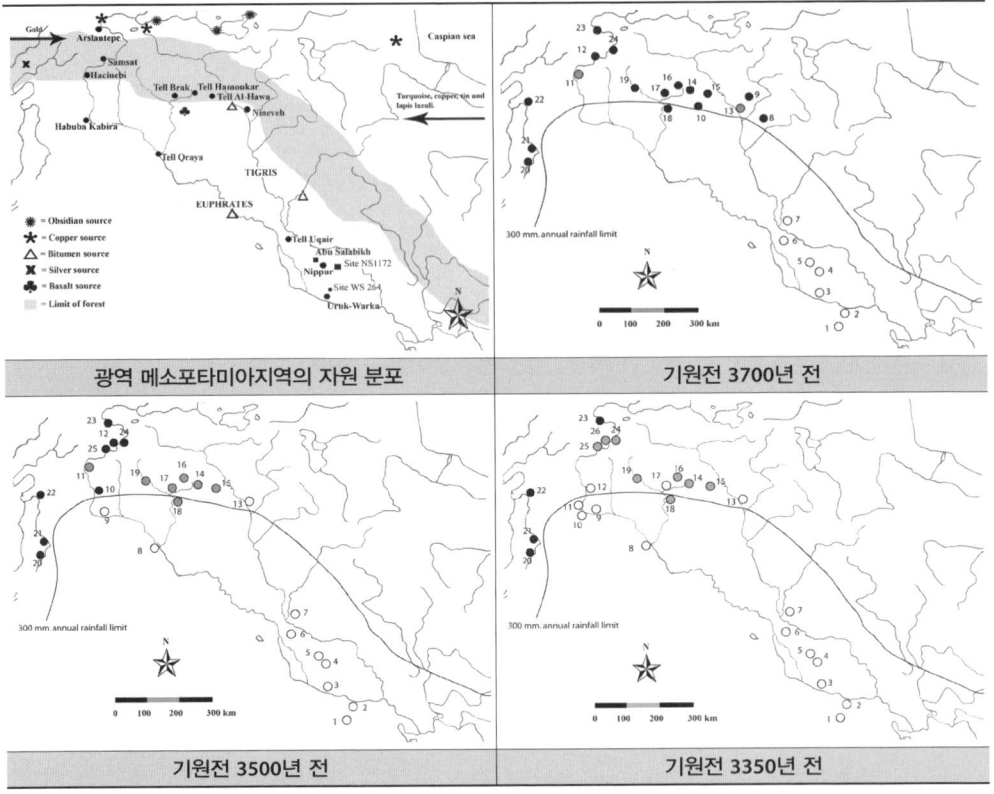

그림 2.14 우룩 문화권의 확산 과정
(○ 우룩 문화, ◐ 지역 문화+우룩 문화, ● 지역 문화, Sundsdal, 2011)

이란 남부지역에서도 도시화가 점진적으로 진행되고 있었다는 사실이 밝혀지게 된 것이다. 우바이드시대부터 우룩시대까지 걸치는 장기간에 걸치는 도시화 과정의 마지막 국면에 이르러서야 비로소 메소포타미아의 식민도시들이 건설되었고, 불과 몇 세대 동안만 유지되었다가 사라졌다. 따라서 우룩 팽창 현상은 각 지역에서 이미 사회적 계층화와 복잡화가 전개되었던 도시 발전 과정의 마지막 국면에서만 나타났던 현상이었다고 할 수 있다. 이와 같은 과정을 잘 보여주는 사례가 우룩-와르카와 수사이다. 이 두 유적은 신석기 시대부터 이미 긴밀한 관계를 맺고 있었다. 그러던 것이 우룩시대에 들어와서 우룩-와르카와 수사 간 연결되어 있었던 기존 네트워크에 멀리 북부 메소포타미아의 테페가우라(Tepe Gawra)까지 연결되면서 광역화되었다.[123] 우룩시대 말기에 광역네트워크가 형성된 데에는 경제 영역에서의 변화가 있었기 때문으로, 이 시기 자원의 재분배 시스템과 회계·행정에서의 혁신이 이러한 변화를 이끌었던 것으로 추정된다.

우룩-와르카, 수사, 테페가우라에서 출토되는 엄청난 양의 빗각테두리토기편에서 알 수 있듯이, 표준화된 토기의 대량 생산은 후기 우룩시대의 경제체제에서 중대한 변화가 있었다. 기원전 3700년경 가장 역동적이었던 도시국가였던 우룩-와르카를 비롯한 남부 메소포타미아지역의 여러 도시국가에서 먼저 시작되었던 혁신적 경제체제는 주변 지역으로 확산되었던 것이다. 남부 메소포타미아 경제체제의 다른 지역으로의 확산은 적어도 세 단계에 걸쳐 진행되었다. 이미 장기간에 걸쳐 도시화가 진행되고 있었던 다른 원시 도시들에서 우룩화(Urukization)가 일어났던 것이다.[124] 남부 메소포타미아지역과 가깝고 또 원시 도시 단계에서부터 이미 상당한 부분 우룩의 영향을 받았던 수사 같은 도시가 그 대표적이다. 그러나 기원전 4천 년경에 면적이 40ha에 이를 정도 그 규모가 컸던 수사의 경우, 남부 메소포타미아에서 대규모 이주는 없었고 동화 과정을 통해 우룩화되었던 것이다. 세

---

123 McMahon, A., "Early Urbanism in Northern Mesopotamia," *Journal of Archaeological Research*, 28, 2020, p. 289-337.

124 Butterlin, *op. cit.* 2019, p. 189.

계화(globalization)가 도시 문명과 함께 탄생했던 것이다. 처음으로 세계화된 세상에서 원통형 인장, 빗각테두리토기, 토기의 대량 생산 기술이 이전되었다. 그러나 그렇다고 이 시기 혁신 요소가 모두 이라크 남부에서 자극받아서 시작된 것은 아니다. 일례로 이 시기 우룩 문화권에서 자주 발견되는 정교한 석회암제 조각상들은 우룩-와르카가 아닌, 수사에서 영향을 받아 우룩화된 예술 장르이다. 우룩 문화권의 확장 과정에서 단계를 거칠 때마다 여러 지역에서 기원한 혁신적 요소들이 기존의 우룩 네트워크에 새롭게 추가되었다.

　　우룩화 과정에는 다양한 형태의 접촉이 있었다. 그중 하나가 식민화이다(그림 2-15). 최초의 식민지 건설은 남부 메소포타미아 출신의 이주민들이 유프라테스강을 거슬러 올라가 미개척지를 개발하면서부터 시작되었다. 강을 따라 북상한 이주민들이 작은 규모의 마을들을 세우고 이러한 마을들이 늘어나면서, 자연스럽게 유역 내 마을들과 식민모국을 연결하는 교통로들이 형성되었을 것이다. 1단계는 남부 메소포타미아인들이 유프라테스강을 거슬러 중류 지역까지 진출함으로써 끝난다. 2단계는 전략적 요충지에 요새화한 도시들이 건설되는 것으로써 시작된다. 유프라테스강의 중류 지역의 우룩 식민도시와 마을들은 지중해에서 가까워 해상 교역에 유리한 거점에 자리 잡았다. 이 지점은 목재, 금속 광물, 포도주를 포함한 농산물이 풍부한 시리아 서부와 튀르키예 북부로 가는 교차로이기도 하다. 따라서 유프라테스강 중류에 자리 잡은 거점유적들은 육상과 수상 교통로를 통해 외부 세계와 장거리 교역을 위한 거점 도시이거나, 아니면 식민도시와 이주민 마을들을 보호하기 위해 건설된 요새 도시였다. 우룩

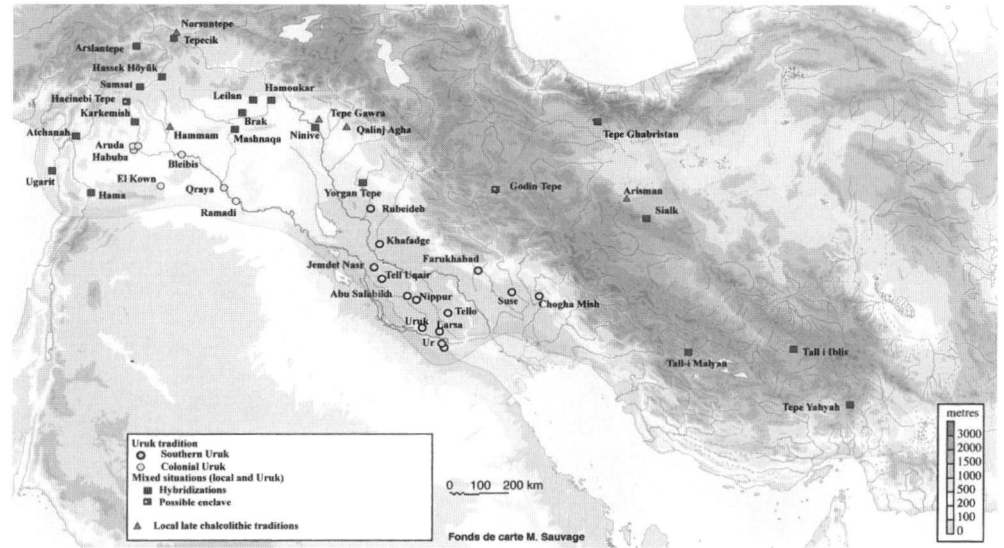

그림 2.15 우룩 문화의 스펙트럼
(◎ 남부 메소포타미아의 도시국가, ○ 북부 메소포타미아의 식민도시, ■ 우룩 문화+지역 문화, = 수메르인 거주 구역이 있는 도시, ▲ 비 우룩 문화권 도시, Butterlin, 2019)

화 과정의 2단계는 이처럼 유프라테스강 중류 지역에 안전한 교역 네트워크를 확보하고 이주민들을 보호하기 위한 요새를 건설하는 단계였다. 우룩시대에 남부 메소포타미아인과 지중해 연안 지역의 주민들이 직접적으로 교류했다는 고고학적 증거는 아직 없다. 그러나 나일강 삼각주에 있는 부토(Buto)유적에서 우룩 양식의 점토뿔이 출토되었고 반대로 하부바키빌라유적에서 나카다(Naqada) 시대 토기 조각이 출토되는 것을 볼 때, 수메르인과 이집트인이 직접적으로 교역했을 가능성이 크다.[125]

---

[125] 고대 이집트와 메소포타미아의 교역에 관해서는 유성환, 「조형 예술을 통해 본 고대 이집트와 메소포타미아 문명 간 교류」, 『고대 문명의 교역과 교류』, 단국대학교 동양학연구원 제50회 국제학술회의, 2020, p. 103-115 참조. 부토유적은 하이집트의 지역 신인 우제트(Wadjet)를 섬기는 성소 유적

미개척지에서만 식민도시가 건설되었던 것은 아니다. 독자적인 지역 문화에서 성장한 원시 도시들이 나중에 우룩 식민도시로 발전된 사례가 오히려 더 많다. 그중 하나가 튀르키예의 하지네비테페(Hacinebi Tepe)이고,[126] 또 다른 하나는 이란의 고딘테페이다. 교통로 상에 자리 잡은 이 두 도시는 모두 교역의 거점도시일 가능성이 크다. 이 도시들 안에는 우룩이나 수사에서 이주한 상인집단이 모여 살던 거주 구역이 독립적으로 형성되어 있다. 하지만 우룩 문화의 토기와 세공 기술로 제작된 물품들이 지역의 전통 기술로 제작된 물품들과 함께 사용되었다는 점에서 서로 다른 문화를 가진 두 집단이 한 도시 안에서 독립된 거주 구역을 유지하면서 공존했던 것으로 추정된다. 우룩에서 이주한 상인들이 폐쇄된 구역에서 남부 메소포타미아지역 특유의 삼열구조 건축물을 짓고 거주하였는데, 그 구역에서는 숫자가 새겨진 토판과 원통형 인장으로 봉인된 토판이 대량으로 출토되었다. 이 토

으로, 유적의 연대는 대략 메소포타미아의 전기 우룩시대(기원전 4000년~기원전 3500년)에 해당한다. 한편 나카다 시대는 상이집트의 선왕조시대를 지칭하는 고고학적 용어로 우룩시대(기원전 4000년~기원전 3000년)에 해당한다. Lorenz, Ludwig, "The Early Dynastic Period", In: The Oxford Handbook of Egyptology, eds. by Ian Shaw and Elizabeth Bloxam, Oxford University Press, 2020, p. 600.

126 Stein, G. J., Bernbeck, R., Coursey, C., McMahon, A., Miller, N. F., Misir, A., Nicola, J., Pittman, H., Pollock, S., and Wright, H., "Uruk Colonies and Anatolian Communities: An Interim Report on the 1992-1993 Excavations at Hacinebi, Turkey," American Journal of Archaeology, 100, 1996, p. 205-260; Stein, G. and Edens, C., "Hacinebi and the Uruk Expansion: Additional Comments," Paléorient, 25, 1999, p. 167-171.

판은 유프라테스강을 따라 형성된 우룩 또는 수사의 식민도시에서 출토된 토판과 상당히 유사하다. 그러나 하지네비테페와 고딘테페는 유프라테스강 유역에 있는 식민도시와 달리, 남부 메소포타미아 모델을 전적으로 따르지는 않았다는 점에서 차이가 있다. 하지네비테페와 고딘테페는 아마도 우룩 문화권의 최전방 전진기지로서 교역의 중개자 역할을 했던 것 같다. 이 유적들을 점유했던 상인들에게 가장 중요했던 임무는 아마도 구리를 비롯하여 여러 가지 원료를 이란과 아나톨리아에서 획득하여 본국에 공급하는 것이었을 것이다. 최근 하지네비테페와 고딘테페에서 출토된 이른바 우룩 양식의 토기들을 정밀하게 연구한 결과, 우룩의 기술이 아닌 지역의 전통 기술로 제작된 토기였다는 것이 밝혀졌다. 이 토기들은 남부 메소포타미아에서 이주해 온 지 오래된 2세대 또는 3세대가 제작한 것이거나, 아니면 이라크 남부나 수사 지역의 양식화된 토기를 토착 기술로 모방하여 제작된 것이다. 큰 도시에서는 '문화적 혼종화'가 수반된다.[127] 그 대표적인 사례가 바로 시리아 북동부에 있는 텔브락으로, 이 도시는 제4천년기 초반부터 점진적으로 성장했다. 초기에는 지역적 전통이 강했으나, 도시의 규모가 커지고 복잡도가 증가하면서 우룩 문화의 영향력이 갈수록 커지는 양상을 보인다. 마지막 단계에 이르면 유프라테스강 중류 지역의 수메르 식민도시들과 구별할 수 없을 정도로 완전히 우룩화되었다. 현재로서는 텔브락이 남부 메소포타미아의 식민도시였는지, 아니면 지역 주민들이 우룩 문화를 자발적으로 수용한 것인지 판단하기가 어렵다. 그렇지만 마지막 단계

---

127 Butterlin, *op. cit.* 2019, p. 191.

에서 폭력의 흔적이 전혀 나타나지 않는 것을 보면 군사적 정복의 결과로 주민이 교체되었던 것 같지는 않다.

한편 우룩 문화의 영향력은 남부 메소포타미아 중심부에서 멀어질수록 약화하는 경향이 있다. 만약 식민지를 개척하려고 1,000km 이상 장거리 원정을 떠나야 한다면, 아마 식민 지배를 통한 이익보다 손실이 더 클 것이다. 게다가 토로스산맥와 자그로스산맥의 험준한 산악 지대로 메소포타미아 남부에서 원정대를 파견한다는 것은 거의 불가능에 가깝다. 이러한 의문들은 튀르키예 토로스산맥의 산악 지대에 있는 알슬란테페유적과 이란 고원지대에 있는 테페시알크(Tepe Sialk)유적에서 관찰되는 우룩 문화적 요소들을 해석하는 데 있어서 먼저 고려되어야 할 사항들이다. 알슬란테페유적에서는 '궁전' 또는 '신전'으로 해석되는 공공기관의 건축물이 발견되었다. 이 건축물은 삼열구조의 건축물이 아니라, 쌍열구조라는 점에서 우룩의 영향을 받으면서도 지역적 전통 또한 함께 공존했음을 알 수 있다. 아울러 알슬란테페유적에서는 행정체계가 잘 정비되어 있음을 보여주는 인장들이 상당수 출토되었는데, 대부분 스탬프형이고 남부 메소포타미아지역의 원통형은 매우 드물다. 이러한 점들을 고려해 볼 때 알슬란테페는 우룩 모델을 따른 분배 시스템이 갖춰져 있었으나, 지역적 전통 또한 잘 간직하고 있던 사회였던 것으로 보인다. 이 유적에서 우룩 문화권의 특징적인 토기인 빗각테두리토기는 전혀 발견된 적 없다. 그러나 지역 양식으로 제작된 잔이 빗각테두리토기를 생산하는 방식과 유사하게 대량 생산되었다는 점에서 아이디어 차원에서 우룩 문화권과 교류가 있었던 것으로 보인다. 나아가 알슬란테페의 경제체제는 농업과 목축이 차지하는 비중이 매우 크다는 점도 우룩 문화권의 식민도시들과 다른 점이다. 게다가 세계 최초의 장검들(sword)이 발견되었다는 점에서도 알 수 있듯이, 이 유적은 뛰어난 금속 가공 기술을 지시하는 고고학적 증거들이 많다.[128] 앞에서 언급했던 우룩 문화권의 다른 유적들에 비해서 알슬란테페에서 우룩 문화의 영향력은 전반적으로 미약한 편이다. 혹시 이 도시에 살았던 사람들은 메소포타미아의 식민도시들과 교역을 하면서 우룩 문화권의 아이디어를 빌려 자신들의 지역 문화에 맞게 변용했던 것은 아닐까? 몇 점의 우룩 양식을 모방한 토기는 그럴 가능성이 있음을 보여준다. 알슬란테페는 다른 도시 발달 과정과 유사한 방식으로 도시화되었다. 그렇지만 여러 지역의 문화적 전통이 공존하면서 발전했다는 점은 알슬란테페만의 독특한 점이다. 이 도시는 흑해 연안의 쿠라-아라스(Kura-Araxes) 문화권과 메소포타미아 문화권을 잇는 다민족 도시국가로서, 금속기 제작과 교역에 특화된 도시였을 가능성이 크다.[129] 그런 맥락에서 알슬란테페는 제4천년기 남부 메소포

---

128 Nocera, G., "Metals and metallurgy. Their place in the arslantepe society between the end of the 4th and beginning of the 3rd millennium BC," *In*: *Economic Centralisation in Formative States*: *The Archaeological Reconstruction of the Economic System in 4th Millennium Arslantepe*, ed. by Marcella Frangipane, Dipartimento di Scienze Storiche Archeologiche e Antropologiche dell'Antichità, Sapienza Università di Roma, 2010, p. 270-274.

129 Frangipane, M., "Different types of multiethnic societies and different patterns of development and change in the prehistoric Near East," *PNAS*, 112, 2015, p. 9182-9189; Kavtaradze, G., "On the Importance of the Caucasian Chronology for the Foundation of the Common Near Eastern: East European Chronological System," *In*: *The Proceed-*

타미아, 동튀르키예 그리고 코카서스의 전통이 교차하는 '문화적 용광로'였던 것으로 보인다.

기원전 3100~3000년경에 채색토기가 특징적인 젬뎃나스르 시대로 접어들면서, 남부 메소포타미아지역에서 우룩 문화는 막을 내린다.[130] 그 무렵 알슬란테페는 화재로 폐허가 되었고, 우룩 식민도시들도 모두 사라졌다. 동 코카서스에 살던 여러 민족이 이 시기에 이르러 레반트와 이란 서부에 걸쳐 있는 메소포타미아지역으로 밀려들어 왔다는 사실과 소위 '우룩의 붕괴'는 연관되어 있는 듯하다. 원인이야 어쨌든 제4천년기에서 제3천년기로 이행하는 시기에 광범위한 지역에 걸쳐 나타났던 우룩 문화는 파괴되었고, 각지에서 독자적인 지역 문화가 출현하였다. 이 시기에 유프라테스강 중류에 있던 식민도시들은 폐허가 되었으며, 이란지역에서는 원시-엘람(Proto-Elamite) 문화가 꽃피웠다. 그러나 원시-엘람의 쐐기문자가 우룩 문자를 바탕으로 발전했듯이, '우룩의 붕괴' 이후 각지에서 발생한 지역 문화는 우룩 문화를 자양분으로 하여 발전한 것이다. 그런 맥락에서 우룩 문화는 사라졌지만, 각 지역의 문화 속에 녹아내려 형태를 달리하여 여전히 지속되었다고 볼 수 있다.[131]

---

ings of the Institute of History and Ethnology, XII-XIII, ed. by Vazha Kiknadze, Tbilisi, 2014, p. 23-45; Maziar, S., "The expansion of the Kura-Araxes culture in Iran: what role for the Uruk?," *In: The Iranian plateau during the Bronze age*, ed. by Jan-Waalke Meyer *et al.*, MOM Éditions, 2019, p. 51-74.

130 Rothman, *op. cit.* 2001, p. 9.

131 Butterlin, *op. cit.* 2019, p. 191.

V. 맺음말

본문에서는 우룩시대에 이르러 메소포타미아지역에서 문명이 탄생하게 된 여러 가지 조건들에 대해 살펴보았는데, 먼저 우룩시대에 각 분야에서 발생했던 여러 가지 혁신적인 요소들에 관해 기술한 다음, 이른바 '우룩 팽창' 현상을 설명하는 몇 가지 이론들에 대해 논의하였다. 문명이 출현했던 남부 메소포타미아지역은 현재까지의 고고학적 성과에 따르면 오히려 다른 서아시아에 비해 후진 지역으로, 레반트나 초승달 지대와 같은 이웃 지역보다 농경과 목축이 뒤늦게 발생하였다. 이 점에 일찍부터 주목하였던 몇몇 연구자들은 메소포타미아지역에서 문명이 시작되었던 원동력으로 관개 농업을 지목하였으나, 최근에 이뤄진 메소포타미아 남부지역에 관한 고환경 연구에 따르면 이 지역에 많은 사람이 모여들어 살게 된 직접적인 계기는 관개 농업 때문이 아니라, 사냥-채집 활동에 유리한 삼각주의 고온다습한 습지 환경 때문이다. 관개 농업은 이미 문명이 성숙 단계로 진입한 후기 우룩시대의 기후 건조화에 대응하는 과정에서 본격적으로 발달했다. 관개 농업은 문명의 원인이 아니라 결과였을 뿐이다. 농경 이전부터 남부 메소포타미아지역은 고온다습한 삼각주 생태 환경이 주는 생태적 풍요로움으로 이미 사냥-채집인들이 대규모 군집생활을 영위했다. 그러나 우룩시대 후반기에 발생했던 기후 건조화라는 위기 상황을 맞이하면서 사회적-생태적 '적응 유연성'을 높이는 과정에서 관개 농업을 발달하게 되었고 도시 문명이 출현하게 되었다고 보는 것이 타당한 해석이다.

이렇게 도시국가로 성장하자마자, 남부 메소포타미아의 여러 도시국가는 장거리 교역에 나섰다. 이 지역이 고대 문명 발전에 꼭 필요한 목재, 석재, 금속 같은 자원들이 거의 없는 지역이라는 점은 이 지역에서 형성된 도시국가들이 일찍부터 장거리 교역에 나설 수밖에 없는 이유였다. 문명을 유지하려면 다른 지역과의 물자 교역이 필요한데, 그런 자원이 절대적으로 부족했던 남부 메소포타미아의 도시국가들은 탄생과 동시에 장거리 교역을 통해 문명의 운영과 유지를 위해 필요한 물자를 공급해야만 했던 것이다. 다른 문명권과 비교할 때 이처럼 교역의 역할이 매우 중요하다는 점은 메소포타미아 문명의 특징이라고 할 수 있다. 수메르인들은 농업생산력과 목축 기술을 고도로 발전시켜, 다른 지역에 비해 비교우위에 있는 물품, 즉 보리와 모직물을 대량 생산함으로써 장거리 교역에 필요한 대금을 마련하였다. 나아가 원활한 장거리 교역을 위해 문자, 행정 및 회계 시스템, 정보처리 기술도 발전시켰다.

후기 우룩시대에 장거리 교역에 나선 남부 수메르인들이 메소포타미아를 넘어 튀르키예와 이란지역까지 자신들의 문화를 빠르게 확산시켰던 '우룩 팽창' 현상에 관한 해석은 다양하다. 이 문제가 처음 제기되었을 때는 '세계체제론'의 관점에서 중심지와 주변부 간의 비대칭적 관계로 인식하여, 제국주의와 식민주의의 결과물로 해석하였다. 그러나 최근에는 '우룩 팽창' 현상을 단순하게 정치-경제적 관계로만 해석하기에 무리가 있으며, 좀 더 다양한 시각에서 좀 더 대칭적으로 접근할 필요가 있다는 인식이 점점 공감대를 형성하고 있다. 현재 '우룩 세계체제론'의 대안으로 '국제적 상호 작용 모델'과 '세계문화론'이 주목을 받고 있다. 이 대안 가설들은 정치-경제적 관점에서 벗어나, 문화적 관점에서 코이네, 동화, 혼종화 및 사회적 모방 경쟁 등과 같은 개념들이 적용하면서 '우룩 문화'가 내포하는 다양한 스펙트럼을 규명하고자 한다.

본문에서는 '세계문화론'의 시각에서 우룩 문화에 영향을 받은 정도에 따라 취락지를 ①우룩의 식민지 도시 및 마을, ②우룩의 교역 거점도시 및 군사적 요새, ③우룩 문화의 영향을 많이 받은 취락, 그리고 ④ 우룩 문화가 지역 문화를 대체하지 않고 약간의 교류만 있었던 도시로 분류하였다. 이 네 가지 유형의 취락지는 시기에 따라 변하는데, 북부 메소포타미아지역에 자리 잡은 텔브락유적은 시기에 따라 취락지의 성격이 변하는 모습을 잘 보여준다. 제4천년기 후기에 절정으로 치달았던 '우룩 팽창 현상'은 제4천년기가 끝나갈 무렵에는 점차 쇠퇴하고 각 지역에서는 지역 단위 문화들이 발달하게 된다. 이는 남부 메소포타미아 도시국가들의 세력 약화와 각 지역 단위 정치체의 독자 세력화의 결과이다. 이처럼 메소포타미아 남부에서 서아시아 여러 지역으로 광범위하게 확산했던 우룩 문화는 제3천년기에 들어서면서 사라졌다. 그러나 이 시기 각지에서 발전한 지역 문화는 앞선 시대의 우룩 문화와 단절적으로 발전한 것이 아니라, 우룩 문화를 계승·발전한 것이라는 점을 강조할 필요가 있다.

서구 학계에서 고대 문명에 관한 연구는 전통적으로 개별 문명의 발전 과정을 최대한 정밀하게 분석하는 것을 미덕으로 여겼다. 그리고 이와 같은 정밀한 연구 방법론 덕택에 개별 문명에 관한 연구 성과들은 현재 한 개인이 도저히 소화할 수 없을 정도로 상당히 축적되었다. 그러나 21세기에 들어와서 고대 문명 연구 방법론은 기존의 개별 문명에 관한 분석적 연구뿐만 아니라, 개별 문명 간 공통점과 차이점을 거시적인 틀 속에서 검토하는 종합적인 연구를 지향하고 있다. 오늘날 고대 문명연구는 개별 문명연구를 초월하여 '문명 간 비교연구'로 넘어가고 있는 것이다. 과거에는 감히 시도조차 할 수 없었지만, 지금은 정보통신 분야에서의 비약적 발전으로 가능해졌다. 고대 문명 연구를 선도하는 서구의 몇몇 연구소는 빅데이터를 구축하여 새로운 연구 분야를 개척하고 학제 간 집단 연구 프로젝트에 박차를 가하고 있다.

그런 맥락에서 메소포타미아 문명은 다른 문명과 비교연구를 필요로 한다. 예를 들어 문명이 탄생하기 이전부터 남부 메소포타미아지역에서는 습지라는 유리한 자연환경으로 인해 많은 사람이 모여 살았고 그 후 도시와 국가가 순차적으로 출현했다. 이러한 상황은 다른 고대 문명권에서도 볼 수 있는데, 특히 중국 양쯔강 삼각주에서 발달한 신석기 말기 양저문화(良渚文化)와 유사하다. 흥미로운 점은 양저문화권에서는 이미 관개 농업으로 벼농사가 이뤄졌고 대규모 도시도 출현했지만, 문자와 청동기로 대표되는 진정한 의미의 문명은 장강 유역이 아닌, 중원지역에서 탄생하였다. 메소포타미아 삼각주 지역에서는 인구 집중화가 도시국가로 순조롭게 이행했던 반면 양쯔강 삼각주 지역에서는 그와 같은 발전 과정을 보이지 않았던 것이다.

제임스 스콧은 국가, 즉 통치자의 시각에서 통치 대상을 관리하는 것을 '가독성(legiblity)'이라는 개념으로 설명한다. 그는 초기 국가 형성 과정에서 통치를 위해 공간과 사람들을 쉽게 읽을 수 있도록 만드는 과정, 즉 추상화와 표준화 과정이 반드시 수반된다는 점을 강조한다.[132] 초기 국가 형성기에 노동, 곡물, 토

---

132 제임스 스콧, 앞의 책, p. 192. '가독성'에 관해서는 제임스 스콧의 『국

지, 배급 등 물질과 정신을 포함하는 사회 전 영역에서 계측이 가능한 형태로 모듈화하여 통치 대상에 대한 가독성을 높임으로써, 즉 통치자의 '리터러시(literacy)'을 높임으로써, 통치 대상을 강력하게 장악한다는 것이다. 혹시 메소포타미아문화권과 양저문화권 간에 나타나는 근본적 차이점이 바로 통치자의 '리터러시' 또는 통치 대상에 관한 가독성에서 비롯된 것은 아닐까? 현재로서는 순전히 가설적 수준에 불과한 것이지만, 앞으로 이와 같은 시각에서 지역 간 비교 연구를 해 볼 필요가 있다.

한편 '우룩 팽창' 현상도 고대 중국 문명과 비교사적으로 접근할 필요가 있다. 몇몇 연구자들은 상나라가 급격하게 팽창하는 현상을 '이리강 팽창(Erligang expansion)' 현상으로 명명하면서, 그 원인을 고대 제국주의와 식민주의에서 찾는다. 만약 그와 같은 해석이 타당하다면 우룩 팽창과 이리강 팽창의 공통점은 무엇이고 차이점은 무엇인지 비교사적 관점에서 규명해야 한다. 나아가 문화적 관점에서 '이리강 팽창 현상'은 비대칭적 관계를 상정하는 정치-경제적 접근 이외에 코이네, 동화, 혼종화 및 사회적 모방 경쟁과 같은 대칭적 관계를 통해 설명할 수 없는지도 의문이다. 향후 양 지역 간 비교연구를 통해 풀어 가야 할 숙제들이다.

이러한 연구 주제들은 개별 문명 중심의 전통적인 연구 방법으로는 해결할 수 없으며 오로지 거시적인 틀 속에서 문명 간 비교연구를 통해서만 가능하다. 그런 뜻에서 국내에서도 늦게나마 문명 간 연구를 수행할 수 있는 고대문명연구소(IREC: The Institute for Research on Early Civilizations)가 창립된 것을 진심으로

가처럼 보기』의 p. 54-67 참조.

기쁘게 생각한다. '장강의 뒷물결이 앞물결을 밀어내듯이(長江後浪推前浪),' 고대문명연구소가 세계 유수의 기관들과 어깨를 견주어 볼 날이 오기를 기대한다.

참고자료

남영우, 『퍼타일 크레슨트: 메소포타미아, 레반트, 이집트 문명의 이해』, 푸른길, 2021.
데이비드 W. 앤서니, 공원국(옮김), 『말, 바퀴, 언어』, 에코리브르, 2015.
리처드 불리엣, 소슬기(옮김), 『바퀴, 세계를 굴리다』, MID, 2016.
박성진, 「라피스 라줄리 로드(Lapis Lazuli road): 실크 로드 이전의 실크 로드」, 『동양학』, 83, 2021.
박성진, 「사치의 탄생: 메소포타미아 문명의 우르(Ur) 유적」, 『고문화』, 98, 2021.
박성진, 「청동기시대 서아시아지역의 라피스 라줄리 생산체계」, 『호서고고학』 49, 2021.
새뮤얼 노아 크레이머, 『역사는 수메르에서 시작되었다』, 가람기획, 2018.
앨런 시몬스, 「서남아시아의 초기 농업」, 『농업과 세계사』, 그레이엄 바커(엮음), 소와당, 2021.
유성환, 「조형 예술을 통해 본 고대 이집트와 메소포타미아 문명 간 교류」, 『고대 문명의 교역과 교류』, 단국대학교 동양학연구원 제50회 국제학술회의, 2020.
제이콥 스타비스, 「쐐기문자와 기록 문화」, 『메소포타미아, 저 기록의 땅』, 국립중앙박물관, 2022.
제임스 C. 스콧, 전상인(옮김), 『국가처럼 보기』, 에코리브르, 2010.
제임스 C. 스콧, 전경훈(옮김), 『농경의 배신』, 책과함께, 2019.
츠네키 아키라, 「농경사회에서 도시 문명으로: 고대 서아시아의 사례」, 『고대 도시의 출현과 장거리 교역 네트워크』, 동양학연구원 엮음, 단국대학교출판부, 2023.
칼 A. 비트포겔, 구종서(옮김), 『동양적 전제주의』, 법문사, 1991.
피타 켈레크나, 임웅(옮김), 『말의 세계사』, 글항아리, 2019.

Adams, R. M. and Nissen, Hans, *The Uruk Countryside: The Natural Setting of Urban Societies*, University of Chicago Press, Chicago and London, 1972.

Adams, R. M., *Heartland of Cities: Surveys of Ancient Settlement and Land Use on the Central Floodplain of the Euphrates*, University of Chicago Press, Chicago and London, 1981.

Algaze, G., "The Uruk Expansion: Cross Cultural Exchange in Early Mesopotamian Civilization," *Current Anthropology*, 30, 1989, p. 571−608.

Algaze, G., "Initial Social Complexity in Southwestern Asia: The Mesopotamian Advantage," *Current Anthropology*, 42, 2001, p. 199−233.

Algaze, G., *Ancient Mesopotamia at the dawn of civilization*, University of Chicago Press, 2008.

Ambos, C., "Clay and mud: life's basic building blocks," In: *Uruk: first city of the ancient world*, ed. by Nicola Crüsemann, J. Paul Getty Museum, 2019.

Anderson, P. et Fermenti, F., "Fonctionnement de faucilles en céramique de Tell El Oueili," In: *Oueili. Travaux de 1987 et 1989*, dir. par Jean-Louis Huot, Éditions sur Recherche sur les civilisations, Paris, 1996.

Ascalon, E., *Mesopotamia: Assyrians, Sumerians, Babylonians*, University of California Press, 2007.

Boese, J., *Ausgrabungen in Tell Sheikh Hassan I: Vorläufige Berichte über die Grabungskampagnen 1994-1990 und 1992-1994*, Schriften zur Vorderasiatischen Archäologie 5. Saarbrücken, 1995.

Bottéro, J., *Religion in Ancient Mesopotamia*, The University of Chicago Press, 2004.

Breniquet, C., "Tell es-Sawwan, Irak. Essai de synthèse et de prospective sur la néolithisation de la plaine mésopotamienne," *Paléorient*, 42, 2016, p. 137-149.

Brown, B. and Feldman, M., *Critical Approaches to Ancient Near Eastern Art*, Walter de Gruyter, 2013.

Butterlin, P., *Les Temps proto-urbains de Mésopotamie: Contacts et acculturation à l'époque d'Uruk au Moyen-Orient*, CNRS Editions, Paris, 2003.

Butterlin, P., "The expansion of Uruk culture," In: *Uruk: first city of the ancient world*, ed. by Nicola Crüsemann, J. Paul Getty Museum, 2019.

Charvat, P., "Lambs of the Gods: The Beginnings of the Wool Economy in Proto-Cuneiform Texts," In: *Wool Economy in the Ancient Near East and the Aegean?: From the Beginnings of Sheep Husbandry to Institutional Textile Industry*, ed. by C. Breniquet and C. Michel, Oxbow, Oxford, 2014.

Civil, M., *The Farmer's Instructions*, Aula Orientalis, Barcelona, 1994.

Clarke, J., *et al.*, "Climatic changes and social transformations in the Near East and North Africa during the 'long' 4th millennium BC: A comparative study of environmental and archaeological evidence," *Quaternary Science Reviews*, 136, 2016, p. 96-121.

Connan, J., Carter, R., Crawford and Tobey, M., A comparative geochemical study of bituminous boat remains from H3, As-Sabiyah (Kuwait), and RJ-2, Ra's al-Jinz (Oman), Arabian Archaeology and Epigraphy, 16(1), p. 21-66.

Cunninggham, G., "Sumerian religon," In: *The Cambridge History of Religions in the Ancient World*, vol. I, ed. by Michele Renee Salzman, Cambridge University Press, 2013.

Curtis, R. and Najah H., "Restoring the Garden of Eden: An Ecological Assessment of the Marshes of Iraq," *BioScience*, 56, 2006, p. 477-489.

Cuyler, Y., *Excavations at Godin Tepe: First Progress Report*, Royal Ontario Museum, 1969.

Di Palma, S., *The History of Marks from Antiquity to the Middle Ages*, Société des écrivains, 2015.

Driel, van, G., and Driel-Murray, van, C., *Jebel Aruda: An Uruk period temple and settlement in Syria*(I, II), Papers on Archaeology of the Leiden Museum of Antiquities, Sidestone Press, 2023.

Eichmann, R., "Uruk's Early Monumental Architecture," *In*: *Uruk: first city of the ancient world*, ed. by Nicola Crüsemann, J. Paul Getty Museum, 2019.

Englund, R., "Texts from the Late Uruk Period ," *In*: *Mesopotamien: Späturuk-Zeit und Frühdynastische Zeit*, ed., by Joseph Bauer, Robert K. Englund und Manfred Krebernik, Fribourg und Göttingen, Universitätsverlag Freiburg Schweiz und Vandenhoeck & Ruprecht, coll, 《Orbis Biblicus et Orientalis》, 1998.

Ess van, M., "The clay cone mosaic technique," *In*: *Uruk: first city of the ancient world*, ed. by Nicola Crüsemann, J. Paul Getty Museum, 2019a.

Ess, van M. and Hilgert, M., "Stone as a raw material," *In*: *Uruk: first city of the ancient world*, ed. by Nicola Crüsemann, J. Paul Getty Museum, 2019b.

Ess, van M. and Neef, R., "Reeds as raw materiel," *In*: *Uruk: first city of the ancient world*, ed. by Nicola Crüsemann, J. Paul Getty Museum, 2019c.

Ess, van M. and Neef, R., "Timber for temples," *In*: *Uruk: first city of the ancient world*, ed. by Nicola Crüsemann, J. Paul Getty Museum, 2019d.

Faivre, X., "Céramique," *In*: Dictionnaire de la civilisation mésopotamienne, dir. par Francis Joannès, Robert Laffont, coll. 《Bouquins》, Paris, 2001a.

Faivre, X., "Outils," *In*: Dictionnaire de la civilisation mésopotamienne, dir. par Francis Joannès, Robert Laffont, coll. 《Bouquins》, Paris, 2001b.

Forest, J.-D., "Le rôle de l'irrigation dans la dynamique évolutive en Mésopotamie," *Archéo-Nil*, 5, 1985, p. 67-77.

Forest, J.-D., Vallet, R. et Breniquet, C., "Stratigraphie et architecture de Oueili Obeid 0 et 1. Travaux de 1987 et 1989," In: *Oueili. Travaux de 1987 et 1989*, dir. par Jean-Louis Huot, Recherche sur les civilisations, Paris, 1996.

Frangipane, M., "Different types of multiethnic societies and different patterns of development and change in the prehistoric Near East," *PNAS*, 112, 2015, p. 9182-9189.

Frangipane, M., "The Late Chalcolithic IEB I sequence at Arslantepe. Chronological and cultural remarks from a frontier site," In: *Chronologies des pays du Caucase et de l'Euphrate aux IVe-IIIe millénaires. From the Euphrates to the Caucasus: Chronologies for the 4th-3rd millennium B.C*, Vom Euphrat in den Kaukasus: Vergleichende Chronologie des 4. und 3. Jahrtausends v. Chr. Actes du Colloque d'Istanbul, 16-19 décembre 1998. Istanbul, Institut Français d'Études Anatoliennes, 2000.

Glassner, J.-J., Écrire à Sumer: L'invention du cunéiforme, Paris: Seuil.

Hansen, D., "Art of the early city-states," In: *Art of the first cities: the third millennium B.C. from the Mediterranean to the Indus*, ed. by Joan Aruz, the Metropolitan Museum of Art, 20035.

Haviland, W., et al. *Cultural Anthropology: The Human Challenge*, Cengage Learning. 2013.

Hewett, Z., Gruchy, (de) M., Hill, D. & Lawrence, D., Raincheck: A new diachronic series of rainfall maps for Southwest Asia over the Holocene, *Levant*, 54, 2022, p. 5-28.

Hunt, R.C. 1988. "Hydraulic management in southern Mesopotamia in Sumerian times," *Bulletin on Sumerian Agriculture*, 4, p. 189-206.

Huot,, J.-L., "The first farmers at Oueili," *The Biblical Archaeologist*, 55, 1992, p. 188-195.

Huot, J.-L., *Une archéologie des peuples du Proche-Orient: t. 1, des*

    Premier villageois aux peuples des cités-états, édition errance, Paris, 2019.

IPCC, *Climate Change 2014*: *Impacts, Adaptation, and Vulnerability. Part A*: *Global and Sectoral Aspects. Contribution of Working Group II to the Fifth Assessment Report of the Intergovernmental Panel on Climate Change*, ed. by Field, C.B., Barros et al., Cambridge University Press, Cambridge and New York, 2014.

Jacobsen, T., "The Waters of Ur," *Iraq*, 22, 1960, p. 174-185.

Jacobsen, T., *The Treasures of Darkness*: *A History of Mesopotamian Religion*, New Haven, 1976.

Joannès, F., "Sacrifice," *In*: *Dictionnaire de la civilisation mésopotamienne*, dir. par Francis Joannès, Robert Laffont, coll. 《Bouquins》, Paris, 2001.

Johnson "Spatial Organization of Early Uruk Settlement Systems," *In*: *L'Archaologie de l'Iraq*: *Du Debut de L'Epoque Neolithique A 333 Avant Notre Ere*, ed. par Marie Thérèse Barrelet, Paris, Editions du Centre national de la recherche scientifique, 1980.

Jones, Ph. and Pittman, H., "Sign and Image: Representations of Plants on the Warka Vase of Early Mesopotamia," *Origini*, 39, p. 53-73.

Kavtaradze, G., "On the Importance of the Caucasian Chronology for the Foundation of the Common Near Eastern: East European Chronological System," *In*: *The Proceedings of the Institute of History and Ethnology*, XII-XIII, ed. by Vazha Kiknadze, Tbilisi, 2014.

Lafont, B., "Équidés," *In*: Dictionnaire de la civilisation mésopotamienne, dir. par Francis Joannès, Robert Laffont, coll. 《Bouquins》, Paris, 2001.

Lecompte, C., "The Archaic Lists of Professions and Their Relevance for the Late Uruk Period: Observations on Some Officials in Their Administrative Context," *In*: *What's in a Name? Terminology Related to the Work Force and Job Categories in the Ancient Near East*, ed. by Agnès Garcia-Ventura, Ugarit-Verlag, Münster, 2018.

Liverani, M., *Uruk: The First City*, Equinox, London, 2006.

Lorenz, L., "The Early Dynastic Period", *In*: *The Oxford Handbook of Egyptology*, eds. by Ian Shaw and Elizabeth Bloxam, Oxford University Press, 2020.

Lyonnet, B., "Véhicules," *In*: *Dictionnaire de la civilisation mésopotamienne*, dir. par Francis Joannès, Robert Laffont, coll. 《Bouquins》, Paris, 2001.

Mallowan, M., *Twenty-Five Years of Mesopotamian Discovery (1932-1956)*, British School of Archaeology in Iraq, 1959.

Marchetti et al., "The Rise of Urbanized Landscapes in Mesopotamia," *Zeitschrift für Assyriologie und Vorderasiatische Archäologie*, 109, 2019, p. 214-237.

Matthews, R., *The archaeology of Mesopotamia: Theories and approaches*, Routledge, 2003.

Maziar, S., "The expansion of the Kura-Araxes culture in Iran: what role for the Uruk?," *In*: *The Iranian plateau during the Bronze age*, ed. by Jan-Waalke Meyer *et al.*, MOM Éditions, 2019.

McMahon, A., "Early Urbanism in Northern Mesopotamia," *Journal of Archaeological Research*, 28, 2020, p. 289-337.

Mecquenem, R., "Fouilles de Suse: Campagnes des années, 1914-1921-1922," *Revue d'Assyriologie et d'archéologie orientale*, 19, 1922, p. 109-140.

Millard, A., "The Bevelled-Rim Bowls: Their Purpose and Significance," *Iraq*, 50, 1988, p. 49-57.

Mitchell, P., *The donkey in human history: an archaeological perspective*, Oxford University Press, 2018.

Moorey, R., *Ancient Mesopotamian materials and industries: the archaeological evidence*, Oxford University Press, 1994.

Müller-Karpe, M., "Aspects of early metallurgy in Mesopotamia," *Archeometry*, 90, 1991, p. 105-116.

Nissen, H., *The early history of the ancient Near East, 9000-2000 BC*, University of Chicago Press, 1988.

Nissen, H., "Cultural and political networks in the ancient Near East during the fourth and third millenia B.C," *In: Uruk Mesopotamia and Its Neighbors: Cross-culture Interactions in the State Formation*, ed. by Mitchell S. Rothman, School for Advanced Research Press, 2001.

Nocera, G., "Metals and metallurgy. Their place in the arslantepe society between the end of the 4th and beginning of the 3rd millennium BC," *In: Economic Centralisation in Formative States: The Archaeological Reconstruction of the Economic System in 4th Millennium Arslantepe*, ed. by Marcella Frangipane, Dipartimento di Scienze Storiche Archeologiche e Antropologiche dell'Antichità, Sapienza Università di Roma, 2010.

Oates, J., 1960, "Ur and Eridu, the Prehistory," *Iraq*, 22, 1960, p. 48 – 50.

Oppenheim, L. *Ancient Mesopotamia*, University of Chicago Press, 1964.

Perruchini, E. *et al.*, "Revealing invisible stews: new results of organic residue analyses of Beveled Rim Bowls from the Late Chalcolithic site of Shakhi Kora, Kurdistan Region of Iraq," *Journal of Archaeological Science: Reports*, 48, 2023, 103730.

Petrie, C., "Ceramic Production," *A Companion to the Archaeology of the Ancient Near East*, ed. by Daniel T. Potts, Blackwell Publishers, Oxford, 2012.

Pollock, S., "The Uruk period in southern Mesopotamia," *In: Uruk Mesopotamia and Its Neighbors: Cross-culture Interactions in the State Formation*, ed. by Mitchell S. Rothman, School for

Advanced Research Press, 2001.

Postgate, J. N, "Excavations at Abu Salabikh," 1983, *Iraq*, 46, 1984, p. 95-113.

Postgate, J., "Learning the Lessons of the Future: Trade in Prehistory through a Historian's Lens," *Bibliotheca Orientalis*, 60, 2004, p.5-26.

Potts, D., "Bevel-Rim Bowls and Bakeries: Evidence and Explanations from Iran and the Indo-Iranian Borderlands," *Journal of Cuneiform Studies*, 61, 2009, p. 1~23.

Pournelle, J., *Marshland of Cities: Deltaic Landscapes and the Evolution of Early Mesopotamian Civilization*, Dissertation Ph. D of University of California, San Diego, 2003a.

Pournelle, "The Littoral Foundations of The Uruk State: Using Satellite Photography Toward a New Understanding Of 5th/4th Millenium BCE Landscapes in the Warka Survey Area, Iraq," *In: Chalcolithic and Early Bronze Age Hydrostrategies*, ed. by Dragos Gheorghiu, BAR International Series 112, Oxford University Press, 2003b.

Pournelle, J., "Physical Geography," *In: The Sumerian World*, ed. by Harriet Crawford, Routledge, 2016.

Pournelle, J. and Algaze, G., "Travels in Edin: Deltaic Resilience and Early Urbanism in Greater Mesopotamia," *In: Preludes to Urbanism: Studies in the Late Chalcolithic of Mesopotamia in Honour of Joan Oates*, ed. by Augusta McMahon and Harriet Crawford, McDonald Institute for Archaeological Research, Oxford, 2015.

Redman, C., *The Rise of Civilization: From Early Farmers to Urban Society in the Ancient Near East*, W.H. Freeman and Company, 1978.

Rothman, M, "The Local and the Regional," *In: Uruk Mesopotamia and Its Neighbors: Cross-culture Interactions in the State Forma-*

tion, ed. by Mitchell S. Rothman, School for Advanced Research Press, 2001.

Schmandt-Besserat, D., *How Writing Came About*, University of Texas Press, 1996.

Sherratt, A., "Plough and pastoralism: aspects of the secondary products revolution," *In: Pattern of the Past: Studies in honour of David Clarke*, edited by I. Hodder, G. Isaac and N. Hammond, Cambridge University Press: Cambridge, 1981.

Stein, G., *Rethinking World Systems: Diasporas, Colonies, and Interaction in Uruk Mesopotamia*, Arizona Press, 1999.

Stein, G. and Edens, C., "Hacinebi and the Uruk Expansion: Additional Comments," *Paléorient*, 25, 1999, p. 167-171.

Stein, G. J., Bernbeck, R., Coursey, C., McMahon, A., Miller, N. F., Misir, A., Nicola, J., Pittman, H., Pollock, S., and Wright, H., "Uruk Colonies and Anatolian Communities: An Interim Report on the 1992-1993 Excavations at Hacinebi, Turkey," *American Journal of Archaeology*, 100, 1996, p. 205-260.

Steinkeller, P. "Archaic City Seals and the Question of Early Babylonian Unity," *In: Riches Hidden in Secret Places: Ancient Near Eastern Studies in Memory of Thorkild Jacobsen*, ed. by Tzvi Abusch, Winona Lake, 2002.

Strommenger, E., *Habuba Kabira: Eine Stadt vor 5000 Jahren*, Sendschrift der Deutschen Orient-Gesellschaft, 1980.

Sundsdal, K., "The Uruk Expansion: Culture Contact, Ideology and Middlemen," *Norwegian Archaeological Review*, 44, 2011, p. 164-185.

Szarzyńska, K. "Offering for the goddess Inana in Ancient Uruk," *Revue d'Assyriologie et d'archéologie orientale*, 87, 1993, p. 7-22.

Testart, A. "The Significance of Food Storage Among Hunter-Gatherers: Residence Patterns, Population Densities, and Social Inequalities," *Current Anthropology*, 23, 1982, p. 523-537.

Todd, E., *et al.*, "The genomic history and global expansion of domestic donkeys," *Science*, 377(6611), 2022, p. 1172-1180.

Vallet, R., "Habuba Kebira ou la naissance de l'urbanisme," *Paléorient*, 22, 1997, p. 45-76.

Vallet, R., Baldi, J., Padovani, C., Abd-El-Kadim, R. and Douché, C., "Preliminary Report on the VIIIth and IXth Campaigns at Tell el-'Uwaili," *Sumer*, LXVI, 2019.p. 13-16.

Wilkinson, T., "The Structure and Dynamics of Dry-Farming States in Upper Mesopotamia," *Current Anthropology*, 35, 1994, p. 483-520.

Wilkinson, T., "Hydraulic Landscapes and Irrigation Systems of Sumer," In: *The Sumerian World*, ed. by Harriet Crawford, Routledge, 2016.

Wilkinson, T. *et al*, "Contextualizing Early Urbanization- Settlement Cores, Early States and Agro-pastoral Strategies in the Fertile Crescent During the Fourth and Third Millennia BC," *Journal of World Prehistory, 27*, 2014, p. 43-108.

Zeder, M., "The Origins of Agriculture in the Near East," *Current Anthropology*, 52, 2011, S222.

목차

I. 머리말

II. 고대인도의 도시복합사회

III. 수메르 및 인도아대륙 1차도시화의 기원
    1. 인류 최초의 도시
    2. 인도아대륙 1차도시화

IV. 맺음말

제3장
인더스대평원 고대도시문명의 기원

김용준(고려대)

I. 머리말

인류 혹은 세계 각 지역 최초 도시의 기원과 발전은 오랫동안 고고학계의 관심대상이었다. 최근 에드워드 글레이저(Edward Glaeser)는 도시를 인류 최고의 발명품으로 평가하였다.[1] 저서의 부제 '도시는 인류를 더 부유·현명·쾌적·건강·행복하게 살 수 있도록 만든 위대한 발명품'에는 도시가 인류문명사의 주 무대였다는 그의 견해가 잘 드러난다. 이 위대한 발명품의 기원과 발전에 대한 고고학연구는 오늘날 우리가 살고 있는 복잡다단한 사회의 기원과 발전에 대한 연구라고 할 수 있다.

---

1 에드워드 글레이저, 도시의 승리: 도시는 어떻게 인간을 더 풍요롭고 더 행복하게 만들었나? (이진원 역, 해냄, 2021), pp22

고고학은 특정 사물(事物)의 기원을 추적하는 연구에 관심이 많다. 그러면 우선 연구대상으로 삼는 사물이 무엇인지에 대해 규명해야 그 최초를 말할 수 있게 된다. 그런데 종교, 예술, 사회, 국가, 민족 등과 더불어 도시의 정의와 범위 문제는 그간 고고학자에게 쉽지 않은 난제 중 하나였다. 도시가 무엇인지 모두가 알고 있지만 고고학자들은 여전히 도시가 무엇인지를 두고 씨름하고 있다. 연구실에서의 사유를 벗어나 특정 지역 유적에서 최초 도시를 파악해야하는 고고학자의 입장에서 특히 인구 및 규모를 어느 정도로 볼 것인가가 실질적인 난제가 되어왔다.[2] 2024년 현재 아이슬란드(Iceland)에는 수도 레이캬비크(Reykjavik)를 제외하면 대한민국에서는 '군'으로 분류될 인구 5만 이하의 도시들이 즐비하다.[3] 도시의 인구와 규모에 대한 범지구적·범역사적 기준을 설정하는 것은 불가능해 보인다.

아이슬란드의 사례처럼 주변 지역 다수의 작은 거주지(마을)와 규모 및 기능에서 확연히 대비되는 거대 거주지의 특성을 갖추고 있다면 특정 지역의 도시가 될 수 있는 것처럼 과거 특정 지역 내 거주지 간의 관계를 비교분석하는 것이 고고학자에게 현실적인 방안이 될 수 있을 것이다. 커길(Cowgill)은 2004년 도시들은 '어렴풋한 핵심 특성'을 공유하고 있을 뿐이므로 보편적 '도시'

---

[2] 김병태, "초기 도시 출현에 대한 고고학의 이해", *초기 도시의 고고학* (호서고고학회, 한국고고환경연구소, 중앙문화재연구원, 2018), pp9

[3] https://worldpopulationreview.com/cities/iceland에 따르면 2024년 현재 레이캬비크(Reykjavik) 118,918명, 코파보귀르(Kopavogur) 31,719명, 하프나르피외르뒤르(Hafnarfjoerdur) 26,808명, 아퀴레이리(Akureyri) 17,693명, 가르다바이르(Gardabaer) 11,421명이다.

를 정의하는 데 골머리를 앓지 말고 '도시들' 혹은 '특정 도시'에 대해 논의하자고 제안하였는데[4] 필자는 이에 깊이 공감하고 있다.

20세기 초반 이후 인더스대평원에서 발견된 고대도시유적들은 동시대 주변 지역의 작은 거주지들과 규모와 기능면에서 확연히 구별되는 거대 거주지의 특성을 가지고 있어 이들 유적들이 과연 '도시'인가에 대한 의구심은 발견 이후 현재까지 거의 없었다. 다만 이들 도시의 기원(혹은 배경) 문제는 인더스고고학 100년[5] 동안 가장 중요한 핵심 연구과제[6] 중 하나였다. 전통적 사회진화론의 맥락에서 사용되어 왔던 국가 혹은 문명사회 대신 현대고고학계는 복합사회(complex societies)라는 용어의 사용을 선호하고 있다. 고고학에서는 광역의 정치·경제권, 관료 및 전문종교집단, 거대기념물 프로젝트 및 규범화된 장례문화의 등장 등이 고고학적으로 확인될 때 복합사회 단계로 진입한 것으로 파악하고 있다.[7] 최근 튀르키예 남부의 거석의례유적 괴베클리 테페

---

4 Cowgill, George L., "Origins and Development of Urbanism: Archaeological Perspectives", *Annual Review of Anthropology 33*, (2004), pp526

5 인더스고고학계는 John Marshall이 1924년 '*The Illustrated London News*' 주간지 특집으로 인더스문명을 세계에 소개한 때를 인더스고고학 원년으로 평가하고 있어 2024년 올해가 정확히 100주년이다.

6 인더스고고학 핵심 연구주제들에 대해서는 Shinde, Vasant et al., 2006, "Basic Issues in Harappan Archaeology: Some Thoughts", *Ancient Asia-Vol.1*, 2006, pp63-73 및 Shinde, Vasant., "Current Perspectives on the Harappan Civilization", *A Companion to South Asia in the Past* (edited by Gwen Robbins Schug, Subhash R. Walimbe, John Wiley & Sons, Inc., 2016), pp125-144 참고

7 Darvill, Timothy., "complex society", *The Concise Oxford Dictio-*

(Göbekli Tepe) 등의 발견으로 복합사회는 도시화 이전 거대마을 사회 혹은 부족연맹 단계에서도 발전했었음이 확인되어 도시에 기반을 둔 복합사회와의 구분이 필요해졌다. 이 글에서는 사회적 관계 및 분업 등에 기초한 복합적인 인구로 구성된 도시에 기반을 둔 복합사회를 의미하는 '도시복합사회(urban complex society)'라는 용어를 사용하고자 한다.

    필자는 인더스문명을 소개하는 대학 강의 및 학회 등에서 다음과 같은 곤혹스러운 질문을 종종 받아왔다. "인더스 지역 사람들은 왜 도시를 만들었나요?", 왜 나일강 유역 및 수메르(메소포타미아 남부)보다 복합사회의 형성이 수백 년 이상 늦었나요?", "왜 비슷한 위도의 갠지스대평원에서는 동시기에 복합사회가 발전하지 않았나요?" 인더스고고학계가 그간 골머리를 앓아왔던 이 난제들에 대한 탐구가 본 글의 핵심주제이다. 이를 위해 우선 인도아대륙 도시화의 역사에 대해 간략하게 서술하여 인더스대평원 최초 도시복합사회의 의의를 정리하였다. 다음으로 인더스대평원 도시복합사회의 기원을 둘러싼 학계의 다양한 견해들을 정리한 뒤 다른 지역 최초 도시복합사회, 특히 수메르와 갠지스대평원의 도시복합사회 기원과 비교·고찰하였다.

II. 고대인도의 도시복합사회

인도아대륙(Indian Subcontinent)은 빈드야(Vindhyas) 및 사뜨뿌라

---

nary of Archaeology (Oxford University Press, 2009, online version)

(Satpuras) 산맥 사이를 흐르는 나르마다(Narmada) 강을 기준으로 크게 대륙부(북부인도)와 반도부(남부인도)로 구분한다. 대륙부에는 인더스 및 갠지스대평원이 위치하고 반도부에는 해안을 따라 길게 뻗은 동·서고츠산맥 사이에 위치한 데칸고원지역과 해안평야지역이 핵심 자연환경이라 할 수 있다. 거대한 인도아대륙의 남-북/동-서 위·경도 차이는 각각 약 30°정도이다. 이로 인해 인도아대륙 내에는 건조한 사막(따르 사막)부터 최다우 지역(아삼 지역), 열대우림 지역(남인도 해안지역)부터 만년설 지역(히말라야 지역)까지 다양한 기후환경을 가진 지역이 존재하고, 이는 인간 삶에 필수적인 의식주 자원의 다양성에 큰 영향을 주었다.[8] 약 10,000여 년 전부터 수천 년 동안 인도아대륙 곳곳에서 잔석기를 활용한 사냥·어로·채집에 기반을 둔 집단 가운데 화전(火田) 등 원시적인 농업을 시도한 소규모 집단들이 등장했고 약 8,000여 년 전부터 인도아대륙 곳곳에는 기존 사냥·어로·채집보다 농·목축에 더 치중하는 마을사회가 곳곳에서 점진적으로 성장했다.[9] 인더스대평원 지역에는 밀(wheat), 갠지스대평원에는 쌀(rice)을 주식으로 하는 신석기문화권이, 인도반도지역에는 조, 수수 등의 잡곡(millet)을 주식으로 하는 인도아대륙 내 다양한 신석기문화권이 형성되었다(그림 3-1).

---

[8] 김용준, "고대인도 데칸(Deccan) 지역의 교역과 도시의 고고학", 고대·교역·도시 그리고 가야 (창원대학교 경남학연구센터 아라가야학술총서-05, 2023), pp62

[9] Misra, V. N., "Prehistoric human colonization of India", *Journal of Biosciences 26-4*, 2001, pp500-2

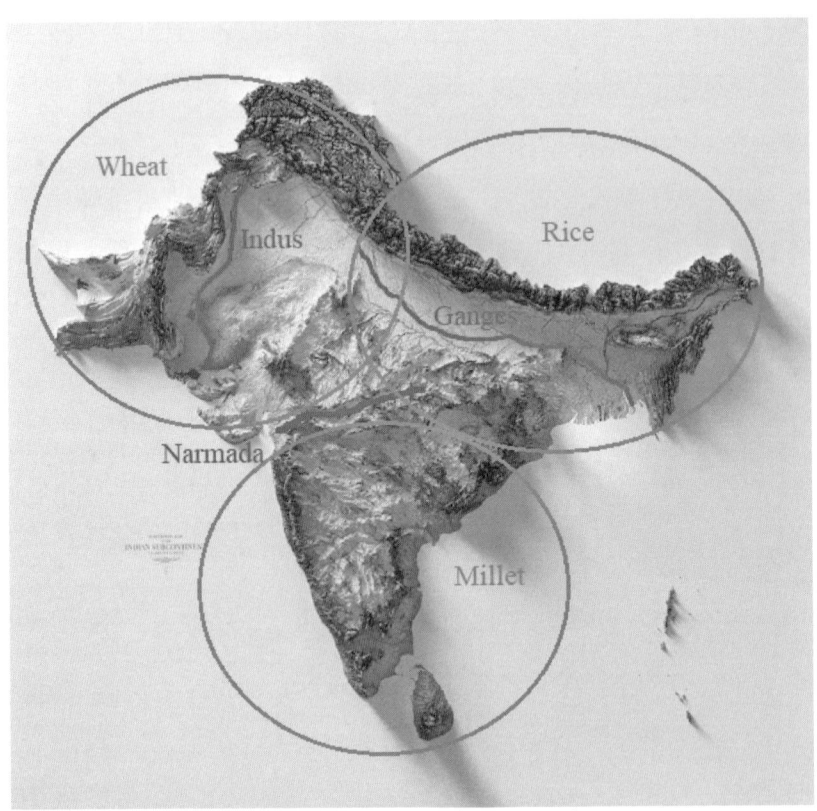

그림 3.1 인도아대륙 신석기 주식문화권(저자 제작)

　신석기 농·목축 마을사회를 넘어선 도시복합사회는 밀 문화권이었던 인더스대평원 지역에서 처음 발전하였고 이 시대는 통상적으로 인더스문명(기원전 2600-1900년)이라고 부르는 시대이다. 그런데 인더스평원에 위치한 하랍빠 및 모헨조다로 외 가가르-하끄라(Ghaggar-Hakra)평원 및 서북부해안지역에서도 도시 및 마을 유적들이 많이 발견됨에 따라 인더스문명이라는 명칭에 적지 않은 문제제기가 있어왔다. 인더스고고학계[10] 및 인도교과

10　Shinde, Vasant., 2006, 위 논문, pp64-65

서[11]는 최초 유적명을 차용한 '하랍빠문명(Harappan Civilisation)' 이라는 명칭을 더 선호하고 있고 필자 역시 이에 동의하고 있다. 이후 서술에서는 이를 반영하여 하랍빠문명, 하랍빠고고학 등의 명칭을 사용하겠다. 아울러 '인더스대평원 the Greater Indus Valley'은 인더스평원, 가가르-하끄라평원 및 서북부해안지역을 아우르는 하랍빠문명 광역문화권역을 지칭한다.

마샬(John Marshall) 이후 하랍빠고고학을 주도했었던 휠러(Mortimer Wheeler)의 수메르 도시엘리트 이주에 의한 비자생적 도시복합사회론[12] 이후 기원 문제는 인도, 파키스탄 및 국제 하랍빠고고학자들에게 가장 중요한 연구주제가 되었다.[13] 이후 수메르 간접전파론(도시아이디어 전파론), 수메르의 영향을 받은 고대 이란 도시의 영향 등 수정된 수메르론부터 기존 농·목축 사회로부터의 점진적 진화론(자생론)까지 다양한 가설들이 제안되어 왔다.

메이즐(Charles Keith Maisels)은 구대륙의 초기문명을 다룬 비교문명사적 저서에서 하랍빠문명의 가장 중요한 특징으로 광범위한 분포영역(121,000 km²〉이집트 34,440 km² + 메소포타미아 65,000 km²)을 꼽고 있다.[14] 인더스대평원은 수자원이 충분한 수

---

11 National Council of Educational Research & Training(NCERT), "Theme One-Bricks, Beads and Bones-The Harappan Civilisation", *Themes in Indian History I*, (NCERT, 2022). pp01.

12 Wheeler, R. E. M, *The Indus Civilization*(Cambridge University Press, 1968, 3rd Edition), pp 17-26

13 Chakrabarti, Dilip K., "Background and Orgin of the Indus Civilization", *Archaeology of Ancient Indian Cities* (Delhi: Oxford Univ Press, 1995), pp11-52

14 Maisels, Charles Keith., "The Indus/'Harappan'/Sarasvati Civili-

많은 지류들을 낀 비옥한 토지가 광범위하게 펼쳐져 있어서 다른 초기 도시복합사회들에 비해 훨씬 광범위한 지역에 수 백 km 정도의 거리를 둔 지역중심 5개 도시, 즉 인더스평원의 하랍빠(Harappa), 모헨조다로(Mohenjodaro), 가가르-하끄라평원의 간웨리왈라(Ganeriwala), 라키가리(Rakhigarhi) 및 서북부해안지역의 돌라비라(Dholavira)가 발전하였으며 곳곳에 크고 작은 마을들이 무수히 존재했었고, 이들 도시 간 그리고 도시와 지역마을 간 광범위한 교역 네트워크가 형성되었다(그림 3-2).[15] 약 700여 년(기원전 2,600~1900년) 동안 번영한 청동기시대 실용주의적 도시복합사회 시대를 남아시아고고학 및 역사학계에서는 '1차도시화(First Urbanization)'로, 고대영역국가 및 불교 등의 고전종교가 발전했던 갠지스대평원에서의 철기시대 '2차도시화(Second Urbanization)'와 구분하고 있다.[16]

2차도시화 시대는 일반적으로 철기기술 등장[17] 수백 년 이

---

zation", *Early Civilizations of the Old World: the formative histories of Egypt, the Levant, Mesopotamia, India and China*, (London and New York: Routledge, 1999), pp180

15 김용준, 2023, 위 논문, pp64

16 Thapar, Romilar., *The Penguin History of Early India: From Origin to AD 1300* (New Delhi: Penguin Books, 2002), pp79-88, pp139-146 / Singh, Upinder, *History of Ancient and Early Medieval India: From the Stone Age to the 12th Century* (Delhi: Pearson, 2009), pp132-181, pp256-319. / Coningham, Robin and Young, Ruth, *The Archaeology of South Asia: From the Indus to Asoka, c.6500BCE-200CE* (Cambridge University Press, 2015), pp177-249, pp354-405.

17 인도아대륙 철기기술의 기원 및 발전과 관련해서는 Gregory L. Posse-

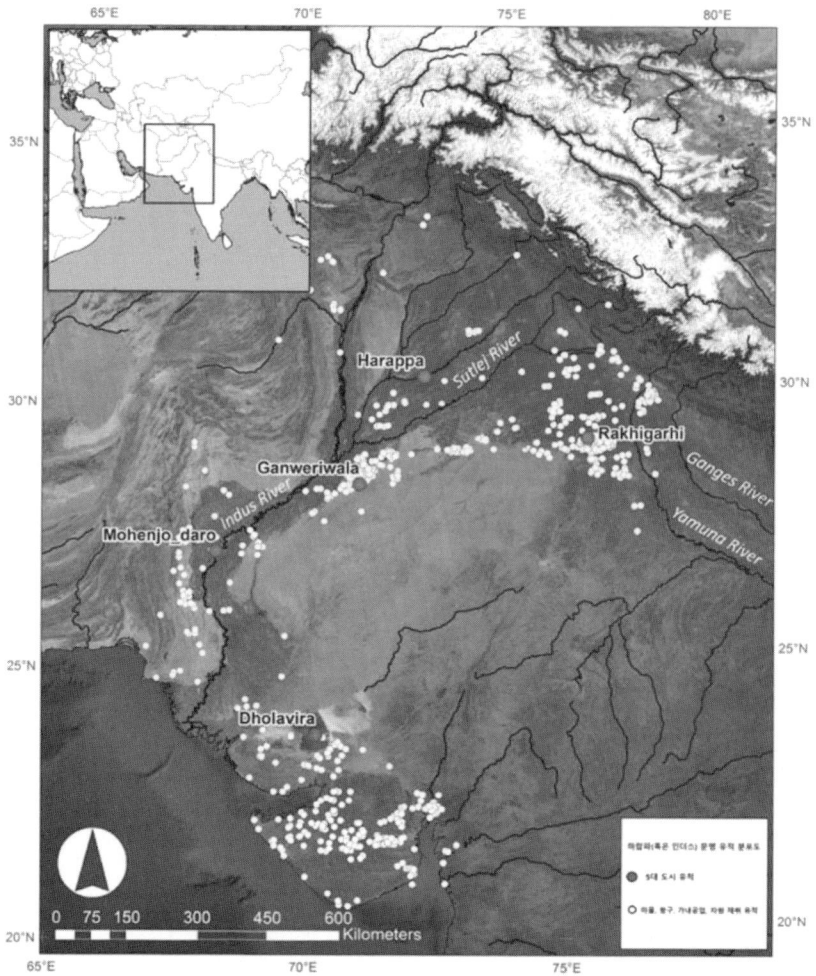

그림 3.2 하랍빠문명(빨간색-도시/하얀색-非도시유적)(저자 제작)

후인 기원전 7-600년 경(불교출현 직전 1-2세기 전)부터 마우리아 제국(Mauryan Empire, 기원전 320-185년) 이전까지로 서술하는 것

---

hl, Praveena Gullapalli, "The Early Iron Age in South Asia", *The Archaeometallurgy of the Asian Old World* (edited by Vincent Piggot, Pennsylvania Univ Museum Monograph 89, 1999), pp153-175 참고

이 일반적이다.[18] 하랍빠 도시복합사회는 하루아침에 멸망하였다기보다 서서히 점진적으로 쇠퇴(decline)하였다. 또한 갠지스대평원 최초 도시들은 하루아침에 부흥한 것도 아니었다. 그러나 이를 감안해도 1, 2차 도시화시대 사이에는 최소 4-5세기 이상 비도시화 시대의 공백이 존재하였다.

갠지스대평원의 철기와 기마, 그리고 국교로 무장된 정치는 마우리아 제국의 영향 하에 인도아대륙 구석구석까지 확산되었다. 각지의 금속자원(금, 은, 철, 동 등), 특산향신료(후추, 강황, 사프론 등), 특산약재, 특산음료, (준)보석(청금석, 홍옥수 등), 상아, 희귀조개류, 진주, 유리, 특산원단(면직, 모직, 실크, 린넨 등), 사탕수수, 소금(히말라야 및 해안) 그리고 인력자원(노예 및 용병)에 대한 정치, 종교 및 도시엘리트의 욕망은 험준한 산과 강을 건너고 있었다. 갠지스대평원에서 탄생한 불교는 이 교역로를 통해 인도 곳곳에 전파되었었다. 크고 작은 불교승원들이 도시 및 핵심교역로 상의 산과 강 주변 곳곳에 설립되었다.[19] 데칸 및 남인도 지역의 철기시대 거대부족사회(거석문화사회)는 갠지스대평원에서 불어온 정치/종교/도시/시장의 바람을 타고 여러 지역이 영역국가 발전단

---

18   Thapar, Romilar., "States and Cities of the Indo-Gangetic Plain: c.600-300 BC", *The Penguin History of Early India: From Origin to AD 1300* (New Delhi: Penguin Books, 2002), pp139-146 / Chakrabarti, Dilip K., "Early Historic Cities", *Archaeology of Ancient Indian Cities* (Delhi: Oxford Univ Press, 1995), pp170-262

19   3차 도시화 시대 불교전파와 관련한 상세한 내용은, 이광수, "인도 데칸지역 도시화 속에서 불교 사원에 대한 기부 : 기원전 2세기-기원후 3세기", *대구사학*(vol.100, 2010), pp.283-305

계에 진입했다. 이는 인도아대륙 전체 맥락에서 '3차도시화(Third Urbanization)'[20]로 평가되고 있다. 수 세기 이상의 단절이 있었던 1~2차도시화 시대와 달리 2~3차도시화 시대의 간격은 거의 없었는데 이는 다른 지역으로 광범위하게 확산되지 않았던 1차도시화(하랍빠문명)와 달리 특히 마우리아 제국의 영향 하에 갠지스 2차도시화의 패러다임이 먼 지역까지 빠르게 확산되었기 때문이다.[21]

마하트마 간디(1869-1948)는 '*진정한 인도는 몇몇 도시들이 아니라 70만 개의 마을 속에 세워져야 한다*'고 주창했었다. 그런데 이 언설의 맥락을 자세히 들여다보면 당시 인도아대륙에 자본주의 도시화의 바람이 거세게 불고 있었던 정황을 짐작할 수 있다. 월드뱅크의 집계에 따르면 2022년 인도총인구 중 36%가 도시에 거주하고 있다[22]고 한다. 인도아대륙 최초 도시화 이후 오늘날까지 물론 인구의 다수는 비(非)도시민이었다. 그러나 특히 3차도시화(기원전 2세기~) 이후 오늘날까지 정치, 경제, 문화 및 종

20　1~3차도시화를 이와 같이 구분하는 것이 가장 일반적이나 Monica L, Smith는 위의 2~3차도시화를 묶어 2차도시화로 설정하고 9세기 이후 중세시대의 도시화를 3차도시화로 평가하고 있다. Smith의 견해를 참고하여 위에서 서술한 3차도시화 이후 중세시대의 두드러지는 도시화를 4차도시화를 설정한다면 고대~중세에 이르는 1~4차도시화 서술이 가능할 것이다. Smith, Monica L., "The Archaeology of South Asian Cities", *Journal of Archaeological Research* 14(2006), pp97

21　김용준, 2023, 위 논문, pp70

22　https://data.worldbank.org/indicator/SP.URB.TOTL.IN.ZS?locations=IN

교의 중심지로서 인도아대륙 거의 전 지역에 무수한 도시세대들이 성장·쇠퇴해왔다.

도시화 세대(Generation) 개념은 특정 지역 최초 도시복합사회들을 시대 순으로 구분하고 이들 사이의 관계를 제시하는 장점이 있다고 할 수 있다. 물론 이러한 세대 개념은 자칫 혼란을 초래할 수 있다. 예를 들어 하랍빠문명의 경우 세계문명사 저술에서 주로 인류 최초의 1세대 문명(도시복합사회) 중 하나로 소개되지만 수메르 및 나일강 유역의 1세대에 비해 최소 5백년 이상 늦기 때문에 종종 2세대 문명으로 소개되기도 한다.[23] 인도아대륙에서는 의심의 여지없이 1세대 문명이지만 유라시아대륙의 관점에서는 2세대 문명으로 평가할 수도 있다는 이야기가 된다. 이것은 인도아대륙 내에서도 적용된다. 위에서 언급한 것처럼 인도반도 최초의 도시복합사회들은 분명 지역의 1세대이지만 인도아대륙 3세대로 평가되고 있는 것은 지역사가들의 입장에서는 불만족스러운 프레임이 될 수 있기 때문이다. 세대 개념은 우월론 및 전파론의 위험도 적지 않다. 위에서 언급한 휠러의 수메르론처럼 하랍빠문명을 유라시아대륙 2세대 문명으로 평가했던 기저에는 1세대 수메르의 아류, 즉 고대 개발도상문명으로 여기는 인식이 잠재되어 있기 때문이다. 인도아대륙의 정치·경제·종교·문화적 영향을 일면적으로 강조하여 동남아시아 초기 복합사회 시대를 인도화(Indianization)의 시대[24]로 평가하는 기저에도 마찬가

---

23 쑨룽지(저)·이유진(역), "재차 기초를 다진 고대 인도 문명", *신세계사 1-새롭게 밝혀진 문명사: 문명의 출현에서 로마의 등장까지*(흐름출판, 2020), pp103-142.

24 Cœdès, George., *The Indianized States of Southeast Asia* (edit-

지의 위험성이 존재한다. 그럼에도 불구하고 도시화 세대 개념은 세계 전체 혹은 광역문화권을 배경으로 각 지역 최초 도시복합사회 출현의 시대를 따져 왜 특정 지역에서 도시복합사회의 출현이 이르고 다른 지역은 늦었었는지, 복합사회 성장의 배경과 전개양상 등을 비교해 볼 수 있는 유용한 개념이라 할 수 있다. 그간 고고학계는 대하유역 뿐만 아니라 해안 및 도서, 산지, 초원 등 지구 곳곳에서 자생적으로 혹은 주변 지역과의 교류 속에서 성장한 각 지역 1세대 도시복합사회에 대한 방대한 정보를 제공해 왔으며 이들에 대한 비교연구를 활발하게 진행해 왔다. 도시화 세대 개념은 비교연구에 매우 유용한 틀을 제공해 준다 할 수 있다. 예를 들면 인더스와 수메르 지역, 혹은 인더스와 갠지스 지역 등 특정 지역 도시복합사회 출현의 배경과 양상을 비교해서 파악해 볼 수 있는 유용한 틀을 제공해 준다는 것이다.

III. 수메르 및 인도아대륙 1차도시화의 기원

1. 인류 최초의 도시

'도시'의 정의만큼이나 까다로운 난제가 과연 인류 최초의 도시가 어느 지역에서 출현하였느냐는 질문일 것이다. 서남아시아 레반트(Levant) 지역의 제리코(Jericho, 기원전 약 10,000-8,500년) 및 아나톨리아(Anatolia) 남부의 촤탈후육(Çatalhöyük, 기원전 약 7,000-

---

ed by Walter F. Vella, Susan Brown Cowing 영역, University of Hawaii Press, 1968)

6,000) 유적 등을 인류 최초의 도시로 지목하고 있으나, 학계의 광범위한 동의를 얻고 있지는 않고 있다.[25] 그런데 제리코 및 촤탈후육은 인더스대평원의 최초 도시들을 검토하는 데 유의미한 유적이다. 하랍빠고고학 100년 중 가장 중요한 유적 중 하나로 평가되고 있는 인더스대평원 서부고원 발루치스탄(Baluchistan) 지역에 위치한 메르가르(Mehrgarh) 유적 등 후기신석기 혹은 금석병용(Chalcolithic) 시기 제법 큰 규모의 마을로 성장했었던 유적들과 여러모로 닮은 점이 많기 때문이다. 이들은 브레이드우드(Braidwood)가 메소포타미아 남부의 금석병용기(Ubaid 후반기) '도시화의 징후(incipient urbanization)'가 등장했던 시기의 정착지들과 일맥상통하는 측면이 많다.[26]

다음의 〈표 3.1〉[27]과 〈표 3.2〉[28]는 각각 메소포타미아 및 하랍빠고고학계 모두가 동의하는 문화사편년은 아니지만, 수백 년 이내의 편년 차이 내에서 표에서 제시한 장기적 문화사의 틀(초기 농·목축사회~후기 농·목축사회 혹은 지역문화권 형성기~금석병용기 혹은 도시복합사회로의 전환기~도시복합사회기)은 꽤 광범위한 공감대가 형성되어 있다. 이 두 표를 참고하면 두 지역의 문화사 전개가

---

25 Cowgill, George L., 2004, 위 논문, pp526 / 김병태, 2018, 위 논문, pp9

26 Mughal, R., *The Early Harappan Period in the Greater Indus Valley and Nothern Baluchistan* (Ann Arbor, 1971), pp373-4

27 Leick, Gwendolyn., *Mesopotamia: The Invention of the City* (Penguin Books, 2001), 부록

28 Possehl, Gregory L,. *The Indus Civilization: A Contemporary Perspective* (Altamira Press, 2002), pp29.

표 3.1 메소포타미아 연대표(Leick 2001)

PREHISTORIC PERIODS	Neolithic c.10,000 – 6000 BC		
	Chalcolithic c.6000 – 3000 BC	Hassuna	c.5500 – 5000 BC
		Halaf/Ubaid	c.5000 – 4000 BC
		Uruk	c.4000 – 3200 BC
		Jemdet Nasr	c.3200 – 3000 BC
HISTORICAL PERIODS	Southern Mesopotamia	Early Dynastic I	c.3000 – 2750 BC
		Early Dynastic II	c.2750 – 2600 BC
		Early Dynastic III	c.2600 – 2350 BC
		Dynasty of Akkad	c.2350 – 2000 BC
		Ur III	c.2150 – 2000 BC
		Old Babylonian	c.2000 – 1600 BC
		Isin Larsa Dynasties	c.2000 – 1600 BC
		First Dynasty of Babylon	c.1800 – 1600 BC
		Kassite Dynasty	c.1600 – 1155 BC
		Second Dynasty of Isin	1155 – 1027 BC
		Second Dynasty of Sealand	1026 – 1006 BC
		Dynasty of E	979 – 732 BC
		Assyrian domination	732 – 626 BC
		Neo-Babylonian Dynasty	626 – 539 BC
	Northern Mesopotamia	Old Assyrian period	c.1900 – 1400 BC
		Middle Assyrian period	c.1400 – 1050 BC
		Neo-Assyrian period Empire	934 – 610 BC
POST-MESOPOTAMIAN HISTORY	Achaemenid Empire 539 – 331 BC		

매우 유사한 것을 확인할 수 있다(그림 3.3, 4). Ubaid~Uruk/Early~Mature Harappan으로 이어지는 문화적 지속성[29]과 특정 시

---

29 Selz, Gebhard J., "The Uruk Phenomenon", *The Oxford History of the Ancient Near East* (edited by Karen Radner, Nadine Moeller, D.T. Potts, Oxford Univ Press, 2020), pp164-65 / Mughal, R., 1971, 위 저서, pp373-4

표 3.2 인더스시대 연대표(Possehl 2002)

		Chronology of the Indus Age	
Stage I	Beginnings of Village Farming Communities and Pastoral Camps	Kili Ghul Mohammad Phase	7000-5000 B.C.
		Burj Basket-marked Phase	5000-4300 B.C.
Stage II	Developed Village Farming Communities and Pastoral Societies	Togau Phase	4300-3800 B.C.
		Kechi Beg/Hakra Wares Phase	3800-3200 B.C.
Stage III	Early Harappan	Amri-Nal Phase	3200-2600 B.C
		Kot Diji Phase	
		Sothi-Siswal Phase	
		Damb Sadaat Phase	
Stage IV	Early-Mature Harappan Transition	Transition Phase	2600-2500 B.C.
Stage V	Mature Harappan	Sindhi Harappan Phase	2500-1900 B.C.
		Kulli Harappan Phase	
		Sorath Harappan Phase	
		Punjabi Harappan Phase	
		Eastern Harappan Phase	
		Quetta Phase	
		Late Kot Diji Phase	
Stage VI	Posturban Harappan	Jhukar Phase	1900-1700 B.C.
		Early Pirak Phase	1800-1000 B.C.
		Late Sorath Harappan Phase	1900-1600 B.C
		Lustrous Red Ware Phase	1600-1300 B.C.
		Cemetery H Phase	1900-1500 B.C.
		Swat Valley Period IV	1650-1300 B.C.
		Late Harappan Phase in Haryana and Western U.P.	1900-1300 B.C.
			1300-1000 B.C.
		Late Harappan and PGW Overlap Phase	1700-1000 B.C.
		Early Gandharan Grave Culture Phase	1000-700 B.C.
Stage VII	Early Iron Age of Northern India and Pakistan	Late Pirak Phase	1100-500 B.C.
		PGW Phase	
		Late Gandharan Grave Culture Phase	1000-600 B.C.

228 고대문명 형성의 물질적, 정신적 토대

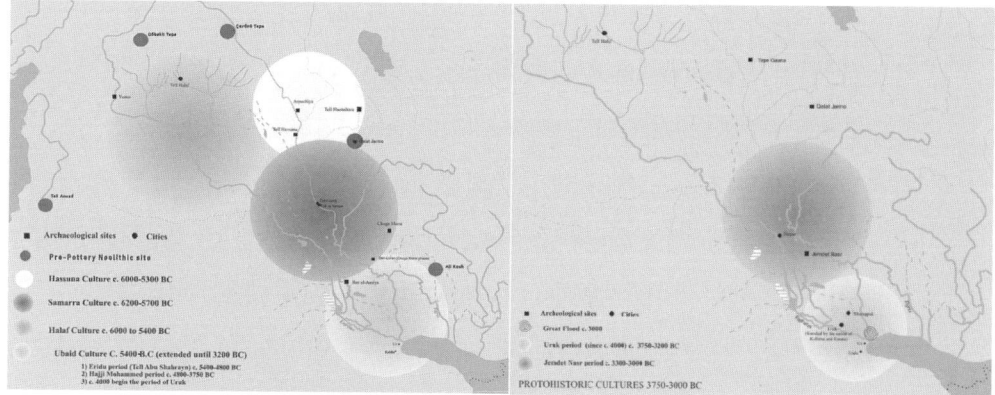

그림 3.3 메소포타미아 금석병용기 시대 지역문화권(Akkermans, 2020)

그림 3.4 초기하랍파(Early Harappan) 시기 지역문화권(저자 제작)

기 꽤 빠른 속도의 도시화 진행[30] 역시 두 지역이 꽤 닮아있다.

---

30 Emberling, G., "Urban social transformations and the problem of the 'First City': new research from Mesopotamia", *The Social Construction of Ancient Cities* (edited by M.L. Smith, Washington DC: Smithso-

그런데 수메르(남부 메소포타미아)에는 관개(灌漑, irrigation)에 기초한 집약농업(intensified agriculture), 2차 생산물 혁명(특히, 가축의 다양한 활용) 및 기술혁신(특히 금속기술)이 초래한 복합사회가 기원전 4000년경에는 이미 형성[31]되었고, 세계사적 상식으로 널리 인정되는 인류 최초의 도시 우르크(Uruk)를 차용한 'Uruk 시기'에서도 드러나듯이 기원전 약 3500년경에는 수메르 지역이 도시복합사회 시기로 진입했음이 광범위하게 인정되고 있다.[32] 기원전 3100년경 우르크는 250 ha의 거대도시로 성장했었다[33]고 한다.

위 두 표에 기초해 두 지역의 문화사를 간략하게 정리한 다음의 〈표 3.3〉에서 확인할 수 있듯이 두 지역 문화사 비교에서 가장 눈에 띄는 점은 무엇보다 지역문화권형성 및 도시복합사회로의 진입이 각각 약 1000년 가까이 차이가 나는 점일 것이다. '비동시성의 동시성'은 인류문화사의 본질적 현상이다. 많은 지역

---

nian Inst. Press, 2003), pp.254-68 / Possehl, Gregory L,. 2002, 위 저서, pp51-56.

31　Akkermans, Peter M. M. G., "Prehistoric Western Asia", *The Oxford History of the Ancient Near East* (edited by Karen Radner, Nadine Moeller, D.T. Potts, Oxford Univ Press, 2020), pp70

32　Selz, Gebhard J., 2020, 위 논문, pp163-4 / Algaze, Guillermo., "Early Mesopotamian Urbanism: Why?", *Ancient Mesopotamia at the Dawn of Civilization: The Evolution of an Urban Landscape* (Univ of Chicago Press, 2008), pp40-63

33　Ur, Jason., "*Households and the Emergence of Cities in Ancient Mesopotamia*", Cambridge Archaeological Journal 26:2 (2014), pp4

표 3.3 남부 메소포타미아와 인더스대평원 문화사 비교

남부 메소포타미아(수메르)	문화사	인더스대평원
Halaf/Ubaid c.5000 – 4000 BC	지역문화권·전환기	Early Harappan 3200-2600 B.C.
Uruk c.4000 – 3200 BC		
Jemdet Nasr c.3200 – 3000 BC	도시복합사회	Mature Harappan 2600-1900 B.C.
Early Dynastic I c.3000 – 2750 BC		

이 여전히 사냥·채집 전통사회 및 농·목축 마을사회이던 시기 왜 수메르는 (도시)복합사회로 진입하였는가? 널리 알려진 수메르 지역의 환경적 악조건(특히 건조한 기후)이 촉발한 대형 관개수로 프로젝트 및 집약적 농업을 위해 주변 인구가 모이고, 아울러 잉여생산에 기초한 사회적 분업에 의한 2차산업의 발달 및 교역의 발전으로 인해 도시복합사회가 성장하였다는 가설을 포함 많은 학자들의 다양한 가설들이 제안되어 왔다.[34] 요피(Norman Yoffee)의 유명한 악평, '신사회진화론에서 차용한 가정들이 사실의 지위(status of factoids)를 획득한 뒤 고고학 출판물을 통해 확대·재생산되었다'[35]는 고고학/역사학 전공자뿐만 아니라 많은 이들이 궁금해 하는 질문에 대답하기 위해 전전긍긍해온 학자들에게 다소 가혹한 비평일 것이다. 필자는 아직 메소포타미아 지역을 답사한 경험이 전혀 없는 서아시아 고고학 문외한이다. 수

---

34 Ur, Jason., 2014, 위 논문, pp2

35 Yoffee, Norman., 2005, *Myths of the Archaic State: Evolution of the earliest cities, states, and civilizations* (Cambridge Univ Press, 2005), pp7-8

메르 최초 도시복합사회의 기원을 둘러싼 다양한 가설들을 비평하는 것은 현재 필자의 역량을 넘어서는 과업이다. 다만 오랜 고고학 연구에도 불구하고 기록 이전의 최초 도시와 관련한 질문들(언제부터? 왜? 어떻게?)을 둘러싼 고고학연구가 서아시아 지역에서도 만만치 않음을 가늠할 뿐이다.

간략하게 살펴본 인도아대륙 및 수메르 도시복합사회 문화사와 관련 현재 학계에서 널리 인정되고 있는 수메르/인더스대평원/갠지스대평원 최초 도시복합사회 형성 시기를 정리하면 아래 지도(그림5)로 표현할 수 있다. '왜 수메르보다 도시복합사회의 형성이 수백 년 이상 늦었나요?', '왜 비슷한 위도의 갠지스대평원이 아니라 인더스대평원이었나요?'라는 질문이 생길 수 있는 것이다.

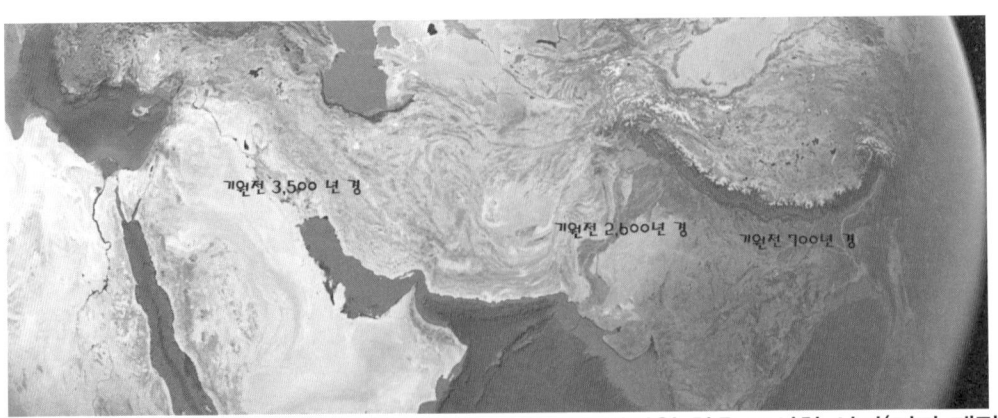

그림 3.5 **남부 메소포타미아, 인더스대평원 및 갠지스대평원 최초 도시화 시기(저자 제작)**

2. 인도아대륙 1차도시화

100년 전 하랍빠문명을 세계에 소개한 마샬(John Marshall, 1902~28년 인도고고학조사국, Archaeological Survey of India 국장 역임)은 1931년 모헨조다로 발굴보고서 서문에서 유라시아 여러 대하(大河)문명의 독자적 기원론과 아울러 인더스대평원 도시문명의 독자성과 자생론을 설파하고 있다.[36] 이에 반해 마샬의 뒤를 이어 하랍빠고고학을 이끌어 간 휠러(Mortimer Wheeler, 1944~47년 인도고고학조사국 국장역임)는 1953년 유명대학출판부를 통해 전 세계 대학도서관에 배치되었던 그의 저서에서 소위 '수메르엘리트이주론'을 주장했다. 그는 모헨조다로와 하랍빠 도시유적 내 인위적으로 높게 조성된 시타델(citadel) 구역은 외래지배자들이 피지배민들이 거주하는 도시구역을 감시하기 위한 목적으로 건립한 것 같다고 추정하기도 하였다.[37]

과학적 편년기술이 보급되기 이전 주로 상대·교차편년에 의존해야했고 단선진화론/이주·전파론이 당대의 대세적 생각이

---

36 Marshall, John Hubert.,, *Mohenjo-Daro and the Indus Civilization: Being an official account of Archaeological Excavations at Mohenjo-Daro carried out by the Government of India between the years 1922 and 1927* (London:Arthur Probsthain, 1931), ppviii ; *In each of these river valleys, on the banks of the Nile and the Euphrates as on those of the Karun, the Helmand or the Indus, mankind may be assumed to have had equal chances of development, and it is natural to suppose that progress in one direction or another was being made in all these regions simultaneously and doubtless in many others besides.*

37 Wheeler, Mortimer., *The Indus Civilization* (Cambridge University Press, 1953), pp93-94.

었던 시절 인더스평원의 두 도시 유적(하랍빠와 모헨조다로)에 한정된 고고학 정보만으로 고대도시문명을 해석해야했던 두 영국고고학자의 공과(功過)는 1950~60년대 이후 하랍빠고고학계에 큰 영향을 끼친 것으로 평가받고 있다. 꽤 이른 시기에 현장고고학의 기초가 다져졌던 것을 대표적인 공[38]으로 평가하는데 있어서 거의 이견이 없다. 대표적인 과는 특히 휠러의 '수메르론'과 '아리안론', 즉 수메르엘리트의 이주에 의해 설립된 청동기시대 도시문명이 이후 철기시대 아리안의 침략에 의해 붕괴되었고 이들에 의해 갠지스대평원의 새로운 시대가 열렸다는, 결국 인더스대평원 지역민이 '조연'에 머무는 고대문화사론[39]을 꼽을 수 있다. 이들 공과는 결국 이들에 의해 훈련된 후배 현장고고학자들이 이집트 및 메소포타미아 고대문명권역을 합한 것만큼이나 넓으나 겨우 3~4개월 남짓 발굴조사를 허용하는 기상조건을 가진 인도아대륙 서북부지역 곳곳의 수 미터 이상 황토 아래 묻힌 농·목축 마을과 도시의 폐허들 속에서 지역출신 '주연'을 찾기 위해 고군

---

38 정부기관(인도고고학조사국 등) 주도의 대형발굴조사가 주로 북부인도 지역의 1-2차도시화 시대 유적에 한정되어 왔다는 점, 정부예산 및 임용정책에 좌지우지될 수 있는 정부기관의 고고학연구가 특정 정권의 아젠다로부터 자유롭기 힘든 점 등이 영국고고학자들이 세웠던 남아시아고고학의 기초에서 유래했다는 부정적 평가도 적지 않다. 필자는 이에 대해 일면 공감하면서도 독립 이후 남아시아고고학계 스스로의 혁신 노력이 부족했던 점도 짚고 넘어가야 할 문제라고 생각하고 있다.

39 이는 이후 고고학/고대사학계를 넘어 현대정치사에도 심대한 영향을 주었는데, 이에 대해서는 이광수, "인더스문명과 갠지스문명의 정체에 관한 논쟁: 힌두뜨와(Hindutva) 역사 서술에 대한 비판을 중심으로", *숭실사학 제50호* (숭실사학회, 2023), pp125-147 참조.

분투하게 된 데에 큰 영향을 주었다.

휠러 이후 파키스탄, 인도 및 해외고고학자들은 현재 선(先)하랍빠(pre-Harappa, 농·목축마을기 혹은 신석기) 및 초기하랍빠(Early Harappa, 지역문화권형성기 혹은 금석병용기) 시기라 불리는 도시복합사회기(성숙기하랍빠, Mature Harappan 혹은 청동기 도시복합사회기) 이전 시대 지역문화와 도시의 관계에 대해 관심이 많았다. 1950년대 중반 파키스탄고고학청(the Pakistan Department of Archaeology)의 칸(F. A. Khan)이 조사한 콧디지(Kot Diji) 유적(Sind 지역), 50년대 후반~60년대 초반 카잘((J. M. Casal)이 이끈 프랑스 고고학팀의 암리(Amri) 유적(Sind 지역) 및 60년대 인도고고학조사국(Archaeological Survey of India)의 랄(B. B. Lal)과 타파르(B. K. Thapar)가 주도한 깔리방간(Kalibangan) 유적(Ghaggar 강 유역) 등에서 성숙기하랍파 이전 종종 맹아도시(proto-urban, incipient urban)로 묘사되는 성곽이 둘러쳐진 제법 큰 규모의 타운(Town)이 꽤 오랫동안 존재했었고 이 시기의 많은 문화적 요소들이 성숙기하랍파 시기, 즉 본격적인 도시복합사회 시기에 계승된다는 점이 확인되어 하랍빠고고학계에 널리 공유되기 시작하였다.[40]

1960년대 중반 이후 하랍빠고고학계는 간소한 테스트 트렌치(Test trench) 정도의 발굴을 제외하면 주로 광역의 지표조사 혹은 유물비교(주로 토기)를 통해 정착지분포(settlement pattern) 및 교역망(trade network) 파악에 심혈을 기울이게 된다. 런던대학 고고학과 대학원 과정을 수료한 인도의 고쉬(A. Ghosh, 1953~68년 인도고고학조사국 국장 역임)와 펜실베니아대학 인류학 박사학위 소

---

40 Chakrabarti, Dilip K., 1995, 위 논문, pp15-16

지자인 파키스탄의 무걸(R. Mughal, 1958~1996년 사이 파키스탄고고학청 포함 많은 기관에서 재임)은 광범위한 지역의 유적들을 조사했던 이 시기 대표적 고고학자들로 인정되고 있다. 이들과 더불어 당대의 고고학자들에 의해 2,000에 가까운 새로운 유적들이 인더스대평원 곳곳에서 발견되었고 토기양식(형태 및 디자인)을 포함 적지 않은 문화적 요소들이 성숙기하랍파 이전 이미 꽤 광역에 산재한 유적들에서 발견되어 이들 유적들이 분포하는 지역을 묶어 '특정유적 토기'에 기초한 초기하랍빠 지역문화권(Kot Dijian, Amrian, Sothi-Siswal 등)이 설정되게 되었다.[41]

---

[41] A. Ghosh의 하랍파고고학 관련 조사는 그가 인도고고학조사국 국장으로 취임하던 1950년대 중반 이후 조사국 기관지로서 매년 발간되었던 *Indian Archaeology: A Review*에 고고학조사보고서 형식으로 주로 출판되어 하랍파고고학계에 널리 공유되어왔다. 아울러 국장 재임 중이던 1964년 데칸대학 고고학과가 주최한 인도선사 및 원사시대 관련 무려 8일간(5월 24~31일)의 세미나에서의 특별강연은 당시 기성 고고학자뿐만 아니라 많은 고고학과 대학원생들을 고무하여 데칸대학 고고학과를 포함 다수의 하랍파고고학 박사학위 연구자들이 배출되는 데 큰 기여를 했었다고 알려져 있다. 세미나 특강은 Gosh, A., "The Indus Civilizationn: Its Origin, Authors, Extent and Chronology", *Indian Prehistory 1964* (edited by V. N. Misra, M. S. Mate, Pune: Deccan College Press, 1965), pp113-56으로 정리되어 발표되었다. R. Mughal은 1970년대 이후 1900년대 중반까지 꾸준히 여러 저서·논문 및 국제학회발표 등을 통해 자신의 조사결과를 공유해 왔다. 그 중 박사학위 논문 Mughal, Mohammmad Rafique., *The Early Harappan Period in the Greater Indus Valley and Northern Balochistan (ca. 3000-2400 BC)* (Ph.D. Thesis to Department of Anthropology, University of Pennsylvania, Philadelphia. 1970)은 현재까지도 많은 하랍파연구자들이 참조하고 있으며, 1960~70년대 하랍파고고학의 연구경향을 잘 보여주는 대표적인 연구로 손꼽히고 있다.

도시복합사회 수천 년 이전의 선(先)하랍빠(pre-Harappa)에서 초기하랍빠(Early Harappa)를 거쳐 성숙기하랍빠(Mature Harappan)에 이르는 문화사적 연속성은 자리게(Jean-François Jarrige)가 주도한 프랑스고고학팀이 1970년대 중반부터 수십 년 이상의 꼼꼼한 학술조사를 진행했던 메르가르 유적(발루치스탄, 파키스탄)을 통해 그 시기의 상한선이 레반트, 터키고원, 이란고원 등지에서 확인되었던 先/無토기신석기(pre-pottery/aceramic neolithic, 기원전 약 7,000년 경)까지 거슬러 올라가게 되었다.[42]

이러한 고고학조사 성과에 기초해, 남아시아고고학개론서 및 하랍빠고고학 개론서의 초반부를 채우는 장기적 문화사(위 표 2 참조)의 큰 틀이 마련되었다. 인더스대평원 서부고원 지역에서 사냥·채집과 더불어 원시적 농·목축을 병행하기 시작했던 무토기신석기 시대를 지나 농·목축업이 점차 발달하면서 곳곳에 크고 작은 마을들이 생겨났고 마을주민들의 집단협업 등에 의한 생산력 증가와 더불어 인구증가 문제가 발생했다. 고원의 농·목축인들은 점진적으로 인더스 등 거대 강 평원으로 진출하여야했고 제법 큰 규모의 마을주민들은 협업으로 관계시설 확충 및 홍수방지 시설 건립이 가능하였다. 덕분에 이모작(*kharif*)까지 실현되어 인구는 더욱 증가하여 인더스대평원 곳곳에 크고 작은 마을의 수

---

[42] Jarrige, C, J. F. Jarrige, R. H. Meadow, G. Quivron, (eds)., *Mehrgarh Field Reports 1974-85: From Neolithic times to the Indus Civilization* (Department of Culture and Tourism, Government of Sindh. 1995) / Jarrige J.F., Jarrige, C., Quivron, G., Wengler, L., Sarmiento-Castillo, D., *Mehrgarh. The Neolithic Levels, Seasons 1997 - 2000* (Paris: Editions de Boccard, 2013).

가 더욱 증가하게 되었다. 마을과 마을 간의 교류의 양 및 범위가 확대되면서 지역문화권이 형성되었고 특히 교류의 중심지에 위치했던 일부 마을들은 도시에 버금가는 규모로 성장하기도 하였다.

기존 하랍빠[43]와 모헨조다로[44] 도시유적이 재조사되고 여기에 새롭게 발견된 라키가리(Rakhigarhi)[45] 및 돌라비라(Dholavira)[46] 도시유적 조사과정에서 모헨조다로를 제외한 도시유적에서 도시화 시대와의 문화적 연속성을 보여주는 이전 문화층들이 확인됨에 따라 하랍빠문명 시기 도시민들은 인더스대평원 곳곳에서 수천 년 이상 농·목축에 기반을 둔 삶을 영위해 왔던 지역민의 후손들임이 확인되었다고 할 수 있다(그림 3.6, 7).

알친(Allchin) 부부가 공동·저술한 남아시아고고학 입문서이자 필독서 중 하나인 저서의 초기하랍빠 장은 다음 문단으로 마무리되고 있다. '완숙한 도시화(the mature urbanism)를 위한 근본적인 배경(essential basis)은 점진적인 인구증가 및 인더스 평원

---

43 Meadow, Richard H., *Harappa Excavation Reports 1986-1990; A Multidisciplinary Approach to Third Millenium Urbanism* (Wisconsin: Prehistory Press, 1991)

44 Urban, G. Jansen, M., *Report on Field Work Carried Out at Mohenjo-Daro; Interim Reports Vol.1, Pakistan 1982-83* (the IsMEO-Aachen University Mission, 1983) / Jansen, M., Urban, G., *Report on Field Work Carried Out at Mohenjo-Daro; Interim Reports Vol.2, Pakistan 1983-84* (the IsMEO-Aachen University Mission, 1987)

45 Nath, Amarendra., *Excavaions at Rakhigarhi: 1997/98 to 1999/2000* (Archaeological Survey of India, 2014).

46 Bisht, R. S., *Excavations at Dholavira: 1989-2005* (Archaeological Survey of India, 2015).

그림 3.6 라키가리 유적 도시화시대 거주지 발굴(2006~7년)(저자 촬영)

그림 3.7 라키가리 유적 도시화 이전 문화층 발굴조사(2006~7년)(저자 촬영)

으로의 이주(이 과정은 이제 메르가르 최초의 정착시대까지 거슬러 올라간다); 농업기술 및 노하우의 발전; 사회·경제교류망의 설립이다. 그런데 이들은 이미 초기하랍빠 시기에 완성되어 있었다.[47]' 도시는 무엇보다 충분한 시민이 있어야 완성된다. 즉 도시를 완성한 주연은 인더스대평원의 환경에 성공적으로 적응했던 지역민들이었던 것이다.

그런데 고체인 얼음(사냥·채집사회)이 녹고 긴 시간(농·목축사회) 아주 조금씩 온도가 상승하다가 기원전 2,600년 경 수증기(도시복합사회)가 되었을까? 99도에서 100도에 도달하는 과정에 대해 하랍빠고고학계는 99.01, 99.02, …, 99.99도를 거친, 즉 수백 년 이상의 점진적 전환[48]이었다는 견해, 한 세기 혹은 수 세대에 걸쳐 진행된 활발한 전환이었다는 견해[49] 및 한 세대 이내에 진행된 급격한 전환이었다는 견해[50]까지 다양한 이견이 존재한다.

---

47 Allchin, B., Allchin, F. R., "The Early Indus Period", *The Rise of Civilization in India and Pakistan* (Cambridge Univ Press, 1982, pp165

48 Kenoyer, J. M., *Ancient Cities of the Indus Valley Civilization* (Oxford University Press, 1988), pp49; *These cities were not created in a short time by visionary rulers of architects, but rather grew out of earlier villages that had existed in the same locality for hundreds years. Beginning with a relatively small population, they grew in size and density to become the largest settlements of the region,* …

49 Possehl, Gregory L,. "Revloution in the Urban Revolution: The Emergence of Indus Urbanization", *Annual Review of Anthropology 19* (1990), pp261

50 Jansen, M., Urban, G., 1987, 위 보고서, pp15; *It seems that first urban settlement of Mohenjo-Daro was constructed as a whole in a very*

현재보다 제법 높은 수위를 가졌던 가가르-하끄라(Ghaggar-Hakra) 강이 지나갔던 현 파키스탄 펀잡(Punjab) 주 남부의 촐리스탄(Cholistan) 지역에서는 전성기하랍빠 시절 132개의 새로운 정착지가 등장하면서, 기존 37개 초기하랍빠 마을 중 33개의 마을이 버려졌다. 신드(Sind) 지역도 상황은 비슷해서 43개의 새로운 정착지가 등장하고, 52개 중 29개의 마을이 버려졌다. 인더스대평원 전체적으로 약 62%(523 중 324)의 기존 정착지들이 버려지고, 약 71%(1058 중 755)의 정착지가 새로운 터전에 건립되었다.[51] 이에 대해 포셀(Possehl)은 오랜 삶의 터전과 전통적 삶의 방식을 과감히 버리고 새로운 터전 및 삶의 방식을 추구했던 '시대정신'의 결과로 해석하고 있다.[52] 그러한 시대정신이 왜 유행했는지에 대해 설명하고 있지는 않지만 삶의 터전을 떠나 새로운 삶의 방식을 추구하고자 했던 사람들이 기존 거대정착지 및 새로운 터전에 건립된 도시의 주민들이 되었다는 설명인 것이다. 여기서 새로운 삶의 방식이란 고대도시사회학 개론에서 일반적으로 소개되는 농·목축 이외의 다양한 직업들(2차산업 및 상업, 서비스업)을 포함, 인더스대평원 도시 및 출토유물을 통해 추론해 볼 수 있는 특유의 실용적 도시문화도 포함된다.

초기하랍빠와 전성기하랍빠 시기의 문화적 연속성을 강조

---

short period of only few years, equipped from the beginning with vertical water-supply systems such as the wells, ...

51   Possehl, Gregory L,. 2002, 위 저서, pp50.

52   Possehl, Gregory L,. 2002, 위 저서, pp55-56; 그는 기존 전통에 대한 과감한 회의주의(Nihilism)라고 표현하고 있다.

했던 고쉬(A. Ghosh)는 그럼에도 전성기하랍빠 시기로의 전환, 즉 도시복합사회로의 진입은 광범위한 지역에서 1-2세대 동안 진행되었던 급격한 과정이었다는 의견을 피력했던 학자 중 한명이었다. 그리고 그는 당대의 수메르 도시복합사회의 아이디어를 차용한 '소수의 탁월한 독재자들(few genius-dictators)'에 의해 이 과정이 성공하였다[53]는 의견을 제시하였다. 고쉬와 동시대에 특히 이란-파키스탄 접경지역 고고학조사에 많은 공을 들였던 페어세비스(W. W. A. Fairservis)는 초기하랍빠 시기 지역도시문화의 개성적 요소들이 이미 성숙했었지만 성숙기하랍빠 시대 고도의 도시는 메소포타미아와의 교류 속에서 완성될 수 있었다[54]는 의견을 피력하였다. 도시들이 갖춘 높은 완성도는 완숙한 도시엔지니어의 도움 없이 단기간 내에 건립되기 힘들었을 것이라는 것이다. 그가 구체적으로 언급하진 않았지만 메소포타미아 지역 도시들에 적지 않게 존재하고 있었을 도시엔지니어 전문가들이 초빙 혹은 고용되었을 가능성을 전제하고 있는 듯하다.

1970년대 초반 램버그-카를로브스키(C. C. Lamberg-Karlovsky)는 이란 남동지역에 위치한 테페야야(Tepe Yahya, steatite 가공 유적) 및 샤르-이-속타(Shahr-i-Sokhta, lapis lazuli 및 alabaster 가공 유적)와 같은 유적을 남아시아고고학계에 소개하면서 이란지역이 중계하는 메소포타미아-이란-인더스대평원 국제교역망

---

53 Gosh, A., "The Indus Civilizationn: Its Origin, Authors, Extent and Chronology", *Indian Prebistory 1964* (edited by V. N. Misra, M. S. Mate, Pune: Deccan College Press, 1965), pp116

54 Fairservis, W. W. A., *The Origin, Character and Decline of an Early Civilization* (New York: American Museum Novitates, 1967), pp15

이 꽤 일찍부터 발달했었을 가능성과 이러한 국제교역망 내에 인더스대평원이 편입된 것과 도시화가 깊은 상관관계가 있을 것이라는 가설[55]을 제안하였고, 플람(L. Flam)은 1984년 잠뎃나스르(Jamdet Nasr) 시기(기원전 약3300-2900년) 메소포타미아 유적(Nippur 및 Jamdet Nasr)에서 출토된 토기와 초기하랍빠 시기(기원전 약 3200-2600년) 유적(Kot Diji 및 Amri)에서 출토된 토기의 상관관계를 주장하면서 램버그-카를로브스키의 가설을 뒷받침하였다.[56] 라뜨나가르(S. Ratnagar)는 초기하랍빠 시기의 국제교역과 도시발생의 상관관계를 보다 적극적으로 검토한 대표적 학자 중 하나이다. 그녀는 1981년 대표저서에서 초기하랍빠 지역문화권 시대 이미 꽤 광역의 영향력이 있었던 군장사회(chiefdom)들이 발전했었고 당시 서아시아 지역과의 국제무역 상에서 수출중심산업이 발전하고 있었는데, 군장세력 간의 자원수급, 가공산업 및 수출사업에서의 독점적 우위를 위한 경쟁과정에서 세력 간 불균형 및 사회적 서열이 발생했으며 우위를 점했던 지역의 군장중심지(the chiefly centers)로 경쟁에서 패배한 지역의 주민들이 강제 이주되거나 다른 지역 주민들이 더 나은 생계를 위해 이주하면서 도시가 발전했다[57]는 가설을 제안하였다.

---

55 Lamberg-Karlovsky, C. C., "Trade Mechanism in Indus-Mesopotamian Interrelations", *Journal of the American Oriental Society Vol. 92, No. 2* (1972), pp.222-9

56 Flam, Louis., "The Palaeogeography and Prehistoric Settlement Pattern of the Lower Indus Valley", *Studies in the Archaeology and Palaeoanthropology of South Asia* (edited by K. A. R. Kennedy, G. L. Possehl, Delhi: Oxford & IBH, 1984), pp82.

57 Ratnagar, Shereen., *Encounters, the Westerly Trade of the Harappa*

이주한 수메르엘리트의 주도 하에 건립된 식민도시라는 휠러(Wheeler)의 가설은 위에서도 짧게 언급했지만 하랍빠문명 도시들이 보이는 이원적 구조를 시타델(citadel)이라 주로 불리는 지배자거주구역 및 일반거주구역으로 파악했었던 데서 출발한 것이다. 위에서 우리는 '소수의 탁월한 독재자들(few genius-dictators)' 혹은 '군장(Chief)'의 리더십을 도시의 기원과 연결시키는 논의와 마주하게 되었다. 하랍빠문명의 사회-정치체제(Socio-political Organization) 문제는 도시의 기원을 둘러싼 문제만큼이나 다양한 이견이 존재하는 하랍빠고고학 핵심난제 중 하나인데, 그동안 전(全)국가론[58]부터 도시국가론[59] 및 영역국가론[60]을 포함 다양한 가설들이 제안되어 왔다. 이러한 가설들이 첨예하게 대비되는 근본적인 이유는 고고학 자료에 전적으로 의지해야하는 상황에서 그 자료들이 제시하는 다소 모순된 정보 때문이다. 대형

Civilization (Oxford University Press, 1981), pp228, 245

58   Possehl, Gregory L., "Sociocultural Complexity Without the State: The Indus civilization", *Archaic States* (edited by Gary M. Feinman, Joyce Marcus, Santa Fe: School of American Research Press, 1998), pp.261-291. / Thompson, Thomas J., "An Ancient Stateless Civilization: Bronze Age India and the State in History", *The Independent Review Vol. X -No.3* (2006), pp365-384

59   Kenoyer, J. M., "Early City-states in South Asia", *The Archaeology of City States: Cross-cultural Approaches* (edited by D. Nichols, T. Charlton, Washington, D. C.: Smithsonian Institution Press, 1997), pp51-70

60   Ratnagar, Shereen., *Harappan Archaeology: Early State Perspectives* (New Delhi: Primus Books, 2016).

의 공공사업이 수반되었던 이원적 구조를 가진 잘 정비된 도시 및 도량형의 통일 등 국가단계의 징표들이 보이는 반면 정치 혹은 종교지도자의 존재를 암시하는 대형건물, 사원 및 왕묘 등이 100년간의 고고학조사에도 불구하고 발견되지 않는다는 점이 대표적이다. 학계의 논쟁은 특히 국가의 주요조건이라 할 수 있는 공권력의 존재유무를 둘러싸고 첨예하게 이루어지고 있다.[61] 물론 사회-정치체제 논쟁의 포커스는 주로 도시복합사회 형성 이후의 시대에 맞추어져 있지만 국제무역기원론을 제안한 라트나가르의 사례처럼 도시복합사회 기원문제는 사회-정치체제문제와 직간접적으로 연결되어 있다는 것을 알 수 있다.

    100년 전 마샬은 지역주민들의 자력(mutual efforts of people)에 의해 하랍빠문명이 자생적으로 건립되었다고 하였다. 그의 견해는 대체로 도시화가 장기적·점진적이었다는 견해를 가진 학자들에 의해 계승되고 있음을 알 수 있다. 포셀은 비교적 빠른 속도로 전개된 도시화의 배경으로 광범위하게 확산된 '시대정신'을 제안하였음을 살펴보았다. 그의 전(쵸)국가론적 견해까지 감안하면 그는 인더스대평원의 도시화를 집단지성의 산물이라고 평가하고 있음을 알 수 있다. 그 역시 마샬의 자생론을 계승하고 있는 듯하다. 휠러의 '수메르론'은 특히 국제교역을 통한 도시 및 정치

---

[61] Green, A. S., "Killing the Priest-King: Addressing Egalitarianism in the Indus Civilization", *Journal of Archaeological Research 29*(2021), pp153-202 / Cork, Edward., "Peaceful Harappans? Reviewing the evidence for the absence of warfare in the Indus Civilisation of northwest India and Pakistan (c. 2500-1900 BC)", *Antiquity 79-304* (2005), pp411-423

의 전파를 통한 변형된 수메르론으로 계승되고 있음을 확인할 수 있었다.

20세기 후반 이후 출판된 남아시아고고학 및 하랍빠고고학 개론서 등을 통해 확대·재생산되어 사실의 지위를 획득한 하랍빠문명기원론은 인도역사교과서에 반영되어 있는 지역자생론이다. 그러나 이 사실의 지위는 위에서 살핀 것처럼 비교적 빠른 속도의 도시화를 암시하는 고고학자료 앞에서 위태로워 보인다. 이 전환의 메커니즘을 설명하는 데 있어서 특정 지역사회를 급격하게 변화시켜온 세계사적 보편성을 갖춘 탁월한(혹은 강력한) 지도자의 역할, 국제정세의 영향 등과 결부된 외부기원론이 논리적으로 더 탄탄해 보이기 때문이다.

IV. 맺음말

인더스대평원은 세계에서 가장 이른 도시복합사회가 발전했었던 곳 중 하나이다. 하랍빠고고학 100년을 통해 인류 최초의 도시화가 진행되었던 지역으로 평가받는 서아시아의 문화사고고학연구에 근접하는 연구성과가 축적되었다. 인도아대륙 최초의 도시복합사회가 인더스대평원에서 발전하였던 배경은 도시화의 필수조건인 충분한 인구가 이곳에 존재하고 있었음이 2,000 여 이상의 도시 및 시골유적 발견으로 확인되었다. 그럼에도 왜 서아시아보다 도시복합사회로의 진입이 늦었는지, 급속한 도시사회 전환의 메커니즘이 무엇이었는지에 대한 명쾌한 설명은 지난 100년의 연구에도 아직 만족스럽지 못한 실정이다.

필자는 인도아대륙 1차 도시복합사회(하랍빠문명, 기원전 2,600~ 1900년)의 도시민들 대부분이 이 지역에서 수천 년 이상을 살았던 지역민이었다는 하랍빠고고학계의 공론에 동의하고 있다. 이들 지역민이 본격적인 도시화 수백 년 이전부터 지역중심 맹아도시와 광역의 교역망을 발전시켰던 것도 분명해 보인다. 아울러 이집트~메소포타미아~이란~인더스대평원의 국제교역을 입증하는 다양한 고고학유물들의 발견에 비추어 천 년 이상 성숙한 서아시아 도시의 생각(Idea of Urbanism)이 기원전 2,600년경을 전후하여 인더스대평원에 전해졌을 가능성과 그 영향력을 높게 평가하고 있다. 계획도시의 등장, 도량형 및 문자의 활용, 문화적 보편성 등에 비추어 당대 도시 내 지도세력의 존재도 인정하고 있다. 다만 그 지도세력이 이데올로기를 주도한 종교엘리트 및 중앙집권적 권력을 가진 탁월한 독재자라는 주장에는 동의하지 않고 있다. 국제정세에 민감하게 대응했던 탁월한 정치가가 있었다면 서아시아 엘리트문화의 흔적이 인더스대평원 유적에서 발견되었을 것이기 때문이다. 서아시아 도시문화와 구별되는 인더스대평원 도시문화의 개성은 그 이전 시기 지역전통의 계승과 깊은 관련이 있다. 맹아도시 및 지역교역망 발전 시기 지역민의 지지에 기반을 둔 전통적 리더가 새로운 시대로의 전환을 이끌었을 가능성이 높아 보인다. 결국 오랫동안 인더스대평원에서의 성공적인 정착을 일구어 온 지역민과 그 지도자들에 의해 서아시아 도시의 아이디어가 성공적으로 도입되고 이들의 주도 하에 국제교역경제가 발전하였던 것으로 생각된다.

참고자료

〈한국어〉

논문

김병태, "초기 도시 출현에 대한 고고학의 이해", 초기 도시의 고고학 (호서고고학회, 한국고고환경연구소, 중앙문화재연구원, 2018)

김용준, "고대인도 데칸(Deccan) 지역의 교역과 도시의 고고학", 고대·교역·도시 그리고 가야 (창원대학교 경남학연구센터 아라가야학술총서-05, 2023)

이광수, "인도 데칸 지역 도시화 속에서 불교 사원에 대한 기부 : 기원전 2세기-기원후 3세기", 대구사학(vol.100, 2010)

이광수, "인더스문명과 갠지스문명의 정체에 관한 논쟁: 힌두뜨와(Hindutva) 역사 서술에 대한 비판을 중심으로", 숭실사학 제50호 (숭실사학회, 2023)

신정엽, 김감영, "지리학 관점에서 도시기원 이론의 비판적 고찰", 한국지리학회지 9권 2호(2020)

단행본

에드워드 글레이저, 도시의 승리: 도시는 어떻게 인간을 더 풍요롭고 더 행복하게 만들었나?(이진원 역, 해냄, 2021)

쑨룽지(저)·이유진(역), 신세계사 1-새롭게 밝혀진 문명사: 문명의 출현에서 로마의 등장까지(흐름출판, 2020)

〈외국어〉

논문

A. Gosh, "The Indus Civilizationn: Its Origin, Authors, Extent and Chronology", Indian Prehistory 1964 (edited by V. N. Misra, M. S. Mate, Pune: Deccan College Press, 1965)

A. S. Green, "Killing the Priest-King: Addressing Egalitarianism in the Indus Civilization", Journal of Archaeological Research

29(2021)

Dilip K. Chakrabarti, "Early Historic Cities", Archaeology of Ancient Indian Cities (Delhi: Oxford Univ Press, 1995)

Dilip K. Chakrabarti, "Background and Orgin of the Indus Civilization", Archaeology of Ancient Indian Cities (Delhi: Oxford Univ Press, 1995)

Edward Cork, "Peaceful Harappans? Reviewing the evidence for the absence of warfare in the Indus Civilisation of north-west India and Pakistan (c. 2500-1900 BC)", Antiquity 79-304 (2005)

G. Emberling, "Urban social transformations and the problem of the 'First City': new research from Mesopotamia", The Social Construction of Ancient Cities (edited by M.L. Smith, Washington DC: Smithsonian Inst. Press, 2003)

George L. Cowgill, "Origins and Development of Urbanizm: Archaeological Perspectives", Annual Review of Anthropology 33, (2004)

Gebhard J. Selz, "The Uruk Phenomenon", The Oxford History of the Ancient Near East (edited by Karen Radner, Nadine Moeller, D.T. Potts, Oxford Univ Press, 2020)

Gregory L. Possehl, Praveena Gullapalli, "The Early Iron Age in South Asia", The Archaeometallurgy of the Asian Old World (edited by Vincent Piggot, Pennsylvania Univ Museum Monograph 89, 1999)

Guillermo Algaze, "Early Mesopotamian Urbanism: Why?", Ancient Mesopotamia at the Dawn of Civilization: The Evolution of an Urban Landscape (Univ of Chicago Press, 2008)

Jason Ur, "Households and the Emergence of Cities in Ancient Mesopotamia", Cambridge Archaeological Journal 26:2 (2014)

Monica L. Smith, "The Archaeology of South Asian Cities", Journal of Archaeological Research 14(2006)

Peter M. M. G. Akkermans, "Prehistoric Western Asia", The Oxford History of the Ancient Near East (edited by Karen Radner, Nadine Moeller, D.T. Potts, Oxford Univ Press, 2020)

Shanyuan Chen et al., "Zebu Cattle Are an Exclusive Legacy of the South Asia Neolithic", Molecular Biology and Evolution, Volume 27, Issue 1, 2010

Timothy Darvill, "complex society", The Concise Oxford Dictionary of Archaeology (Oxford University Press, 2009, online version)

Vasant Shinde et al., 2006, "Basic Issues in Harappan Archaeology: Some Thoughts", Ancient Asia-Vol.1, 2006

Vasant Shinde, "Current Perspectives on the Harappan Civilization", A Companion to South Asia in the Past (edited by Gwen Robbins Schug, Subhash R. Walimbe, John Wiley & Sons, Inc., 2016), pp125-144

V. N. Misra, "Prehistoric human colonization of India", Journal of Biosciences 26-4, 2001

단행본

Charles Keith Maisels, Early Civilizations of the Old World: the formative histories of Egypt, the Levant, Mesopotamia, India and China, (London and New York: Routledge, 1999)

George Cœdès, The Indianized States of Southeast Asia (edited by Walter F. Vella, Susan Brown Cowing 영역, University of Hawaii Press, 1968)

Gregory L. Possehl, The Indus Civilization: A Contemporary Perspective (Altamira Press, 2002)

Gwendolyn Leick, Mesopotamia: The Invention of the City (Penguin Books, 2001)

Jarrige, C, J. F. Jarrige, R. H. Meadow, G. Quivron,(eds)., Mehrgarh Field Reports 1974-85: From Neolithic times to the Indus Civilization (Department of Culture and Tourism, Government of Sindh. 1995)

Jarrige J.F., Jarrige, C., Quivron, G., Wengler, L., Sarmiento-Castillo, D., Mehrgarh. The Neolithic Levels, Seasons 1997 - 2000 (Paris: Editions de Boccard, 2013).

John Hubert Marshall, Mohenjo-Daro and the Indus Civilization: Being an official account of Archaeological Excavations at Mohenjo-Daro carried out by the Government of India between the years 1922 and 1927 (London:Arthur Probsthain, 1931)

J. M. Kenoyer, Ancient Cities of the Indus Valley Civilization (Oxford University Press, 1988)

National Council of Educational Research & Training(NCERT), Themes in Indian History I, (NCERT, 2022)

Nayanjot Lahiri, Finding Forgotten Cities: How the Indus Civilization was Discovered (New Delhi: Permanent Black, 2005)

Norman Yoffee, 2005, Myths of the Archaic State: Evolution of the earliest cities, states, and civilizations (Cambridge Univ Press, 2005)

R. Mughal, The Early Harappan Period in the Greater Indus Valley and Nothern Baluchistan (Ann Arbor, 1971)

R. E. M. Wheeler, The Indus Civilization(Cambridge University Press, 1968, 3rd Edition)

Romilar Thapar, The Penguin History of Early India: From Origin to AD 1300 (New Delhi: Penguin Books, 2002)

Robin Coningham and Ruth Young, The Archaeology of South Asia: From the Indus to Asoka, c.6500BCE-200CE (Cambridge University Press, 2015)

Shereen Ratnagar, Harappan Archaeology: Early State Perspectives (New Delhi: Primus Books, 2016)

Upinder Singh, History of Ancient and Early Medieval India: From the Stone Age to the 12th Century (Delhi: Pearson, 2009)

목차

I. 머리말

II. 룽산문화기 대형 성곽취락
    1. 스마오 유적
    2. 타오쓰 유적
    3. 스자허 유적
    4. 량주 유적

III. 룽산문화기 대형 성곽취락의 성쇠
    1. 대형 성곽취락 출현의 사회적 배경
    2. 대형 성곽취락의 붕괴

IV. 얼리터우 유적의 출현과 성장
    1. 얼리터우 유적의 구조
    2. 얼리터우의 사회적 환경

V. 붕괴와 신생(新生): 문명의 단절과 연속
    1. 룽산문화기 대형 성곽취락의 붕괴
    2. 얼리터우의 성장과 전통의 기원

VI. 맺음말

····

제4장
좌절과 도약의 교차로: 중국 초기문명 성립의 길

김정열(숭실대)

I. 머리말

'문명'은 다양한 의미로 사용될 수 있지만, 이 글에서는 '국가'의 출현을 가리키는 것으로 한다. '국가'에 대한 정의 또한 분분하나, 통치계층과 피통치계층 등 최소 둘 이상의 계층 존재, 전문화되고 중앙집권화된 통치체제, 4개 등급의 계층적 취락체계를 갖춘 사회로 파악한다.[1] 그런데 중국에서 이런 의미의 '국가'가 언제 출현하였는지, 즉 중국이 어느 때에 이 글의 '문명'에 진입했는지에 대한 의견은 일치되어 있지 않다. 대부분의 연구자는 초기 청

---

1 '국가'의 정의는 류리·천싱찬의 견해에 따른다. 류리·천싱찬 지음, 김정열 옮김, 『중국고고학-구석기시대 후기부터 청동기시대 전기까지』, 사회평론아카데미, 2019, 306-308쪽.

동기문화 단계의 얼리터우(二里頭) 유적에서 국가의 출현을 보지만,² 좀 더 적극적인 관점을 견지하는 다른 연구자들은 얼리터우보다 앞선 신석기문화의 최후 단계, 즉 기원전 3000년기를 관통하는 룽산문화기(龍山文化期)의 량주 유적이나 스마오 유적에서 국가가 출현하였다고 판단한다.³

이 글은 그 가운데 어떤 견해를 지지하지 않는다.⁴ 즉 이 글은 중국이 언제 '문명'에 진입하였는지를 판단하지 않는다. 필자는 '문명'의 성립은 오랜 시간에 걸쳐 이루어지는 일련의 과정이라 생각한다. 이때 주목해야 할 것은, 중국은 신석기문화 후기, 즉 룽산문화기에 들어 본격적인 사회복합화의 과정에 진입했다는 점이다. 이 글에서 다루게 될 오르도스 일대의 스마오(石峁) 유적, 황허강 중류의 타오쓰(陶寺) 유적, 양쯔강 중류의 스자허(石家河) 유적, 하류의 량주(良渚) 유적 등 이 시기에 들어 대형 성곽 취락으로 성장한 유적은 모두 신석기문화 단계에 속하지만 고도로 복합화된 사회의 흔적을 남겨놓았다. 그러므로 이들 유적은

---

2 류리·천싱찬 지음, 김정열 옮김, 위의 책, 2019, 306쪽; 葉斐·李旻,「王權, 城市與國際: 比較考古學視野中的中國早期城市」, 荊志淳 등 편, 『多維視域-商王朝與中國早期文明研究』, 科學出版社, 2009, 276-290쪽.

3 C. Renfrew, B. Liu, "The emergence of complex society in China: the case of Liangzhu", Antiquity 92, 2018, pp.987-988; Zhuyong Sun et al., "The First Neolithic Urban Center on China's North Loess Plateau: The Rise and Fall of Shimao", Archaeological Research in Asia, vol.14, 2017, pp.1017-1018.

4 또 다른 논자는 얼리터우보다 늦은 얼리강(二里岡) 단계에서 국가가 성립되었다고 주장하기도 한다. G. Shelach-Lavi, The Archaeology of Early China, Cambridge Univ. Press, 2015, pp.184-190.

문명으로의 여정에서 결정적 전환점에 위치한 것으로 평가할 수 있다.

　이 전환점을 지나 이윽고 기원전 2000년기가 되면 얼리터우 취락이 출현한다. 흥미로운 것은 얼리터우 같은 중국의 초기문명을 대표하는 유적은 룽산문화기의 대형 성곽취락들과는 완전히 절연(絶緣)된 상태에서 출현하였다는 점이다. 룽산문화기의 대형 성곽취락은 순조롭게 얼리터우로 계승되지 않았다. 룽산문화기의 대형 성곽취락은, 스마오의 연대가 다소 늦은 것을 제외하면, 기원전 3000년기의 최후 단계를 전후하여 예외 없이 '붕괴'되었다. 그리고 이로부터 약 200년 가량의 시간이 흐른 다음 중원(中原) 뤄양분지(洛陽盆地)에 돌연 얼리터우 취락이 출현했다. 얼리터우 유적이 입지한 뤄양분지는 룽산문화기의 대형 성곽취락과는 어떤 시·공간적 계승성을 가지지 않는다. 이처럼 중국은 문명의 그 발전 과정에서 단절과 신생(新生)의 과정을 겪었다.

　문명의 성립이 일련의 과정 끝에 획득된 결과라고 했을 때, 가장 당혹스러운 점은 문명의 성립을 향한 그 여정에서 보이는 단절이다. 얼리터우 취락은 중원이라는 비옥한 자연환경의 축복을 받은 곳이라고는 하지만, 룽산문화기에는 문명화의 진전에서 비교적 늦은 단계에 처해 있었으며, 그런 의미에서 문명의 변경이라고 할 수 있는 곳이었다. 그런데 이 신생의 얼리터우는 출현 후 급격한 성장을 거쳐 기원전 2000년기 전반에는 중국 양하(兩河) 유역에서 가장 선진적인 사회가 되었다. 그리고 여기에서 나타난 여러 가지 성취는 중국 문명의 발전 과정에서 전통의 핵심적인 원천으로 자리 잡게 되었다. 왜 룽산문화기의 대형 성곽취락이 붕괴되고 그 전통이 단절되었으며, 문화적 변경인 황허강

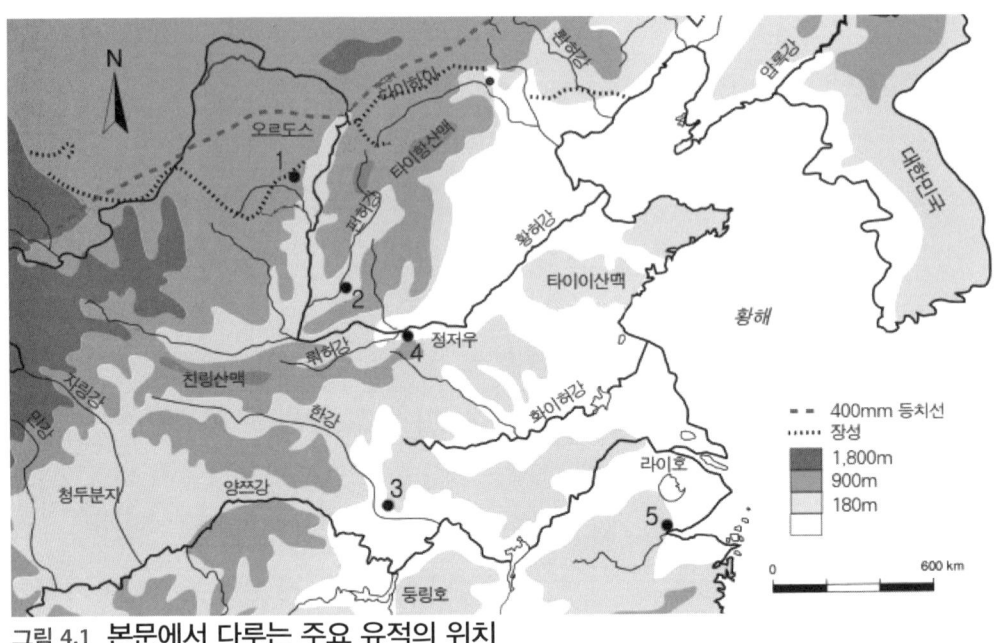

그림 4.1 본문에서 다루는 주요 유적의 위치
1. 스마오 유적 2. 타오쓰 유적 3. 스자허 유적 4. 얼리터우 유적 5. 량주 유적

중류의 뤄양분지에서 돌연 문명의 '신생'이 일어나게 되었을까?

이 글이 다루고자 하는 첫 번째 문제는 문명화의 과정에서 룽산문화기와 얼리터우 사이에 발생한 단절의 이유를 살펴보는 것이다. 잘 알려진 바와 같이, 가장 편리하며 또 전통적인 해석은 그 이유를 기후환경의 급격한 변화로 돌리는 것이지만, 그것으로 모든 문제를 해소할 수 없게 만드는 증거도 점차 축적되고 있다.

한편, 얼리터우가 룽산문화기와 절연(絶緣)한 상태에서 성립되었다는 점을 강조하게 되면, 룽산문화기의 유산은 중국 초기문명의 성립에서 별다른 의미를 가지지 못하게 된다. 중국 초기문명 성립의 '과정'에서 룽산문화기의 전통과 얼리터우 사이에 거대한 골이 생기고 얼리터우의 출현은 돌연히 발생한 혁명적 사건으로 간주된다. 중국의 문명화의 시계는 룽산문화기 대형 성곽취락 붕괴 이후 약 200년 만에 '리셋(reset)'되고, 얼리터우의 '리스타트(restart)'로부터 중국은 문명사회로의 행진을 새로 시작하였다고 평가하는 것이다.

그런데 이와 같은 결론도 쉽게 내릴 수 있는 것은 아니다. 그런 결론은 룽산문화기의 문화적 성취와 얼리터우의 그것을 비교하고, 양자의 단절이 명료하게 제시되었을 때 비로소 가능한 것이다. 그렇지만 이에 대한 연구는 아직 자료의 한계로 말미암아 본격적으로 진행되지 못했다. 다만 근래 중국에서 정력적으로 추진된 '중화문명탐원공정'에 따라 룽산문화기의 대형 성곽취락과 얼리터우 유적 등에 대한 고고학적 조사[5]에 큰 진전이 있었다는 점은 다소 희망적이다. 이제 룽산문화기와 얼리터우를 비교하여 양자 사이의 관계를 좀 더 큰 틀에서 그려볼 수 있는 여건이 어느 정도 갖추어졌기 때문이다. 이 글에서 살펴볼 두 번째의 문제가 바로 문명화의 과정에서 룽산문화기의 대형 성곽취락과 얼리터우가 어떤 관계를 가지고 있는지를 살펴보는 것이다.

물론 위에서 언급한 두 가지 과제가 이 글을 통해 말끔히 해소되리라 생각하지 않는다. 이 글은 그런 의미에서 다소 시론적인 성격을 가지고 있다. 번거롭긴 하지만 논의 과정에서 룽산문화기의 대형 성곽취락과 얼리터우 유적에 대한 최근의 조사 현황을 비교적 상세하게 설명하고자 한다. 이것은 이 글의 부수적인 목적이다. 일찍이 필자가 스마오 유적을 제외한 기타 유적에 대해 소개한 바 있지만[6] 상당한 시간이 지난 지금 그때보다 훨씬

---

[5] 김정열, 「중화문명탐원공정의 의의와 한계」, 『인문학연구』 50, 2021, 73-107쪽.

[6] 김정열, 「얼리터우를 넘어서-중국의 국가 기원에 대한 고고학적 탐색」,

더 많은 조사성과가 축적되었으며, 그에 대해 보고하는 것 또한 필자에게 속한 일이라 생각하기 때문이다.

II. 룽산문화기 대형 성곽취락

1. 스마오 유적

스마오 유적(그림 4.2)은 산시성(陝西省) 선무현(神木縣) 서남쪽 약 40여 km 지점, 가오자바오진(高家堡鎭) 인근에 위치한다. 이곳은 황허강(黃河) 서안(西岸)으로 펼쳐지는 황토고원의 북단에 해당하며, 투웨이허강(禿尾河)과 그 지류인 둥촨거우(洞川溝)가 교회(交會)하는 지점에 인접해 있다. 유적은 크고 작은 구릉과 계곡이 펼쳐지는 해발고도 약 1100~1300m 가량의 고지에 전개된 다수의 유적점(點)으로 구성되어 있다.[7] 스마오 유적은 신석기문화 말기부터 청동기문화 초기에 걸친 스마오문화(石峁文化)[8]를 바탕으로 번영한 대형 성곽취락 유적으로, 대체로 기원전 2300년부터 기원전 1800년경까지 존속되었다.

일찍부터 스마오 유적에서 수습된 것으로 추정되는 옥기가 골동품 시장에 유통되고 있었으나, 이 유적이 처음 확인된 것은 1958년이며, 조사가 시작된 것은 1975년부터의 일이다.[9] 이후에

『한국고고학보』 60, 2006, 212-235쪽.

7 　陝西省考古研究院 등, 「陝西神木縣石峁遺址」, 『考古』 2013(7), 15-24쪽; 孫周勇 등, 「石峁遺址的考古發現與研究綜述」, 『中原文物』 2020(1), 39-62쪽.

8 　孫周勇 등, 「石峁文化的命名, 範圍及年代」, 『考古』 2020(8), 101-108쪽.

9 　戴應新 1977, 「陝西神木縣石峁龍山文化遺址調査」, 『考古』 1977(3),

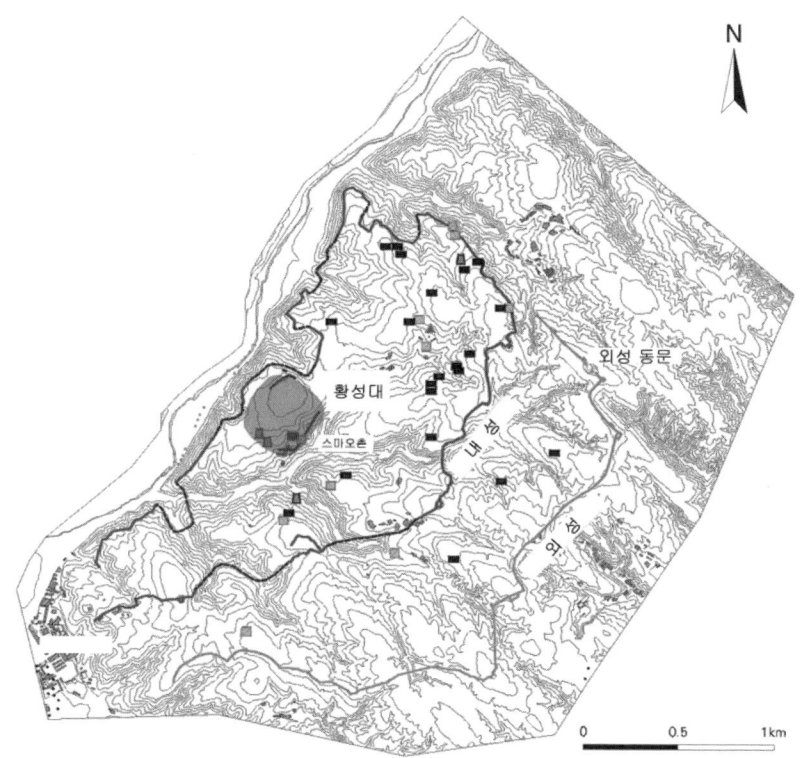

그림 4.2 스마오 유적 평면도
(Li Jaang et al, "When peripheries were centres: a preliminary study of the Shimao-centred polity in the loess highland, China", *Antiquity* 92, 2018, 1011쪽, 필자 편집)

도 지표조사와 발굴이 간헐적으로 진행되었지만,[10] 이 유적이 널리 알려지게 된 것은 2011년부터 시작된 전면 구역조사 이후이다.[11] 유적의 중심부는 황성대(皇城臺), 내성(內城) 그리고 외성(外

154-157, 172쪽.

10 西安半坡博物館 1983,「陝西神木石峁遺址調查試掘簡報」,『史前研究』 1983(2); 呂智榮,「陝西神木縣石峁遺址發現細石器」,『文博』1989(2).

11 陝西省考古研究院 등, 앞의 보고, 2013, 15-17쪽.

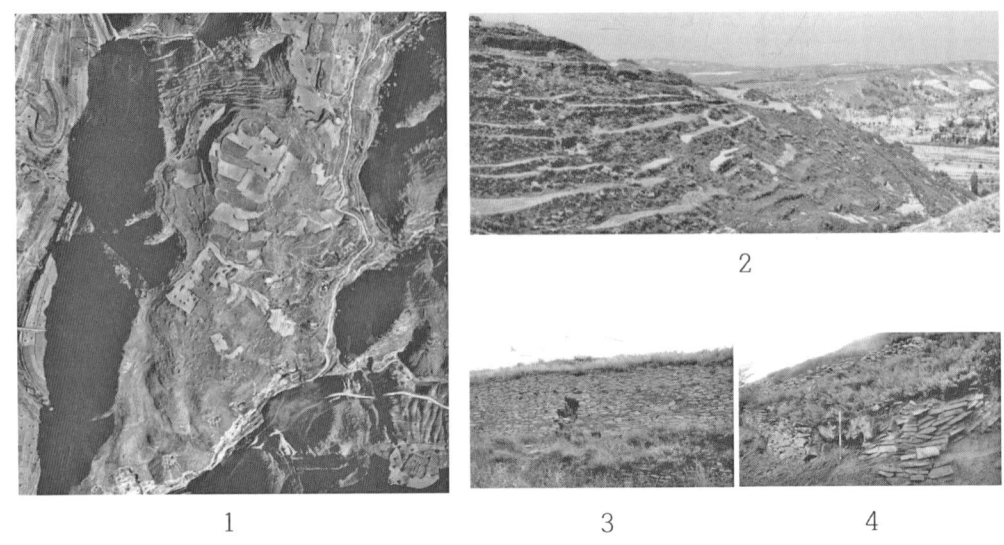

그림 4.3 스마오 유적 황성대
1. 항공사진(조감) 2. 서쪽 전경 3. 서쪽 제2단 4. 동쪽 제5단
(陝西省考古硏究院 등, 『發現石峁古城』, 文物出版社, 2016, 31; 33; 36; 37쪽, 필자 편집)

城)으로 구성되어 있다. 최근의 조사에서는 외성 바깥쪽의 판좡쯔(樊莊子) 등지에서 초소로 보이는 일종의 경비시설도 확인되었다.[12] 황성대와 내성은 유적의 초기 단계인 기원전 2300년경 건설되었으며, 외성은 기원전 2100년경에 수축되었다.[13]

황성대(그림 4.3)는 내성의 중남부에 위치한다. 11단의 계단형 피라미드 형태이며 외벽 사주(四周)를 석축으로 마감한 대성(臺城)이다. 최하단의 평면 면적은 24만 m^2, 최상단은 8만 m^2이다. 황성대는 스마오 유적 전체에서 중심을 차지한다. 심하게 파괴되었지만 지금도 지면에서 약 3~7m 가량의 잔적(殘跡)을 볼 수 있

---

12 陝西省考古硏究院 등, 『發現石峁古城』, 文物出版社, 2016, 139-144쪽.

13 邵晶, 「試論石峁城址的年代及修建過程」, 『考古與文物』 2016(4), 102-108쪽.

다. 황성대의 삼면은 깊은 골짜기로 외부와 격리되어 있으며, 북쪽에만 외부로 출입할 수 있는 통로가 있다. 특히 방어에 중점을 두고 건설되었음을 짐작할 수 있다.

　　황성대의 건설에는 대량의 자원과 노동력이 투여되었다. 황성대의 최상단에서는 다수의 지상건물지와 연못 및 생활유구가 발견되었다. 지상건물지 가운데 하나는 외면을 석재로 마감한 장방형 판축기단 위에 세워졌다. 이 판축기단은 남변 장축이 80m를 넘고, 보존이 양호한 부분의 높이는 약 4m가량 된다. 기단 외벽의 석재 가운데서는 약 30여 점의 부조도 발견되었다. 부조에는 각종 부호와 신면(神面), 인면(人面), 서수(瑞獸)를 포함한 각종 동물 등이 있다. 황성대에는 그 밖에도 출입문, 옹성(甕城), 남북의 돈대(墩臺)와 광장 등이 배치되었다. 이중의 돌담으로 격리된 광장의 총면적은 2,000㎡를 넘는다. 황성대 주변에서는 그 밖에도 석조 인두상(人頭像)과 악어골판(骨板), 채색 벽화 등이 발견되었으며, 대량의 기와도 출토되었다.[14]

　　내성은 황성대를 에워싸는 형태로, 산등성이를 따라 구축된 석성이다. 평면 형태는 타원형이며, 현존하는 성벽의 길이는 약 5700m, 기저부 폭은 약 2.5m이다. 보존이 잘 된 구역에서는 지금도 약 1m가량 지표 위에 서 있는 성벽을 볼 수 있다. 한편 외성은 내성 동남부를 북벽으로 이용하고, 이를 동남 방향으로 확대하여 쌓은 석축 성벽으로 평면은 역시 불규칙하다. 내성을 활용

14　陝西省考古研究院 등, 앞의 보고, 2013, 16-17쪽; 陝西省考古研究院 등, 앞의 책, 2016, 31-44쪽; Li Jaang et al., "When peripheries were centres: a preliminary study of the Shimao-centred polity in the loess highland, China", *Antiquity* 92, 2018, p.1010; 孫周勇 등, 앞의 논문, 2020.

한 북벽을 제외하면 현존하는 길이는 약 4200m, 기저부 폭은 약 2.5m이며, 역시 약 1m 높이의 성벽을 볼 수 있다.[15] 내성과 외성이 포괄하는 면적은 각각 약 210만m^2, 약 190만m^2에 달한다(그림 4.4).

스마오 유적의 내·외성이 포괄하는 면적은 대체로 400만m^2 가량이다. 내·외성 각각에서 공히 4기의 문지가 발견되었다. 이 중 현재 발굴되어 있는 외성의 동문지는 옹성, 남북 방향으로 배열된 2기의 돈대, 문숙(門塾) 등의 석축 구조물로 구성되었으며, 문화퇴적층에서는 각종 옥기와 벽화 그리고 석조 인두상(人頭像) 등이 출토되었다. 인신희생을 동반한 제사갱도 확인되었는데, 희생자 가운데는 여성과 장년의 비중이 높다.[16] 외성 동문지를 제외한 그 밖의 문지에서도 돈대와 옹성 등의 석축 유구를 볼 수 있다.[17]

스마오 성지 내부에는 골짜기가 많아 유적 전체가 상대적으로 독립된 16개의 공간으로 분할된다. 각각의 공간 단원에는 주거지와 묘지가 분포되어 있고, 그 일부는 조사되었다. 예컨대 한자거단(韓家圪旦) 유적점은 황성대의 동남쪽에 위치한 구릉 위에 입지한다. 이 유적점에서는 주거지 31기와 무덤 41기, 그밖에 다수의 재구덩이[灰坑] 등이 확인되었다. 무덤은 대부분 수혈식 토광묘인데, M2와 같은 대형묘는 묘광 면적이 12m^2에 달하지만, 소

---

15 陝西省考古研究院 등, 앞의 보고, 2013, 17쪽; 陝西省考古研究院 등, 앞의 책, 2016, 31-44쪽

16 陝西省考古研究院 등, 위의 보고, 2013, 18-23쪽; 陝西省考古研究院 등, 앞의 책, 2016, 31-44쪽

17 孫周勇 등, 앞의 논문, 2020, 45-47쪽.

그림 4.4 스마오 유적 내·외성
1. 내성 서남벽 2. 내성 북벽 3. 외성 동벽 4. 외성 서남벽
(陝西省考古研究院 등, 『發現石峁古城』, 文物出版社, 2016, 52; 54; 123; 135쪽, 필자 편집)

형 무덤은 약 $2m^2$에 불과하다. 같은 묘지 내에 있는 무덤이라 해도 그 사이에는 이처럼 규모의 차이가 있다. 이 유적점은 전기에는 거주공간으로 사용되었으나, 후기에는 묘지로 전환되었다.[18] 허우양완(後陽灣) 유적점과 후자와(呼家窪) 유적점 역시 내성 안쪽에 위치한다. 전자에서는 주거지와 무덤이 함께 발견되었으며,

---

18 陝西省考古研究院 등,「陝西神木縣石峁遺址韓家圪旦地點發掘簡報」, 『考古與文物』 2016(4), 14-24쪽.

후자에서는 주거지만 확인되었다. 이곳에서 발견된 주거지는 모두 동굴식이며 묘제에는 수혈식 토광묘와 옹관묘 등 두 종류가 있다.[19]

유적 내의 주거지 양식에는 지상식, 수혈식 그리고 동굴식 등 모두 3종이 있다. 각 유형의 주거지는 입지, 면적과 내부시설에서 차이가 있다. 즉 지상식 건물지는 대개 황성대 주변의 구릉에 입지하며 면적이 넓다. 반면 내성 안쪽이라고 해도 황성대에서 거리가 먼 유적점과 외성 구역에서 발견된 주거지에는 동굴식이 많다. 특히 외성의 주거지는 면적이 더욱 작고 시설도 열악하다. 이와 같은 주거지 분포 양상으로 보아, 유적 내 개별 주거공간과 황성대 사이의 거리는 주민의 사회적, 경제적 지위와 관계가 있는 것으로 생각된다. 묘지는 대부분 주거공간 인근에 소규모로 조성되었다. 즉 유적 내 주민 전체가 사용하는 공동묘지는 없고 개별 유적점마다 단독으로 묘지를 경영했다. 이런 현상은 스마오 사회가 아마도 혈연을 유대로 하는 주민집단과 각 주민집단이 거주하는 개별 취락 다수로 구성되어 있었을 것임을 암시한다. 몇몇 유적점에서는 폐쇄적인 소형 석축 성곽도 발견되었는데, 이것은 스마오 사회를 구성하는 각각의 개별 취락이 건설하였을 것이다.[20]

스마오 유적의 거주민들은 농업을 위주로 하고, 목축과 수렵·채집을 보조로 하는 생업을 영위하였으나, 시간의 흐름과 함

19 陝西省考古研究院 등,「陝西神木縣石峁遺址後陽灣, 呼家窪地點試掘簡報」,『考古』2015(5), 60-71쪽.

20 孫周勇 등, 앞의 논문, 2020, 52-54쪽.

께 목축의 비중이 확대되었다.[21] 한편, 최근의 발굴 성과에 의하면 황성대의 문지와 동벽 북단에서 막대한 양의 토기, 골기, 석기, 옥기, 동기 등이 집중적으로 출토되었다. 황성대 내부에서 발견된 석제 거푸집과 동도, 동촉, 동추(錐) 등은 이곳에서 동기가 제작되었음을 보여준다(그림 4.5). 또한 황성대 내부의 '폐기퇴적'에서 출토된 다량의 골침(骨針)과 그 반성품(半成品)은 황성대 내부에 골기 제작 공방도 있었음을 시사한다. 이처럼 황성대는 스마오 통치계층의 거주공간이었을 뿐만 아니라 다양한 수공업품의 생산공간이기도 하였다. 유구의 위치를 볼 때, 동기 생산은 스마오 통치계층의 직접적인 통제하에 있었다고 생각된다.[22] 특히 유적 내부에서 발견된 자체의 수요를 훨씬 초과하는 것으로 보이는 골침 등의 일용품은 황성대가 인근 지역에서 자원을 입수하고 각종 물품을 제작하여 분배한 중심지였을 가능성을 시사한다.

　　스마오 유적이 처음 학계의 주목을 받게 된 까닭은 이곳에서 수집된 대량의 옥기 때문이다(그림 4.5). 지금까지 수집과 발굴을 통해 입수된 옥기는 약 150점 가량이지만[23] 1975년 다이잉신(戴應新)이 가오자바오촌에서 조사를 진행했을 때 현지 곳곳에서

21　　韓茂莉 2023, 「人地關係視角下的石峁文化盛衰」, 『歷史研究』 2023(4), 57-63쪽.

22　　Li Jaang et al., "When peripheries were centres: a preliminary study of the Shimao-centred polity in the loess highland, China", *Antiquity* 92, 2018, p.1011.

23　　王煒林·孫周勇 2011, 「石峁玉器的年代及相關問題」, 『考古與文物』 2011(4), 42쪽.

그림 4.5 스마오 유적 출토 옥기와 동기
1. 옥산(玉鏟) 2. 옥기 출토 양상 3. 석제 거푸집 4. 동제 환수도
(1~2. 陝西省考古研究院 등, 『發現石峁古城』, 文物出版社, 2016, 91; 189쪽. 3~4. 孫周勇 등, 「石峁遺址的考古發現與研究綜述」, 『中原文物』 2020(1), 44쪽. 필자 편집)

옥기를 볼 수 있었다고 증언한 것처럼[24] 그 수량이 매우 풍부한 것으로 생각된다. 스마오의 옥기는 선명한 지역적 특징을 가진 아장(牙璋), 칼[刀], 꺽창[戈], 부(斧), 월(鉞) 등으로 대표되며, 이것은 무덤의 부장품으로, 일부는 성벽 구조물의 곳곳에 박혀 있는 상태(그림 4.5-2)로 출토되었다. 따라서 옥기는 성벽의 건설과 관

---

24 戴應新, 「陝西神木縣石峁龍山文化遺址調査」, 『考古』 1977(3), 154쪽.

련된 의례용기로도 사용되었다고 생각된다. 스마오 유적을 포함한 오르도스 일대에서는, 스마오 유적과 평행하는 시기에 동 시기의 중국 어느 곳보다 옥기 소비가 활발하였다. 따라서 스마오 유적에서 옥기가 대량으로 생산되었을 가능성도 배제할 수 없다. 그러나 유적 내에서 옥기 공방이 발견되었다는 보고는 아직 없다.[25]

2. 타오쓰 유적

타오쓰 유적은 산시성(山西省) 샹펀현(襄汾縣) 현 소재지의 동북쪽 약 7.5km 지점, 펀허(汾河) 동안(東岸) 타얼산(塔兒山) 서록(西麓)의 완만한 경사지에 입지한다. 이 유적은 1950년대에 처음 발견되었으며 1978년부터 1984년까지 총 14차례에 걸쳐 발굴된 바 있다. 이 기간에는 주거지와 재구덩이[灰坑] 등의 생활유적, 토기가마[陶窯] 등의 생산유적, 그과 함께 다수의 무덤이 발굴되었다.[26] 2000년대에 들어서 재개된 조사를 통해서는 다양한 성격의 유적과 함께 특히 외곽(外郭), 내성[27], 부속성 등의 대형 구조물이 속속 확인되었다. 타오쓰 유적의 절대연대는 기원전 2600년경부터

---

25 孫周勇 등, 앞의 논문, 2020, 54-55쪽.

26 中國社會科學院考古硏究所山西工作隊·臨汾地區文化局, 「山西襄汾縣陶寺遺址發掘簡報」, 『考古』1980(1), 18-31쪽; 「1978-1980年山西襄汾陶寺墓地發掘簡報」, 『考古』1983(1), 30-42쪽; 「山西襄汾陶寺遺址首次發現銅器」, 『考古』1984(12), 1069-1071, 1068쪽; 「陶寺遺址1983~1984年Ⅲ區居住址發掘的主要收獲」, 『考古』1986(9), 773-781쪽.

27 '전기소성(前期小城)', '궁성(宮城)' 등의 용어도 사용되어 혼란이 있으나, 이 글에서는 '내성'이라 쓴다.

기원전 2000년경이며, 대체로 전기, 중기, 후기 등 3기로 그 발전 맥락이 구분된다. 각 시기는 대체로 200년 가량의 시간 폭으로 설정된다.[28] 타오쓰 유적은 대략 기원전 2000년경에 들면서 크게 쇠락하였으나, 그 여맥(餘脈)은 기원전 1700년까지 이어졌다.

유적 전체의 대부분을 감싸고 있는 외곽은 타오쓰문화[29] 중기에 건설되었다. 현재 동벽과 서벽 그리고 북벽이 일부 남아 있다. 외곽은 평면 말각(抹角)장방형의 판축 구조물로 남북 최대 길이는 2150m, 동서 최대 길이는 1650m이며, 성벽 두께는 기초 부분을 기준으로 보았을 때 약 4-8m 가량으로 추산된다. 외곽이 포괄하는 성내 전체 면적은 약 280만㎡이다.[30] 외곽 내에 위치하는 내성은 타오쓰문화 전기에 건설되었는데, 외곽 중앙부에 약간 동쪽으로 치우친 곳에 위치한다. 평면 장방형으로 동서 길이 470m, 남북 길이 약 270m, 면적은 약 13만㎡가량이다. 내성 서남쪽에는 담장[圍墻]으로 둘러싸인 내성의 부속부가 있다.[31] 한편, 외성의 동남쪽 모서리에도 외성의 남쪽 성벽에 덧댄 형태로 부속 성이 건설되었다. 이것은 평면 불규칙형으로, 타오쓰문화

---

28 中國社會科學院考古硏究所,『中國考古學』新石器時代卷, 中國社會科學出版社, 2010, 565-568쪽.

29 타오쓰 유적의 문화 양상은 허난룽산문화(河南龍山文化)의 하위유형인 타오쓰유형(陶寺類型)으로 분류하기도 하고, 최근에는 허난룽산문화와는 다른 계통의 독립적인 문화로서 타오쓰문화(陶寺文化)를 설정하기도 한다. 中國社會科學院考古硏究所, 위의 책, 2010, 561-562쪽.

30 梁星彭·嚴志斌,「山西襄汾陶寺文化城址」,『2001年中國重要考古發現』, 文物出版社, 2002.

31 何駑·高江濤,「薪火相傳探堯都-陶寺遺址發掘與硏究四十年歷史述略」,『南方文物』2018(4), 35-38쪽.

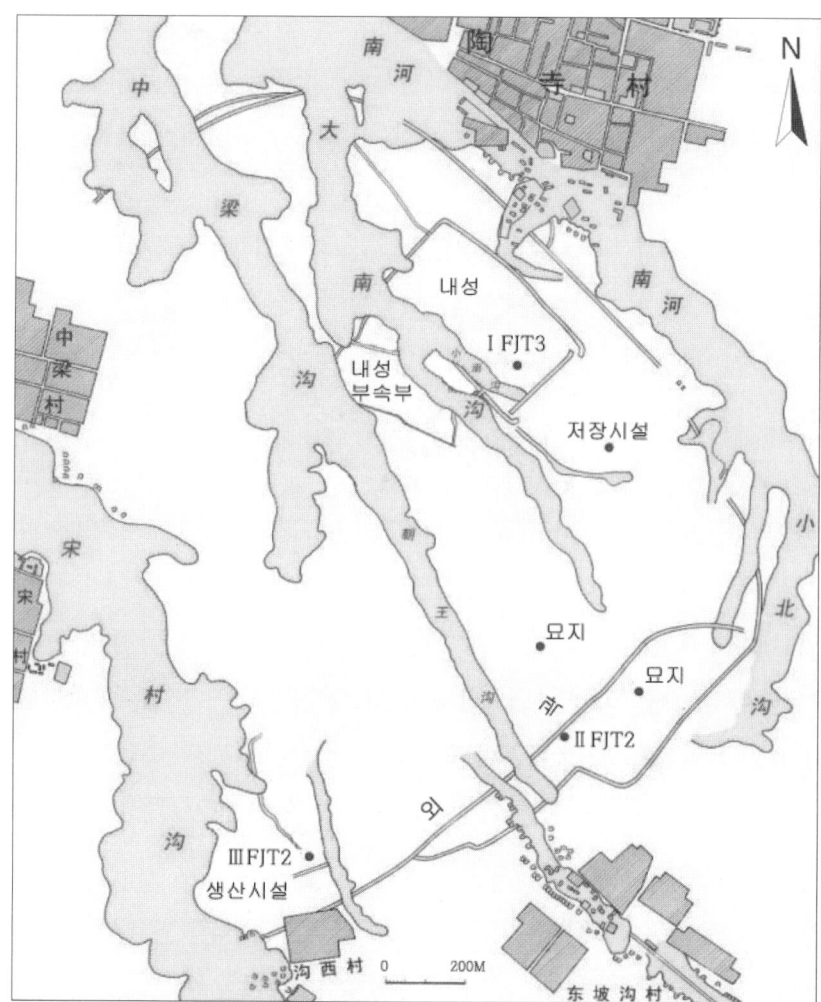

그림 4.6 타오쓰 유적 유구 배치도
(何駑·高江濤,「薪火相傳探堯都-陶寺遺址發掘與研究四十年歷史述略」,『南方文物』 2018(4), 36쪽, 필자 편집)

중기의 유구이며, 동서 길이 1000m 가량, 면적은 약 10만㎡가량 의 규모이다(그림 4.6).³²

---

32 中國社會科學院考古研究所山西工作隊 등,「山西襄汾陶寺城址2002年 發掘報告」,『考古學報』 2005(3), 307-346쪽.

외곽과 내성 등을 포함한 성 내부의 유구 분포 양상에는 아직 분명하지 않은 바가 많다. 다만 지금까지의 조사 결과를 보면 대체로 특정한 기능의 유구가 특정한 구역에 밀집하여 분포된 양상을 볼 수 있다.

우선 내성 내에서는 면적 8,000㎡에 달하는 판축기단과 그 위에 건설된 면적 286㎡의 지상건물지(IFJT3)가 발굴되었다. 이 건물지에서 발견된 기둥구멍[柱洞]은 직경이 0.5m에 달하므로, 판축기단 위에 대형 건물이 세워졌다고 추정된다. 이 주변에서는 그 밖에도 정방형 혹은 장방형의 지상건물지가 다수 확인되었다.[33] 내성의 서남쪽, 담장으로 보호된 부속부에도 약 10만㎡의 범위에 걸쳐 판축기단이 밀집되어 있으므로, 내성과 그 부속부는 통치계층의 거주공간으로 해석된다. 한편 외곽 내 서남쪽의 중량촌(中梁村) 일대에는 수혈식의 주거지와 재구덩이가 집중되어 있는데, 이 일대는 평민계층의 거주공간으로 추정된다.[34]

외곽 내 동남쪽에는 약 1,000㎡의 범위에 걸쳐 직경 5-10m, 깊이 4-5m 가량의 말각방형 또는 방형의 구덩이가 밀집되어 있다. 이는 곡물저장갱으로 판단된다.[35] 식량 저장시설 이외에 생산시설도 발견되었다. 생산시설의 위치는 외곽 내 남서쪽 거우시촌(溝西村) 일대이다. 이곳에는 2개 '단원(單元)'의 토기 제작 구역과 3개 단원의 석기 제작 구역이 조사되었다. 여기에서 말하

---

33 中國社會科學院考古硏究所山西隊 등, 「山西襄汾縣陶寺城址發現陶寺文化中期大型夯土建築基址」, 『考古』 2008(3), 3-6쪽.

34 何駑·高江濤, 앞의 논문, 2018, 30-35쪽.

35 中國社會科學院考古硏究所山西工作隊 등, 앞의 보고, 2005, 318-320쪽.

는 이른바 '단원'은 판축기단과 생산시설, 주거지뿐만 아니라 소형 묘지까지 포함한 유적 단위이다. 이 '단원'은 생산활동과 거주, 매장 등의 일상생활이 함께 이루어진 복합공간이라 생각된다. 거우시촌 인근에서 발견된 대형 지상건물 IIIFJT2는 남북 약 47m, 동서 잔장(殘長) 28m, 면적 1,300여 m^2 규모의 평면 회자형(回字形) 건물인데,[36] 취락 내의 수공업 활동을 감독한 일종의 관리소인 것으로 추정된다.[37]

타오쓰 유적에서는 외곽 내 동남쪽과 부속성 중부 등 두 곳에서 대형 묘지가 확인되었다. 전자는 약 4만 m^2의 공간범위 내에 펼쳐져 있으며, 도합 1만여 기의 무덤이 있는 것으로 추산된다. 1978년부터 1985년까지 그 가운데 1,309기를 발굴하였다. 여기에서는 타오쓰문화 전기부터 후기까지의 무덤이 두루 확인되었다. 1980년에 발표된 약보고에서는 무덤을 대형, 중형, 소형 등으로 구분했는데, 전체의 약 90%가량이 소형에 속한다.[38] 소형 무덤에서는 부장품을 거의 볼 수 없는 반면 대형 무덤에서는 용반(龍盤), 타고(鼉鼓), 석경(石磬), 옥기 등의 의례용품과 토기, 목기를 포함한 다량의 부장품이 출토되었다. 후자의 면적은 약 1만 m^2로, 대개 타오쓰문화 중·후기에 속하는 무덤이 발견되었다. 이곳에서 발굴된 IIM22에는 이미 교란되었지만, 정교하게 제작된 옥

---

[36] 中國社會科學院考古研究所山西隊·山西省考古研究所,「山西襄汾縣陶寺遺址Ⅲ區大型夯土基址發掘簡報」,『考古』2015(1), 30-39쪽.

[37] 何駑,「陶寺遺址石器工業性質分析」, 앞의 논문, 2017, 355-366쪽.

[38] 中國社會科學院考古研究所山西工作隊·臨汾地區文化局, 앞의 보고, 1980, 28쪽.

기와 칠목기, 채색토기, 돼지 골격 10두를 포함하여 모두 72점의 부장품이 수습되었다.[39]

외곽 남쪽의 부속성에서 발견된 반원형의 판축 3층 토대(ⅡFJT1)는 일종의 의례공간이다. 토대의 반경은 약 22-25m가량이며, 총 면적은 약 $1400 m^2$이다. 3층의 토대 중 가장 위층에는 열주(列柱) 13개가 7-8도의 간격을 두고 평면 반원형 형태로 나란히 설치되어 있다(그림 4.7). 발굴자는 이 반원형 열주가 일출의 방향을 통해 절기(節期)를 관측하는 기능을 가지고 있다고 추정하였

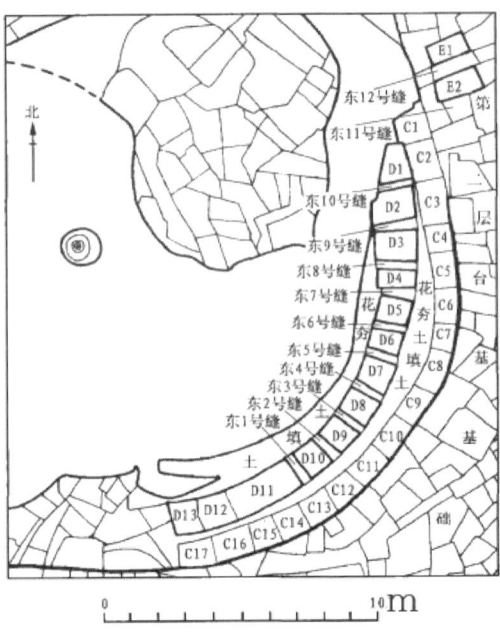

그림 4.7 타오쓰 유적 판축기단 ⅡFJT1
(中國社會科學院考古硏究所山西隊 등, 「山西襄汾縣陶寺中期城址大型建築ⅡFJT1基址2004~2005年 發掘簡報」, 『考古』 2007(4), 11쪽; 圖版壹 필자 편집)

---

39 中國社會科學院考古硏究所山西工作隊 등, 「2002年山西襄汾陶寺城址 發掘」, 『中國社會科學院古代文明硏究中心通訊』 5, 2003.

다.⁴⁰ 이 천문대 가설은 아직 검증되지 않았지만, 그 구조적 복잡성, 투여된 노동의 총량, 그리고 독특한 형태 모두가 적어도 의례 또는 다른 공공적 기능을 한 구조물이었음을 암시한다.⁴¹

타오쓰 유적에서는 토기와 목기, 옥기, 동기, 방직품 등 다양한 유물이 출토되었다. 이 가운데 가장 주목되는 것은 동기이다. 지금까지 동령(銅鈴), 동치륜기(銅齒輪器), 동환(銅環), 동제 용기 구연부 파편 각 1점 등 모두 4점이 출토되었다. 동령은 M3296호 무덤에서 출토된 것이다. 마름모꼴 단면에 정부에는 방울을 달기 위한 원형의 소공(小孔)이 뚫려 있다. 구부(口部)의 단경(短徑)은 2.7cm, 장경은 6.3cm이며, 몸통 높이는 2.65cm이다. 표면에 문양은 없다. 이 동령은 홍동기(紅銅器)로 구리 함량은 94~95%가량이며, 괴범법(塊範法)으로 제작되었다.⁴² 동치륜기는 비소동(砒素銅) 제품으로 후기의 무덤 M11에서 출토되었다. 형태는 치륜(齒輪)과 유사한 형태이지만 옥기와 결합되어 팔찌로 사용된 것으로 보인다. 직경 약 12cm로, 주연(周緣)에 29개의 돌기가 있는 독특한 형태이다.⁴³ 동환은 트랜치 Ⅱ T7464 퇴적에서 수습되었다.

---

40 中國社會科學院考古研究所山西工作隊 등, 「山西襄汾縣陶寺城址發現陶寺文化大型建築基址」, 『考古』 2004(2), 3-6쪽; 中國社會科學院考古研究所 등, 「山西襄汾縣陶寺中期城址大型建築ⅡFJT1基址2004~2005年發掘簡報」, 『考古』 2007(4), 3-25쪽.

41 G. Shelach-Lavi, *The Archaeology of Early China*, Cambridge Univ. Press, 2015, p.138.

42 中國社會科學院考古研究所山西工作隊·臨汾地區文化局, 앞의 보고, 1984, 1068-1071, 1068쪽.

43 高江濤·何駑, 「陶寺遺址出土銅器初探」, 『南方文物』 2014(1), 91-92쪽.

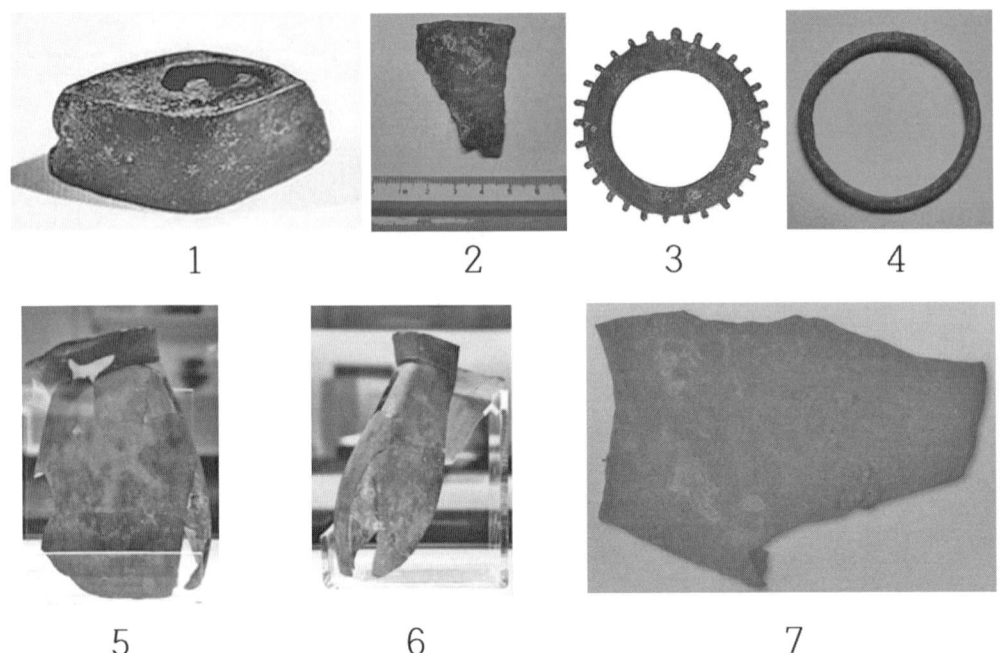

그림 4.8 타오쓰 유적 출토 동기(1-4)와 주서(朱書) 토기편(5-7)
1. 동령 2. 동제 용기 구연부 파편 3. 동치륜 4. 동환 5.6. H3403 편호 주서(전, 후) 7. ⅠTG9H64 편호 주서

(1~4. 高江濤·何駑,「陶寺遺址出土銅器初探」,『南方文物』2014(1), 91-92쪽. 5.6. 何駑,「堯都何在?-陶寺城址發現的考古指證」,『史志學刊』2015(2), 圖五; 圖六) 7. 中國社會科學院山西隊 등,「山西襄汾縣陶寺城址發現陶寺文化中期大型夯土建築基址」,『考古』2008(3), 5쪽. 필자 편집)

홍동기로 외경 4.6cm, 두께 0.7cm이다.⁴⁴ 근래에는 내성 안 IFJT3 대형건물지를 조사하는 과정에서 분(盆)으로 추정되는 비소동 용기의 구연부 파편 1점이 수습된 바 있다.⁴⁵ 이 구연부 파편 1점은 타오쓰문화 중기의 것이며 나머지는 모두 후기의 제품이다. 이밖

---

44 王曉毅·嚴志斌,「陶寺中期墓地被盜墓葬搶救性發掘紀要」,『中原文物』2006(5), 5쪽.

45 中國社會科學院考古硏究所山西隊 등, 앞의 보고, 2008, 6쪽.

에 H3403 재구덩이에서 출토된 '문(文)'자로 추정되는 주서(朱書)가 쓰여진 편호(扁壺) 1점[46] 역시 주목된다. 이처럼 토기 표면에 쓰여진 주서는 IFJT3 대형건물지 부근의 재구덩이 ⅠTG9H64 출토 편호 1점(②:5)에서도 확인된 바 있다.[47] 중국의 일부 연구자는 이들 주서가 중국 문자의 가장 이른 사례라고 주장한다.

3. 스자허 유적

스자허 유적(그림 4.9)은 후베이성(湖北省) 톈먼시(天門市) 스자허진(鎭)에서 북쪽으로 약 1.5km 떨어진, 다홍산(大洪山)과 장한평원(江漢平原)이 서로 만나는 저산구릉 지대에 위치한다. 유적의 서북쪽에는 해발고도 30~50m의 구릉이 펼쳐지며, 동남쪽에는 습지가 전개된다. 유적의 동쪽으로 둥허강(東河, 속칭 '石家河')이, 서남쪽으로 시허강(西河)가 흘러 유적을 좌우에서 감싸고 있다. 스자허 유적에 대한 발굴조사는 1978년 스자허고고대(石家河考古隊)가 결성되면서 본격으로 시작되었으며, 현재까지 계속되고 있다. 유적의 중심부에 있는 성곽을 중심으로 성곽 내외의 사방 약 8km²의 범위 내에 약 40여 개의 유적점이 밀집하여 분포되어 있다. 이들 유적점은 대개 개별 취락유적이며, 대부분 스자허문화(c.2500-2000BC)와 그에 선행하는 취자링문화(屈家嶺文化, c.3300-2600BC) 퇴적으로 구성되어 있다.

스자허 성곽은 취자링문화 후기에 처음 건설되기 시작하였

---

46 李健民,「陶寺遺址出土朱書"文"字扁壺」,『中國社會科學院古代文明研究中心通訊』1, 2001.

47 中國社會科學院考古研究所山西隊 등, 위의 보고, 2008, 5-6쪽.

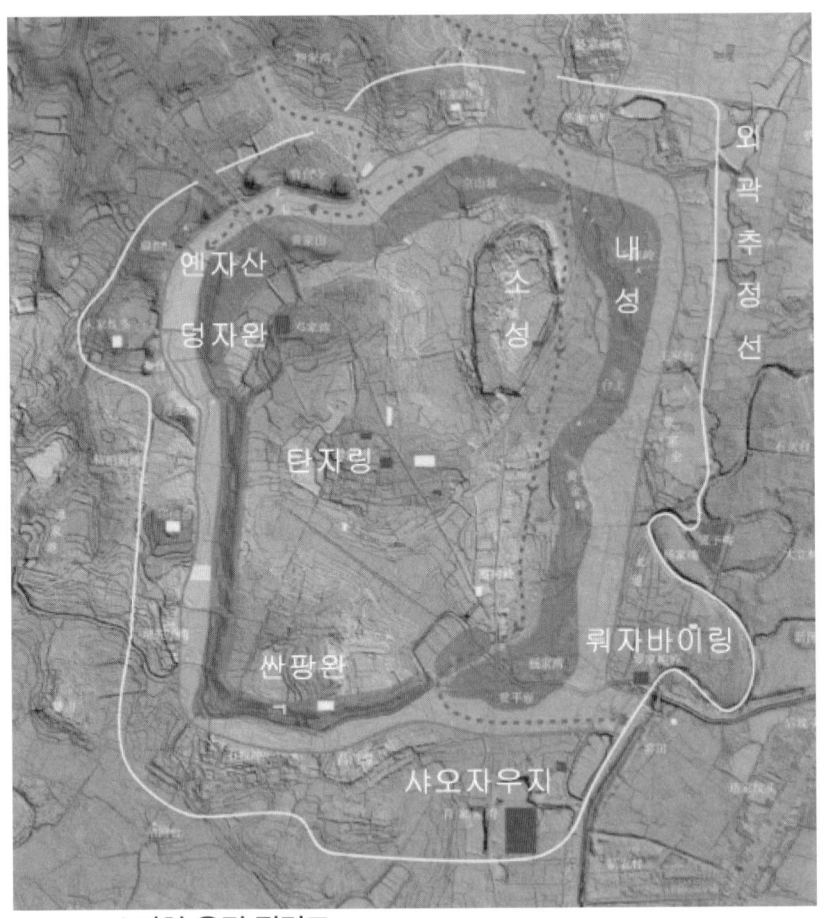

그림 4.9 스자허 유적 평면도
(湖北省文物考古研究所·北京大學考古文博學院,「天門石家河城址及水利系統的考古 收穫」,『江漢考古』 2023(1), 36쪽. 필자 편집)

으며, 스자허문화 전 시기에 걸쳐 계속 유지되었다. 성곽은 소성과 내성, 외곽 등 3중 구조로 되어 있다. 모두 자연지형을 이용하여 퇴축(堆築)한 것이지만, 일부 구간에서는 흙다짐[夯築]의 흔적도 볼 수 있다. 성벽 기저부의 폭은 공히 약 100m 전후이고 성벽의 두께는 무려 80~100m에 달한다. 3중의 성곽에서 중심이 되는 것은 내성이다. 내성은 평면 근방형이며, 남북 약 1,200m, 동서 약 1,000m 규모로서, 총 면적은 약 177.5만㎟가량이다. 내성의 사벽 가운데 서벽 중남단과 남벽 서단의 보존상태가 비교적 양호하다. 내성의 바깥쪽에는 너비 80~100m 전후의 해자가 있다. 내성 안쪽 동북편에 불규칙 타원형의 소성이 있는데, 이 소성에 관한 정보는 아직 충분하지 않다. 해자의 바깥쪽으로는 다시 외곽이 건설되었다. 외곽이 포괄하는 유적의 총 면적은 약 348.5만㎡이다.[48] 내성의 안쪽에는 남북을 관통하는 인공수로가 개착되었으며, 해자에는 제언(堤堰)이 설치되어 성 안팎의 교통과 수자원 관리 등에 사용되었다.[49]

유적 내의 유적점 중 샤오자우지(肖家屋脊)와 덩자완(鄧家灣), 뤄자바이링(羅家柏嶺), 싼팡완(三房灣), 탄자완(譚家灣) 등에 대해서는 비교적 상세한 발굴보고가 있다.

내성 밖 남쪽에 위치하는 샤오자우지 유적점에서는 평면 장방형의 지상식 주거지와 묘지, 토기가마, 재구덩이 등이 두루 발견되었다. 주거지는 대부분 파괴되었으나, 규모가 큰 것은 면적이 약 95㎡에 달한다. 무덤은 수혈식토광묘가 23기, 옹관묘가 86기 등 모두 109기가 조사되었다. 이 가운데 최대 규모인 M7은 모두 103점의 부장품을 가지고 있는데, 이것은 스자허 유적의 무덤 가운데 최고 수준에 해당한다. 묘지 전체에서 출토된 옥기는 모두 157점으로 예외 없이 후기의 옹관묘에서 출토되었다. 스자허

48　湖北省文物考古硏究所 등 2018b, 「湖北天門市石家河古城嚴家山遺址 2016年發掘簡報」,『考古』2018(9), 52-67쪽.

49　湖北省文物考古硏究院·北京大學考古文博學院, 「天門石家河城址及水利系統的考古收獲」,『江漢考古』2023(1), 19-35쪽.

문화 전기의 몇몇 무덤에서 동일한 형식의 토기 약 100여 점이 출토되었으므로, 이곳의 거주민은 전문화된 토기 생산에 종사했을 것으로 추정된다.[50]

덩자완 유적점은 내성 안쪽 서북부에 있으며, 주거지, 재구덩이, 무덤 등으로 구성되어 있다. 주거지는 1기만 확인되었으며 수혈식 토광묘 43기와 옹관묘 23기가 발견되었다. 이 유적점에는 목탄과 탄화식물, 불탄 인골로 가득 차 있는 재구덩이, 도랑 등이 빽빽하게 분포되어 있다. 덩자완에서 가장 인상적인 것은 저습지와 재구덩이에 퇴적된 다량의 소형 토제 소조상(塑造像)이다. 소조상의 형태는 사람은 물론 각종 가축과 야생동물 등으로 다양한데, 지금까지 최소 1만 점 이상이 출토되었다. 이것은 의례용품으로 추정되며, 함께 출토된 480점의 소형 토배(土杯) 역시 유사한 목적으로 사용되었을 것이다. 또한 독특한 형태의 토제 항아리[土缸]를 일렬로 나란히 연결해서 평지에 포설(鋪設)한 유구 역시 의례용으로 사용되었을 것이다. 이 유적에서는 이 밖에도 방추차 456점과 '적지 않은' 수량의 동사(銅渣) 및 동도(銅刀) 파편 1점 등이 출토되었다.[51]

유사한 형태의 각종 소조상과 동편(銅片)은 내성 밖 동남쪽에 있는 뤄자바이링 유적점에서도 발견되었다. 이곳에서는 건물 유구 3기가 조사되었는데, 그 가운데 하나는 담장과 장방형 토대, 토대를 둘러싼 도랑으로 구성되었다. 토대는 주변보다 높게 조성되었으며, 그 앞쪽으로 넓은 소토(燒土) 활동면이 펼쳐져 있다. 담

---

50 石家河考古隊, 『肖家屋脊』, 文物出版社, 1999.

51 石家河考古隊, 『鄧家灣』, 文物出版社, 2003.

장의 잔존 길이는 39.5m, 토대는 장축 14m, 단축 4~5m이다. 이 유구는 규모가 크고 평면구조가 독특하여 일반적인 주택의 흔적은 아니라 생각된다.[52]

탄자링 유적점은 내성의 중앙부에 있다. 유적점의 스자허 문화 퇴적 가운데서 지상식 주거지 7기, 수혈식 토광묘 2기, 옹관묘 1기, 재구덩이 40기 등이 발견되었다. 주거지는 평면 장방형으로 단칸 혹은 다칸(多間) 구조이며 서로 밀집되어 위치해 있다. 이 유적점에서 출토된 유물은 토기, 석기 등 일상용품이 대부분이다. 이 밖에도 소형 토배가 '다량'으로 출토되었다고 하지만, 그 정확한 규모는 보고되지 않았다.[53]

소형 토배가 가장 많이 출토된 유적점은 싼팡완 유적점이다. 이 유적점은 내성 안쪽 남서부에 위치한다. 이곳에서는 토기가마 2기, 소토 퇴적 6곳, 세니지(洗泥池) 1기, 황토 구덩이 5곳 등이 확인되었고, 그 밖에도 소량의 재구덩이와 무덤이 발견되었다. 이곳에서 확인된 유구와 유물은 대개 토기 제작과 밀접한 관련을 맺고 있다. 토기가마는 물론 소토 퇴적 역시 가마[窯]와 관련된 유구인 것으로 보이며, 황토 구덩이는 정선(精選) 이전의 태토 보관 시설이고, 세니지는 태토를 정선하는 데 사용된 것으로 생각된다. 제5층과 6층 등 퇴적층에서 대량의 소형 토배가 발견되었는데, 그 전체 수량은 어림잡아 약 224만 2570점 정도로 추산된다(그림 4.10).[54]

52　湖北省文物考古硏究所·中國社會科學院考古硏究所, 「湖北石家河羅家柏嶺新石器時代遺址」, 『考古學報』 1994(2), 191-229쪽.

53　石家河考古隊, 『譚家嶺』, 文物出版社, 2011.

54　湖北省文物考古硏究所·北京大學考古文博學院, 「湖北天門市石家河

그림 4.10 스자허 유적 싼팡완 유적점 토배 출토 상황
(湖北省文物考古硏究所 등,「湖北天門市石家河古城三房灣遺址2016年發掘簡報」,『考古』 2018(9), 80쪽.)

  스자허 유적을 구성하는 유적점에는 대부분 생활유적과 매장유적이 공존하며, 일부는 생산시설까지 소유하고 있다. 이것은 스마오 유적과 마찬가지로 스자허 유적이 각각의 혈연집단이 영위한 개별 취락이 모여 형성된 대형 취락이었음을 의미한다.

  그 밖에도 스자허 유적에서는 내성의 서남쪽 해자와 성벽 사이의 저습지에 널리 분포된 수전(水田)도 확인되었다. 이것은 스자허 유적에서 농업생산이 진행되었음을 보여준다. 대량으로 생산된 소조상과 토배는 그 수량으로 보았을 때, 유적 자체의 소

古城三房灣遺址2011年發掘簡報」,『考古』 2012(8), 29-41쪽; 湖北省文物考古硏究所 등,「湖北天門市石家河古城三房灣遺址2016年發掘簡報」,『考古』 2018(9), 68-87쪽.

비만을 목적으로 한 것이 아니며, 주변 지역까지 분배된 것으로 보인다. 덩자완 유적점과 싼팡완 유적점의 거주민은 토제 소조상과 토배를 전문적으로 생산한 특화된 수공업집단이었을 가능성도 있다. 한편 유적에서는 다량의 옥기가 출토되었는데, 대개 부장품으로 사용되었으며, 인두상, 다양한 동물의 형상, 각종 의례기, 비녀[笄] 등으로 다양한 구성을 보인다. 샤오자우지 유적점의 옹관묘에는 각각 십수 점에서 수십 점에 달하는 옥기가 출토되었으며, 특히 W6에서 출토된 옥기는 56점에 달한다. 스자허 유적에서는 동기도 발견되었다. 덩자완과 샤오자우지 유적에서는 공작석(孔雀石)이 발견되었으며 뤄자바이링에서는 동편(銅片) 5점이 출토되어, 유적 내부에서 자체적으로 제련과 주조가 이루어진 것으로 판단된다. 다만 옥기와 청동기 생산에 관한 정보는 아직 충분하지 않다.

4. 량주 유적

량주 유적은 저장성(浙江省) 항저우시(杭州市)에서 서북쪽으로 약 20km 거리를 두고 있는 위항시(餘杭市)의 핑야오(甁窯), 안시(安溪), 량주 등 3진(鎭) 일대에 위치한다. 둥톈무산(東天目山)의 여맥(餘脈)인 다저산(大遮山)과 다관산(大觀山), 다슝산(大雄山)이 유적의 남북을 감싸고 있으며, 둥탸오시강(東苕溪)이 유적의 북부를 관통한다(그림 4.11). 량주 유적은 1936년 처음 발견되었으며, 1949년 이후 간헐적으로 조사되다가 1986년 판산(反山) 유적점이 발굴되면서부터 본격적인 조사에 돌입했다.[55] 현재 파악된 유

---

55 劉斌 등, 「良渚古城考古的歷程, 最新進展和展望」, 『自然與文化遺産研

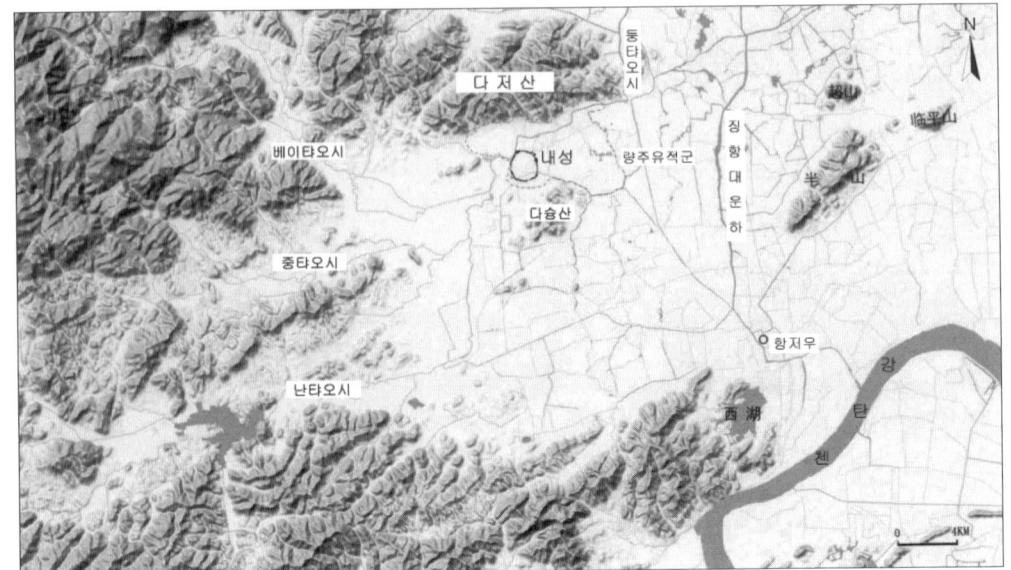

그림 4.11 량주 유적의 입지 환경
(劉斌 등, 「良渚:神王之國」, 『中國文化遺産』 2017(3), 7쪽. 필자 편집)

적의 전체 면적은 약 100km² 정도이다. 전체 유적 가운데 약 85% 가량은 인공으로 건설된 복두형(覆斗形) 토대이다.[56]

유적의 중심부에 해당하는 것은 이른바 '궁전구'로 불리는 모자오산(莫角山) 일대 지역이다. 모자오산은 기저부를 기준으로 동서 약 670m, 남북 약 450m, 면적 30만m² 가량의 복두형 인공 토대이다. 현존 고도는 약 8m이다. 서쪽은 자연지형을 이용하여 3~4m의 흙을 퇴축하였고, 동쪽은 지면에서 10~12m 가량을 퇴축하여 토대를 만들었다. 모자오산 토대 위에는 다시 다모자오산(大莫角山), 샤오모자오산(小莫角山), 우궤이산(烏龜山) 등 3개의 소형 토대가 올라가 있다. 다모자오산 정부(頂部)에서는 평면 면적

究』5(3), 2020, 26-35쪽.

56 浙江省文物考古研究所, 『良渚遺址群』, 文物出版社, 2005.

약 300~900㎡가량의 고대(高臺) 건물기단 7기가 발견되었다. 이곳에서 발견된 모래광장은 그 면적이 약 7만㎡에 달하며, 의례공간으로 사용되었다고 추정된다.⁵⁷

모자오산의 서북쪽에 인접한 판산 유적점은 역시 평면 장방형의 복두형 인공 토대로 동서 장축은 90m, 남북 단축은 약 30m, 전체 면적은 약 2700㎡이다. 토대 위에서는 모두 11기의 무덤이 발굴되었다. 이들 무덤에서는 약 1,200점가량의 부장품이 출토되었으며, 그 가운데 옥기가 약 1,100여 점으로 전체 부장품의 약 90%를 차지한다.⁵⁸ 판산 유적점의 남쪽에 위치한 장자산(姜家山) 유적점은 자연 구릉을 이용하여 건설한 평면 장방형 토대로서 동서 장축 약 270m, 남북 단축 220m의 규모이며, 전체 면적이 약 5만㎡에 달한다. 이곳의 정부에서도 14기의 무덤이 조사되었다. 총 644점의 부장품이 출토되었으며, 그 가운데서 옥기는 모두 528점에 달한다. 특히 최대 규모인 M1호 묘에서는 175점의 부장품이 출토되었으며, 이 중 옥기가 164점이다.⁵⁹ 판산과 강자산은 모두 량주문화 전기의 유적으로서, 량주 유적의 최고 통치계층이 매장된 묘지로 생각된다(그림 4.12).⁶⁰

모자오산을 중심으로 한 유적 중심부를 에워싸는 형태로 2중의 성벽이 건설되었다. 내성은 평면 말각장방형으로 남북 약 1910m, 동서 약 1770m, 총 연장은 약 6㎞이며, 총 면적은 290

---

57 劉斌 등, 「良渚: 神王之國」, 『中國文化遺産』 2017(3), 8쪽; 浙江省文物考古研究所, 『良渚古城綜合研究報告』, 文物出版社, 2019, 136-199쪽

58 浙江省文物考古研究所, 『反山』 上·下, 文物出版社, 2005.

59 浙江省文物考古研究所, 앞의 책, 2019, 96-101쪽.

60 劉斌 등, 앞의 논문, 2017, 9-10쪽.

그림 4.12 량주 유적 제단 묘지
1. 판산 2. 야오산
(浙江省文物考古研究所, 『良渚古城綜合研究報告』, 文物出版社, 2019, 78; 264쪽. 필자 편집)

여 만㎡ 가량이다. 성벽의 기초 부분에는 돌을 깔고 그 위에 순정한 황색 점토를 층층이 쌓아 성벽을 구축하였다. 기저부의 폭은 20~150m 전후, 보존이 비교적 잘 된 지역의 현존 높이는 약 4m 가량이다.[61] 남벽 외측을 제외하면 내성의 안팎으로 모두 해자가 있으며, 내성 사벽에는 각 2기씩 모두 8기의 수문(水門)이 설치됐다. 수문 이외에도 남벽 중부에 육로로 통행할 수 있는 성문 1기가 배치되었다. 해자는 방어의 목적도 있지만 수문과 결합하여 성내 교통망의 일부로 사용되기도 하였다. 성벽 건설에 사용된 황색 점토는 다른 곳에서 옮겨 온 것이다. 내성 바깥쪽에는 다시 평면 불규칙형의 외곽이 위치한다. 단속적으로 보존되어 있는 외곽은 역시 퇴축 토성으로 기저부의 폭은 30~60m, 높이는 1~3m 가량이다. 외곽이 포괄하는 성내 전체 면적은 약 800만㎡에 달한다.[62] 내성은 량주문화 전기에, 외곽은 후기에 건설되었다(그림

---

61 浙江省文物考古研究所, 앞의 책, 2019, 102-136, 200-235쪽.
62 劉斌 등, 위의 논문, 2017, 8-13쪽; 劉斌 등, 앞의 논문, 2020, 28-32쪽.

4.12).⁶³

량주 유적의 내성과 외곽 일대에서 51개에 달하는 고하도(古河道)가 발견되었다. 하도의 폭은 대개 10~50m, 깊이는 2~4m 가량이다. 모두 인공으로 개착되었으며, 하도의 총 연장은 3만 1,562m에 달한다. 이들 역시 해자와 더불어 량주 유적의 교통망을 구성하였다. 이들 하도는 유적 북서부 일대에 펼쳐져 있는 수역(水域), 내성을 출입하는 8개의 수문과 함께 량주 유적의 경관을 수중(水中) 도시로 만들었다.⁶⁴

량주 유적 곳곳에서 수공업 작방이 확인된다. 특히 모자오산을 둘러싼 내성 내외에서 대량의 수공업 공방이 조사되었는데 여기에서는 옥기, 칠목기, 골각기 등이 활발하게 제작된 것으로 보인다. 중가촌(鍾家村) 유적점의 인공 토대 주변에서 조사된 퇴적층에서는 석영 석편(石片), 옥료, 옥·석기 및 부산품(副産品)이 대량으로 출토되어 이곳에 옥·석기 공방이 있었음을 알 수 있다. 내성 내의 마오주산(毛竹山), 가오베이산(高北山), 선자촌(沈家村), 샤오마산(小馬山) 등 유적점과 내성 밖의 성자촌(盛家村), 진자터우(金家頭), 메이런디(美人地), 잉샹탕(迎鄕塘) 유적점 등지의 표토나 퇴적 가운데서도 옥기 및 석기 제작과 관련된 완성품·반성품 그리고 옥석기 가공에 사용된 연마석(鍊磨石), 수석(燧石) 등이 발견되었다. 이와 같은 현상은 량저 유적 내에서 수공업 생산이 매

---

63 浙江省文物考古硏究所, 「杭州市餘杭區良渚古城遺址2006~2007年的發掘」, 『考古』 2008(7), 3-10쪽; 劉斌·王寧遠, 「2006-2013年良渚古城考古的主要收獲」, 『東南文化』 2014(2), 31-38쪽.

64 劉斌 등, 앞의 논문, 2017, 8-13쪽.

우 활발하게 전개되었으며, 모자오산을 중심으로 한 내성 내외의 유적 중심지역이 특히 수공업 공방으로 가득 채워져 있었음을 시사한다.[65]

량주 유적의 외연에는 약 40km^2 범위에 걸쳐 교외(郊外) 지역이 전개된다. 교외 지역에서 발견된 유적점 대부분은 면적 약 1~2만m^2의 소형 토대이며 대체로 주거지와 묘지로 구성되어 있다. 야오쟈둔(姚家墩) 유적점은 그 전형적인 사례 가운데 하나이다. 이 유적점은 동서, 남북 각 750m 가량의 공간에 분포하는 복수의 토대로 구성되었으며, 이들이 모여 하나의 독립된 단원을 형성하고 있다. 유적 안에서는 소결토(燒結土)나 모래로 마감한 주거면이 널리 확인된다. 야오쟈둔 유적점에 포함된 루춘(盧村) 유적에서는 장방형 토대와 옥기, 옥료와 가공한 흔적이 남아 있는 옥기 반성품 그리고 옥기 제작 도구가 발견되었다.[66] 즉 야오자둔 유적점에는 주거지, 묘지, 그리고 공방으로 구성된 하나의 취락 단원이 있었다고 생각된다. 이와 같은 공간 구성은 중심부의 모자오산과 판산 그리고 내성 안팎의 공방으로 구성된 하나의 취락단원과 동일한 양상이다.

이와 같은 현상은 량주 유적의 서쪽 교외에 위치한 창펀(長墳)과 헝웨이리(橫圩里)에서 단각흑도(蛋殼黑陶)와 토제 두(豆)를 전문으로 제작한 작방의 흔적이 확인된 데서도 볼 수 있고, 둥황

---

65 浙江省文物考古研究所, 앞의 책, 2019, 136-199쪽; 劉斌·王寧遠, 앞의 논문, 2014, 35-36쪽; 劉斌 등, 위의 논문, 2017, 8-12쪽; 劉斌 등, 앞의 논문, 2020, 28-32쪽.

66 浙江省文物考古研究所, 앞의 책, 2005, 105-116쪽.

터우(東黃頭)나 바이무산(百畝山) 등지에서도 거듭 확인되었다.[67] 이렇게 보면 량주 유적은 거대한 공간에 걸쳐 있으나 기본적으로는 주거, 무덤 그리고 생산시설을 중심으로 하여 구성된 개개의 취락 단원이 상당수 모여서 형성된 거대 취락군집이라 할 수 있다. 다만 각각의 취락 단원 사이에는 유적의 규모나 유물의 수준으로 보아 상당한 격차가 있다. 모자오산 일대의 중심부가 최정점에 위치한 것이라면, 그 아래에 야오자둔 등이 위치하는 셈이다. 그뿐만 아니라 개별 유적점 내에서도 주거지와 무덤의 규모에서도 차이가 나타단다. 이것은 유적점과 유적점 사이에 계층이 존재하고, 다시 각 유적점 내부에도 복수의 계층이 존재하는 량주 사회의 복합적 사회구조와 관련되어 있을 것이다. 이와 같은 유적의 기본적인 구조는 스마오나 스자허에서도 볼 수 있었던 것이다.

외곽의 바깥쪽에서 량주 유적을 관통하여 흐르는 둥탸오시강을 건너면, 다저산 산자락 아래에 위치한 야오산(瑤山) 유적점(그림 4.12)과 후이관산(匯觀山) 유적점에 도달한다. 야오산 유적점은 해발고도 약 35m의 자연구릉을 기저부로 하여 인공으로 수축한 복두형의 고대(高臺) 제단이다. 분구의 정상부 평면은 방형에 가까우며, 중심부와 외곽에 서로 다른 색깔의 흙을 부설하여 안에서 밖으로 각각 홍색, 회색, 황색으로 구분되는 평면 회(回)자형의 3중 구조를 보인다. 이곳에서는 남북 두 줄로 나란히 배열된 무덤 13기가 발견되었다. 무덤에서 출토된 부장품은 모두

---

67 劉斌 등, 앞의 논문, 2017, 13-14쪽; 劉斌 등, 앞의 논문, 2020, 31-32쪽.

2,660점이며, 그 가운데 옥기가 2,582점이나 된다.[68] 후이관산 유적점 역시 해발고도 약 22m의 자연구릉 위에 구축된 평탄 대지로 동서 방향의 장축은 40m, 남북 단축은 30m가량이다. 이곳에서는 야오산 유적점과 유사한 형태의 제단과 무덤 4기가 발견되었다.[69] 야오산이나 후이관산 유적은 모두 제단과 묘지의 기능을 겸유한 것으로 보인다. 량주 유적의 중심부에서 멀리 떨어진 이들 유적점이 태양의 진행을 관측하는 천문대로 사용되었다는 추정이 있지만,[70] 입증할 수 있는 자료는 없다. 이처럼 외곽에 건설된 거대 제단은 량주 사회 전체가 공유하는 의례공간이었을 가능성도 있다.

량주 유적 서북부 외곽으로 전개되는 산지(山地)에는 거대한 규모의 수리체계가 건설되었다. 이 수리체계는 산간 곡지에 퇴축으로 건설된 11기의 제방으로 구성되었다(그림 4.13). 이 수리체계는 고수(高水)제방군과 저수(低水)제방군 등 2중의 체계를 갖추고 있다. 전자는 강궁링(崗公嶺), 라오후링(老虎嶺), 저우자판(周家畈), 추우(秋塢), 스우(石塢), 미펑룽(蜜蜂壟) 등의 제방으로 연결된 해발고도 약 30~40m의 제방군(群)으로 바깥쪽에 위치하고, 후자는 탕산(塘山), 스쯔산(獅子山), 리위산(鯉魚山), 관산(官山), 우퉁룽(梧桐弄) 제방으로 연결된 해발고도 약 10~20m의 제방군으로 안쪽에 위치한다. 제방의 길이는 짧은 것은 35m부터 가장 긴 것은

---

[68] 浙江省文物考古研究所, 『瑤山』, 文物出版社, 2003.

[69] 浙江省文物考古研究所, 앞의 책, 2019, 260-262쪽.

[70] 劉斌, 「良渚文化的祭壇與觀象測年」, 『浙江省文物考古研究所學刊』 8, 科學出版社, 2006; 浙江省文物考古研究所, 위의 책, 2019, 262-266쪽.

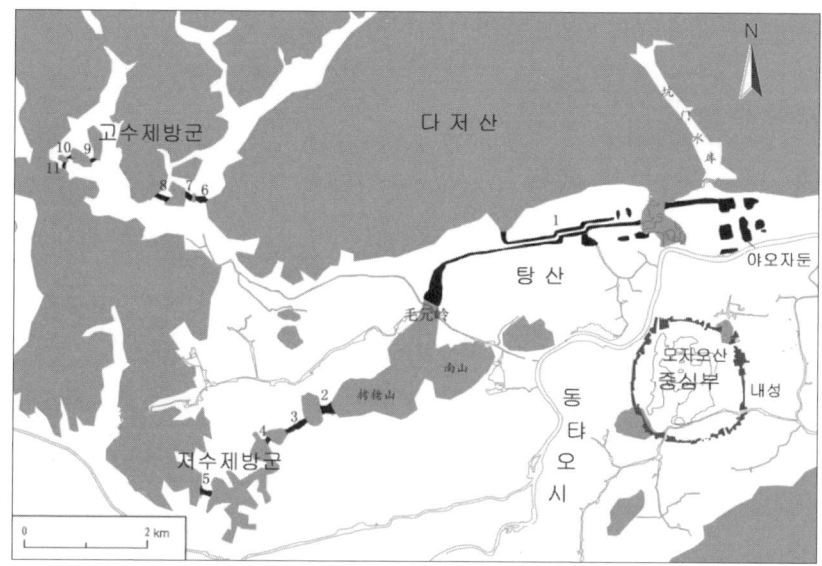

그림 4.13 량주 유적 중심부 유적 배치와 수리시설
1. 탕산(唐山) 2. 스즈산(獅子山) 3. 리위산(鯉魚山) 4. 관산(官山) 5. 우퉁룽(梧桐弄) 6. 강궁링(崗公嶺) 7. 라오후링(老虎嶺) 8. 저우-자판(周家畈) 9. 추우(秋塢) 10. 스우(石塢) 11. 미펑룽(蜜蜂弄)
(劉斌·王寧遠,「2006~2013年良渚古城考古的主要收獲」,『東南文化』 2014(2), 37쪽. 필자 편집)

약 5km까지 일정하지 않으며, 기저부의 폭은 공히 20~100m가량이다. 이 수리체계로 말미암아 량주 유적 북쪽에 약 12.4km²의 저수지가 형성되고, 약 6,000만m³의 용수(用水)가 확보되었다. 그것은 단기간 연속되는 870mm의 강우로부터 량주 유적을 보호할 수 있는 규모일 뿐만 아니라 량주 유적 서북쪽 산간곡지의 하수면(河水面)을 상승시켜 량주 유적에서 산간곡지를 향해 배로 도달할 수 있는 항행(航行) 범위를 크게 확대하는 효과도 가져왔다.[71]

---

71 浙江省文物考古研究所, 앞의 책, 2019, 270-284쪽; 劉斌·王寧遠, 앞의 논문, 2014, 36-38쪽.

그림 4.14 츠중쓰 유적점 탄화도곡 퇴적
(浙江省文物考古硏究所, 『良渚古城綜合硏究報告』, 文物出版社, 2019, 181쪽)

  모자오산 부근에서는 다량의 탄화도곡(炭化稻穀)이 발견됐다. '궁전구' 남쪽의 츠중쓰(池中寺) 유적점에서는 20만*kg*의 탄화도곡이 발견되었는데, 발굴자의 말처럼 이곳은 '궁전구'에 속한 식량창고일 것이다(그림 4.14). 이밖에 모자오산 정부에서도 탄화미가 집중적으로 퇴적된 구역이 여러 차례 확인된 바 있다. 이것은 모자오산 유적점 일대에 다량의 쌀이 저장된 창고 구역이 있었음을 시사한다.
  량주 유적의 유물을 대표하는 것은 옥기이다(그림 4.15). 옥기 가운데서도 중심이 되는 것은 종(琮), 벽(璧), 월(鉞), 관상식(冠狀飾), 삼차형기(三叉形器), 황(璜), 추형기(錐形器) 등을 대표로 하

그림 4.15 량주유적 출토 옥종
1. 야오산 M9:4 2. 야오산 M7:34 3. 판산 M14:181 4. 야오산 M2:23 5. 판산 M20:124 6. 판산 M21:4
(浙江省文物考古研究所,『良渚古城綜合研究報告』, 文物出版社, 2019, 32쪽)

는 의례기이다.[72] 대부분의 옥종에는 신인수면문(神人獸面文)이 장식되어 있는데, '신인수면'은 일종의 반인반수(半人半獸) 형상으로서 위쪽은 우관(羽冠)을 쓴 사람의 팔과 두 손이 표현되어 있으

---

72 浙江省文物考古研究所, 앞의 책, 2019, 20-51쪽.

며, 아래쪽은 짐승의 둥근 눈동자와 날카로운 손톱이 묘사됐다. 이 문양은 옥종 이외에 다른 옥기에서도 볼 수 있다. 이처럼 특징적인 문양이 조각된 옥종을 비롯한 다양한 형태의 옥기는 널리 타이호(太湖) 일대의 량저문화 권역에서 공유되었다. 옥기는 량주 유적을 중심으로 구축된 량주문화 권역의 통일성과 유대를 유지하는 중요한 도구로서 인식된다.[73]

량주 유적의 연대는 모자오산과 판산 등 내성 일대의 출토 유물, 야오산과 후이관산 묘지의 부장품 등으로 보아 기원전 3000년경의 량주문화 전기까지 소급된다. 유적 북부의 제방에서 출토된 유기물의 탄소동위연대 측정값은 기원전 3100~2700년이다. 내성의 시건(始建) 연대에 대한 직접적인 자료는 아직 없으나, 유적의 전체 구조로 보았을 때 역시 량주문화 전기에 건설된 것으로 추정된다. 외곽은 량주문화 후기에 건설되었다. 즉 량주 유적은 량주문화 전기에 이미 그 기본적인 골격을 갖추었고 이후 점차 유적의 범위가 확대되었으며, 후기에 들어 유적 중심부에 다시 외곽을 두르게 되는 일련의 시간적 발전상을 보여준다.

량주문화 후기 이후에 량주 유적 내·외에 분포하는 수역과 저습지는 대부분 옅은 황색을 띤 사질의 점토로 메워졌다. 이와 같은 현상은 량주문화 후기에 유적 일대에 홍수가 발생하였음을 암시한다. 량주 유적은 기원전 2300년경 아마도 홍수의 내습으로 말미암아 더이상 과거와 같은 대규모 취락으로 기능하지 못하게 됐을 것으로 추정된다.[74]

---

[73] 中國社會科學院考古硏究所, 앞의 책, 2010, 688쪽.

[74] 浙江省文物考古硏究所, 앞의 책, 2019, 300-305쪽; 浙江省文物考古硏究

III. 룽산문화기 대형 성곽취락의 성쇠

1. 대형 성곽취락 출현의 사회적 배경

룽산문화기에 이르러 중국 전역에서 생산력이 크게 제고되고 사회복합화가 급격하게 진행됐다. 농업생산의 증대는 석기, 특히 농기구의 개량에서 현저하게 드러난다. 밭갈이, 김매기, 거두기 등 기능에 따라 다양한 농기구가 제작되고[75], 수전농업 지대인 양쯔강 하류지역에서는 쟁기까지 등장하였다.[76] 농업생산의 증가로 말미암아 생업에서 수렵과 채집이 차지하는 비중이 급감하였으며 인류의 식단은 대부분 경작된 곡물로 채워졌다.[77] 가축 사육도 보편화되어, 육류 소비 또한 계획경제의 영역에 들어왔다.[78] 잉여생산물이 등장함에 따라 전문 수공업도 출현했다. 정교하게 제작된 윤제(輪製) 토기는 물론 옥기, 칠기(漆器)가 등장하고, 각종 동기도 사용되기 시작했다.[79]

생산력 제고는 인구 증가를 불러왔다. 룽산문화기의 급격

所, 「杭州市餘杭區良渚古城遺址2006~2007年的發掘」, 『考古』 2008(7), 10쪽.

[75] Chang(Kwang-chih), The *Archaeology of Ancient China*, 4th ed., Yale University Press, 1986.

[76] 朱乃誠, 「太湖及杭州灣地區原始稻作農業的發展及其對文明起源的作用」, 上海博物館 편, 『長江下游地區文明化進程學術研討會論文集』, 上海書畫出版社, 2004, 80-81쪽.

[77] 蔡蓮珍·仇士華, 「碳十三測定和古代食譜硏究」, 『考古』 1984(10), 949-955쪽.

[78] 袁靖, 「論中國新石器時代居民獲取肉食資源的方式」, 『考古學報』 1999(1), 1-22쪽.

[79] 中國社會科學院考古硏究所, 앞의 책, 2010, 789-790쪽.

한 인구 증가는 취락의 개체 수와 규모의 확대를 통해 확인할 수 있다. 산둥성(山東省) 르자오시(日照市) 일대에서 진행된 전면 구역조사에 의하면, 다원커우문화(大汶口文化) 단계에 27개에 불과했던 유적 개체 수가 산둥룽산문화 단계에서는 463개로 증가했고, 유적의 총면적은 47만 3,000㎡에서 2,005만 4,000㎡로 증가했다.[80] 산시성 윈청분지(運城盆地) 동부 일대의 취락 개체수는 먀오디거우(廟底溝)2기문화의 117곳에서 84곳으로 감소했으나 취락의 총면적은 545㎡에서 1,000만㎡로 두 배 가까이 증가했다.[81] 양쯔강 중류 리양평원(澧陽平原)에서는 취자링문화 단계에 45개 유적, 총면적은 91만㎡이던 것이 스자허문화 단계에는 163개 유적, 169만㎡로 격증했다.[82] 취락의 개체 수 및 인구의 증가와 함께 대형 취락도 속속 출현했다. 수십 만㎡ 면적의 취락이 드물지 않게 보이고, 위에서 살펴본 스마오, 타오쓰, 스자허, 량주 유적처럼 300만㎡ 규모 전후의 대형 성곽취락도 출현했다.

대형 성곽취락이 주목되는 가장 직관적인 이유는, 성곽을 포함하여 그곳에서 발견되는 거대한 토대, 수리시설 등 인공 구조물 때문이다. 몇 가지 수치를 들어보면 그 인상은 더욱 분명해진다. 스자허 성곽의 경우, 외곽을 제외하고 내성의 경우만 따진

---

[80] 中美兩城地區聯合考古隊,「山東日照市兩城地區的考古調查」,『考古』 1997(4), 1-15쪽;「山東日照地區系統區域調査的新收穫」,『考古』 2002(5), 10-18쪽.

[81] 中國國家博物館田野考古研究中心 등.『運城盆地東部聚落考古調查與研究』, 文物出版社, 2011, 462-468쪽.

[82] 張弛,,「中國史前農業, 經濟的發展與文明的起源 -以黃河, 長江下游地區爲核心-」,『古代文明』1, 文物出版社, 2002.

다 해도 성곽 주변의 해자를 굴착하기 위해서 약 106.4만m^3의 흙을 파내야 하고, 성을 건설하기 위해서 87만 6,000m^3의 흙을 쌓아야 한다.[83] 량주 유적은 그 규모가 훨씬 크다. 량주 유적의 내성과 수리체계에 사용된 돌과 흙의 총량은 1,008만m^3이며, 비교적 짧은 시간 내에 건설된 내성과 성 내의 토대, 유적 바깥쪽에 설치된 수리시설 등에 사용된 토석(土石)의 총량은 917만m^3에 달한다. 이 수치에는 외곽을 수축하는데 사용된 토석의 양이 제외되었다. 일단 917만m^3만 대상으로 하여 추산한다고 해도, 이들은 약 1만 명의 사람이 매년 하루도 쉬지 않고 작업할 때 약 7년 반에 걸쳐 완성할 수 있는 규모이다. 당시의 생산력 조건과 노동 조건, 인력을 동원할 수 있는 농한기, 작업을 할 수 없는 우계(雨季) 등을 고려하여 현실적으로 1년에 100일을 일할 수 있다고 가정하면, 약 27년 반 가량의 시간이 필요하다.[84] 스마오 성곽의 전체 길이는 약 10km이다. 현존하는 성벽의 최고 높이 5m로 전체 성벽을 계산하면, 이 성의 건설에 사용된 석재의 양은 12만 5,000m^3이다. 만약 200명이 투입되어 이 성벽을 건설한다면 503.6일이 소요된다. 이 계산에는 석재의 운반에 사용된 노동력은 감안되지 않았다. 만약 그것까지 고려한다면, 이 성곽을 축조하는데 동원된 인적 자원을 스마오 취락의 인구만으로 감당하기는 어려웠을 것이다.[85]

사실 성곽을 포함한 각종 토목공사를 수행하기 위해서는 노동력의 동원 이외에도 고도의 행정력과 사회조직이 필요하다. 거

---

83 何駑,「史前古城與社會發展階段的關系」,『中國文物報』2002年 11月 1日.
84 劉斌 등, 앞의 논문, 2017, 14쪽.
85 韓茂莉, 앞의 논문, 2023, 67-68쪽.

기에는 기획과 행정 능력은 물론 식량이나 자재와 같은 물자의 확보와 분배도 포함될 것이다. 이렇게 보면, 스마오는 물론 타오쓰, 스자허, 량주 등에 보이는 성벽과 공공건축 등은 외부의 지원 없이 독립적으로 완성될 수 없다.

스마오에서 발견된 대형 성곽과 각종 공공건물, 의례와 관련된 각종 증거 및 옥기, 그밖에 주변 취락과의 사이에서 보이는 규모의 차이 등을 고려하여, 그것이 룽산문화기 후기 오르도스 지역에 형성된 고도로 발달한 복합사회를 입증한다고 주장하는 것은 그 때문이다.[86] 스마오 유적 외성 동문에서 확인된 인신희생은 이곳에서 북쪽으로 약 120km 떨어진 주카이거우(朱開溝) 유적의 거주민이었다. 스마오 유적이 위치하는 투웨이허강 일대에서는 200여 개체의 취락유적이 발견되었으며, 전체적으로 보면 스마오 유적을 중심으로 한 정치체에는 약 4,000개의 취락이 포함되어 있었다고 추정된다. 이들 취락은 모두 4개의 위계(位階)로 구분된다. 황성대처럼 취락의 중심부에 놓인 피라미드상의 구조물은 다른 취락 유적에서도 빈번하게 확인되며, 스마오 유적에서 볼 수 있는 성벽 등의 석축 구조물 벽체에 옥기를 박아넣는 습속은 비춘(碧村), 스뤄뤄산(石摞摞山), 신화(新華) 등 스마오 유적 인근의 다른 대형 유적에서도 발견된다.[87]

스마오 유적의 위치는 교통로와 깊은 관계를 맺고 있다. 이

---

86 孫周勇 등, 앞의 논문, 2020, 55쪽.

87 山西省考古硏究所·興縣文物旅游國,「2015年山西興縣碧村遺址發掘簡報」,『考古與文物』2016(4), 25-33, 87쪽; 陝西省考古硏究院,「陝西佳縣石摞摞山遺址龍山遺存發掘簡報」,『考古與文物』2016(4), 3-13쪽; 陝西省考古硏究所·楡林市文物保護硏究所,『新木新華』, 科學出版社, 2005.

지역은 산시성(陝西省) 북부 지역은 황토고원 지대로서 골짜기가 발달하여 분산적인 지형을 보이므로, 육로보다는 하천을 따라 통행하는 것이 훨씬 편리하다. 투웨이허강은 선무시에서 발원하여 동서 방향으로 약 140㎞를 흘러 황허강으로 회입한다. 선사시대에는 이것이 산시성 북부의 주요 통행로였다. 스마오 유적은 남북 방향의 황허강이 동서 방향의 투웨이허와 교차하는 지점에 입지한다. 그러므로 스마오 유적는 해당 지역 일대의 물류 중심지로서는 최적의 입지조건을 가지고 있다. 이처럼 스마오 유적은 전체 내몽골 중남부, 산시(山西) 북부, 산시(陝西) 북부 일대 교통의 요충지에 위치했다.[88]

스마오 유적에서 확인되는 토기 전통은, 북으로 인산산맥(陰山山脈), 동으로 뤼량산(呂梁山), 남으로 바이윈산(白雲山) 사이에 펼쳐진 최소 430만ha의 공간에서 고도의 일체성을 띠고 공유되어 있다. 스마오 유적과 동일한 양식과 제작기술을 가진 옥기와 그 원료는 어지나(Ejin) 하곡(河谷)부터 허란산(賀蘭山)에 이르는 광대한 지역에서 산출되었다. 스마오의 옥기 수요는 이처럼 넓은 공간 범위를 관통하는 교역과 생산을 촉진하였다. 스마오 유적의 배경에는 현재의 중국 영토 내에서 당시로서는 가장 크고 또 정치적, 경제적으로 가장 중요한 사회가 작동하고 있었다.[89]

량주 유적의 중심지역과 거기에 인접한 더칭(德淸), 린안(臨安), 푸양(富陽), 샤오산(蕭山) 등을 포함하는 약 2,000㎢의 공간 범위 안에는 다수의 량주문화 유적이 분포되어 있다. 2019년까

---

[88] 韓茂莉, 앞의 논문, 2023, 63-69쪽.
[89] Li Jaang et al., 앞의 논문, 2018, pp.1016-1018.

지 량주 유적의 중심지역 이외에서도 약 150개의 유적점이 확인되었다. 이들 유적점은 대개 취락 유적이며, 복수의 취락이 군집을 이루는 양상을 보인다. 이를테면 량주 유적 중심부에서 동쪽으로 30km 거리를 둔 린핑(臨平) 유적은 약 20여 개의 유적점으로 구성되어 있다. 이 가운데 헝산(橫山) 유적과 위자산(玉架山) 유적 등지에서는 통치계층의 무덤이 발견되었다. 량주 중심부에서 북쪽으로 약 18km 떨어진 더칭 유적에서는 약 100만m²의 범위에서 옥기 제작과 관련된 유적점 23곳이 발견되었다. 이곳에서는 옥추(玉錐)를 중심으로 하는 소형 옥기가 집중적으로 생산됐다.[90] 이들 유적에서 출토된 토기 등의 일상용품과 옥종 등을 비롯한 각종 위세품 나아가 매장 습속 등은 량주 유적과 고도로 일체화된 양상을 보인다. 량주 유적 인근에 산포되어 있는 다수의 유적들은 량주 유적을 지탱하는 직접적인 기반이 되었을 것이다.

타오쓰 유적의 주변 지역, 펀허강(汾河)과 타얼산(塔兒山) 일대의 남북 70km, 동서 25km, 약 1,750km² 공간범위 내에서 진행된 전면 구역조사 결과에 따르면, 이 안에서 발견된 양사오문화부터 한대(漢代)까지의 유적 개체수는 모두 128곳이며, 이 가운데 타오쓰문화에 속하는 유적은 모두 54곳이다. 조사자의 견해에 의하면, 이 유적들은 초대형에서부터 미형(微形)까지 모두 5개 등급으로 구별할 수 있고, 이들이 구성하는 취락망(체계)은 이를테면 도(都), 읍(邑), 향진(鄕鎭), 촌(村) 등의 서열 속에서 군집화되어 있었다.[91]

90 劉斌 등, 앞의 논문, 2020, 31-32쪽.
91 何駑, 「2010年陶寺遺址群聚落形態考古實踐與理論收獲」, 『中國社會科

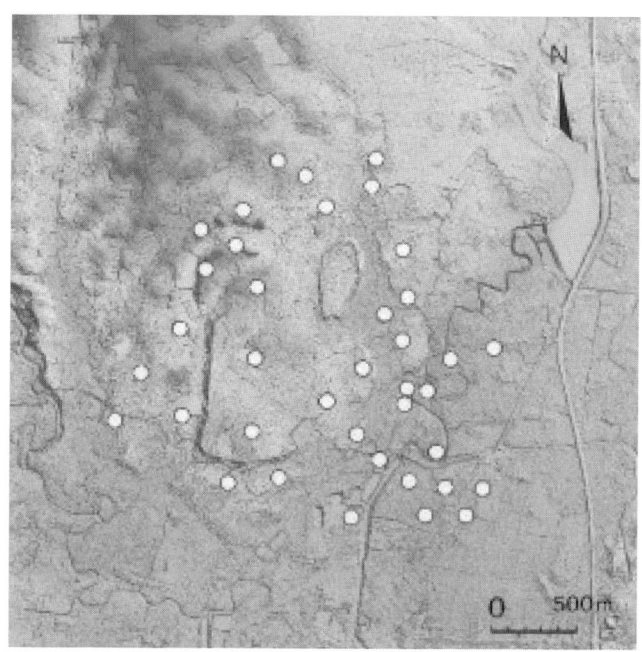

그림 4.16 **스자허 유적 일대 취락 분포**
(汪芳·方勤,「石家河早期聚落營建的地方性與適應性」,『江漢考古』2022(6), 57쪽)

양쯔강 중류 지역의 경우 스자허문화 단계에서 가장 발달한 지역은 장한평원 북부와 둥팅호 서부였는데, 이곳에도 역시 취락이 밀집 분포하며 그 중에서는 다수의 성곽취락도 확인되었다. 특히 장한평원 북부 다훙산 남쪽 기슭에는 대형 성곽취락과 그것을 중심으로 한 취락군이 더욱 많아, 10~20㎞ 간격에 하나꼴로 분포하였다. 둥팅호 서부의 리양평원에서는 대소 하천을 따라 스자허문화 유적 192곳이 발견되었는데, 이것은 평균 5㎞마다 하나씩의 취락이 자리하고 있는 꼴이다.[92] 즉 스자허 유적은 이처

學院古代文明研究中心通訊』 21, 2011.

92 郭偉民 2010, 『新石器時代澧陽平原與漢東地區的文化和社會』, 文物出

럼 군집화된 취락체계의 정점에서 그 구심점으로 기능했다고 생각된다.

현재까지 량주 유적의 중심구역 일대에서는 도전(稻田)이 확인된 바 없다. 그럼에도 불구하고 량주 유적의 '궁전구' 일대에서 20만kg의 탄화도곡이 발견되었다는 것은 위에서 언급했다. 동위원소 분석을 통해 보면, 이들 도곡은 여러 경작지에서 온 것이다. 마오산(茅山) 유적에서 발견된 수전 규산체(硅酸體)와 곡물의 중량 관계를 참고하면, 룽산문화 단계에 이 지역의 단위면적 당 도곡 생산량은 대략 141kg/묘(666.7㎡)이다. 이것을 기준으로 해서 20만kg을 계산하면, 그것은 약 1,418묘(약 94만 5,380㎡)의 수전에서 생산할 수 있는 1년 생산량에 해당한다. 그만한 규모의 도곡이 여러 곳에서 량주 유적으로 집결된 것이다. 이것은 모자오산에 거주하는 량주 사회의 최고 통치계층이 일정한 영역에 걸쳐 세금을 징수하고 있었음을 의미한다.[93]

아마도 량주 유적의 지배력은 유적 인근 지역뿐만 아니라 더 넓은 지역까지 확장되었을 것이다. 타이호 유역에서 모두 600여 곳의 량주문화 유적이 군집을 형성하면서 분포되어 있다. 그 중에서도 타이호 남쪽의 자싱(嘉興), 동쪽의 쑤후(蘇滬), 북쪽의 창저우(常州) 등에서는 인공으로 구축된 대형 토대가 발견되었으며, 그 정부에서 각종 옥기를 부장한 무덤도 확인되었다. 규모는

版社, 2010; 張弛, 「屈家嶺-石家河文化的聚落與社會」, 『考古學研究』 10, 科學出版社, 2012.

93   陳雍, 「解讀良渚文明: 中國早期國家形態特徵及其研究路徑」, 『南方文物』 2021(1), 17쪽.

량주 유적보다 작지만, 그 구성은 량주 유적의 그것과 매우 흡사하다. 해당 지역에서는 이들 유적이 중심취락의 역할을 담당했을 것이다.[94] 그리고 이들 취락체계의 최정점에 량주 유적이 위치했다.

량주문화는 일찍부터 옥종, 옥벽, 옥월 등과 같은 정교한 문양으로 장식된 옥기로 유명했다. 이들 옥기가 량주문화의 대표적인 위세품이다. 그런데 타이호(太湖)를 중심으로 해서 반경 약 100㎞에 걸쳐 펼쳐진 범위에서 출토된 옥기들은 옥료의 질이나 양식, 문양에서 상당한 일치성을 지닌다(그림 4.17). 량주 유적 옥기의 재료는 장쑤성(江蘇省) 창저우(滄州)의 리양(溧陽) 샤오메이링(小梅嶺) 등지에서 왔을 것으로 추정된다.[95] 리양은 량주 유적에서 약 120㎞가량 떨어져 있다. 원거리 교역을 통해 입수한 옥료는 량주의 옥기 작방에서 가공되어 다시 량주문화 권역 전체로 분배되었다.[96] 예컨대 량주문화 권역의 최북단이라 할 수 있는 장인현(江陰縣) 가오청둔(高城墩) 유적에서 출토된 옥종 1점과 량주 유적의 야오산 유적점에서 발견된 다른 1점은 재료나 문양의 구성, 혹은 조각기술까지 매우 흡사하다. 이 두 점의 옥종이 같은 곳에서 제작된 것이 분명하다면, 그 제작지는 아마도 량주 유적 안의 어느 곳이었을 것이다. 량주 유적의 '궁전구' 내외와 다른 여러 곳에서 옥기가 대규모로 생산되었다는 증거는 많다. 량주문

---

94 張忠培,「良渚文化墓地與其表述的文明社會」,『考古學報』2012(4), 401-422쪽.

95 聞廣·荊志淳,「福泉山與崧澤玉器地質考古學硏究」,『考古』1993(7), 627-644쪽.

96 今井晃樹,「良渚文化の地域間關係」,『日本中國考古學會報』7, 1997.

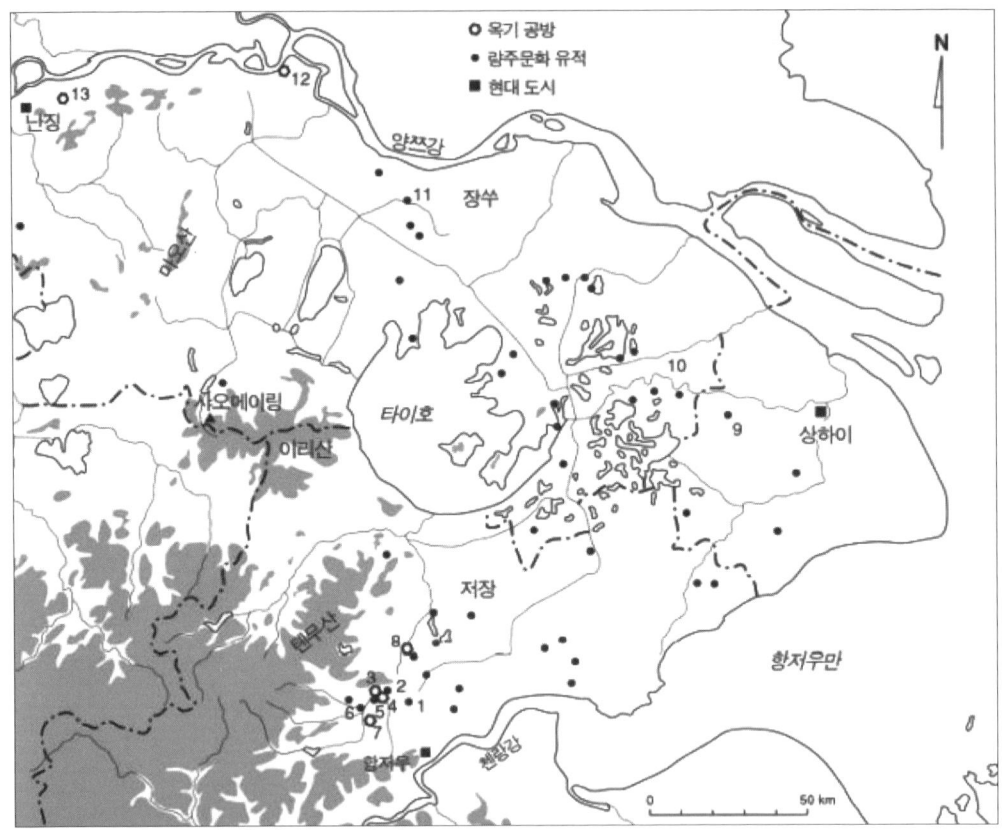

그림 4.17 량주문화 옥기 출토 지점
(류리·천싱찬 지음, 김정열 옮김, 『중국고고학-구석기시대 후기부터 청동기시대 전기까지』, 사회평론아카데미, 2019, 283쪽)

화권의 옥기에서 나타나는 생산의 규격화와 표준화, 원료의 습득과 분배는 위세품에 대한 중앙집권화된 통제의 가능성을 시사한다. 그 문화권은 량주 유적의 정치적 영역과 대체로 일치할 것이다.[97]

스자허 유적에서 다량으로 출토된 토우와 토배 또한 이와

---

[97] G. Shelach-Lavi, 앞의 책, 2015, pp.144-148.

동일한 맥락에서 이해할 수 있다. 스자허 유적 덩자완 유적점에서는 1만여 점을 상회하는 소조상이 출토되었으며, 산팡완 유적점에서는 224만 점 이상의 토배가 발견되었다. 소조상과 토배는 일상용품이 아니라 제의에 사용된 의례용기이다.[98] 이런 의례용품은 스자허 유적 현지뿐만 아니라 스자허문화 권역의 다른 유적에서도 널리 발견되었으며, 그 공간 범위는 장한평원 전체에 걸쳐 있다.[99] 이것은 스자허문화 단계에 스자허 유적을 중심으로 하여 거대한 공간 범위에 통합된 신앙과 제의의 체계가 존재하였고, 거기에 일정한 상호작용의 네트워크 또는 아이디어의 교환이 작동하고 있었다는 것을 의미한다. 스자허 유적에서 다른 유적과는 비교가 되지 않는 양의 제의용품이 발견되는 것은 이곳이 그 네트워크의 중심지였음을 의미한다.[100] 이곳에서 제작된 제의용품이 강한평원 일대에 공급되었다면, 스지허를 중심으로 하여 형성된 일정한 지역적 통합 또한 상정해 볼 만하다(그림 4.18). 량주의 경우와 마찬가지로 아마도 그 통합의 공간이 스자허 유적을 지탱하는 배후지로 작용하였을 것이다. 이것은 장한평원 일대에서 스자허 유적을 중심으로 통합된 일정한 정치체를 반영하는 것

---

98 嚴文明, 「鄧家灣考古的收獲」, 『考古學研究』 5(上), 科學出版社, 2003, 105-110쪽.

99 任式楠, 「長江中游文明起源探索-以屈家嶺, 石家河文化爲中心」, 中國社會科學院歷史研究所, 『華夏文明與傳世藏書』 中國社會科學出版社, 1996, 252-284쪽; 張緖球, 「長江中游史前城址與石家河聚落群」, 嚴文明·安田喜憲 편, 『稻作, 陶器和都市的起源』, 文物出版社, 2000.

100 江村秀典, 「長江中流域における城郭集落の形成」, 『日本中國考古學會會報』7, 1997.

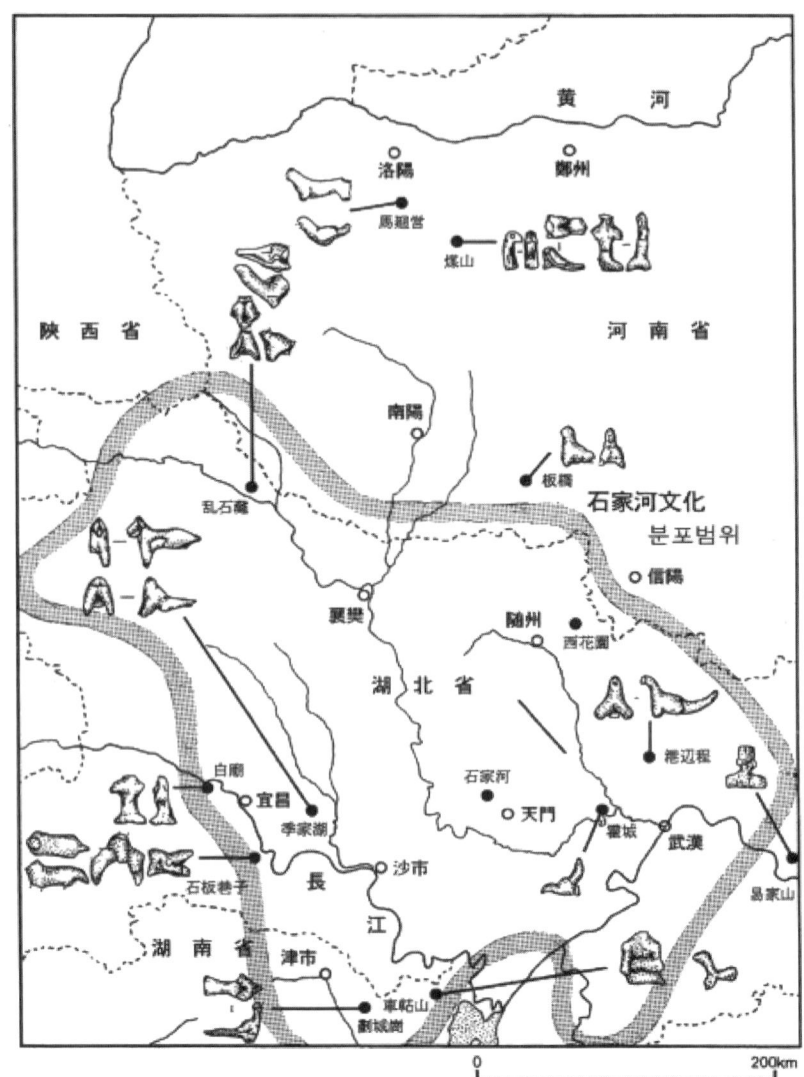

그림 4.18 스자허문화 유적 분포 범위와 동물형 토제 소조상 출토 지점
(中村愼一,「石家河遺跡をめぐる諸問題」,『日本中國考古學會會報』7, 1997, 47쪽.
필자 편집)

으로 이해된다.[101]

---

101 宮本一夫,「長江中流域の新石器文化と城址遺跡」, 同委員會 編,『福岡

2. 대형 성곽취락의 붕괴

일정한 공간 범위 내 취락체계의 정점에 선 대형 성곽취락은 시간 차이는 있지만 대체로 룽산문화기의 종결을 전후하여 폐기되기 시작했다. 각각의 대형 성곽취락이 붕괴된 시점에는 약간의 시차가 있지만, 그 경향성은 대체로 동일하다. 주목해야 할 것은 대형 성곽취락의 몰락은 개별 취락 차원에 그친 것이 아니라, 그것을 지탱한 취락체계의 전반적인 몰락과 궤를 같이했다는 점이다.

먼저 타오쓰 유적이 위치한 산시성 남부의 윈청분지에서는 룽산문화기의 취락이 쇠락하거나 폐기되고 취락 면적도 감소하기 시작하였다. 룽산문화 단계에 이 지역의 총 취락 면적은 1,068만㎡였지만, 뒤이은 얼리터우문화 단계에는 229만㎡에 불과하다.[102] 대형 취락의 몰락은 더욱 심한데, 타오쓰를 제외한 구역 내, 면적 100만~200만㎡의 룽산문화 단계 취락 3곳은 모두 얼리터우문화 단계까지 이르지 못했고 30만~100만㎡ 취락 13곳도 대체로 같은 시기에 소멸했다. 이 지역의 최대 취락 유적인 저우자좡(周家莊)은 룽산문화 말기부터 취락 규모가 크게 감소하여, 500만㎡에 달하였던 유적의 면적이 21.4만㎡로 급격하게 축소됐다. 전체적으로 보면, 룽산문화 단계의 유적 54곳 가운데 소규모 취락 5곳만이 얼리터우문화 단계까지 이어졌으며, 이 단계에 새로 형성된 취락은 없다.[103] 얼리터우문화 단계에서 이 지역의 인

からアジアへ』, 西日本新聞社, 1995.

102 中國國家博物館田野考古研究中心 등, 『運城盆地東部聚落考古調查與研究』, 文物出版社, 2011.

103 何駑, 「2010年陶寺遺址群聚落形態考古實踐與理論收獲」, 『中國社會科學院古代文明研究中心通訊』 21.

구밀도가 룽산문화 단계보다 현저히 낮은 것을 감안하면, 룽산문화 후기의 인구 감소 폭은 취락 면적이 보여주는 것보다 더 클 것이다.[104]

스자허 유적이 위치한 양쯔강 중류 일대에서는 스자허문화 후기에 들어 이전부터 수백 년 동안 지속되어 온 성곽취락이 모두 폐기되었을 뿐만 아니라, 취락의 개체 수도 급격히 감소했다. 스자허 유적을 중심으로 사방 150㎢ 범위 내에 해당하는 지역을 대상으로 한 전면 구역조사에 의하면, 스자허문화 전·중기에 스자허문화 유적의 총면적은 800만㎡에 달하였지만, 후기에는 100만㎡로 급격히 감소했고, 이 가운데 성벽을 갖춘 취락들에서는 성벽 곳곳이 파괴되는 현상이 나타나기 시작했다. 스자허 유적 일대는 취락 밀집구역으로 모두 63곳의 취락이 있었지만, 스자허문화 후기에는 14개에 지나지 않게 되었으며, 취락의 면적도 크게 축소되었다.[105]

타오쓰와 스자허 인근에서 취락 개체 수가 현격히 줄어들고 인구 규모 역시 그와 같은 궤적을 보여주는 것은 이들을 중심으로 구축되었던 취락체계가 붕괴됐음을 암시한다. 스마오 유적이 위치한 선무현 내의 인구와 취락 수는 얼리터우문화 시기부터 급격히 감소하였다. 얼리터우문화기 이래 상주(商周) 시기에 이르

---

[104] 張莉, 「危機與新生-考古材料所見低地龍山崩壞及其歷史意義」, 『南方文物』 2023(3), 76쪽.

[105] 湖北省文物考古硏究所, 「大洪山南麓史前遺址調査-以石家河爲中心」, 『江漢考古』 2009(1), 16-21쪽; 湖北省文物考古硏究所 等, 「湖北天門市石家河古城嚴家山遺址2016年發掘簡報」, 『考古』 2018(9), 66-67쪽.

기까지 이 지역의 유적 개체수는 10개에 지나지 않는다.[106] 그것은 스마오 유적 일대 토지의 인구 부양 능력이 크게 감소하였으며 스마오를 중심으로 구축된 취락체계가 이미 한계점에 도달했음을 의미한다. 이 지역의 취락체계 붕괴는 얼리터우문화 단계에 들어 자이허마오(寨合峁) 유적에 석성이 건설된 것에서 상징적으로 나타난다. 이 유적은 스마오 유적과 직선거리로 불과 약 17㎞ 정도밖에 떨어져 있지 않으며, 유적의 총면적은 3,700㎡에 지나지 않는다. 매우 가파른 산꼭대기 부분에 입지하여 방어성이 크게 고려된 이 석성은 투웨이허강 일대의 취락체계가 룽산문화 단계 이전의 무질서 상태로 회귀하고 있었음을 보여준다.[107]

량주 유적에 대해서는 유적 일대의 구역조사 정보가 아직 공개되지 않아 그 전모를 알 수 없다. 그러나 기타 정보를 통해서 량주 유적의 소멸 단계에 이 지역에서도 광범위한 취락과 인구 감소의 경향이 나타나는 것을 알 수 있다. 예컨대 량주 유적에서 동쪽으로 약 20㎞ 떨어진 린핑 유적 일대에는 량주문화 이후 첸산양문화(錢山漾文化), 광푸린문화(廣富林文化) 단계의 유적이 매우 드물다. 타이호 이동과 이남의 넓은 지역에서 발견된 첸산양문화 단계의 유적은 단 8곳에 불과하다. 심지어 광푸린문화의 유적은 상하이 인근 지역에서 단 1곳밖에 발견되지 않았다. 이런 경향은 얼리터우문화 단계와 평행하는 마차오문화(馬橋文化) 단계에도 호전되지 않았다.

106　國家文物局,『中國文物地圖集』, 西安地圖出版社, 1998.

107　徐舸,『公元前三千紀至前兩千紀之初禿尾河流域聚落形態的初步考察』, 西北大學碩士學位論文, 2016.

놀랍게도 룽산문화기에 황허강과 양쯔강 수계에 걸친 광활한 지역 곳곳에서 출현했던 대형 성곽취락과 그를 중심으로 구축되었던 취락체계는 짧은 시간 차를 두고 거의 동시에 일제히 붕괴의 길로 접어들었다.

IV. 얼리터우 유적의 출현과 성장

룽산문화기에 발생한 대형 성곽취락과 이를 중심으로 하여 형성된 구역 취락체계의 붕괴는 이후 오랜 시간 동안 회복되지 않았다. 그런데 그들과는 무관한 황허강 중류의 뤄양분지 일대에서 기원전 19세기경 룽산문화기의 대형 성곽취락에 비견할 만한 유적이 돌연 출현했다. 이것이 바로 얼리터우 유적이다.

1. 얼리터우 유적의 구조

얼리터우 유적은 허난성 중서부 옌스시(偃師市) 얼리터우촌(二里頭村) 남쪽에서 발견되었다. 유적은 북쪽의 망산(邙山), 서쪽의 허난성 서부의 구릉지대, 동쪽의 쑹산(嵩山) 사이에 개재한 뤄양분지 중부에 위치한다. 유적은 해발고도 약 100m의 대지(臺地)에서 확인되었다. 유적의 남쪽과 동남쪽은 뤄허강의 고하도(古河道)가 지나는 곳으로 단애(斷崖)를 형성하며, 그 밖은 대체로 완만한 경사지이다. 전체 면적은 약 300만m^2 가량이며, 이 정도가 대체로 얼리터우 유적이 전성기를 맞이하였을 때의 공간범위로 생각된다.

1957년 처음 발견된 후, 1959년 이곳을 답사했던 쉬쉬성(徐旭生)은 이곳이 상나라 성탕(成湯) 임금이 도읍한 곳이었을 가능성이 크다고 주장하면서 얼리터우 유적은 일약 학계의 주목을 받게 되었다.[108] 1960년부터 중국사회과학원 고고연구소가 얼리터우 유적의 발굴을 전담한 이래 지금까지 약 60여 차례에 걸쳐 발굴이 진행되었으며, 총 발굴면적은 4만m^2에 달한다. 지금까지의 조사와 발굴을 통해 대소 판축기단, 담장[圍墻], 주거지, 무덤, 재구덩이, 저장갱[窖穴], 각종 수공업 공방, 도로 등 다양한 유구가 두루 확인되었다.[109] 얼리터우 유적의 절대연대는 아직까지 분명하지 않지만 대체로 기원전 1900년경부터 기원전 1500년경 사이에 위치한다.[110]

얼리터우 유적의 중심부분은 종횡으로 교차하는 폭 약 20m의 간선도로로 구획되는 9개의 근방형 구역으로 구성되어 있다(그림 4.19). 이 각각의 구역은 기저부의 폭이 약 2~3m 가량인 판축 담장으로 둘러싸여 외부와 격리되었다. 남북 방향의 중축선상에는 '제사구', '궁전구', '공방구'가 위치하고 그 좌우 양편에는 '주거구'가 배치되었다.[111]

궁전구는 9개 구역 가운데 정중앙에 위치한다. 면적은 약 10만 8,000m^2가량이며, 지금까지 모두 12기의 판축기단이 이 구역에서 확인되었다. 판축기단은 모두 지상건물지로 생각된다. 다만 이들 12가 동시에 존재했던 것은 아니다. 궁전구의 동측에 위치

---

108 徐旭生,「1959年豫西調査"夏墟"的初步報告」,『考古』1959(11), 592-600쪽.

109 中國社會科學院考古研究所,『二里頭 1999~2006』, 文物出版社, 2014, 1~15쪽.

110 류리·천싱찬 지음, 김정열 옮김, 앞의 책, 2019, 315-316쪽.

111 趙海濤,「二里頭都邑聚落形態新識」,『考古』2020(8), 109-120쪽.

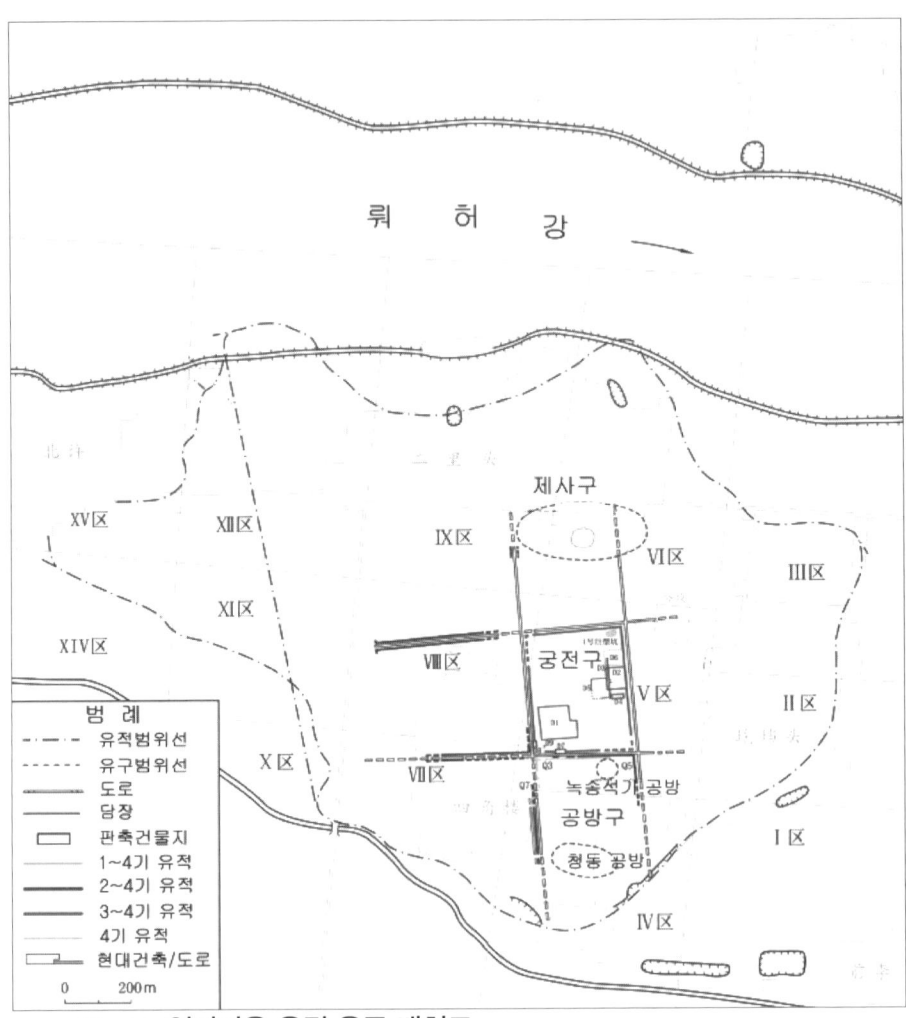

그림 4.19 얼리터우 유적 유구 배치도
(趙海濤, 「二里頭都邑聚落形態新識」, 『考古』 2020(8), 110쪽. 필자 편집)

한 3호와 5호는 얼리터우문화 제1~2기에 사용되다가 3기에 들어 폐기되었으며, 1호와 2호는 제3~4기에 사용되었다.

시기가 앞서는 3호와 5호는 모두 개방형의 다진원락(多進院落) 형태를 띤다. 3호 판축기단의 전체 크기는 남북 장축이 133m 이상, 동서 단축이 50m 이상이나, 건물의 구조는 분명하지 않다. 중

그림 4.20 얼리터우 유적 02VM3 출토 녹송석기
(中國社會科學院考古研究所二里頭工作隊,「河南偃師二里頭遺址中心區的考古新發現」,『考古』 2005(7), 圖版陸)

심건물과 그 앞에 펼쳐진 정원이 하나의 단원을 이루고, 이 단원 3개가 남북 방향으로 나란히 배치된 3중 원락 구조이다.[112] 3호 판축기단의 중원(中院)과 남원(南院)에서 발견된 5기의 무덤(M1-M5)은 모두 얼리터우문화 제2기의 최고등급 무덤이다. 특히 남원의 중북부에서 발견된 M3은 30-35세 가량의 성년 남성 무덤인데 여기에서 청동기, 녹송석기, 옥기, 칠기, 토기 등의 부장품이 총 37점이 출토되었다. 이 가운데 녹송석기(그림 4.20)는 대략 2,000조각의 녹송석이 용형(龍形)의 유기물 위에 부착된 형태로서 묘주의 위에 놓였다, 이를 통해 묘주가 높은 사회적 지위를 가지고 있었음을 알 수 있다. 이 무덤에서는 정(鼎), 분(盆), 두(豆)

---

112 中國社會科學院考古研究所, 앞의 책, 2014, 637-649쪽.

등과 준(尊), 화(盉), 작(爵) 등의 조리, 보관, 소비를 위한 서로 다른 기능을 가진 식기(食器)와 음기(飮器)의 토기 부장품 조합이 확인되었으며,[113] 이것은 얼리터우 유적의 표준적 토기 부장품 조합이다. 이상의 현상은 궁전구의 판축기단이 얼리터우 최고 통치계층에 의해 점유된 생활과 매장의 공간이었음을 시사한다. 5호 판축기단은 개방형의 4중 원락이며, 그 전체 면적은 약 $2,700m^2$에 달한다.[114]

이들보다 늦게 건설된 1호와 2호 기단은 중심건물과 그 앞쪽으로 펼쳐진 광장 그리고 그 사방을 감싸는 담장 또는 낭무(廊廡)로 구성된 폐쇄적 사합원(四合院) 구조이다. 1호는 대체로 방형을 띤 불규칙형 평면으로 서변의 길이는 98.8m, 남변의 길이는 107m이다. 2호는 남북 장축 72.8m, 동서 단축 약 58m의 장방형이다. 1호는 중심건물 앞에 펼쳐진 넓은 광장으로 인해 의례용 건물과 그 부속 공간으로 간주된다. 2호의 경우에는 기단 북쪽의 중심건물 배후에 있는 대형 무덤 1기(M1)가 특징적이다. M1은 개구부(開口部)를 기준으로 평면이 남북 약 5.3m, 동서 약 4.3m의 규모로서 얼리터우 유적에서 발견된 무덤 가운데 최대 규모이지만 부장품이 남아 있지 않다.[115] 중심건물 뒤에 무덤이 배치된 특수한 구조로 말미암아 2호 기단을 종묘(宗廟) 유적으로 추정하

---

113 中國社會科學院考古硏究所, 위의 책, 2014, 998-1006쪽.

114 中國社會科學院考古硏究所二里頭工作隊,「河南偃師市二里頭遺址宮殿區5號基址發掘簡報」,『考古』2020(1), 20-36쪽.

115 中國社會科學院考古硏究所,『偃師二里頭-1959年~1978年考古發掘報告-』, 中國大百科全書出版社, 1999, 138-159쪽.

는 견해도 있으나,[116] 분명하지 않다. 대형 판축기단이 밀집되어 있는 궁전구 전체는 길이 1324m의 담장으로 주변과 격리되어 있는데, 이 담장은 대체로 얼리터우문화 3기경에 건설되었다.[117]

공방구는 궁전구의 남쪽에 위치한다(그림 4.21). 이곳에는 청

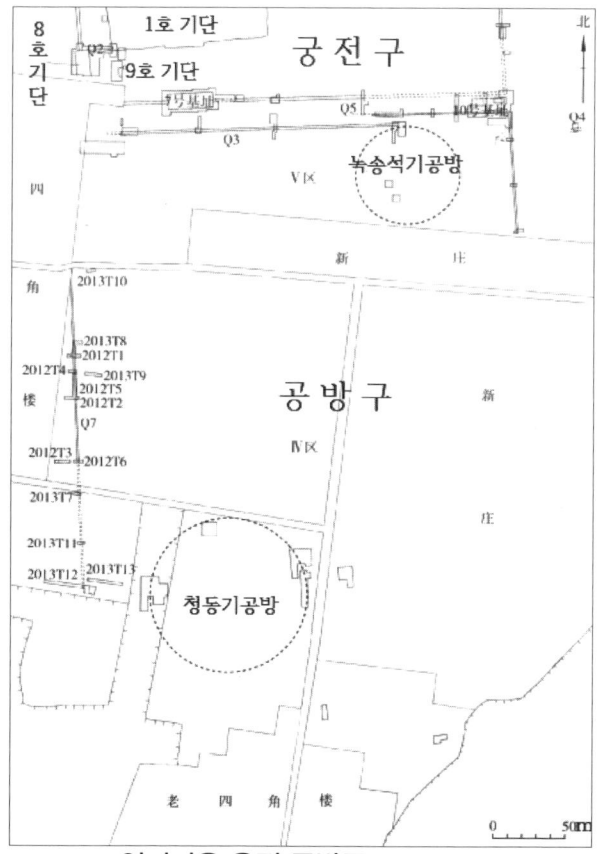

그림 4.21 얼리터우 유적 공방구
(中國社會科學院考古硏究所二里頭工作隊, 「河南偃師市二里頭遺址墙垣和道路 2012~2013年發掘簡報」, 『考古』 2015(1), 56쪽. 필자 편집)

116 許宏 등 2004, 「二里頭遺址聚落形態的初步考察」, 『考古』 2004(11), 26-27쪽.

117 趙海濤, 위의 논문, 2020, 115-116쪽.

동기, 녹송석기 등을 제작하는 공방이 배치되어 있다. 청동기 공방은 공방구의 남측에서 발견되었다. 유적의 전체 면적은 약 1만 5,000~2만m^2가량이며, 이곳에서 도가니, 거푸집, 용광로 파편, 동편, 동사, 목탄 등의 동기 생산 관련 각종 유물과 지상 및 수혈 주거지, 재구덩이, 무덤 등 아마도 장인의 일상생활과 관련된 것으로 보이는 유구가 집중적으로 발견되었다. 이곳은 얼리터우문화 특히 제2기 후기부터 제4기에 이르기까지 제련과 주조, 거푸집 제작 등의 작업이 집중적으로 이루어진 청동기의 주요 생산공간이면서 동시에 주거와 매장 등의 생활이 영위된 생활과 매장의 공간이기도 하였다.[118] 이곳에서 발견된 성년 무덤 중 일부에는 동기 혹은 옥기가 부장되었다. 동기 생산유적은 공방구 이외의 곳에서도 간헐적으로 보이지만, 규모도 작고 자체적인 제련도 이루어지지 않았을 뿐만 아니라 시기 또한 대개 얼리터우문화 초기의 것이거나 궁전구가 폐기된 이후의 것이다.[119] 공방구의 동북쪽에는 녹송석기를 제작한 공방이 위치했다. 재료 보관 구덩이 2004VH290을 중심으로 하여 1,000m^2 이상의 공간 범위에서 가공 공구와 원료, 가공된 녹송석 파편, 반성품(半成品), 완성품 폐료(廢料) 등이 발견되었다.[120]

공방 유적은 공방구 이외의 곳에서도 다수 발견되었다. 제사구 이서(以西) 약 300m 지점에서 집중적으로 발견된 점토갱, 가마, 공구, 변형 토기와 다량의 토기 폐기품 등은 이곳에 토기

---

118 中國社會科學院考古硏究所, 앞의 책, 1999, 159-168, 260-267쪽.
119 陳國梁, 「二里頭遺址鑄銅遺存再探討」, 『中原文物』 2016(3), 35-39쪽.
120 中國社會科學院考古硏究所, 앞의 책, 2014, 337-338쪽; 趙海濤, 앞의 논문, 2020, 113쪽.

공방이 있었음을 시사한다. 또한 얼리터우 유적 서북쪽 경계 부근에서도 토기가마 1기와 소결토, 점토와 폐기품 퇴적이 확인되었다.[121] 이처럼 상대적인 위치로 보았을 때 얼리터유 유적의 서북쪽 일대에 토기 공방이 집중되어 있었을 것으로 보이지만, 그 밖에도 유적 곳곳에서 토기가마가 분산적으로 확인되었다.[122] 골기 공방은 궁전구 서남쪽과 제사구 서쪽 인근에서 발견되었으며, 그 밖에도 다수의 '골기가공점(骨器加工點)'이 확인되었다.[123] 궁전구 서남쪽 4호 기단 남쪽의 퇴적에서는 동물의 지골(肢骨)과 늑골(肋骨) 그리고 소와 사슴의 뿔 등이 다량 발견되었고, 절단이나 연마의 흔적이 남은 골각기 파편은 물론 골각기 폐료와 함께 반성품, 송곳, 화살촉, 비녀 등의 완성품이 출토되었다.[124] 한편 지금까지 얼리터우 유적에서 석기 공방이 발견되었다는 보고는 없다. 다만 궁전구의 동북부와 서남부, 공방구의 동북부 등지에 '석기가공점'이 간헐적으로 분포되어 있으며 유적 동북부의 약 1,000㎡ 범위 내에도 석기, 골기 작방 혹은 가공점이 있었을 가능성이 있다. 끝으로 얼리터우 유적에서는 다량의 옥기가 출토되었지만 옥기 제작과 관련된 유적은 아직 확인되지 않았다.[125]

공방구는 궁전구 남쪽에 인접하여 유적의 중심부에 위치해

---

121 趙海濤, 「二里頭都邑布局和手工業考古的新收穫」, 『華夏考古』 2022(6), 64쪽.

122 中國社會科學院考古硏究所, 앞의 책, 1999, 78, 164-165, 260-262쪽.

123 中國社會科學院考古硏究所, 앞의 책, 2014, 1663쪽: 陳國梁·李志鵬, 「二里頭遺址制骨遺存的考察」, 『中原文物』 2016(5), 59-61쪽,

124 趙海濤, 앞의 논문, 2022, 65쪽.

125 趙海濤, 앞의 논문, 2020, 113쪽.

있을 뿐만 아니라 주변을 담장으로 에워싸기도 했다. 이것은 통치계층이 공방구에 강한 통제력을 행사하고 있었음을 시사한다. 청동기 공방과 녹송석 공방은 생산 공정 전체에 걸친 각종 시설을 구비하고 있었으며 모두 장기에 걸쳐 사용되었다. 이처럼 얼리터우 유적에서는 청동기와 녹송석기 제작이 전문화, 규모화되어 있었다. 얼리터우 유적에는 이처럼 대형 공방구가 따로 설정되어 있었지만, 수공업 생산이 이 구역에서만 제한적으로 이루어진 것은 아니다. 얼리터우 유적에는 공방구 이외의 지역에서 토기, 골기, 석기 등을 제작한 공방 또는 가공점이 분산되어, 각종 수공업 제품이 여러 곳에서 동시에 생산되고 있었다. 공방은 심지어 궁전구 내에서도 확인된다.[126] 즉 얼리터우에서는 청동기와 녹송석기 등 특수한 물건을 제외한 다른 물품들은 비교적 자유롭게 생산되고 있었다.

궁전구 북쪽에는 제사구가 위치한다. 이곳에는 동서 약 300m, 남북 약 200m의 공간 안에 '단(壇)'과 '선(墠)'으로 추정되는 유구가 집중적으로 분포되어 있다. 전자는 원형의 지상 판축 구조물로, 구조물 윗면에는 평면 원주 형태의 점토 원권(圓圈)이 한 바퀴 또는 두 바퀴 나란히 배열되어 있다. 이 근처에서는 늘 동기 또는 옥기를 부장한 고급 무덤이 발견된다. 후자는 경사로나 계단 등의 출입시설을 동반하는 얕은 구덩이 형태의 구조물인데, 구덩이 내부에는 복수의 활동면이 중첩되어 있다. 활동면에는 소결토가 보이고, 활동면과 활동면 사이에서는 비정상적 매장도 확인된다. 이 '단'과 '선'은 모두 제의가 진행된 장소로 간주된

---

126 趙海濤, 위의 논문, 2020, 118쪽.

다.¹²⁷

궁전구, 공방구, 제사구를 제외한 유적의 나머지 공간은 주거구가 차지했다. 주거구에는 주거지와 묘지가 집중되어 있다. 얼리터우 유적에서는 대형 공동묘지가 발견되지 않는 대신 소규모 묘지가 유적 내 곳곳에 산포되어 있는 양상을 볼 수 있다. 이와 같은 소형 묘지에는 동기와 옥기 등 위세품을 부장한 무덤이 있는가 하면, 묘광의 규모도 작고 약간의 토기만이 부장된 무덤도 있다. 게다가 왕왕 난장갱(亂葬坑)이나 머리 혹은 지체 일부가 결실된 상태로 매장된 사람의 무덤이 동일한 묘지에서 발견되기도 한다. 묘지의 근처에서는 판축기단이 발견되며, 일부는 양자가 같은 곳에 중첩되어 있는 경우도 볼 수 있다. 일반적으로 묘지와 주거지 양자의 거리는 십 수m에 지나지 않는다.¹²⁸ 이와 같은 유구의 배치양상은 정저우상성(鄭州商城), 옌스상성(偃師商城) 유적 또는 은허 유적 등 얼리터우보다 늦은 대형 유적에서 널리 관찰되며, 일반적으로 '거장합일(居葬合一)'의 공간으로 이해된다.¹²⁹ 즉 일정한 혈연집단이 집거(集居)하여 일상생활을 영위하다가 사망 후에는 생활공간 인근에 매장되는 방식이다. 이런 유적은 비교적 긴 시간에 걸쳐 유지되는 경우가 많은데, 이것은 그와 같은 집단의 연속성을 보여주는 것으로 간주된다. 궁전구, 공

127　中國社會科學院考古硏究所, 『中國考古學』 夏商卷, 中國社會科學出版社, 2003, 123-132; 杜金鵬, 「偃師二里頭遺址祭祀遺存的發現與硏究」, 『中原文物』 2019(4), 57-61쪽.

128　趙海濤, 앞의 논문, 2020, 112-113쪽.

129　趙海濤, 위의 논문, 2020, 118-119쪽.

방구 등의 특수한 기능을 가진 구역 이외의 주거구에는 이와 같은 유적 단위가 다수 분포되어 있는데, 이것이 얼리터우 사회의 근간이 되는 주민 거주 구역의 기본적인 구조로 생각된다.

얼리터우 유적에서 가장 주목되는 유물은 청동기이다. 이 유적에서는 제련과 주조 등 청동기 제작 공정에 관한 유적과 유물이 두루 발견되었으며, 특히 이전 시기보다 제작기법이 크게 발전한 청동기가 다량으로 출토되었다. 룽산문화 단계에 들어 중국 각지에서 청동기 제작이 시작되었지만 그 대부분은 소형 공구와 장식품이고, 스마오 유적이나 타오쓰 유적 등 일부 대형 유적에서 괴범법(塊範法)으로 주조된 동령(銅鈴)이나 공부(銎斧) 등이 출토된 바 있다. 그러나 얼리터우 유적에서는 그보다 훨씬 크고 더 복잡한 구조를 가진 청동기가 제작되기 시작했다. 출토된 청동기에는 용기, 병기, 악기, 장식품, 공구, 어구(漁具) 등이 있다. 지금까지 공개된 자료에 따르면, 2006년 기준으로 얼리터우에서 출토된 청동기는 모두 136점이며[130], 그 이후에도 계속 그 사례가 증가하고 있다. 여기에는 작(爵), 가(斝), 각(角), 정(鼎) 등의 의례용 용기와 방울[鈴], 수면문패식(獸面文牌飾), 장조형(長條形) 장식 등이 포함되어 있다. 특히 청동예기는 제3기부터 제작되었는데, 초기의 것은 기벽이 얇고 표면에 문양이 없지만, 후기에 들면 기벽도 두꺼워지고 표면에 망격문(罔格文), 원권문(圓圈文) 등이 장식되기 시작한다(그림 4.22). 의례용 용기는 이후 중국 청동기문화의 주류로 성장한다는 점에서 자못 큰 의미가 있다.[131]

130　中國社會科學院考古硏究所, 앞의 책, 2014, 1500-1503쪽.

131　中國社會科學院考古硏究所, 『中國考古學』 夏商卷, 中國社會科學出版

 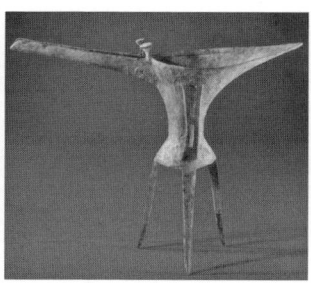  

그림 4.22 얼리터우 유적 출토 청동예기
1. 정(鼎) 2. 작(爵) 3. 각(角) 4. 가(斝)
(中國青銅器全集編輯委員會, 『中國青銅器全集』 1, 文物出版社, 1996, 1; 7; 11; 13; 14쪽. 필자 편집)

      얼리터우의 농업생산의 특징은 신석기시대 중국 북방 한지 농업에서 전형적으로 확인되는 조와 기장을 위주로 한 생산에 있다. 그러나 얼리터우에서는 벼 역시 주요 농작물이었으며, 이것이 얼리터우의 농업생산력을 제고하는 데 크게 기여했을 것이다. 두류(豆類) 작물은 그 경작의 규모가 다른 작물에 비해 작았다고 생각되지만, 상대적으로 안정적인 생산량을 유지하고 있었다. 이처럼 얼리터우의 농업생산은 다품종 재배를 특징으로 하고 있으며, 이것은 얼리터우의 농업생산력과 그 기술이 상당한 수준에 도달했음을 보여준다.[132] 얼리터우의 농경은 거주민에 의해 수행되었다. 이것은 유적에서 대량으로 발견되는 농기구를 통해 짐작할 수 있다. 다만 얼리터우 제3기 이후에는 농기구의 발견 비중이 급격히 감소되었는데, 아마도 이때에 들어 얼리터우의 거주민이 직접 경작을 영위하는 비중이 크게 줄어든 것을 시사하는 현

社, 2003, 109-115쪽.

132 中國社會科學院考古研究所, 앞의 책, 2014, 1667-1668쪽.

상일 것이다.[133]

　얼리터우 유적은 약 200년에 걸쳐 발전과 쇠락의 단계를 거쳤다. 이 200년의 시간 범위는 대개 4개의 문화기로 구분된다. 그러나 각 문화기의 절대연대는 다소 유동적이다. 얼리터우문화 제1기에 들어 돌연 얼리터우에 약 100만m^2 면적의 취락이 갑자기 형성되었다. 이것은 얼리터우문화 분포 지역에서 최대 규모의 취락에 해당한다. 이때부터 얼리터우 유적에서 소형 청동기가 제작되기 시작하였다. 제2기부터 얼리터우 유적은 신속하게 발전하기 시작했다. 취락 면적이 300만m^2로 크게 확대되었으며, 유적의 중심부에는 '정(井)'자형의 도로가 개통되었다. 그에 맞춰 궁전구, 제사구, 공방구, 거주구 등의 윤곽이 형성되기 시작하였다. 3호, 5호 등의 대형 판축기단과 청동기와 옥기, 칠기 그리고 녹송석기와 같은 위세품을 부장한 무덤이 등장하는 것도 이 시기의 일이다. 제2기와 제3기의 과도기에는 정자형의 도로를 따라 궁전구와 공방구에 담장이 구축되어 각각의 구역이 격리되기 시작하였다. 이어 제3기가 되면 얼리터우 유적은 최전성기에 접어든다. 이 시기의 유구는 얼리터우 유적 전체에 걸쳐 분포한다. 궁전구 내에서는 3호, 5호를 대신하여 폐쇄적인 형태의 1호와 2호 판축기단이 건설되었으며, 궁전구 내부에는 더 이상 무덤이 조영되지 않는다. 청동제 의례용기가 제작되는 것도 이때부터이다. 제4기에 접어들어서도 얼리터우 유적은 이전 시기와 마찬가지로 여전히 번영을 누렸다. 얼리터우 유적은 계속해서 뤄양분지 일대의 최대의 중심취락이었다. 청동기 공방은 그대로 유지되었으며 청

---

133 류리·천싱찬 지음, 김정열 옮김, 앞의 책, 2019, 318쪽.

동 의례용기의 제작기술도 발전하였다. 그러나 제4기의 후반기가 되면 유적 내의 도로망과 궁전구의 담장, 궁전구 내 1호와 2호 기단 등 유적 내의 기간시설이 점차 파괴되기 시작하였으며, 그와 동시에 유적 내에 웨스문화(嶽石文化), 샤치위안문화(下七垣文化) 등의 이질적 문화 요소가 출현한다.[134]

2. 얼리터우의 사회적 환경

얼리터우 유적이 번영한 시기의 기후는 온난습윤했다. 양호한 기후 조건 아래에서 이뤄하(伊洛河) 주변의 비옥한 토지 위에 얼리터우 취락이 건설되기 시작했다. 다품종 농업생산을 기초로 한 농업생산은 얼리터우 사회의 안정성을 크게 제고했다. 얼리터우 사회에서는 상당한 정도의 분업이 진행되었다. 청동기, 녹송석기와 같은 위세품이 전문 장인에 의해 제작되었으며, 전문화된 생산은 석기나 토기, 골각기와 같은 일상 생활용품의 영역까지 확대되었다.[135] 청동원료 등 각종 원료나 일상생활용품을 입수하기 위해서 원거리에 걸친 교역 또는 공납 네트워크가 구축되었다. 300만㎡ 규모의 취락, 잘 정비된 도로, 담장으로 구획된 기능적 공간 분할, 의례를 위한 전문시설 등은 얼리터우 취락이 그 규모나 질을 막론하고 이미 도시라 부르기에 조금도 손색없는 수준에 도달하였음을 보여준다.

　　얼리터우 유적에서는 계층 분화 양상이 뚜렷하게 나타난다. 한편에는 일반적인 소형 수혈식 주택과 소량의 부장품을 가진 무

---

[134] 趙海濤, 앞의 논문, 2020, 113-118쪽.

[135] 趙海濤·許宏, 「新探索與新收獲: 近十年二里頭遺址田野考古槪述」, 『南方文物』 2018(4), 58쪽.

덤이 있는가 하면 다른 한편에는 통치계층을 위한 지상의 대형 건축물과 청동예기 등의 위세품을 부장한 대형 무덤도 있어서, 양자가 강렬한 대비를 보인다. 얼리터우의 도시계획 모델은 계층구조의 존재를 선명하게 보여준다. 궁전구가 유적의 중앙에 위치하고, 그 북쪽에 위치하는 제사구에는 특수한 형식의 건축물과 그에 부속된 무덤이 분포되어 있다. 청동기와 녹송석 공방은 궁전구의 남쪽에 인접하여 있었으며 비교적 이른 시기부터 담장으로 외부 세계와 격리되었다.

    기타의 주민은 궁전구의 주변에 위치한, 도로와 담장으로 구획된 공간에 거주하였다. 여기에는 동일한 혈연집단에 속하는 귀족과 평민이 뒤섞여 거주하였으며 묘지도 함께 사용했다. 무덤과 주거지는 중복되는 일이 많으며, 전문적인 묘지도 없다. 이것은 일정한 혈연집단이 특정 구역 내에 장기간 모여 살면서 나타나게 된 현상이다. 얼리터우 사회는 이처럼 신분보다는 혈연관계에 기초한 강고한 유대관계의 공동체를 기반으로 하고 있었다. 얼리터우가 주변 인구의 대량 유입으로 인해 짧은 기간 내에 형성되었다고 해도,[136] 인구의 유입은 개별 가족을 단위로 한 것이 아니라 여러 혈연공동체가 집단으로 이주하는 형식을 취했을 것이라고 보는 것이 더 타당하다. 이와 같은 유대관계에 기반한 집단이 여럿 모임으로써 거대한 도시가 형성된 것은 후대의 은허와도 별반 다를 바 없다.[137]

---

[136] 류리·천싱찬 지음, 김정열 옮김, 위의 책, 2019, 316쪽.

[137] 金正烈·嶽洪彬,「殷墟의 구조-최근의 고고학적 조사 성과를 통해 본-」,『崇實史學』35, 2015, 26-33쪽.

얼리터우는 고도로 계층화된 사회였으며, 정치, 종교와 경제 등의 측면에서 중심지의 작용을 담당한 도시였다. 계층은 분화되었으며, 그 거주민은 농업과 각종 수공업에 종사하여 생활용품과 각종 위세품을 비롯한 다양한 물품을 제작하였다. 얼리터우 사회의 기술적 진보가 특히 두드러지게 나타나는 것은 청동기 제작 분야이다. 청동기 주조의 혁신은 괴범법을 사용해 의례용기를 제작한 데서 나타난다. 이 기술에 기반을 둔 청동예기는 얼리터우 유적의 제3기 무렵부터 출현하기 시작했다. 얼리터우는 같은 시대의 유적 중에서 괴범법을 이용하여 청동예기를 생산한 유일한 유적이다. 괴범법은 복수의 토제 내범(內範)과 외범(外範)을 사용하는데, 이것은 주조 과정의 세밀한 분업은 물론 재료에 대한 충분한 이해와 관리, 고도로 복잡한 기술을 필요로 한다. 일반적인 이해에 따르면, 이와 같은 조건은 고도로 계층화된 사회에서야 비로소 충족할 수 있으며, 그것은 다시 사회복합화를 더욱 촉진하는 결과를 가져왔다. 이 시기의 청동예기는 얼리터우 유적에서 출토되며 그 제작에 관련된 유물과 유적 역시 얼리터우에서만 볼 수 있다. 이 기술은 아마도 특수한 기능을 갖춘 장인 집단에 의해 독점되었을 것이다. 얼리터우의 장인은 궁전구에 가까운 공방구에 집단으로 거주하면서 생산을 전담하고, 생활도 이곳에서 영위하였을 것이다. 이것은 얼리터우의 통치계층이 청동예기 생산을 직접 관리하고, 그 분배도 장악했음을 의미한다.[138]

청동예기를 비롯하여 얼리터우에서 생산된 다양한 물품은 주변 지역으로 분배되었을 것으로 생각된다. 얼리터우 유적 일대

---

138 류리·천싱찬 지음, 김정열 옮김, 앞의 책, 2019, 320쪽.

는 뤄양분지의 비옥한 충적평원으로서 농업 발전에 이상적인 곳이지만, 이 충적평원에는 비농업 천연자원이 부족하다. 여기에는 예컨대 목재, 석재, 백도(白陶) 제작에 필요한 고령토, 녹송석은 물론 청동기 제작에 필요한 구리, 주석, 납 등의 원료, 그리고 소금 등이 포함된다. 원시자기(原始瓷器)나 옥기처럼 얼리터우에서 많이 출토되는 위세품은 얼리터우에서 생산된 흔적이 없으므로 다른 곳에서 수입되어 온 것이 분명하다.[139]

이와 같은 현상은 얼리터우를 중심으로 하여 일정한 영역에 걸친 무역 또는 공납의 관계망이 구축되어 있었음을 시사한다. 얼리터우문화에 속하는 유적은 허난성 서부와 산시성(山西省) 남부에 집중적으로 분포하며, 남쪽으로는 양쯔강 중류 지역 일대까지 널리 퍼져 있다. 이 가운데서도 특히 뤄양분지와 쑹산 주위가 얼리터우문화의 핵심지역이다.

뤄양분지 일대 약 712km^2 범위에서 진행된 전면 구역조사를 통해, 해당 지역에서 125개의 얼티터우문화 유적이 확인되었다. 이들 유적은, 그 면적이 10만m^2 이하인 것이 69개, 10만~50만m^2 39개, 50만~100만m^2 4개, 100만m^2 이상 1개 등으로 일정한 계층적 질서를 보여준다.[140] 얼리터우문화 제2기가 되면 얼리터우문화의 중심지역인 허난성 중서부 지역의 토기에서 동일한 양식과 조합이 널리 확인된다.[141] 이것은 이 지역의 정치적 통합과 일정

139　劉莉 著, 陳星燦 등 譯, 『中國新石器時代-邁向早期國家之路-』, 文物出版社, 2007, 214-215쪽.

140　中國社會科學院考古硏究所二里頭工作隊, 「河南洛陽盆地201~2003年考古調査簡報」, 『考古』 2005(5), 18-37쪽.

141　德留大輔, 「二里頭文化二里頭類型の地域間交流-初期王朝形成過程の

한 관련을 맺고 있을 것이다. 이 권역 내에 위치하는 2급 취락 일부는 특정한 물품의 생산을 통해 발전했다. 예컨대 옌스(偃師) 후이주이(灰嘴)는 석기 생산 중심지로서 석산(石鏟)을 주로 생산하였으며[142] 덩펑(登封)의 난와(南窪) 유적은 백도(白陶)를 제작했다.[143] 석산은 주로 이뤄허 유역의 뤄양분지 일대에서 널리 발견되며, 백도는 얼리터우문화 권역은 물론 더욱 넓은 공간범위 내에서 발견된다.[144]

뤄양분지 밖, 얼리터우문화의 분포 범위 내에서 2개의 성지가 발견되었다. 하나는 얼리터우 동북 약 70km 지점의 싱양(滎陽) 다스구(大師姑) 유적이다. 이 유적에서는 청동 도구와 옥기가 출토된 바 있다. 다른 하나의 성지는 얼리터우 동남 약 100km 지점에 위치하는 신정(新鄭) 왕징러우(望京樓) 유적이다. 이 두 유적은 모두 성벽으로 둘러싸인 성곽취락으로 얼리터우와 일정한 관계를 맺은 집단의 거주지였을 것으로 해석된다.[145]

얼리터우 유적은 그 규모와 기술 및 사회복합도로 볼 때, 얼리터우를 중심으로 구축된 취락체계의 정점에 위치한 취락이었

諸問題から」,『中國考古學』4, 2004, 90-98쪽.

142 陳星燦 등,「2002-2003年河南偃師灰嘴遺址的發掘」,『考古學報』 2010(3), 393-422쪽;「河南偃師市灰嘴遺址西址2004年發掘簡報」,『考古』 2010(2), 36-46쪽.

143 韓國河 등,「河南登封南窪遺址2004年春發掘簡報」,『中原文物』 2006(3), 4-12, 22쪽.

144 류리·천싱찬 지음, 김정열 옮김, 앞의 책, 2019, 323쪽.

145 鄭州市文物考古研究院,『新鄭望京樓-2010-2012年田野考古發掘報告』, 科學出版社, 2016

다. 즉 얼리터우는 일정한 영역에 걸쳐 구성된 정치·경제체계 내에서 자원의 집적과 재분배를 주도한 최고의 중심취락으로 기능했다.[146]

얼리터우문화가 주로 분포되어 있는 지역은 허난 서부의 정저우(鄭州), 뤄양(洛陽) 일대와 산시(山西) 남부의 윈청(運城), 린펀(臨汾) 일대이다. 이와 같은 공간 분포는 중국의 고대 문헌기록이 전하는 고대 왕조 하(夏)의 영역과 대체로 일치한다. 게다가 얼리터우 유적의 시간 범위는 추정되는 하 왕조의 기년과 일부 중첩되기도 한다.[147] 따라서 얼리터우 유적이 보여주는 사회의 발전 수준이 국가의 단계에 도달하였다는 평가[148]를 바탕으로 하여 중국의 연구자 대부분은 얼리터우 유적이 하 왕조의 도읍(都邑)이었다는 견해를 공유하고 있으나[149] 이에 동의하지 않는 입장도 있다.[150]

---

146 류리·천싱찬 지음, 김정열 옮김, 앞의 책, 2019, 323-324쪽.

147 夏商周斷代工程專家組, 『夏商周斷代工程1996-2000年階段成果報告(簡本)』, 世界圖書出版公司, 2000.

148 류리·천싱찬 지음, 김정열 옮김, 앞의 책, 2019, 323-324쪽.

149 朱乃誠, 『中國文明起源研究』, 福建人民出版社, 2006, 299-300, 321-322쪽.

150 얼리터우 유적과 하 왕조의 관련성에 대해 유보적 입장을 취하는 연구자도 있다. 대표적인 중국의 연구자는 許宏인데, 그는 얼리터우 유적에서 관찰되는 국가 수준의 사회를 '가장 이른 중국(最早的中國)'이라는 말로 부른다. 許宏, 『最早的中國』, 科學出版社, 2009 참조.

V. 붕괴와 신생(新生): 문명의 단절과 연속

1. 룽산문화기 대형 성곽취락의 붕괴

'붕괴'를 국가사회의 해체, 쇠락 또는 완전히 폐기된 도시, 취락의 중심적 지위 하락 혹은 상실, 지역 경제체제의 붕괴, 사회의식 원형의 붕괴 등으로 정의한다면[151] 룽산문화기 대형 성곽취락의 몰락이 바로 이에 해당할 것이다. 룽산문화기 단계의 대형 성곽취락과 그것을 지탱한 지역 취락체계는 룽산문화 단계 이후까지 이어지지 않았다. 기원전 2000년을 전후하여, 룽산문화 단계에서 발달했던 중국 각지의 복합사회는 인구밀도나 사회적 복합도 또는 양자 모두에서 전반적인 쇠퇴를 경험했다. 붕괴는 중국 전역에서 관찰되는 현상이었다.

이처럼 특정한 시기에 또 매우 넓은 공간에 걸쳐 그런 현상이 거의 동시에 발생한 이유에 대한 가장 일반적인 설명은 기후 변동과 관련되어 있다. 기원전 2200년을 전후하여 전 지구적으로 발생한 기후 파동은 이집트, 메소포타미아, 인더스강 유역 등 주요 초기문명의 몰락과 관련이 있는 것으로 여겨진다. 중국에도 기원전 2000년경 기후 파동이 발생하였음을 보여주는 자료는 적지 않다. 때를 같이 하여 계절풍기후의 선단(先端)이 남쪽으로 물러나면서 중국의 서부와 동북부에서는 가뭄이 발생했지만, 중원지역과 양쯔강 유역에는 홍수와 침수가 발생했다.[152] 이 때문에

---

151 Schwartz, G. 2006, "From Collapse to Regeneration", Schwartz, G., and Nichols, J. eds., *After Collapse: The Regeneration of Complex Societies*, University of Arizona Press, p.6.

152 류리·천싱찬 지음, 김정열 옮김, 앞의 책, 2019, 51-55쪽.

룽산문화기 대형 성곽취락 몰락의 배경에는 이 기후 파동이 작용하였을 것이라는 추정이 널리 수용되고 있다.[153]

기원전 2300년경 량주 유적과 그 지역 취락체계는 붕괴되었다. 이 유적에서 수집한 침적물 분석에 의하면, 기원전 5200~5000 cal BP에 유적 일대의 기후는 상대적으로 온난, 습윤하였으나, 대략 5000~4000 cal BP에는 점차 한랭한 기후로 바뀌었다. 량주문화 단계에는 이 지역의 수도 재배가 상당한 규모에 달하였으나 4000 cal BP 전후가 되면 화분과(禾本科) 작물의 포분 농도가 급격하게 떨어져 인류 활동의 강도가 약해졌음을 알 수 있다.[154] 그뿐만 아니라 량주 유적이 위치한 항저우분지(杭州盆地) 내의 약 1,000km^2의 공간 범위 전체에 걸쳐 이 무렵에 형성된 약 1m 두께의 홍수침적층이 발견됐다. 이것은 량주문화 단계 중·후기에는 분지 내 수위가 다소 상승하였고, 홍수도 빈번하게 발생했음을 의미한다.[155] 전체적으로 보면 량주문화의 발전기에는 소택, 습지 환경과 상대적으로 온난한 기후가 동반됐으나, 이후 기온이 점차 하락하고 소택·습지화가 심화됨에 따라 배수 불량과 수재 빈발 등의 자연환경 악화에 직면하게 되었다.[156] 량주 유적의 몰락에는 기후변동이 결정적인 요인으로 작용하였을 가

---

153 吳文祥·劉東生, 「4000aB.P.前後降溫事件與中華文明的誕生」, 『第四紀研究』 21(5), 2001, 443-451쪽.

154 劉演 등, 「中全新世以來杭州灣古氣候, 環境變遷及對良渚文化的可能影響」, 『湖泊科學』 26(2), 2014, 322-330쪽.

155 莫多聞 등, 「良渚遺址及區域環境考古研究報告」, 浙江省文物考古研究所, 『良渚古城綜合研究報告』, 文物出版社, 2019.

156 浙江省文物考古研究所, 앞의 책, 2019, 305쪽.

능성이 높다.[157]

그러나 기후 파동이 반드시 대형 성곽취락과 지역 취락체계의 붕괴의 모든 것을 설명한다고 볼 수 없는 자료도 적지 않다. 대개 스자허 유적과 이를 중심으로 구축된 지역 취락체계는 스자허 유적의 붕괴와 함께 막을 내렸다고 생각한다. 그러나 최근의 조사는 그 과정이 아주 극적으로 이루어지지 않았음을 보여준다. 스자허 유적의 붕괴를 전후하여 해당 지역에서는 허우스자허문화(後石家河文化, 2400-1900BC)가 출현하여 그를 계승했다. 허우스자허문화 시기에 접어들어서도 스자허 성곽은 계속 사용되었으며 유적의 범위는 이전보다 더 동쪽의 장자완(張家灣) 일대까지 확장되었다.[158] 샤오자우지 유적점에서 출토된 허우스자허문화 단계의 옹관묘에는 옥기와 옥료가 부장되었으며, 스자허 유적이 외곽이 통과하는 옌자산(嚴家山) 유적점에서도 역시 이 단계의 옹관묘가 다수 발견되었다. 이것은 스자허 유적이 외곽과 내성이 파괴되는 규모의 축소를 겪었어도, 그 변화의 폭이 극적인 수준까지 도달하지 않았음을 보여준다.[159] 스자허 유적과 그 취락체계는 점진적으로 붕괴의 과정을 거쳐 갔다고 볼 수 있다.

타오쓰 유적에서 나타나는 일련의 현상 역시 유적의 붕괴가 반드시 기후변동과 직접적인 관계를 맺고 있지는 않았을 가능성을 시사한다. 기원전 2000년경 산시(山西) 남부 지역에서도

---

157 C. Renfrew, B. Liu, "The emergence of complex society in China: the case of Liangzhu", *Antiquity* 92, 2018, pp.975-990.

158 湖北省文物考古研究院·北京大學考古文博學院, 앞의 논문, 2023, 31쪽.

159 湖北省文物考古研究所 등, 앞의 보고, 2018, 54-66쪽.

심각한 자연재해가 발생한 것으로 생각되는 고고학적 증거가 있다.[160] 그렇지만 이때 타오쓰 유적은 완전히 폐기되지 않았다. 방사성탄소동위연대를 비롯한 여러 자료는 이 유적이 대략 기원전 1700년경까지 유지되었음을 보여주며, 유적의 범위가 이후에 오히려 넓어졌다고 주장하는 연구자도 있다.[161] 사실 타오쓰 유적은 일찍부터 서서히 붕괴의 과정을 겪어가고 있었다. 예컨대 2005년 소성 내의 타오쓰문화 중기 대형묘 IIM22 북측 일대에서 발굴된 3기의 무덤은 모두 타오쓰문화 후기 단계에 이미 파괴되어 있었다. 이들 무덤은 매우 심하게 파헤쳐져 채색토기 몇 점만이 묘실 벽감(壁龕) 주변에 남아 있을 뿐 나머지 부장품은 모두 꺼내어졌고, 심지어 인골은 모두 무덤을 덮고 있는 퇴적층 내에서 흩어진 채 발견되었다.[162] 이처럼 타오쓰문화 후기 단계에는 이미 성벽 파괴, 대형 지상건물 철거, 분묘의 도굴 등 현상이 광범위하게 나타난다.[163] 타오쓰 유적은 기후파동 이전부터 극심하게 내부의 균열을 겪고 있었던 것이다.

이상의 사례는 룽산문화기 대형 성곽취락의 붕괴가 자연적인 원인뿐만 아니라 인위적인 요인과 상당한 관련을 맺고 있었을 가능성을 암시한다. 량주 유적의 몰락에는 환경변화가 좀 더 결

---

160 中國國家博物館田野考古研究中心 등, 『運城盆地東部聚落考古調查與研究』, 文物出版社, 2011, 440쪽.

161 G. Selach-Lavi, 앞의 책, 2015, pp.164-167.

162 王曉毅·嚴志斌, 「陶寺中期墓地被盜墓葬搶救性發掘紀要」, 『中原文物』 2006(5), 4-7쪽.

163 何駑, 「從陶寺遺址考古收獲看中國早期國家特徵」, 『中國社會科學院古代文明研究中心通訊』 18, 2009.

정적으로 작용하였다고 생각되지만, 그와 함께 량주사회가 대량의 비생산적인 분야에 사회적 역량을 투여하여 사회 발전에 부정적인 영향을 주었으며, 그것이 결국 외부의 충격에 효과적인 대응을 할 수 없게 하였다는 주장도 있다.[164] 대형 성곽취락의 붕괴 원인이 환경적 요인보다는 주로 그 내부의 사회적 메커니즘에 의해 결정된다는 주장도 동일한 맥락에서 수용할 수 있다.[165] 그럼에도 불구하고, 타오쓰에서 보는 것과 같은 사회 내부의 균열이 만약 기후파동으로 인한 환경 악화, 그에 따라 부족해진 자원을 획득하고자 하는 경쟁으로 말미암은 것이라면, 그 분열의 최종인을 기후변동으로 돌리는 것은 여전히 가능하다. 따라서 룽산문화기 대형 성곽취락의 붕괴에 대해서는 환경의 변화와 그에 대한 인간의 대응, 이 두 가지 측면이 두루 고려되어야 한다.

스마오 유적의 경우는 그와 관련된 흥미로운 정보를 제공한다. 내몽골 중남부에서 발달한 농경을 영위한 라오후산문화(老虎山文化)는 4300 BP경 돌연 붕괴했다. 다수의 연구자는 그것이 이 무렵 발생한 기후파동 및 그에 따른 환경 악화와 직접적인 관련이 있으며, 스마오 유적의 몰락도 그 영향을 받았다고 주장한다.[166] 라오후산문화 권역에서는 이 시기에 전반적으로 기온이 하강하고 고토양의 발육이 중단되었다. 라오후산문화의 분포 지

---

164 許宏, 「"連續"中的"斷裂-關于中國文明與早期國家形成過程的思考」, 『文物』 2001(2), 86-91쪽.

165 G. Selach-Lavi, 앞의 책, 2015, pp.164-167.

166 方修琦·孫寧, 「降溫事件: 4.3kalBP岱海老虎山文化中斷的可能原因」, 『人文地理』 13(1), 1998, 71-76쪽.

역에서 그 뒤를 계승한 주카이거우문화(朱開溝文化)에서 농업이 쇠퇴하고 반농반목 경제체제가 그것을 대신한 것은 바로 자연환경의 급격한 변화를 시사한다.[167]

그러나 스마오 취락에 대한 기후변동의 영향은 지극히 제한적이었던 것으로 보인다. 도리어 라오후산문화 권역의 약간 남쪽에 위치하고 있었던 스마오 유적 일대에서는 국지적인 기후최적기(氣候最適期)가 출현했다. 스마오 사회가 번성하게 된 것은 이때 라오후산문화 권역에서 발생한 대량의 이민(移民)이 스마오 일대로 들어옴으로써 가능했다.[168] 즉 기후 조건의 개선이 스마오의 성장에 결정적인 변인으로 작용하였던 것이다. 4500~3500 BP의 약 1000년 동안 스마오 유적 일대에는 상대적으로 따뜻하고 습윤한 기후가 도래하여 고토양이 발육했다.[169] 그럼에도 불구하고 스마오 사회는 이 지역에 본격적인 기후변동이 시작되기 이전, 기원전 1800년경을 전후하여 이미 붕괴되고 있었다. 스마오 사회의 성장과 붕괴의 원인을 단순히 기후변동으로만 설명하는 것에는 한계가 있다.

스마오 유적은 반습윤·반건조에서 건조로 넘어가는 점이지대에 입지한다. 이곳은 기후최적기라 해도 사실상 상대적으로 취약한 생태환경에 처해 있으며, 자원 확보도 용이하지 않다. 신석기시대 후기에 스마오문화와 그 인근 지역의 자연환경은 반건조

---

167 方修琦·孫寧, 위의 논문, 1998, 74쪽.

168 韓茂莉, 앞의 논문, 2023, 61-63쪽.

169 史培軍, 『地理環境演變硏究的理論與實踐-鄂爾多斯地區晚第四紀以來地理環境演變硏究』, 科學出版社, 1991, 129-133쪽.

초원을 위주로 하여 목축 발전에 최적의 조건을 제공하였다. 그렇지만 스마오 사회는 농업을 위주, 그리고 목축과 수렵·채집을 보조적으로 활용하는 광역적 생계전략을 채택하였다. 스마오 유적 인근에 위치한 선거다량(神圪墶梁)과 무주주량(木柱柱梁) 유적에서 출토된 인골의 탄소 및 질소 동위원소 분석에 의하면, 스마오문화 시기 이들 유적의 주민은 조와 기장을 위주로 하여 식단을 구성하였으며, 육식의 비중은 상당히 적었다. 일찍이 목축이 산시(陝西) 북부 지역에 도입되면서 수렵채집, 농업, 목축 등이 조합된 생계방식이 형성되었지만, 이 가운데서도 농업에 주도적인 역할을 부여하여 안정적인 식량 공급이 가능해졌던 것이다. 그러나 농업이 야기한 환경파괴는 수렵·채집, 목축보다 컸으며, 특히 반건조지역에서는 그것이 더욱 두드러지게 나타났다.

　　이것은 스마오 유적일대의 환경이 균형을 상실하는 중요한 원인을 제공하였다. 스마오 유적 일대에 인구가 집중됨에 따라 스마오와 그 인근 지역의 자원은 부단히 소모되었고, 이는 기후환경의 악화를 가져왔다. 반건조지역의 풍부하지 않던 자원은 환경 악화에 따라 더욱더 결핍되었다. 스마오와 그 인근 지역의 자원은 끊임없이 소모되고, 자원 부족은 사회를 지탱할 수 있는 물자를 공급하지 못하는 결과를 초래했다. 이에 따라 스마오 사회의 지속은 이제 더는 불가능하게 됐다.[170]

　　기후조건의 변화는 스마오 사회의 번영을 가능하게 한 동인이 되었지만, 그로 말미암은 인간의 환경 낭비는 결국 환경의 균형을 상실하게 하는 주요한 요인이 되었으며 결국 스마오 사회

170　韓茂莉, 앞의 논문, 2023, 54-57쪽.

는 붕괴됐다. 룽산문화기 대형 성곽취락의 붕괴에도 자연환경의 악화가 크게 작용한 것이 분명하지만, 스마오와 마찬가지로 그에 대한 인간의 대응이 또 하나의 동인으로 작용하였을 가능성을 배제할 수 있다. 자연환경의 변화와 이에 따른 환경과 인간의 상호작용은 룽산문화기 대형 성곽취락의 성장과 붕괴에 모두 작용했다.

2. 얼리터우의 성장과 전통의 기원

얼리터우 유적의 출현을 전후하여 이 유적이 위치한 허난성 중서부 지역 역시 기후변동의 영향을 받은 것으로 보인다. 제2차 문화유적조사[文物普査] 자료에 의하면 룽산문화기에서 얼리터우 문화기의 이행기에 전체 황허강 중·하류 지역의 취락 총 수량은 1,669개에서 180개로 감소하였으며, 취락 유적의 총 면적 또한 218.33km^2에서 47.05km^2로 급감하였다.[171] 다른 지역과 마찬가지로 이 지역에서도 룽산문화 단계에는 인구와 취락이 번성하였지만, 기원전 2000년경을 경계로 전반적인 쇠락의 양상이 나타나는 것을 볼 수 있다.[172]

그런데 중국 전역의 룽산문화 단계 대형 성곽취락들이 이미 붕괴되었거나 붕괴되어 갔는 이 시점에 허난성 중서부의 뤄양분지 일대에서는 돌연 거대 취락 얼리터우가 출현했다. 이 유적에서는 성곽이 발견되지 않았지만, 그 규모는 룽산문화 단계의 대형 성곽취락과 대등할 뿐만 아니라 그것보다 더 잘 정비된 인상

---

[171] 張莉, 「文獻之外的夏代歷史-考古學的視角」, 『中國文化研究』 2018(秋), 38쪽.

[172] 張弛, 「龍山-二里頭-中國史前文化格局的改變與靑銅時代全球化的形成」, 『文物』 2017(6), 52-53쪽,

까지 준다. 중국 전역이 얼리터우문화 단계 직전에 경험한 붕괴는 이곳에서 순조롭게 극복되었다. 그것이 어떻게 가능했을까?

얼리터우 유적의 출현과 성장의 원인에 대한 여러 가지 가설 가운데 주요한 두 가지는 얼리터우 유적의 지리적 위치 그리고 자연환경과 관련되어 있다.

허난성 중서부 지역의 문화적 쇠퇴는 다른 지역에 비하면 훨씬 정도가 덜했다. 왕청강(王城崗) 유적은 룽산문화의 최후 단계에서 오히려 발전의 정점에 도달하였다. 이곳에 대형 성곽이 건설된 것은 기원전 2100년경이었으며, 기원전 2000년기의 전반까지도 유적의 규모는 어느 정도 유지되었던 것으로 보인다.[173] 왕청강의 동쪽으로 인접해 위치한 신자이(新砦) 유적 또한 기원전 2000년기 초에 100만㎡ 규모로 성장하였으며, 이중의 해자와 판축성벽까지 건설했다.[174] 이 때문에 일군의 연구자는 전반적인 쇠락에도 불구하고 룽산문화 종말기 허난성 중서부의 사회가 이처럼 급격하게 붕괴되지 않은 것은 이 지역의 자연환경 때문이라고 생각했다.

이른바 '중원'으로 불리는 황허강 중류 지역은 대략 중국 내 농경지대의 중앙부에 위치한다. 이 지역의 지형은 비교적 복잡하다. 이곳은 서북에서 동남 방향으로 이어지는 고지대와 저지대의

---

173 方燕明,「登封王城崗城址的年代及相關問題探討」,『考古』2006(9), 16-23쪽.

174 北京大學考古文博學院·鄭州市文物考古研究所,「河南新密市新砦遺址1999年試掘簡報」,『華夏考古』2000(4), 3-10쪽; 北京大學古代文明研究中心·鄭州市文物考古研究所,「河南省新密市新砦遺址2000年發掘簡報」,『文物』2004(3), 4-20쪽.

과도지역으로 전체적인 지세는 비교적 높지만, 고지와 저지가 두루 섞인 지모(地貌)를 보인다. 이 지역에서 발전한 대부분의 신석기시대 취락은 하안대지(河岸臺地)에 위치하여 홍수의 직접적인 위협을 피할 수 있었다. 그뿐만 아니라 이 지역에 널리 발육한 황토고원은 토양의 흡수성이 강하여 배수에도 문제가 없다.[175] 기후의 측면에서 보면, 이 지역은 아열대와 온대의 교차지점에 위치하여 덥지도 않고 춥지도 않다. 또한 반건조반습윤 지대에 속하여 건조하지도 습하지도 않다. 한랭하고 건조한 시기가 도래하여 아열대와 온대의 분계선이 남쪽으로 내려간다고 해도 이 지역은 여전히 온대에 위치하여 강온(降溫)으로 인한 피해도 상대적으로 덜 하다.[176] 얼리터우문화 단계의 퇴적에는 조, 기장, 소맥, 벼, 콩 등 다양한 작물이 발견되며, 그 가운데 조와 기장이 가장 많다. 기후조건이 좋을 때는 벼농사도 지을 수 있지만, 그렇지 않다고 해도 저온, 가뭄, 홍수 등에 대응하는 능력이 뛰어난 조와 기장을 경작할 수 있다. 요컨대 자연환경은 이 지역의 주민들에게 생업전략의 다양화를 선물하였다.

    따라서 신석기문화 최후 단계를 경계로 하여 중국 전역에 광범위하게 나타난 문화적 단절성은 적어도 허난성 중서부 지역에서는 크게 두드러지지 않았다. 허난룽산문화가 얼리터우문화로 대체되었으나, 허난룽산문화의 종말기에 해당하는 왕완(王

---

175   王巍,「公元前2000年前後我國大範圍文化變化原因探討」,『考古』2004(1), 2004, 73-76쪽.

176   魏繼印,「論氣候變遷與中原文明中心地位的形成」,『中原文物』2011(5), 15-45쪽.

灣)3기문화와 얼리터우문화 사이에는 상당한 정도의 문화적 계승성이 보인다.[177] 그것은 양자 모두 회도(灰陶)를 제작하였으며, 토기 구성에 력(鬲)이 없는 대신 편족정(偏足鼎)과 심복관(深腹罐) 등이 주요 취사기로 사용한 것, 토기에 남문(藍文)과 방격문(方格紋)을 주요한 장식문양으로 시문한 것 외에도, 판축을 중심으로 한 건축 기술이나 장방형의 수혈식 무덤 구조에 이르기까지 매우 광범위한 영역에서 관찰할 수 있다. 얼리터우 유적의 출현은 다소의 동요는 있을지라도 단절이 없는 문화 발전의 연속선상에 위치한다. 얼리터우 유적의 출현이 상대적으로 기복이 덜한 자연환경의 혜택이라고 주장하는 이상의 주장은 '환경론'이라 부를 만하다.

환경론과 맥락을 달리하는 '주변지론(周邊地論)'은 다른 해석을 제시한다. 그것은 얼리터우의 '주변적' 지리 위치와 문화적 배경에 좀 더 주목한다. 전신세의 기후최적기는 농경지대의 확장과 인구 증가에 우호적인 환경을 제공하였으며, 이것은 인구압으로 이어졌다. 4000 BP경의 급작스런 기후변동은 일찍이 대형 성곽취락이 출현한 바 없었던, 따라서 인구밀도가 상대적으로 높지 않았던 '주변지' 중원 지역을 향한 대규모의 인구 이동을 촉발했다. 중원 지역으로의 인구 이동은 이 지역의 인구압을 크게 높였다. 그로 말미암아 발생한 자원 부족과 경쟁은 정복을 통한 자원의 집중을 야기했다. 얼리터우는 바로 이 과정에서 성장했다는 것이 '주변지론'의 논리 구조이다.[178] 이 주장은 기후변동에 따른

---

177 張莉, 「新砦期年代與性質管見」, 『文物』 2012(4), 83-96쪽.

178 吳文祥·劉東生, 「4000aB.P.前後降溫事件與中華文明的誕生」, 『第四紀

인구의 집중, 거기에서 말미암은 인구, 토지, 자원에 대한 경쟁이 얼리터우 유적의 출현 배경이라는 논리적 연쇄로 이루어져 있다.

요피(N. Yoffee)의 또 다른 주변지론은 좀 더 음미할 만한 가치가 있다. 그에 따르면, 대규모의 붕괴를 거친 복합사회는 대부분 원래의 연고지가 아닌 '주변' 지역에서 다시 출현한다. 왜냐하면 대규모 재난이 발생했을 때 소형 취락이 농업생산 등에서 기본적인 생계를 유지할 수 있는 잠재력이 더욱 크고, 생업전략의 선택지(選擇枝) 역시 다양하기 때문이다. 그에 반해 초기문명의 중심지가 되는 초대형 취락은 주변의 자원 개발이 포화상태에 도달하였으므로, 대규모 재난이 닥쳤을 경우 거대한 규모의 인구를 부양할 수 있는 수단이 소형 취락보다 현저히 적다.[179] 뤄양분지는 룽산문화기 후기에는 상대적인 주변부로서 일종의 과도지대로 기능했다.[180] 게다가 뤄양 지역 일대에서는 룽산문화 후기부터 얼리터우문화 전기까지 자연환경의 개발과 이용이 더욱 발전하여 농작물 경작의 다양화와 밀집화가 이루어졌다.[181] 이와 같은 현상은 초기문명이 붕괴한 이후 주변 지역이 좀 더 능동적이

研究』 2001(5), 443-450쪽.

179 Yoffe, N.. "Notes on regeneration", Schwartz, G., and Nichols, J. eds., *After Collapse: The Regeneration of Complex Societies*, Tucson: University of Arizona Press., 2006, pp.222-228.

180 張莉, 『從龍山到二里頭: 以嵩山南北爲中心』, 北京大學博士學位論文, 2012, 163, 177쪽.

181 Yuan, Jing et al., "Subsistence and persistence: Agriculture in the Central Plains of China through the Neolithic to Bronze Age transition", *Antiquity* 94, 2020, pp.910-911.

며 다양한 대응책을 모색할 수 있다는 견해에 신빙성을 더해 준다.[182]

환경론이나 주변지론은 얼리터우 유적의 출현에 대해 모두 흥미롭고 그럴듯한 시각을 제시한다. 그러나 이들의 주장은 왜 얼리터우문화기에 들어 하필이면 얼리터우 유적에 급격한 인구 증가가 일어났으며, 또 그곳에서 기술적인 진보와 함께 도시가 건설되었는지를 설명하는 데에 한계가 있다. 따라서 또 다른 논자들은 환경의 변화에 대응하는 사회적 환경과 통치계층의 역할을 더욱 강조한다.

얼리터우 유적이 위치하는 뤄양분지를 포함하는 쑹산 남북 일대에는 룽산문화기 후기에서 얼리터우문화기로 이행하는 단계에 규모가 상이하면서도 독립적인 취락군이 존재하였으며, 이들은 하나의 취락체계에 통합되지 않았다. 일찍이 류리(劉莉)는 뤄양분지 일대의 취락고고학의 성과에 입각하여 다음과 같이 말한 바 있다. 룽산문화기에 쑹산 동남부 범위 내에는 8개의 중심취락이 있었으며, 그 가운데 왕청강 유적을 중심으로 한 취락군, 구청자이(古城寨) 유적을 중심으로 한 취락군 그리고 와뎬(瓦店) 유적을 중심으로 한 취락군이 가장 컸다. 이들 3개의 취락군은 일정한 경계를 두고 서로 삼각형의 이루면서 경쟁하는 관계에 있었다.[183] 류리의 이 결론은 근년에 재확인된 바 있지만,[184] 흥미를

---

182 張莉, 앞의 논문, 2023, 77-78쪽.

183 劉莉 著, 陳星燦 등 譯, 앞의 책, 2007, 168-170쪽.

184 張海, 『公元前4000年至1500年中原腹地的文化演進與社會複雜化』, 北京大學博士學位論文, 2007, 273쪽.

더하는 것은 해당 지역을 구성하는 복수의 지리단원에서 다양한 토기 전통을 볼 수 있다는 사실이다. 서로 다른 지리단원의 토기 조합에서는 각각 상이한 외래적 요소도 발견되는데, 그 차이는 지리단원의 공간적 위치와 교류 상황에 의해 결정되었다.[185] 즉 얼리터우 유적이 출현하고 발전하기 직전 뤄양분지 일대에는 복수의 취락체계가 제각기 주변과 교류하면서 서로 경쟁하는 상황에 처해 있었으며, 이를 아우르는 취락체계는 아직 성립하지 않았다. 분산적인 다중심의 취락체계는 얼리터우 유적 출현의 사회적 배경이 되었으며,[186] 이것은 아마도 경쟁에서의 승리를 위한 통치계층의 다양한 전략을 유도하는 중요한 동기로 작용하였을 것이다.

얼리터우문화기에 접어들면서 뤄양분지에는 급격한 인구증가가 일어났다. 뤄양분지는 황허강 유역에서 유일하게 인구가 증가한 곳이었다.[187] 얼리터우를 제외하고도 이 지역에는 상당수의 취락이 새로 건설되었다. 이 지역의 총 취락 수는 룽산문화기에 비해 20% 가량 증가했으며, 전체 취락 개체 수의 약 60%는 얼리터우문화기에 새로 건설된 것이다. 또한 얼리터우문화기에 해당 지역의 취락 총면적은 2,000만m^2를 넘는다. 이것은 룽산문화기에 비해 약 80%가 증가한 수치이다. 얼리터우문화기에 얼리터우를 비롯하여 뤄양분지 전체에 걸쳐 급격한 인구의 증가가 일어났

---

185   張莉, 앞의 논문, 2018, 45-46쪽.

186   劉莉 著, 陳星燦 등 譯, 앞의 책, 2007, 176쪽.

187   張弛, 「龍山-二里頭-中國史前文化格局的改變與青銅時代全球化的形成」, 『文物』 2017(6), 52쪽.

음을 보여주는 이 수치는 외부로부터 대량의 인구 이동이 있었음을 상정하지 않고는 달리 설명할 길이 없다.[188]

최전성기의 얼리터우 유적의 면적은 300만 m^2에 달하였다. 뤄양분지 일대에서 얼리터우 유적이 출현하기 직전 복수의 취락체계가 경쟁하던 상황은 소멸되고, 얼리터우를 단일한 중심으로 하는 취락체계가 구축되었다. 앞서 말한 바와 같이 얼리터우문화 제2기 이후 뤄양분지를 중심으로 하여 허난성 중서부 지역에서는 복수의 지리단원을 포괄하는, 고도로 단일화된 토기 전통이 확인된다. 이것은 룽산문화기에 개별 지리단원마다 서로 다른 토기전통이 확인되었던 것과는 완전히 상이한 현상이다. 그와 같은 현상은 고고학적 맥락에서 이 지역 일대가 산맥과 하천 등 천연적 장벽을 뛰어넘는 단일한 취락체계가 형성된 것을 의미하는 것으로 해석할 수 있다. 이 단일한 취락체계는 아마도 하나의 사회공동체 또는 정치조직으로 간주될 수 있을 것이다.[189] 즉 허난성 중서부 지역 일대에 급속한 인구 유입과 함께 얼리터우 유적을 중심으로 한 대규모의 통일적 정치체가 수립된 것이다.

얼리터우는 당시의 정치, 경제와 의례의 중심지였으며, 최전성기에는 약 2만 명가량의 인구가 거주했을 것으로 추정된다. 얼리터우는 의례용의 위세품, 특히 청동예기의 생산과 분배를 통

---

188 張莉, 앞의 논문, 2018, 47-48쪽: Li Jaang, "Erlitou: The Making of a Secondary State and a New Sociopolitical Order in Early Bronze Age China", *Journal of Archaeologyal Research* 31, 2023, pp. 223-225.

189 張海, 앞의 논문, 2007, 274-276; Li Min, Social Memory and State Formation in Early China, Cambridge University Press, 2018, pp. 193-224.

제하였는데, 이것이 그들의 정치권력을 상징적으로 보여준다.[190] 얼리터우는 뤄양분지의 중앙부에 위치하며, 북쪽으로는 황허강이, 다른 삼면은 산지가 둘러싸고 있다. 이허강(伊河)과 뤄허강(洛河)은 뤄양분지를 관통하여 황허강에 들어가기 전에 이뤄허로 합쳐지며, 그 주변으로는 넓은 충적평원이 펼쳐진다. 얼리터우에 대형 취락이 성립하게 된 초기의 배경에는 이곳에 펼쳐진 비옥한 경지와 방어에 용이한 폐쇄적인 자연환경, 그리고 수운을 이용한 교통의 편리성 등이 작용하였을 것으로 추정된다. 얼리터우의 발전은 외부 인구의 대량 유입으로 시작되었으며, 얼리터우 취락이 얼리터우 제2기에 본격적으로 발전하기 이전인 얼리터우 제1기부터 이미 상당한 규모의 취락을 이루었다.

　　얼리터우에 이주한 인적 집단의 구성을 명시적으로 보여주는 자료는 없으나, 이들 가운데는 허난성 중서부 일대에 거주하던 사람은 물론 그보다 먼 지역에서 이주해온 사람들도 포함될 것이다. 일찍이 허난성 중서부의 양사오문화 후기와 룽산문화 전기 유적 가운데는 산둥 다원커우문화나 후베이 취자링문화의 유존이 발견된 바 있다.[191] 이것은 얼리터우문화기 이전부터 이들 지역 사이의 인적 교류가 있었음을 시사한다. 그뿐만 아니라 얼리터우 유적에서는 얼리터우문화 제2기 이래 뤄양분지의 다른 유적에 비해 복잡한 토기 양상이 나타나며, 거기에는 이질적 계통의

190　劉莉 著, 陳星燦 등 譯, 앞의 책, 2007, 213-214쪽.

191　孫廣淸, 「河南境內的大汶口文化和屈家嶺文化」, 『中原文物』 2000(2), 22-28쪽.

특징이 나타난다.[192] 그것은 얼리터우 사회를 구성하는 인적 집단의 범위가 허난성 중서부를 뛰어넘는 것이었음을 시사한다.

얼리터우에 대형 취락이 성립되어가는 과정에서 통치계층은 농업생산을 확대하는 동시에 신속하게 얼리터우를 수공업 생산기지로 바꾸어갔다. 제3기에 이르러 얼리터우의 농기구 비율이 감소한 것은 얼리터우가 점차 농업생산에서 분리되어 식량원을 외부에서 구할 수 있게 된 상황을 보여준다.[193] 얼리터우의 통치계층은 일상생활과 생산의 수요 증대로 인해 각종 자원의 원산지와 원거리 교역 또는 공납체계를 구축했다. 그것은 호혜적인 교환이라 해도 강압적인 수단을 동반했을 가능성이 높지만, 얼리터우의 공방에서 생산된 각종 재화가 주변으로 분배됨에 따라 얼리터우는 지역 일대 생산과 교환의 중심지로 성장했다.[194] 토기나 석기 등 일생생활용품의 생산에 대해 얼리터우 통치계층은 비교적 개방적인 태도를 취한 반면[195] 청동예기나 녹송석기 등 위세품의 생산과 관리에 대해서는 강력한 통제력을 행사했다. 즉 그들은 각종 생활용품의 생산 및 교환의 네트워크를 지배하면서도 청동예기나 녹송석기 등의 특정 물품에 대해서는 폐쇄적인 소유를 지속했다. 얼리터우는 룽산문화기와는 달리 황허강과 양쯔강 일대에서 유일하게 청동예기와 옥기를 포함한 다양한 위세품을 생산할 수 있는 곳이었으며 청동예기 등의 특정 물품을 독점

---

192   德留大輔, 앞의 논문, 2004, 96-98쪽.

193   류리·천싱찬 지음, 김정열 옮김, 앞의 책 2019, 323-324쪽.

194   류리·천싱찬 지음, 김정열 옮김, 위의 책 2019, 318쪽.

195   Li Jaang, 앞의 논문, 2023, 231-234쪽.

적으로 소유할 수 있는 곳이었다.[196]

　황허강 중류 지역에서 양쯔강 중류 지역에 걸치는 넓은 공간 범위에서 약 200여 개의 얼리터우문화 유적을 확인할 수 있다. 이들은 일부 산시(陝西) 동부와 후베이 경내에 위치하지만 대다수는 허난 서부와 산시(山西) 남부에 집중되어 있다. 얼리터우의 중심지대에 분포한 유적은 그 면적을 기준으로 할 때 대체로 4등급으로 구분된다. 첫째는 300만㎡ 이상의 초대형 유적으로 얼리터우 유적이 이에 해당하며, 둘째는 그 면적이 각각 80만㎡와 40만㎡인 사오차이(稍柴)와 푸춘(府村) 유적이며, 셋째는 15만~25만㎡의 11개 취락 유적이 이에 해당하고, 넷째는 13만㎡ 이하의 소형 유적으로 그 수량이 가장 많다. 위에 언급한 유적은 서로 다른 몇 개의 수계(水系)에 위치함에도 불구하고, 얼리터우를 중심으로 하여 4등급의 취락체계를 형성하고 있다. 이와 같은 취락체계 모델은 황허강 중하류 유역에서 일찍이 출현한 바 없었다.[197] 따라서 그것은 얼리터우 유적에 중국 최초의 국가를 상정하는 중요한 근거가 된다.[198]

　뤄양분지 일대의 취락체계에는 얼리터우 통치계층의 인위적 개입이 엿보인다. 예컨대 새로 건설된 면적 약 20만㎡의 난자이(南寨) 유적은 이허강(伊河)에서 뤄양분지로 진입하는 좁은 입구에 위치하고 있으며, 유사한 성격의 둥마거우(東馬溝) 유적은

196　Li Jaang, 앞의 논문, 2023, 232쪽.

197　劉莉 著, 陳星燦 等 譯, 앞의 책, 2007, 209-210쪽.

198　류리·천싱찬 지음, 김정열 옮김, 위의 책 2019, 306-308쪽.

젠허강(澗河)이 뤄양분지로 들어가는 지점에 있다.[199] 한편으로는 룽산문화기에 중심취락의 기능을 담당했던 취락은 폐기되었으며, 그때의 아(亞)중심취락이나 새로 건설된 취락이 얼리터우기문화기에 들어 새로운 지역 중심취락으로 성장했다. 예컨대 뤄허강 중류에 위치한 룽산문화기의 중심취락 시왕촌(西王村)이나 이허강 중상류의 중심취락이었던 마후이잉과 같은 유적은 폐기되고 이에 대신하여 이허강 상류의 바이윈 유적이 새로운 지역 중심지로 성장하였으며,[200] 이허강의 지류인 바이장강(白江)에 난와(南瓦) 유적이 새로 건설되었다.[201] 이런 현상은 얼리터우를 방어하거나 얼리터우의 경쟁 대상을 억제하고 얼리터우를 중심으로 한 새로운 취락체계를 건설하기 위해 얼리터우의 지배계층이 의도한 결과로 생각된다.

한편 중심지역을 넘어 주변지역을 향한 얼리터우문화의 신속한 확장은 식민거점의 건설을 통해 이루어졌다. 그 확장의 원동력은 주요 자원의 수요와 획득에 있었다. 룽산문화기의 대형 성곽취락과는 달리 얼리터우는 농업생산에 유리한 자연환경을 제외하고는 주변의 천연자원이 매우 부족한 상황에 처해 있었다. 그에 반하여 얼리터우문화 유적이 확인되는 주변지역, 즉 산시(山西) 남부, 산시(陝西) 남부와 후베이 등은 모두 풍부한 자연자원, 특히 소금과 동의 원산지에 인접해 있다. 얼리터우 유적과 자연자원의 산지에 인접한 유적사이의 직선거리는 $100 km$에

---

199   張海, 앞의 논문, 2007, 274쪽

200   張海, 위의 논문, 2007, 274쪽

201   Li Jaang, 앞의 논문, 2023, p.227.

서 500km까지로 다양하다. 얼리터우문화의 주변 확장은 얼리터우 사회가 주요 자원을 획득하기 위한 이민의 결과로 생각된다. 얼리터우 유적에서 얼리터우문화 제3기에 화살촉의 수량이 급격히 늘어나는 것은 그들의 확장이 강제성을 띤 것이었음을 시사한다.[202] 얼리터우를 중심으로 하여 구축된 교환의 네트워크는 뤄양분지 일대의 중심부와 그 외연으로 넓게 펼쳐진 주변부를 포함하고 있다. 그 중심지역 가운데서도 핵심에 위치한 얼리터우의 통치계층은 강압적인 수단에 의존하여 물자와 정보교류의 거점을 장악하고 각종 생활용품의 생산과 분배를 독점하면서 지배권을 획득하였다.[203]

  얼리터우의 통치계층은 얼리터우에 운집한 인적 집단을 일정한 질서에 따라 조직하였다. 개별 '주거단위'는 궁전구와 주거구를 막론하고 주택과 무덤으로 구성되었으며, 양자는 서로 인접해 있다. 궁전구나 주거구를 막론하고 이와 같은 양상은 마찬가지이다. 얼리터우 유적에서는, 통치계층은 궁전구에 거주하는 반면 그 밖의 혈연집단은 궁전구의 좌우에 배치된 주거구에 분산 거주하도록 설계되었다. 각각의 주거단위에서 최상위의 무덤과 하위에 위치한 무덤은 묘광의 규모에서는 큰 차이가 없지만 부장품은 전자가 10여 점, 후자는 3점 전후에 불과하다. 이에 관해 궁전구에 있는 무덤의 부장품은 3호 판축기단의 M3의 경우, 이미 다소 파괴되었음에도 불구하고 모두 37점이 출토되었다.

  이처럼 유사한 '주거단위'의 중복은 얼리터우 사회가 유사

---

[202] 劉莉 著, 陳星燦 등 譯, 앞의 책, 2007, 214쪽.

[203] 劉莉 著, 陳星燦 등 譯, 앞의 책, 2007, 217쪽.

한 성격의 혈연집단의 연합하에 구성되었음을 보여준다. 얼리터우의 통치계층은 혈연을 기반으로 하여 구성된 인적 집단을 혈연적 원리에 따라, 그와 아울러 궁전구와 주거구로 표현되는 계층적 질서로 통합하는 일련의 제도를 구축했다. 그 질서의 정점에는 궁전구에 거주하는 최고 통치계층이 위치했다.[204]

이렇게 해서 얼리터우에 새로 형성된 공동체에는 일정한 의례적 준칙을 기반으로 한 이데올로기가 더해졌다.[205] 궁전구 M3에서 나타나는, 술과 음식의 조리, 보관, 소비 등을 위한 다양한 기능의 식기와 주기로 구성되는 얼리터우의 토기 부장품 체계는 II·VM54, II·VM57 등 얼리터우 유적 내의 여러 무덤에서도 확인되는데, 이것은 술과 음식의 조리, 진헌, 흠향으로 구성된 일정한 방식의 제의를 상징하는 것으로 생각된다.[206] 이 체계는 일찍이 룽산문화기에 황허강과 양쯔강 일대에서 발전해 온 다양한 지역 전통을 하나로 결합한 것으로서 얼리터우에 모인 다양한 인적 집단의 통합을 상징하며, 그들을 일정한 규정성을 가지는 의례제도 하에 통합하기 위해 고안된 것이다. 그런 의미에서 얼리터우의 매장제도는 이전에는 존재한 바 없는 집단적 동질성과 소속감을 부여하였다.[207] 얼리터우의 인적 결합은 의례를 중심으로 하는 공동의 신앙체계를 통해 유지되었다. 의례는 각종 의례용품을 필요로 하며, 그것의 제작과 분배는 얼리터우 통치계층의 몫

204　Li Jaang, 앞의 논문, 2023, p.227.

205　張莉, 앞의 논문, 2023, 쪽.

206　中國社會科學院考古研究所, 앞의 책, 1999, 69-74쪽.

207　Li jaang, 위의 논문, 2023, 236-240쪽.

이었다. 얼리터우의 통치계층은 이와 같은 새로운 전략과 실천을 통해, 중원의 청동기시대와 그 이후의 시기까지 반복적으로 적용되었고 또 권력과 사회질서의 정당한 원천으로 취급되는 새로운 의례질서를 만들어냈다. 결국 그것은 얼리터우 사회의 집단 정체성을 구성하고 사회의 내적 통합을 유지하는 데 기여했다.

혈연집단의 계층적인 편성과 공통의 이데올로기 구축을 통해 내적 통합을 달성하는 동시에 위세품의 독점적인 생산과 관리, 일상생활용품의 생산과 교역을 통해 얼리터우를 물자의 집적과 교환의 중심지로 정착시킨 통치계층의 전략은 얼리터우 사회의 유지와 공전(空前)의 발전을 통해, 얼리터우의 뒤를 잇는 얼리강(二里崗) 사회와 상(商) 왕조 이후 초기국가가 그 의례적 질서를 계승한 것을 통해 그 유효성이 입증됐다. 얼리터우 사회에서 중국 초기국가 단계의 정치적 구조를 관통하는 모델을 확인할 수 있는 것은, 얼리터우문화기에 들어 중국의 고대 사회가 이전과는 다른 새로운 차원의 단계에 진입했음을 보여준다.

그러나 이상의 모든 것이 얼리터우의 통치계층의 '순수한' 창안을 통해 달성된 것은 아니다. 얼리터우 통치계층의 무덤에서 발견되는 녹송석으로 제작한 장식과 패식(牌飾), 옥기와 청동기, 해패(海貝) 등의 각종 위세품은 서로 다른 기원을 가지고 있다. 해패는 유라시아 대륙 교역망에서 관중(關中) 지대를 경유하여 입수한 것이고, 야금기술은 허란산 이동의 황토고원지대에서, 아장(牙璋) 등의 옥제(玉製) 예기는 스마오를 포함한 중국 북방의 고원지대에서 기원하였을 것이다.[208] 얼리터우의 무덤에서 확인

---

208 張莉, 앞의 논문, 2018, 49쪽.

되는 토기 조합은 황허강과 양쯔강 유역의 다양한 지역적 전통을 통합한 것이다. 얼리터우 사회는 그에 선행하거나 또는 평행하는 시기 각 지역의 인구와 다양한 문화적 요소를 수입하고 통합하였다. 얼리터우 사회가 중국 북방의 고원지대와 룽산문화기 이래 지속된 교류를 계속함으로써 그들로부터 인구, 물자와 기술은 물론 예제의 관념까지 입수했듯이,[209] 중국의 남방지역과도 동일한 과정을 진행하였을 것이다.

다양한 지역의 문화전통이 얼리터우에 모이고 또 선택적으로 수용된 것은 혈연집단의 집적에 기반을 둔 대형 취락, 통치계층의 직접적인 수공업 통제, 취락 중심부에 위치한 대규모 의례 공간, 위세품의 생산과 분배를 통한 광역적 취락체계 구축과 유지 등에서도 골고루 드러난다. 그것은 스마오와 타오쓰, 스자허와 량주 등의 룽산문화기의 대형 성곽취락에서 대부분 또는 적어도 그 일부가 확인되는 양상이다. 그런 의미에서 얼리터우 취락은 북방의 황토고원부터 남방의 양하(兩河) 유역 일대에서 꾸준히 진행되어 온 문명의 흐름을 수용하고 계승했던 것이 틀림없다. 연구자에 따라서 룽산문화기의 정치체와 얼리터우 사이에 뚜렷한 분계선, 즉 질적 비약을 설정할 수 없다고 판단한 것[210]은 그런 맥락에서 내린 결론일 것이다.

그러나 또 한 가지 분명한 것은 얼리터우의 단계에서 모든 것은 확실히 촘촘해지고 엄격해졌다. 계층을 기반으로 한 궁전구

---

209 李旻,「重返夏墟: 社會記憶與經典的發生」,『考古學報』2017(3), 287-316쪽.

210 G. Selach-Lavi, 앞의 책, 2015, 190쪽.

와 주거구의 의도적인 구획 배치와 가시적인 분할은 다수의 혈연집단이 집적하여 구성된 룽산문화기의 대형 성곽취락과 본질적으로 동일한 성격을 가진다고 해도, 그것을 더 엄격하게 외면으로 드러나는 제도의 틀 속에서 규제하려 시도한 것은 얼리터우에서 처음 확인되는 양상이다. 최고 지배계층의 직접적인 통제를 가능하게 한 배타적인 수공업 구역 설치와 그를 통한 위세품의 집중 생산 및 통제는 스마오와 타오쓰 또는 량주에서도 그 흔적을 찾을 수 있지만 얼리터우에서는 보다 더 엄격한 형태로 구상화되어 있다. 조상 숭배를 위시한 의례적 장치의 개발, 이를 통한 집단의 통합과 취락 전체의 응집력 제고 등은 룽산문화기의 대형 성곽취락보다 더욱 분명한 형태의 구체적인 제도로 정착되었다.

이처럼 얼리터우는 룽산문화기를 마감하는 시기에 발생한 자연환경의 변화를 배경으로 하여 이를테면 '주변'에서 돌연히 탄생하였지만, 그것이 성립되고 발전하는 과정에서 신석기시대 이래 중국 각지에서 발전해 온 전통과 경험을 계승하면서 더욱 발전된 사회 구성 모델을 창안하였다. 그리고 그것은 이후 중국 중원에서 번영한 초기국가에서 계승된 유의미한 자산이 되었다.

그렇기 때문에 우리는 환경의 변화와 제약 그리고 그것에 대응하는 인간 사이의 상호작용, 특히 얼리터우 통치계층의 전략적 선택과 실행이 결국 단절되었던 문명화의 여정을 다시 시작하게 하는 최종인(因)이 되었다는 결론에 도달하게 된다.

VI. 맺음말

룽산문화기의 고도로 발달한 복합사회를 대표하는 스마오, 타오쓰, 스자허, 량주 등의 대형 성곽취락 유적은 대체로 룽산문화기의 종결을 전후하여 폐기되기 시작했다. 룽산문화기의 대형 성곽취락과 그것을 지탱한 지역 취락체계는 이후까지 이어지지 않았다. 기원전 2000년을 전후하여 번영했던 중국 각지의 복합사회는 인구밀도나 사회적 복합도 또는 양자 모두에서 전반적인 쇠퇴를 경험했다. '붕괴'는 중국 전역에서 관찰되는 현상이었다.

붕괴의 원인에 대한 가장 일반적인 설명은 기후변동과 관련되어 있다. 중국에는 기원전 2000년경 광범위한 기후변동이 발생했다. 그러나 그것이 대형 성곽취락과 지역 취락체계의 붕괴의 모든 것을 설명하지는 못한다. 룽산문화기 대형 성곽취락의 붕괴는 자연환경의 변화뿐만 아니라 인위적인 요인과 상당한 관련을 맺고 있었을 가능성이 크다. 따라서 룽산문화기 대형 성곽취락의 붕괴에 대해서는 환경의 변화와 그에 대한 인간의 대응, 이 두 가지 측면이 두루 고려되어야 한다.

룽산문화기의 대형 성곽취락 유적과는 무관한 지역, 황허강 중류의 뤄양분지 일대에서 기원전 20세기경 돌연 전자에 비견할 만한 얼리터우 유적이 출현했다. 얼리터우 사회에서는 사회계층의 분화와 상당한 정도의 분업이 뚜렷이 관찰된다. 청동기, 녹송석기와 같은 위세품이 제작되었으며, 전문화된 생산은 석기나 토기, 골각기와 같은 일상 생활용품의 영역까지 확대되었다. 얼리터우를 중심으로 청동원료 등 각종 원료나 일상생활용품을 입수하기 위해서 광역에 걸친 교역 또는 공납의 네트워크가 구축되었다. 대규모 취락, 잘 정비된 도로, 담장으로 구획된 기능적 공간 분할, 의례를 위한 전문시설 등은 얼리터우 취락이 그 규모나 질을 막론하고 이미 도시라 부르기에 조금도 손색없는 수준에 도달하였음을 보여준다.

　허난성 중서부의 뤄양분지 일대에서 돌연 거대 취락 얼리터우가 출현하고 성장한 원인을 설명하기 위한 가설로 고안된 '환경론'과 '주변지론'은 얼리터우 유적의 지리적 위치 그리고 자연환경에 주목한다. 얼리터우는 다른 곳과는 달리 자연환경의 혜택을 누렸다거나 또는 얼리터우 일대가 문명의 주변지대였기 때문에 환경의 변화에 더 유연하게 대응할 수 있었다는 환경론이나 주변지론은 모두 얼리터우 유적의 돌연한 출현에 대해 그럴듯한 시각을 제공한다. 그러나 거기에는 하필 얼리터우문화기에 들어 얼리터우 유적에 급격한 인구 증가가 일어났는지, 또는 이곳에서 현격한 문화적 비약과 함께 체계적인 도시가 건설되었는지를 설명할 수 있는 논리가 빠져 있다.

　얼리터우에서 일어난 저 문명의 도약은 환경의 변화에 대응하는 통치계층의 역할과 무관하지 않다. 얼리터우에서는 혈연집단의 계층적인 편성과 공통의 이데올로기 구축을 통해 체계적인 내적 통합이 달성되었다. 거기에는 위세품의 적극적인 생산과 관리 그와 함께 일상생활용품의 생산과 교역을 통해 얼리터우를 물자의 집적과 교환의 중심지로 정착시킨 통치계층의 전략 역시 두드러지게 체현되어 있다. 그리하여 얼리터우문화기를 거치면서 중국의 고대 사회는 새로운 단계에 진입할 수 있었다.

　그렇다고 해도 그것 모두를 얼리터우의 통치계층의 혁신적인 창안이라고 할 수는 없다. 오히려 얼리터우는 그에 선행하거나 또는 평행하는 시기 각 지역의 인구와 다양한 문화적 요소를 흡수하고 통합함으로써 그와 같은 도약을 달성했다. 다양한 지역의 문화전통이 얼리터우에 모이고 또 선택적으로 수용된 것은, 혈연집단의 집적에 기반을 둔 대형 취락, 통치계층의 직접적인 수공업 통제, 취락 중심부에 위치한 대규모 의례공간, 위세품의 생산과 분배를 통한 광역적 취락체계 구축과 유지 등에서 골고루 드러나지만, 이들 대부분은 스마오와 타오쓰, 스자허와 량주 등의 룽산문화기 대형 성곽취락에서 확인할 수 있는 것이다.

그런 의미에서 얼리터우 취락은 북방의 황토고원부터 남방의 양하 유역 일대에서 꾸준히 진행되어 온 문명의 흐름을 수용하고 계승했던 것이 틀림없다. 그러나 얼리터우문화 단계에서 모든 것이 확실히 비약적으로 발전했다는 점을 잊을 수는 없다. 즉 얼리터우는 룽산문화기를 마감하는 시기에 발생한 자연환경의 변화를 배경으로 하여 주변지대에서 새로 탄생하는 형태로 출현하였지만, 그것은 신석기시대 이래 중국 각지에서 발전해 온 전통과 경험을 계승하면서 동시에 더욱 발전된 사회체계 모델을 제공했다. 따라서 환경의 변화와 제약 그리고 그것에 대응하는 인간 사이의 상호작용, 특히 얼리터우 통치계층의 전략과 그 실행이 결국 문명화의 여정을 다시 시작하게 하는 결정적 원인이 되었다는 결론에 도달하게 된다.

문명화의 과정에서 룽산문화기의 성취가 얼리터우로 모이고, 계승되었으며, 얼리터우는 이를 바탕으로 하여 더욱 발전하여 마침내 중국 전통문화의 원천으로 정립되었다는 결론은 해묵은 중원중심주의 부활로 간주될 지도 모른다. 그러나 필자가 말하고자 한 것은 중국 초기문명의 발전은 일정한 단절에도 불구하고 지속적으로 이어졌다는 점과 거기에는 환경의 변화에 대한 인간의 대응이 중요한 요소로 작용하였다는 점, 바로 그 두 가지에 있다.

　중국의 양하 유역 혹은 그 너머의 땅에서 성장했던 문명은 상당한 기간의 휴지기를 거친 다음, 중국의 초기국가가 본격적인 발전기에 진입한 상주(商周)시기(전 17세기~전 8세기)가 되면 '지역문명'의 형태로 부활하여 다시 중원의 문명과 경쟁하게 된다. 룽산문화기 이후 각 지역이 겪은 문명화의 과정은 아직 어렴풋하다. 얼리터우와 같은 시대에 그들이 어떤 상황에 처해 있었는지에 대한 설명이 이루어져야만 룽산문화기 이후 현재의 중국 내에서 발전해 간 다양한 문명화의 여정이 더욱 입체적인 형태를 띠게 될 것임은 새삼스럽게 말할 나위도 없다. 그렇지만 그에 대한 선명한 그림을 그리기 위해서는 아직 더 많은 자료가, 그리고 그것이 준비될 시간이 필요한 것으로 보인다.

참고자료

1. 국문

金正烈·嶽洪彬,「殷墟의 구조-최근의 고고학적 조사 성과를 통해 본-」,『崇實史學』35, 2015.

김정열,「얼리터우를 넘어서-중국의 국가 기원에 대한 고고학적 탐색」,『한국고고학보』60, 2006.

김정열,「중화문명탐원공정의 의의와 한계」,『인문학연구』50, 2021.

류리·천싱찬 지음, 김정열 옮김,『중국고고학-구석기시대 후기부터 청동기시대 전기까지』, 사회평론아카데미, 2019.

2. 영문

C. Renfrew, B. Liu 2018, "The emergence of complex society in China: the case of Liangzhu", Antiquity 92.

Chang(Kwang-chih) 1986, The Archaeology of Ancient China, 4th ed., Yale Univ. Press.

G. Shelach-Lavi 2015, The Archaeology of Early China, Cambridge Univ. Press.

Jaang, L. 2023. "Erlitou: The making of a secondary state and new sociopolitical order in Early Bronze Age China", Journal of Archaeological Research 31.

Schwartz, G. 2006, "From Collapse to Regeneration", Schwartz, G., and Nichols, J. (eds.), After Collapse: The Regeneration of Complex Societies, University of Arizona Press.

Yoffe, N. 2006. "Notes on regeneration", Schwartz, G., and Nichols, J. (eds.), After Collapse: The Regeneration of Complex Societies, Tucson: University of Arizona Press.

Yuan, Jing, Campbell, R., Castellano, L., and Chen, X. 2020. "Subsistence and persistence: Agriculture in the Central Plains of China through the Neolithic to Bronze Age transition", Antiquity 94.

Zhuyong Sun, Jing Shao, Li Liu et al., "The First Neolithic Urban Center on China's North Loess Plateau: The Rise and Fall of Shimao", Archaeological Research in Asia, vol.14, 2017.

3. 중문

高江濤·何駑,「陶寺遺址出土銅器初探」,『南方文物』2014(1).
郭偉民,『新石器時代澧陽平原與漢東地區的文化和社會』, 文物出版社, 2010.
國家文物局,『中國文物地圖集』, 西安地圖出版社, 1998.
戴應新,「陝西神木縣石峁龍山文化遺址調查」,『考古』1977(3).
戴向明,「黃河中遊史前經濟概論」,『華夏考古』2016(4).
杜金鵬,「偃師二里頭遺址祭祀遺存的發現與硏究」,『中原文物』2019(4)
羅宏才,「陝西神木石峁遺址石雕像群組的調查與硏究」,『從中亞到長安』, 上海大學出版社, 2011.
劉莉,『中國新石器時代-邁向早期國家之路』, 文物出版社, 2007.
劉斌 等,「良渚: 神王之國」,『中國文化遺產』2017(3).
劉斌 等,「良渚古城考古的歷程, 最新進展和展望」,『自然與文化遺產研究』5(3), 2020.
劉斌,「良渚文化的祭壇與觀象測年」,『浙江省文物考古研究所學刊』8, 科學出版社, 2006.
劉斌·王寧遠,「2006-2013年良渚古城考古的主要收獲」,『東南文化』2014(2).
劉演 等,「中全新世以來杭州灣古氣候, 環境變遷及對良渚文化的可能影響」,『湖泊科學』26(2), 2014.
李健民,「陶寺遺址出土朱書"文"字扁壺」,『中國社會科學院古代文明研究中心通訊』1, 2001.
李旻,「重返夏墟: 社會記憶與經典的發生」,『考古學報』2017(3).
莫多聞 等,「良渚遺址及區域環境考古研究報告」, 浙江省文物考古研究所,『良渚古城綜合研究報告』, 文物出版社, 2019.
聞廣·莉志淳,「福泉山與崧澤玉器地質考古學研究」,『考古』1993(7).
方修琦·孫寧 1998,「降溫事件: 4.3kalBP岱海老虎山文化中斷的可能原因」,『人文地理』13(1).
方燕明,「登封王城崗城址的年代及相關問題探討」,『考古』2006(9).
北京大學考古文博學院·鄭州市文物考古研究所,「河南新密市新砦遺址1999年

　　　　試掘簡報」,『華夏考古』2000(4).
北京大學古代文明研究中心 · 鄭州市文物考古研究所,「河南省新密市新砦遺址
　　　　2000年發掘簡報」,『文物』2004(3).
史培軍 1991,『地理環境演變研究的理論與實踐-鄂爾多斯地區晚第四紀以來
　　　　地理環境演變研究』, 科學出版社.
山西省考古研究所 · 興縣文物旅游國,「2015年山西興縣碧村遺址發掘簡報」,
　　　　『考古與文物』2016(4).
徐舸,『公元前三千紀至前兩千紀之初禿尾河流域聚落形態的初步考察』, 西北
　　　　大學碩士學位論文, 2016.
西安半坡博物館,「陝西神木石峁遺址調查試掘簡報」,『史前研究』1983(2).
石家河考古隊,『譚家嶺』, 文物出版社, 2011.
石家河考古隊,『鄧家灣』, 文物出版社, 2003.
石家河考古隊,『肖家屋脊』, 文物出版社, 1999.
陝西省考古研究所 · 榆林市文物保護研究所,『新木新華』, 科學出版社, 2005.
陝西省考古研究院 等,「陝西神木縣石峁遺址」,『考古』2013(7).
陝西省考古研究院 等,「陝西神木縣石峁遺址韓家圪旦地點發掘簡報」,『考古與
　　　　文物』2016(4).
陝西省考古研究院 等,「陝西神木縣石峁遺址後陽灣, 呼家窪地點試掘簡報」,
　　　　『考古』2015(5).
陝西省考古研究院 等,『發現石峁古城』, 文物出版社, 2016.
陝西省考古研究院,「陝西佳縣石摞摞山遺址龍山遺存發掘簡報」,『考古與文物』
　　　　2016(4).
邵晶,「試論石峁城址的年代及修建過程」,『考古與文物』2016(4)
孫廣淸,「河南境內的大汶口文化和屈家嶺文化」,『中原文物』2000(2).
孫永剛 · 常經宇,「陝北地區仰韶時代晚期至龍山時代生業方式分析」,『遼寧師
　　　　範大學學報(哲學社會科學版)』2018(1).
孫周勇 等,「石峁遺址的考古發現與研究綜述」,『中原文物』2020(1).
孫千里 等,「北方環境敏感帶岱海湖泊沈積記錄的全新世中期環境特徵」,『中國
　　　　科學(地球科學)』2006(9).
嚴文明,「鄧家灣考古的收獲」,『考古學研究』5(上), 科學出版社, 2003.
葉斐 · 李旻,「王權, 城市與國際: 比較考古學視野中的中國早期城市」, 荊志淳

　　　　　　 등 편,『多維視域-商王朝與中國早期文明硏究』, 科學出版社, 2009.
吳文祥·劉東生,「4000aB.P.前後降溫事件與中華文明的誕生」,『第四紀研究』
　　　　　　 21(5), 2001.
王巍 2004,「公元前2000年前後我國大範圍文化變化原因探討」,『考古』
　　　　　　 2004(1).
王煒林·孫周勇 2011,「石峁玉器的年代及相關問題」,『考古與文物』2011(4).
王曉毅·嚴志斌 2006,「陶寺中期墓地被盜墓葬搶救性發掘紀要」,『中原文物』
　　　　　　 2006(5).
袁廣闊,「關于孟莊龍山城址毀因的思考」,『考古』2000(3).
袁靖,「論中國新石器時代居民獲取肉食資源的方式」,『考古學報』1999(1).
魏繼印,「論氣候變遷與中原文明中心地位的形成」,『中原文物』2011(5).
任式楠,「長江中游文明起源探索-以屈家嶺, 石家河文化爲中心」, 中國社會
　　　　　　 科學院歷史研究所,『華夏文明與傳世藏書』中國社會科學出版社,
　　　　　　 1996.
張光直, 1999,「從商周青銅器談文明與國家的起源」,『中國靑銅時代』, 三聯書店.
張莉,「新砦期年代與性質管見」,『文物』2012(4).
張莉,「危機與新生: 考古材料所見低地龍山崩壞及歷史意義」,『南方文物』
　　　　　　 2023(3).
張緖球,「長江中游史前城址與石家河聚落群」, 嚴文明·安田喜憲 편,『稻作, 陶
　　　　　　 器和都市的起源』, 文物出版社, 2000.
張弛,「屈家嶺-石家河文化的聚落與社會」,『考古學研究』10, 科學出版社,
　　　　　　 2012.
張弛,「龍山-二里頭-中國史前文化格局的改變與靑銅時代全球化的形成」,『文
　　　　　　 物』2017(6).
張弛,「中國史前農業, 經濟的發展與文明的起源 -以黃河, 長江下游地區爲核
　　　　　　 心-」,『古代文明』1, 文物出版社, 2002.
張忠培,「良渚文化墓地與其表述的文明社會」,『考古學報』2012(4).
張海,『公元前4000年至1500年中原腹地的文化演進與社會複雜化』, 北京大學
　　　　　　 博士學位論文, 2007.
浙江省文物考古研究所,「杭州市餘杭區良渚古城遺址2006~2007年的發掘」,
　　　　　　『考古』2008(7).

浙江省文物考古研究所,『反山』上·下, 文物出版社, 2005.
浙江省文物考古研究所,『瑤山』, 文物出版社, 2003.
浙江省文物考古研究所,『良渚古城綜合研究報告』, 文物出版社, 2019.
浙江省文物考古研究所,『良渚遺址群』, 文物出版社, 2005.
鄭州市文物考古研究院,『新鄭望京樓-2010-2012年田野考古發掘報告』, 科學出版社, 2016.
趙海濤,「二里頭都邑聚落形態新識」,『考古』2020(8).
趙海濤,「二里頭都邑布局和手工業考古的新收獲」,『華夏考古』2022(6).
趙海濤·許宏,「新探索與新收獲: 近十年二里頭遺址田野考古槪述」,『南方文物』2018(4).
朱乃誠,「太湖及杭州灣地區原始稻作農業的發展及其對文明起源的作用」, 上海博物館 편,『長江下游地區文明化進程學術硏討會論文集』, 上海書畫出版社, 2004.
朱乃誠,『中國文明起源研究』, 福建人民出版社, 2006.
中國國家博物館田野考古研究中心 等.『運城盆地東部聚落考古調査與研究』, 文物出版社, 2011.
中國社會科學院考古研究所,『偃師二里頭-1959年~1978年考古發掘報告-』, 中國大百科全書出版社, 1999.
中國社會科學院考古研究所 等,「山西襄汾縣陶寺城址發現陶寺文化中期大型夯土建築基址」,『考古』2008(3).
中國社會科學院考古研究所 等,「山西襄汾縣陶寺中期城址大型建築ⅡFJT1基址2004~2005年發掘簡報」,『考古』2007(4).
中國社會科學院考古研究所,『二里頭1999~2006』, 文物出版社, 2014,
中國社會科學院考古研究所,『中國考古學』夏商卷, 中國社會科學出版社, 2003
中國社會科學院考古研究所山西工作隊 等,「2002年山西襄汾陶寺城址發掘」,『中國社會科學院古代文明研究中心通訊』5.
中國社會科學院考古研究所山西工作隊 等,「山西襄汾陶寺城址2002年發掘報告」,『考古學報』2005(3).
中國社會科學院考古研究所山西工作隊 等,「山西襄汾縣陶寺城址發現陶寺文化大型建築基址」,『考古』2004(2).

中國社會科學院考古研究所山西工作隊二里頭工作隊,「河南偃師市二里頭遺址
　　　　中心區梁的宏考古新發現」,『考古』2005(7).
中國社會科學院考古研究所山西工作隊·臨汾地區文化局,「山西襄汾縣陶寺遺
　　　　址發掘簡報」,『考古』1980(1).
中國社會科學院考古研究所山西工作隊·臨汾地區文化局,「1978-1980年山西
　　　　襄汾陶寺墓地發掘簡報」,『考古』1983(1).
中國社會科學院考古研究所山西隊·山西省考古研究所,「山西襄汾縣陶寺遺址
　　　　Ⅲ區大型夯土基址發掘簡報」,『考古』2015(1)
中國社會科學院考古研究所山西第二工作隊 等,「2002年山西襄汾陶寺城址發
　　　　掘」,『中國社會科學院古代文明研究中心通訊』3, 2003.
中國社會科學院考古研究所二里頭工作隊,「河南洛陽盆地201~2003年考古調
　　　　查簡報」,『考古』2005(5).
中國社會科學院考古研究所二里頭工作隊,「河南偃師市二里頭遺址宮殿區1號
　　　　巨型坑的勘探與發掘」,『考古』2015(12).
中國社會科學院考古研究所二里頭工作隊,「河南偃師市二里頭遺址宮殿區5號
　　　　基址發掘簡報」,『考古』2020(1).
中國社會科學院考古研究所二里頭工作隊,「河南偃師市二里頭遺址墻垣和道路
　　　　2012~2013年發掘報告」,『考古』2015(1).
中國社會科學院考古研究所二里頭工作隊,「河南偃師二里頭遺址中心區的考古
　　　　新發現」,『考古』2005(7).
中國青銅器全集編輯委員會,『中國青銅器全集』1, 文物出版社, 1996.
中美兩城地區聯合考古隊,「山東日照市兩城地區的考古調查」,『考古』
　　　　1997(4).
中美兩城地區聯合考古隊,「山東日照地區系統區域調查的新收獲」,『考古』
　　　　2002(5).
陳國梁,「二里頭遺址鑄銅遺存再探討」,『中原文物』2016(3).
陳國梁·李志鵬,「二里頭遺址制骨遺存的考察」,『中原文物』2016(5).
陳星燦 等,「2002-2003年河南偃師灰嘴遺址的發掘」,『考古學報』2010(3).
陳星燦 等,「河南偃師市灰嘴遺址西址2004年發掘簡報」,『考古』2010(2).
陳雍,「解讀良渚文明: 中國早期國家形態特徵及其研究路徑」,『南方文物』
　　　　2021(1).

蔡蓮珍·仇士華,「碳十三測定和古代食譜研究」,『考古』1984(10).

夏鼐,「中國文明的起源」, 中國社會科學院考古研究所 編,『夏鼐文集』, 社會科學文獻出版社, 2000.

何駑,「史前古城與社會發展階段的關系」,『中國文物報』2002年 11月 1日.

何駑,「堯都何在?-陶寺城址發現的考古指證」,『史志學刊』2015(2)

何駑,「從陶寺遺址考古收獲看中國早期國家特徵」,『中國社會科學院古代文明研究中心通訊』18.

何駑,「2010年陶寺遺址群聚落形態考古實踐與理論收獲」,『中國社會科學院古代文明研究中心通訊』21.

何駑,「陶寺遺址石器工業性質分析」,『三代考古』7, 科學出版社, 2017.

何駑·高江濤,「薪火相傳探堯都-陶寺遺址發掘與研究四十年歷史述略」,『南方文物』2018(4).

夏商周斷代工程專家組,『夏商周斷代工程1996-2000年階段成果報告(簡本)』, 世界圖書出版公司, 2000.

韓國河 等,「河南登封南窪遺址2004年春發掘簡報」,『中原文物』2006(3).

韓茂莉,「人地關係視角下的石峁文化盛衰」,『歷史研究』2023(4).

許宏 等,「二里頭遺址聚落形態的初步考察」,『考古』2004(11)

許宏,「"連續"中的"斷裂"-關于中國文明與早期國家形成過程的思考」,『文物』2001(2),

許宏,『最早的中國』, 科學出版社, 2009.

胡珂 等,「榆林地區全新世聚落時空變化與人地關係」,『第四紀研究』2010(2).

湖北省文物考古研究所,「大洪山南麓史前遺址調查-以石家河爲中心」,『江漢考古』2009(1).

湖北省文物考古研究所 等,「湖北天門市石家河古城三房灣遺址2016年發掘簡報」,『考古』2018(9).

湖北省文物考古研究所 等,「湖北天門市石家河古城嚴家山遺址2016年發掘簡報」,『考古』2018(9).

湖北省文物考古研究所,「大洪山南麓史前遺址調查-以石家河爲中心」,『江漢考古』2009(1).

湖北省文物考古研究所·北京大學考古文博學院,「湖北天門市石家河古城三房灣遺址2011年發掘簡報」,『考古』2012(8).

湖北省文物考古硏究所·北京大學考古文博學院, 「湖北天門市石家河古城三房灣遺址2011年發掘簡報」, 『考古』 2012(8).

湖北省文物考古硏究所·中國社會科學院考古硏究所, 「湖北石家河羅家柏嶺新石器時代遺址」, 『考古學報』 1994(2).

湖北省文物考古硏究院·北京大學考古文博學院, 「天門石家河城址及水利系統的考古收獲」, 『江漢考古』 2023(1).

4. 일문

江村秀典, 「長江中流域における城郭集落の形成」, 『日本中國考古學會會報』 7, 1997.

宮本一夫, 「長江中流域の新石器文化と城址遺跡」, 同委員會 編, 『福岡からアジアへ』, 西日本新聞社, 1995.

今井晃樹, 「良渚文化の地域間關係」, 『日本中國考古學會會報』 7, 1997.

德留大輔, 「二里頭文化二里頭類型の地域間交流-初期王朝形成過程の諸問題から」, 『中國考古學』 4, 2004.

中村愼一, 「石家河遺跡をめぐる諸問題」, 『日本中國考古學會會報』 7, 1997.

中村愼一, 「玉の王權 -良渚文化期の社會構造-」, 初期王權硏究委員會 編, 『古代王權の誕生』 I, 東アジア編, 角川書店, 2002.

목차

I. 들어가며

II. 지역별 연구 궤적과 내외적 조건
      1. 구미학계가 주도한 순수학문으로서 이집트학
      2. 고대문명 연구의 기준점 메소포타미아학
      3. 주변부에서 성서로 세계를 지배한 논쟁적 문명
      4. 사이비 역사의 끝판왕 '힌두뜨와' 역사학
      5. 유례 없는 장기지속적 중국 문명사와 근대 서양 학문의 자극
      6. 비교 고찰: 근대 학문에 대처하는 내외재적 조건과 연구의 주체

III. 고대 문명 형성의 정신적, 물질적 토대: 근동과 중국 비교
      1. 다신교의 맥락에서 태동한 고대 근동의 유일신교
      2. 고대문명 형성 연구의 기준 우룩 팽창 현상
      3. 자생론과 이주론의 연장 인더스 문명 연구
      4. 문명 연구의 새로운 허브 고대 중국
      5. 비교 고찰: 우룩 팽창 현상으로 본 중국 고대문명

IV. 나가며

제5장 총결
고대문명 기원과 그 연구의 다른 궤적들:
시론적 비교 고찰

심재훈(단국대)

I. 들어가며

필자는 2022년 7월 1일부터 2024년 6월 30일까지 한국연구재단 일반공동연구지원사업 "문명의 시원, 그 연구의 여정과 실제"의 연구책임을 맡아 수행했다. 이 연구는 핵심 고대 문명들에 대한 연구사와 함께 이들 초기 문명이 형성되는 다양한 양상을 검토하기 위한 것이다. 본 연구를 통해 총 9편의 논문이 출간되었다. 연구사 분야에서 이집트와 메소포타미아, 이스라엘/팔레스타인, 인도, 중국의 다섯 지역이 다루어졌고,[1] 문명 기원의 경우 메소포타

---

1   김구원, 「나일강을 따라 천마일: 이집트학의 발전과 과제」, 김구원 외 『이집트에서 중국까지: 고대문명 연구의 다양한 궤적』(진인진, 2024), 14-

미아, 인도, 중국의 물질적 측면과 함께[2] 이집트/이스라엘/팔레스타인의 정신적 측면(종교)에 초점을 맞추었다.[3]

고대문명 연구사의 흐름과 문명의 기원에 대한 이해는 매우 다양하다. 한 연구자가 한 편의 글로 이를 관통하여 비교 검토하기란 불가능한 일이다. 다만 본 공동연구를 매조지는 차원에서 특정 지역에 치중한 9편의 논문을 종합적으로 검토해볼 필요성은 있다고 본다. 각 연구의 초점이 일관되지 않은 한계를 인정하면서도, 이를 통해 고대문명 연구에서 비교적 관점의 유용성이 미약하게라도 드러날 수 있길 기대한다.

이 글은 본 공동연구가 연구사와 기원 문제에 치중한 만큼 두 장으로 나뉜다. 첫 번째 연구사의 경우 연구의 주체가 누군지

113쪽; 김아리, 「200년 고대 근동 연구사, 세 번의 거대한 변화」, 『이집트에서 중국까지』, 114-148쪽; 강후구, 「이스레엘/팔레스틴 고고학 역사: 정치적 종교적 문화적 논쟁들」, 『이집트에서 중국까지』, 150-233쪽; 이광수, 「인더스문명과 갠지스문명의 정체에 관한 논쟁: 힌두뜨와(Hindutva) 역사 서술에 대한 비판을 중심으로」, 『이집트에서 중국까지』, 234-274쪽; 심재훈, 「중국 고대문명 연구 100년: 전통과 현대 학문의 충돌 및 재편」, 『이집트에서 중국까지』, 276-373쪽.

[2] 박성진, 「문명의 조건: 제4천년기 서아시아의 우룩 팽창 현상」, 『崇實史學』 52 (2024), 5-56쪽, 이 책의 제2장으로 수정보완; 김용준, 「인더스문명 기원 연구: 인도아대륙 최초 도시복합사회 발전의 배경과 기원을 둘러싼 논쟁」, 『崇實史學』 52 (2024), 116-137쪽, 이 책의 제3장으로 수정보완; 김정열, 「좌절과 도약의 교차로: 중국 초기문명 설립의 길」, 『崇實史學』 52 (2024), 139-203쪽, 이 책의 제4장으로 수정보완.

[3] 김구원, 「고대 근동 다신교의 문화 전략과 유일신교의 발달: 아텐과 야훼를 중심으로」, 『崇實史學』 52 (2024), 58-114쪽, 이 책의 제1장으로 수정보완.

에 따라 각 문명에 대한 연구 경향이 상당히 달라질 수 있음에 초점을 맞출 것이다. 보다 본질적으로는 근대 서양 학문의 도래 시점에서 문명 각각이 처한 내외재적 조건이 이와 밀접하게 연관되어 있다. 두 번째 문명 기원의 경우 의제를 일정 부분 공유하는 메소포타미아와 중국의 사례 위주로 비교 검토해보려고 한다. 각 장의 앞 부분에서 우선 필자 나름의 시각으로 모든 연구 결과를 일별한 뒤 말미에서 종합적으로 비교 고찰할 것이다.

II. 지역별 연구 궤적과 내외적 조건

1. 구미학계가 주도한 순수학문으로서 이집트학[4]

고대 이집트는 통일 왕국이 들어선 기원전 3000년경부터 알렉산더가 이집트를 정복한 기원전 322년까지-(프톨레마이오스 왕조), 혹은 기원전 32년 로마의 정복 후 마지막 성각문자 문헌이 작성된 기원후 394년까지를 포괄한다. 700년 이상 그리스와 로마의 지배를 받으면서도 이집트의 정체성을 유지할 정도로 그 이전 3000년의 문명이 일관되고 강렬했다. 동로마 지배 하의 이집트, 즉 비잔틴 이집트가 이슬람 세력에 의해 멸망한 642년 이후 고대 이집트 문명은 자취를 감춘다.

     그렇지만 지구상에 존재했던 어느 문명보다 강렬한 유적을 남긴 이집트는 고대 이래 끊임 없이 외부인의 관심을 끌다 16-17세기 유럽에서 '이집트 광기'(Egyptomania)라고도 부르는 신비주

---

[4] 대체로 김구원, 「나일강을 따라 천마일」을 토대로 한다.

의적 열풍의 대상이 되었다. 고대 이집트 유물 수집(약탈) 경쟁이 이어졌다. 그 와중에 1798년 나폴레옹의 이집트 원정에 동행한 150명의 학자(savants)들이 10년 이상 이집트의 다양한 양상을 조사 연구한 결과물인 『이집트 서술』(Description de l'Egypte, 1809년~1828년) 21권이 이 근대 이집트 연구의 토대가 되었다. 원정대의 로제타 석비 발견이 성각문자 해독에 결정적으로 기여했음은 주지의 사실이다.

1854년 이집트 고고학청이 설립되어 유물의 약탈은 중지되었지만, 거의 100년 동안 고고학청의 수장과 주요 직책을 프랑스를 비롯한 유럽인들이 맡았다. 1953년부터 이집트인 고고학 청장이 배출되어 2000년대 이후 이집트인들의 연구도 활발히 진행되고 있다.

19세기 전반 유럽 대학들(20세기 이후에는 미국도)에 이집트학 교수직이 설치되면서 본격적으로 시작된 이집트학은 크게 보아 고고학(역사학)과 언어학(문헌학)의 두 영역으로 수렴된다. 이는 고대의 문헌이 거의 존재하지 않은 인도를 제외한 고대문명 연구의 전반적 현상이다. 초창기 유럽 국가들 사이의 경쟁과 그 오리엔탈리즘적 속성을 감안하면서도 김구원의 글은 대체로 순수학문적 연구에 초점을 맞추었다.

1880년대 영국 플린더스 페트리의 층위학(stratigraphy)에 기초한 유물 분류에서 시작된 과학적 고고학은 1922년 투탕카문의 무덤 발굴을 비롯한 굵직한 발굴로 빛을 발했다. 1960년대 이후 세계 고고학계의 흐름에 따라 신고고학, (후기)과정고고학, 취락고고학 등을 도입하여 환경, 사회 경제, 인구 등 거시적 요소뿐만 아니라 이념, 종교, 예술, 정치 같은 인간 행위의 측면까지 연구하고 있다. 고대 이집트인들은 역사 장르로 분류될만한 문헌을 거의 남기지 않았다. 기원전 3세기에 이집트 사제 마네토가 그리스인들을 위해 썼다는 『이집트 역사(Aegyptiaca)』는 유실되었지만, 후대 학자들이 인용한 마네토의 기술을 통해 시대구분을 비롯한 현대 이집트 역사의 근간이 되고 있다.

언어학은 성각문자의 해독에서 돌파구를 마련하여 고대 이집트 문헌의 정확한 해독에 치중했다. 독일의 베를린학파가 20세기 중반까지 문법과 어휘 방면의 연구를 주도했고, 유럽과 미국의 다양한 기관에서 각종 이집트어 사전 출간이 지속되고 있다. 성각문자의 해독 능력이 이집트학자의 자격을 가늠하는 기준이 된 지 오래다. 20세기 후반 이래 고고학과 마찬가지로 일반 언어학 이론을 수용하며 특히 문헌학 분야에서 많은 성과가 이루어지고 있다.

2. 고대문명 연구의 기준점 메소포타미아학[5]

메소포타미아 연구 역시 이집트학과 마찬가지로 구미 학계에서 주도하여 순수학문적 경향이 강했지만 두 지역의 연구에는 두드러진 차이점도 존재한다. 이집트가 대체로 중국과 비슷하게 일극 체제를 유지하여 문명의 연속성이 두드러진다면, 메소포타미아를 중심으로 하는 고대 근동(서아시아) 지역은 무수한 도시국가들과 함께 제국에 버금가는 국가만 하더라도 아시리아, 바빌로니아, 히타이트 등이 각축한 다극 체제였다. 연구의 범위가 넓고 기

---

[5]   대체로 김아리, 「200년 고대 근동 연구사, 세 번의 거대한 변화」를 토대로 한다.

본적으로 공부해야 할 고대의 언어 역시 다양할 수밖에 없다.

따라서 고대 근동학을 아시리아학 중심으로 살펴본 김아리는 지난 200년 동안 이어진 그 연구사를 세 번의 변혁기로 나누어서 서술한다. 그 첫 번째가 "성서학과 연관된 고대 근동학"이다. 이집트인과 마찬가지로 아랍인들에게 기원전 3500년에서 331년 알렉산더의 바빌로니아 정복까지 이어진 고대 근동에 대한 기억은 거의 사라진 반면, 성서를 통해 고대 근동과 연관된 내용이 유럽 사람들의 기억에 남아 있었다. 19세기 중반 아시리아의 수도 니느베와 사르곤왕의 도시 두르-사루킨 등에서 발굴된 유물들이 유럽에 유입되어 유럽인들을 매료시켰다. 이때 쐐기 문자도 발견되었는데, 그 본격적인 연구는 로제타석과 마찬가지로 다중 문자로 적힌 다리우스왕(550-486BC)의 베이스툰 비문을 통한 해독에서 출발했다. 특히 니느베에서 발견된 토판 문헌에 나타난 노아의 홍수를 연상시키는 칼데아인들의 홍수설화(뒤에 길가메시 서사시의 일부로 밝혀짐)나 바구니에 넣어 물에 버려진 모세 탄생 설화의 원조 격인 사르곤왕의 탄생 설화 등이 성서와의 비교 연구를 자극했다.

1920년대부터 성서에의 종속성 탈피라는 이전과는 판이하게 다른 연구 경향이 나타난다. 고대 근동의 역사를 그 당사자들의 자료인 쐐기문자 문헌 증거로만 연구해야 한다는 인식이 강해지며, 두 번째 단계로서 "스스로의 문화에 초점을 둔 고대 근동 연구"가 시작되었다. 이 단계를 거치며 고대 근동 연구의 중심이 유럽에서 미국으로 옮겨간다. 특히 2차세계대전 발발로 많은 유럽의 인재들이 미국행을 택하여 시카고대학에서 주도한 아카드어사전(Chicago Assyrian Dictionary, CAD) 편찬 등에 크게 기여했다. 거의 50년에 걸쳐 2010년 총 26권으로 완간된 이 사전은 고대 근동학 연구 발전의 핵심 토대가 되었다.

1980년대 이후 고대 근동 연구는 세 번째 변화의 시기를 맞이한다. 무엇보다 연구의 주제가 다변화되었다. 이전까지 고대 근동의 연구가 왕가 문헌, 신화나 문학 문헌이 주요 대상이었다면, 이때부터 연구의 초점이 법률 문헌과 행정 문헌 등 인간의 실질적 삶과 관련된 실용 문헌 중심으로 이동했다. 이와 함께 신아시리아학이 부흥했다. 인류 문명사에 지대한 영향을 미친 문자와 행정, 종교, 법률, 국가, 제국 등의 원조 격인 메소포타미아 지역을 다루는 200년에 걸친 학문은 자연스럽게 고대문명 연구의 기준점이 되고 있다.

3. 주변부에서 성서로 세계를 지배한 논쟁적 문명[6]

앞에서 살펴본 이집트와 메소포타미아 문명에 대한 관심이 근대 이후에 부활한 것이라면, 두 거대 문명의 주변부에서 성장한 이스라엘은 고대 이래 현재까지도 종교로 세계적 영향력을 미치고 있다. 그 중심에 성서(구약)라는 경전이 자리한다.

그러나 성서에 기반한 고대 이스라엘/팔레스타인 지역에 대한 학문적 관심은 19세기 말에야 시작되어, 20세기 초에 관련 주요 도시들이 발굴되었다. 이를 바탕으로 1940년대까지 구미의 유수 대학들이 성서에 언급된 지역을 탐사 발굴하며 성서고고학의 전성시대가 이어졌다. 1948년 이스라엘의 독립과 1968년 6일 전쟁으로 이 지역 고대문명 연구는 또 다른 전기를 맞이한다. 이

---

6   대체로 강후구, 「이스레엘/팔레스틴 고고학 역사」를 토대로 한다.

제 이스라엘이 발굴 권한을 지니게 되어 자연스럽게 서구 중심주의 벗어나기와 함께 민족주의가 고고학의 대세가 되었다. 구약 성서 본문의 내용을 고고학적으로 입증하려는 노력이 학문의 주종을 이루었고, 이를 통해 고대 이스라엘과 현대 이스라엘인을 동일화하고자 했다.[7]

1970년대부터 영국과 네덜란드 등 외부 학자들이 이러한 지나친 민족주의적 학문에 대한 문제를 제기했다. 그 논란의 핵심에 구약 성서의 내용을 얼마나 신뢰할 수 있을지에 대한 본질적인 의문이 자리한다. 이들은 고고학적 발굴을 통한 결과물들이 성서에 나오는 내용을 액면 그대로 입증하는 것이 아니니, 기존에 정립된 고대 이스라엘 역사를 부정 또는 수정해야 한다고 주장했다. 흔히 수정주의자라고 불리는 이들의 문제 제기를 통해 성서의 신빙성을 둘러싼 이른바 "최대주의"와 "최소주의" 논쟁이 야기되었다.

이 논쟁은 이스라엘 내부 학계에도 영향을 미쳤다. 1990년대 중반부터 텔아비브대학 고고학과의 핀켈쉬타인을 중심으로 기존에 정설로 설정된 고고학 연대를 1세기 정도 늦춰야 한다는 이른바 "저연대" 논쟁이 시작되었다. 핀켈쉬타인은 후대에 편찬된 구약 성서에 나오는 많은 내용이 실제 고고학 성과와 부합하지 않음을 역설했다. 기원전 10세기 경에 번성했다는 다윗과 솔로몬왕의 통일왕국에 대한 구약의 기술도 요시아 같은 후대 유대

---

[7] 이스라엘 텔아비브대학 슐로모 산드(김승환 옮김)의 『만들어진 유대인』(사월의 책, 2022; 영문 원본은 2009년)은 20세기 유대인과 이스라엘 학문의 대세였던 오도된 유대 민족사 만들기를 적절하게 비판하여 세계적 공감을 얻은 바 있다.

왕들이 추구한 이데올로기적 서사일 것으로 보았다.[8] 이스라엘/팔레스타인 고고학은 2000년대 이후 핀켈쉬타인의 문제 제기를 비롯한 여러 쟁점들에 대해 더욱 정치하게 논쟁하는 성숙기에 접어들고 있다.

고대 이스라엘 문명에 대한 연구는 특정 지역 문명의 연구에 그 후예를 자처하는 현지인이 새로운 주체로 등장하면서 연구 경향이 달라질 수 있음을 예시한다. 이어서 검토할 현대 인도의 이른바 '힌두뜨와' 인도 고대문명 연구는 그 극단적 사례이다.

4. 사이비 역사의 끝판왕 '힌두뜨와' 역사학[9]

인도 고고학조사국의 국장이던 존 마샬(John Marshall)이 인더스강 유역의 잃어버린 하랍빠 문명의 존재를 전 세계에 알린 지 100년이 경과했다. 그 연구가 한 세기를 경과했음에도, 인더스 문명의 정체를 둘러싼 연구는 아직도 극심한 논쟁에 휩싸여 있다. 그 여파로 이광수가 집중 분석한 '힌두뜨와'(Hindutva, 힌두스러움, 힌두性)라는 사이비 역사학이 발호하고 있다.

대략 기원전 2600~1900년 사이에 존재한 인더스 문명이 청

---

8   2001년에 출간된 Neil Asher Silberman, Israel Finkelstein, *The Bible Unearthed: Archaeology's New Vision of Ancient Israel and the Origin of Its Sacred Texts* (New York: The Free Press)는 국내에도 이스라엘 핑컬스타인, 닐 애셔 실버먼 공저/오성환 역, 『성경: 고고학인가 전설인가』(까치, 2002)라는 제목으로 출간되었다.

9   대체로 이광수, 「인더스문명과 갠지스문명의 정체에 관한 논쟁」을 토대로 한다. '힌두뜨와' 사이비 역사학에 초점을 맞춘 이 글만을 바탕으로 인도에서 인더스 문명 연구 전반을 사이비 역사학으로 재단해서는 안 될 것이다.

동기를 사용한 도시 문명이라는 사실은 하랍빠와 모헨조다로를 비롯한 다섯 도시 유적의 발굴을 통해 입증되었다. 이들 유적을 둘러싸고 인더스 문명의 토착 기원설과 메소포타미아 지역으로부터의 '수메르 엘리트 이주설'이 현재까지도 팽팽히 맞서고 있다(후술). 더 큰 문제는 1947년 영국령 인도가 파키스탄과 인도로 분리된 이후, 인더스 문명의 핵심인 하랍빠와 모헨조다로 유적이 인도가 아닌 파키스탄 지역에 위치한다는 사실이다.

기원전 1900년 경 인더스 문명 소멸 이후도 큰 논쟁의 불씨가 남겨져 있다. 아리아인의 침입 혹은 이주와 함께 하는 이 소멸 이후 인더스 문명에 버금가는 도시 문명이 동쪽 갠지스 평원에서 재출현하는 기원전 700~600년경까지 1천년 이상의 공백기가 존재한다. 고고학자들이 각각 청동기 위주의 1차와 철기 위주 2차 도시화로 명명하는 두 문명 사이의 공백기는 대체로 힌두교가 형성된 이른바 아리아인의 베다 시대에 해당한다. 아리아인이 주도한 2차 도시화의 각축 상황은 마우리아 제국(기원전 320~185년)에 의해 마감되었다. 여기서 한 가지 중요한 사실은 장기에 걸친 이러한 상황을 전하는 당대의 문헌이 거의 존재하지 않는 점이다. 구전으로 전승된 베다 경전이나 힌두 고유의 신화를 담은 『라마야나』나 『마하바라따』같은 서사시가 성문화된 것은 훨씬 후대의 일이었다.

20세기 전반까지 영국의 식민통치에 대항하는 인도 민족주의자들에게 자신들을 하나로 묶을 수 있는 기제는 이슬람이나 기독교 등 외세의 종교가 아닌 토착 힌두교를 기반으로 하는 힌두뜨와 개념이었다. 이미 1930년대부터 인더스 문명을 힌두 신화와 연결시키는 시도가 있었지만, 1977년 힌두 민족주의 정당인 인도국민단(현재 집권당인 인도국민당의 전신) 정권이 수립됨으로써 힌두 민족주의 역사 서술이 본격화되었다.

그 핵심에는 결국 현재 인도 영토 내에서 존재했던 분절적 문명들을 아우르는 단선적 역사 구축이 자리한다. 저명한 학자들이 이를 주도했다. 1995년 고고학자인 굽따(Swaraj Prakash Gupta)가 인더스 문명이 하랍빠와 모헨조다로가 위치한 파키스탄 지역이 아니라 현재 인도의 메말라 사라진 가가르-하끄라강(『리그베다』에 말라 사라진 강으로 묘사된 사와스와띠강) 유역에서 발생했다고 주장했다. 이를 이어받은 일부 학자들은 힌두교를 만들어낸 아리아인 역시 이주민이 아니라 원래 가가르-하끄라강 유역에서 인더스 문명을 구축한 토착민으로 둔갑시켰다. 아리아인의 도래설을 반박하기 어려우니 그들이 인더스 문명을 구축한 후에 중앙아시아로 이주했다 다시 인도로 들어왔다는 설마저 제기되었다. 이른바 아리아인의 인도 기원설이다. 1차와 2차 도시화 사이에 존재한 문명의 공백기 역시 힌두 신화로 채워져서 결국 인더스와 갠지스가 하나의 문명이라는 단선적 역사가 구축되었다. 고고학자들이 토대를 제공했고, 유사과학자들이 그 확산에 기여했다. 가가르-하끄라강 유역의 초라한 고고학 발굴을 포함하여 이광수의 글에서 조목조목 비판하듯, 힌두뜨와 역사학에서는 사이비 역사학의 각종 메뉴가 등장한다.

5. 유례 없는 장기지속적 중국 문명사와 근대 서양 학문의 자극[10]

중국은 위에서 살펴본 네 문명과 달리 고대 이래 자체 내의 장기

---

10 대체로 심재훈, 「중국 고대문명 연구 100년」을 토대로 한다.

적 학문 전통을 지속했다. 특히 강한 호고주의(antiquarianism) 전통과 함께 고문헌학과 고문자학 분야에서 상당한 전통을 쌓아왔다. 따라서 전승된 문헌뿐만 아니라 19세기 말 갑골문의 발견에서 비롯된 다양한 출토문헌 및 1920년대 요한 군나르 안데르손(Johan Gunnar Anderson)의 발굴에서 시작된 방대한 고고학 자료도 여타 문명에 비해 풍부한 편이다.

그렇지만 1899년 발견된 갑골문자의 해독을 자체의 고문자학 연구 전통 속에서 이루어냈다고 해도, 중국 고대문명에 대한 근대적 연구 역시 앞에서 살펴본 다른 문명과 다르지 않게 서양 학문의 충격으로 시작되었다. 그 첫 번째가 양사오문화를 발굴한 안데르손이 제창한 중국 문명의 서방기원설이다. 자생설을 입증하려는 중국 학계의 노력과 함께 시작된 서양 학계와 중국 학계의 지역주의적 학문 구도가 현재까지 이어지고 있다. 지역주의는 중국 내부에도 존재한다. 중국 역사상 최대로 확장된 중화인민공화국 영토 내의 여러 지역에서 문명적 요소를 구비한 신석기 후기의 유적들이 발굴되고 있기 때문이다. 각 지역 문명의 독자성이 초래하는 지역성 만큼이나, 현재 중국 판도 내의 다양한 초기 문명을 중화라는 하나의 그릇, 즉 단선적 역사에 담아야 하는 정치적 당위성이 국내 지역주의적 논란의 주된 요인이다. 정치성에서 자유로운 서양 학계가 지역 문명의 독자성에 손을 들어줌은 자연스러운 일이다.

이러한 지역주의의 근저에는 중국 고문헌의 신빙성을 둘러싼 또다른 핵심 논의가 존재한다. 여기서 한 가지 흥미로운 사실은 단선적 역사상의 근간인 고문헌의 신빙성을 부정한 이른바 의고(疑古) 학풍이라는 근대적 전환점이 1920년대 구제강(顧頡剛)에 의해 중국 내에서 본격적으로 촉발되었다는 사실이다. 중국보다 일찍 의고 논쟁을 시작한 일본[11]이나 구제강의 인식에 영향을 미친 서양 학계에서 이를 환호했음은 물론이다.

그러나 의고 학풍이 거의 반세기를 풍미하던 와중에 누적된 중국의 고고학 성과는 1990년대 이래 고문헌에 대한 지나친 회의를 되돌아 보는 이른바 신고(信古) 학풍을 새로운 대세로 자리매김하고 있다. 서양 학계에서 신고 경향의 단선적 역사관 추구에 여전히 비판적임은 물론이다. 다만 뛰어난 중국계 학자들이 구미(특히 미국) 주요 대학의 교수가 됨으로써 의고 일변도의 학풍에 균열이 생기고 있는 점은 의미심장하다.

6. 비교 고찰: 근대 학문에 대처하는 내외재적 조건과 연구의 주체

앞에서 살펴본 다섯 편의 논고를 토대로 드러난 다섯 지역의 근대식 고대문명 연구는 대체로 고고학 유적의 발굴이 추동한 공통점이 있지만, 각각의 특성도 지니며 발전했다. 여기서는 일단 특정 고대문명 연구사의 주된 흐름을 앞의 본문에서도 암시된 필자 나름의 기준으로 분류해보고자 한다. 첫째, 이집트와 메소포타미아는 서양 학자들이 주도해온 정치적 목적성에서 비교적 자유로운 순수학문형,[12] 둘째, 인더스 문명에 대한 인도의 '힌두뜨와' 역사학은 극단적 민족주의형, 셋째, 이스라엘과 중국의 경우 현지

11　심재훈, 「동아시아를 횡단한 의고의 계보와 학술사적 전망」, 『東洋史學研究』 161 (2022), 22-28쪽.

12　과연 순수학문이라는 것이 존재하는지에 대한 의문이 제기될 수 있지만, 여기서는 '지적 호기심에서 발원한 탐구' 정도로 정의한다. 뒤에 나올 민족주의형의 상대적 개념으로 이해하면 좋을 것이다.

의 민족주의형과 외부 순수학문형의 길항 정도로 볼 수 있을 것 같다.

특정 국가나 지역의 학술 경향을 한 방향으로 재단하는 이러한 분류는 자의적으로 느껴질 것이다. 당연히 중국에도 정치성 경향성을 배제하고 순수학문을 추구하는 학자들이 존재하고,[13] 뒤에서 언급하듯 이스라엘의 민족주의적 경향을 강하게 비판하는 이스라엘 내부의 학자도 있다. 그럼에도 이들을 어느 시대 어느 사회나 존재하는 주류 학술의 대변자로 간주하기는 어려울 것이다. 따라서 필자가 최소한 상대적으로라도 주류로 분류한 경향들의 차이가 발생한 배경에 대한 검토가 무의미하지는 않으리라 기대한다.[14]

이미 서론에서 언급했듯이 필자는 결국 그 차이의 핵심은 각 문명 연구을 연구하는 주체가 누구인지에 달려 있다고 본다.[15]

---

[13] 예컨대 현재 중국 학계의 고대문명 연구에서 민족주의에 경도된 信古 경향이 대세라고 해도, 여전히 顧頡剛의 후예를 자처하며 疑古 학풍을 고수하는 학자들이 있다(陳泳超, 『堯舜傳說研究』, 南京: 南京師範大學出版社, 2000; 吳銳, 『中國上古的帝繫構造』, 北京: 中華書局, 2015).

[14] 인도의 경우도 이 글에서 주로 참고한 이광수의 연구에서 부각되지 않았지만, 당연히 민족주의적 정치성을 배제한 연구가 존재할 것이다. '힌두뜨와' 역사학을 인도의 주류 역사학으로 보기도 어렵다. 그런 한계를 인정하면서, 이 글에서 그 연구를 극단적 경향의 사례로 비교 대상에 포함시키려고 한다.

[15] 필자는 고대 중국 연구에서 중국 학계와 서양 학계 사이의 이러한 긴장 관계의 좋은 사례로 리펑(Li Feng)과 로타 본 팔켄하우젠(Lothar von Falkenhausen)의 연구를 비교검토한 바 있다(심재훈, 「周代를 읽는 다른 방법: 자료와 체계의 양면성」, 『中國古中世史研究』 26, [2006], 219-263쪽). 특히 다음 장에서 살펴볼 김정열의 연구에서 분석한 중국 최초의 고대 국가

그 주체는 단수일 수도 복수일 수도 있다. 프린스턴 대학에서 은퇴한 미술사학자 로버트 베글리는 고대 중국 연구에서 나타나는 구미와 중국 혹은 중국계 학자들 사이의 첨예한 차이를 "문화 국외자"(cultural outsider)와 "문화 당국자"(cultural insider)의 관점 차이로 설명한 바 있다.[16] 전자가 상대적으로 더 객관적일 수 있다는 뉘앙스가 내포된 도발적 주장이지만, 여타 고대문명 연구에서도 참조할 여지가 있어보인다. 결국 관건은 연구자들이 특정 고대문명에 대한 기억을 어떻게 내면화하고 활용할 지의 차이에 달려 있다고 본다. 그렇다면 그러한 구분을 가능케 했을 문명 각각이 처한 내외재적 조건에는 어떤 차이가 존재했을까?

자연과학이든 인문학이든 현대 학자들이 추구하는 학문은 서양 근대의 산물이다. 앞에서 살펴본 다섯 편의 연구는 고대문명에 대한 연구 역시 거기서 예외일 수 없음을 잘 보여준다. 필자가 첫 번째 순수학문으로 파악한 이집트와 메소포타미아는 모두 자체 내의 극심한 기억 단절을 겪었다. 642년 비잔틴 이집트가 이슬람 세력에 멸망당한 이후, 이집트 아랍 공화국이라는 현재 국호에서도 암시되듯, 약 1400년 동안 이집트를 이끈 이슬람 문

로 알려진 얼리터우 유적에 대해서도 중국과 서양 학계는 상당히 다른 견해를 제시하고 있다(심재훈, 「二里頭 중국 고대국가 기원론의 딜레마」, 『歷史學報』 245 [2020], 207-236쪽).

16 Robert Bagley, "Review of Wu Hung's *Monumentality in Early Chinese Art and Architecture*," *Harvard Journal of Asiatic Studies* 58.1 (1998), p.231. "문화 국외자"와 "문화 당국자"라는 번역은 베글리의 서평에 대한 우홍의 반론인 巫鴻, 「答貝格利對拙作《中國早期藝術和建築中的紀念性》的評論」, 『中國學術』 2 (2000), p.262에 따른 것이다.

명이 고대 이집트를 삼켜버렸다. 이집트 고대문명에 자부심을 가질만한 그 역사의 주체가 거의 사라져버린 것이다. 따라서 르네상스 이래 유럽의 신비주의적 이집트 열풍은 대체로 당시 유럽인들의 기호를 반영할 뿐이다. 나폴레옹의 이집트 침공 이후 이탈리아 피사대학(1824년)과 꼴레주 드 프랑스(1831년)에 뒤이은 유럽 대학들의 이집트학 교수직 설치도 오리엔탈리즘적 속성을 감안하더라도 자신들의 문화적 선조인 그리스나 로마보다 앞선 찬란한 문명에 대한 학문적 동기에서 유발되었을 것이다.

물론 이집트에도 자신들의 화려한 고대에 대한 민족주의적 관심이 없었던 것은 아니다. 유럽학계가 주도한 20세기 초반 이집트학의 부상이 당시 이집트 현지인에게도 유럽인들만큼 중요했다고 보는 연구가 있다.[17] 당시 식민지 고고학자들에 도전한 이집트의 민족주의자들에게 자신들이 파라오의 직접적 계승자이니, 고대 이집트 역사 유적과 기물의 정당한 소유 및 관리자는 자신들이어야 한다는 인식이 존재했다. 이들은 유럽의 이집트 열풍에 대응해 "파라오주의"(Pharaonism)라는 정치적 문화를 고안하여 고대에서 영감을 얻은 예술가와 작가들이 근대 파라오주의자의 시와 조각, 건축, 영화 등을 창출했다. 엘리엇 콜라는 이들의 고대 이집트에 대한 소유권을 둘러싼 투쟁이 단순히 유럽의 식민관리자에 대한 대항뿐만이 아니라 이집트 엘리트들의 지역 주민에 대한 통제와 새로운 정당의 집결에도 유용했다고 본다.

그러나 콜라 자신이 강조하듯 파라오주의가 새로운 민족 정

17　Elliott Colla, *Conflicted Antiquities: Egyptology, Egyptomania, Egyptian Modernity* (Durham: Duke University Press, 2008), pp.273-277.

체성 개념의 형성에 중요했던 것 만큼이나 이집트식 국가 비전을 우려한 이슬람주의자들의 반대도 극심했다. 사실상 이집트 현지 엘리트들의 고대 이집트에 대한 환호는 유럽인의 앞선 관심에서 촉발된 것으로, 비자발적인 그 정치성을 고려할 때 그것이 이집트 자체의 학문으로 발전하기까지는 요원한 일이었다. 2000년대 이후 활발하게 진행되는 현지의 이집트학 역시 이미 확고히 자리 잡은 구미 이집트학의 자장을 벗어나기 어려울 것이다.

이슬람 국가들이 장악한 메소포타미아 현지의 연구도 이집트에서의 이집트학과 크게 다르지 않다. 더욱이 관광이 국가의 주요 외화수입원인 이집트와 달리, 여러 지역에 분산된 메소포타미아 유적은 불안정한 정치적 상황까지 겹쳐서 일반인의 접근이 어렵다. 오히려 이러한 측면이 수메르의 초기 도시 유적인 우룩을 비롯한 여러 고고학 유적뿐만 아니라 다양한 장르의 문헌들에 대한 서양 학자들의 순수 학문적 탐구를 더욱 강하게 추동하는지도 모른다. 다음 장에서 살펴보듯 오랜 연구가 누적된 우룩 팽창 현상을 비롯한 메소포타미아학은 고대문명 연구의 기준점을 제시하며 선구 역할을 하고 있다.

이렇듯 필자가 순수학문적이라고 파악하는 경향의 대척점에 두 번째의 극단적 민족주의형인 인도의 '힌두뜨와' 역사학이 자리한다. 인더스 문명에 대한 구미 학계의 연구 경향 역시 이집트나 메소포타미아 연구와 크게 다르지 않을 것이다. 인도에서 힌두뜨와 역사학 이전에 성행한 마르크스주의 역사학도 구미의 연구를 중시하여 민족주의적 성향이 개입될 여지가 거의 없었다. 힌두뜨와 이데올로기에 근거한 역사가 1930년대 이미 제기되었어도 그 주체인 힌두 민족주의 정당(현재 집권 인도국민당)이 1977

년 사회주의 계열 정당을 누르고 집권하기까지 인도 내에서조차 공감을 얻기 어려웠던 것이다.

그렇지만 전체 인구의 80%가 힌두교도인 인도의 현실에서, 反이슬람(반파키스탄)과 반마르크스주의 정서에 기댄 힌두 민족주의 정당의 집권으로 힌두뜨와 역사학이 환호받을 만한 토양이 마련되었다. 인도 고대문명의 소재지를 파키스탄이 아닌 현재 인도의 영토 내에서 새롭게 설정하고 사실상 분절적인 갠지스 문명(2차 도시화)까지 망라한 힌두주의 기반 단선적 역사를 구축케 한 것이다. 이광수가 지적한대로 이들이 찾아낸 인도 고대문명의 소재지인 가가르-하끄라강 유역에서 하랍빠나 모헨조다로 유적에서 나타나는 이른바 1차 도시화의 흔적을 찾기는 불가능하다.

고고학 자료와 비교언어학의 남용 및 유사 과학의 활용에 기초한 이러한 사이비 역사 발호의 근저에는 이집트와 메소포타미아와 달리 고대의 문헌 기록이 부재한 인도 문명의 내재적 조건이 자리한다. 고대의 문헌기록이 비교적 풍부한 중국이나 이스라엘에서 힌두뜨와 역사같은 사이비 역사는 부각되기 어렵다. 고문헌이 고대에 대한 기억을 확장할 수 있는 한도를 어느 정도는 정해주기 때문이다.[18] 이 문제는 뒤에서 부언할 것이다.

다만 고대에 남겨진 상대적으로 풍부한 문헌은 이스라엘과 중국의 사례에서 나타나듯 다른 차원의 문제를 야기하고 있다. 두 사례에는 분명 차이점이 존재한다. 고대 이스라엘은 중국처럼

---

18 필자는 최근 작성한 중국 고대사 관련 베스트셀러 『상나라 정벌: 은주혁명과 역경의 비밀』(글항아리, 2024)에 대한 서평에서 이 문제를 언급했다(심재훈, 「좋은 역사가가 베스트셀러를 쓸 수 있을까」, 『서울리뷰오브북스』 14 [2024], 68-85쪽).

1차(pristine) 문명으로 보기는 어렵고, 그 문명적 요소가 동일한 지역을 기반으로 지속된 것도 아니다. 중국의 경우 방대한 현재의 영토 내에서 발견되는 다양한 지역 문명적 요소를 인도의 힌두뜨와 역사처럼 단선적 역사로 구축하고자 하는 민족주의적 부담을 안고 있어서 서양 학계와 극심한 논쟁이 여전히 지속되고 있다.[19]

그럼에도 두 지역의 학문 전통에는 공통점도 존재한다. 중국 고대문헌이 전근대 중국뿐만 아니라 한국과 일본을 비롯한 동아시아 사유 체계의 근간을 제공했듯이, 성서를 토대로 고대 이스라엘이 낳은 종교 역시 전근대 서반구를 정신적으로 지배했다. 전근대 동아시아 지성계에서 사서삼경을 포함한 경전 연구 전통이 강하게 지속된 것 이상으로 서양에서도 성경에 기초한 신학 연구가 인문학의 핵심 중 하나였다.[20] 고대 이스라엘과 중국 문명에 대한 학술적 관심은 앞에서 살펴본 세 사례와 달리 근대 학문 도입 이전에도 상당한 토대를 지니고 있었음을 염두에 두어야 한다.

중국이 서양 근대 학문의 충격을 스스로 극복하려고 노력하는 와중에 홀로코스트를 겪은 디아스포라 유대인들은 고대 이스라엘인의 정체성을 자각하고 1948년 팰레스타인 땅에서 이스라엘을 건국했다. 서양 학문의 충격을 흡수한 중국 학자들이 내재

---

19   심재훈, 「중국 고대문명 연구 100년」, 303-305, 327-333쪽.

20   루돌프 파이퍼 지음, 정기문 옮김, 『인문 정신의 역사: 서양은 어떻게 인문학을 부흥시켰는가』 (도서출판 길, 2011), 68-69, 115-153쪽 등.

적 학문 전통[21]에도 힘입어 자신들의 고대사를 부정하는 '의고(疑古)' 역사학을 창출한지 약 20년 이후에, 유대 민족주의에 부응한 신생 이스라엘의 학자들은 구약 성서 내용을 고고학적으로 뒷받침하려는 '최대주의' 역사학을 발전시켰다. 그런데 달은 차면 기우는 법이다. 두 지역이 처한 다른 상황―전근대의 구습을 봉건적 잔재로 부정하고픈 중국과 새로운 역사를 세워야 하는 이스라엘(유대인)―이 상반된 역사 인식을 추동했어도, 그에 대한 강한 반작용은 또 다른 상반된 역사 인식을 낳는다. 1980년대까지 중국의 어마어마한 고고학 성과가 그동안 경시된 고문헌의 신빙성을 입증해주는 경우 만큼이나 이스라엘/팔레스타인 지역의 고고학 성과도 구약 성서의 내용을 반증하는 경우가 많았기 때문이다. '신고(信古)'와 '최소주의'로 각각 명명된 이러한 반사적 인식은 고대 이스라엘과 중국의 역사 서술을 둘러싼 논쟁이 경로는 반대였어도 결국 원점으로 회귀함을 보여준다.

여기서 한 가지 두드러진 차이는 중국의 신고가 여전히 내재적 현상이라면, 이스라엘의 최소주의는 영국과 네덜란드 등 외국 학자들이 선도했다는 점이다.[22] 그렇지만 이 차이 역시 상쇄되는 경향이 있다. 구제강의 의고에 영향을 미치고 그에 환호하며 의고 학풍을 고수하던 서양 학계에 뛰어난 중국계 학자들이

---

21 중국의 내재적 의고 전통에 대해서는 심재훈, 「동아시아를 횡단한 의고의 계보와 학술사적 전망」, 5-10, 17-22, 28-31쪽 참조.

22 최대주의와 최소주의 논쟁에 대해서는 유윤종, 「고대 이스라엘 역사 찾기와 고고학: 수정주의자와 논쟁을 중심으로」, 『한국기독교신학논총』 34 (2004), 105-127쪽 참조.

진출함으로써 그 일변도에 조금씩 균열이 생기고 있다.[23] 이스라엘의 최대주의에 대한 강한 반론도 텔아비브대학의 슐로모 산드와 이스라엘 핀켈쉬타인[24] 같은 내부 학자가 제기하여 세계적 공감을 얻고 있다.

결국 각각의 조건과 방식은 달랐어도 고대 문명을 계승한 강력한 학문 전통이 이어진 중국과 이스라엘이 근대적 학문에 대처해나가는 양상에는 차이점 이상으로 공통점이 존재했던 것이다. 이집트학과 메소포타미아학처럼 그 학문의 주체가 외부인일 때 대체로 순수학문적 경향이 두드러진다면, 내부인이 주체가 될 때 정치성이 가미된 민족주의적 경향이 강해진다. 의고와 최소주의를 전자에, 신고와 최대주의를 후자에 경도된 것으로 본다면 억측일까? 다만 자체 내의 학문 전통이 강했던 중국의 경우 서양 근대 학문의 충격을 수용하며 스스로 중국 문명의 서방전래설을 극복하고 의고의 전거 역시 내재적 전통에서 찾아낼 수 있었다.

마지막으로 다시 한번 강조하고 싶은 사실은 이러한 네 고대문명의 사례 모두에서 힌두뜨와 류의 사이비 역사가 성행할 여지가 크지 않은 점이다. 실상 홀로코스트 이후의 신생 이스라엘에서 그러한 역사 고양의 필요성이 힌두 민족주의의 인도보다 약했다고 보기는 어려울 것이다. 혹자는 앞에서 언급한 이스라엘의

---

23 서양 학계의 의고와 신고 논쟁에 대해서는 심재훈, 「『케임브리지 중국고대사』의 의고와 신고」, 동북아역사재단 한국고중세사연구소 편, 『구미학계의 중국사 인식과 한국사 서술 연구』 (동북아역사재단, 2021), 18-39쪽 참조.

24 핀켈쉬타인이 제기한 이른바 '저연대'에 대한 반론은 강후구, 「이스라엘 핀켈쉬타인(Israel Finkelstein)의 '저연대(Low Chronology)' 주장에 대한 고고학적 고찰」, 『구약논단』 65 (2017), 172-209쪽 참조.

성경에 의존한 최대주의나 중국의 신고 연구 경향을 힌두뜨와 류와 비슷하게 볼 수 있을지도 모른다. 하지만 이 둘을 등치하는 데는 신중을 기해야 한다. 이방의 지배 하에서 민족 정체성을 지키기 위한 기억사로서, 복잡한 편집 과정을 거친 구약이라는 문헌[25]에 시대착오적 서술이나 꾸며낸 이야기가 상당하다고 해도,[26] 구약에 설정된 그 기본 틀을 넘어서는 이야기는 만들어낼 수는 없기 때문이다. 중국 역시 최소한 사마천이 제시한 틀을 넘어 확장하기는 어렵다. 최대주의나 신고 경향 연구—혹은 최소주의나 의고 경향까지도—를 학술적으로 비판할 수는 있겠지만, 일정한 선을 지킨 그 연구를 학술적 비판의 대상조차 될 수 없는 사이비 역사와 동일시할 수는 없는 것이다.

따라서 힌두뜨와 이데올로기나 유대인의 시오니즘처럼 고대사의 고양이 절실한 정치적 상황은 사이비 역사학의 필요조건에 불과한 듯하다. 인도나 한국[27]처럼 사이비 역사가 횡횡하는 나라들 대부분에 고대의 문헌이 존재하지 않는다는 사실은 문헌 기록의 부재가 사이비 역사 완결의 충분조건임을 보여준다.

---

25   김구원, 「고대 근동 다신교의 문화 전략과 유일신교의 발달」, 83쪽.

26   John Van Seters, "Historiography in Ancient Israel," in *The Oxford History of Historical Writing Volume 1*, ed. by Andrew Feldherr & Grant Hardy (Oxford: Oxford University Press, 2011), p.76.

27   한국의 사이비 역사 문제에 대해서는 이문영, 『유사역사학비판: 환단고기와 일그러진 고대사』 (역사비평사, 2018) 참조.

III. 고대 문명 형성의 정신적, 물질적 토대: 근동과 중국 비교

1. 다신교의 맥락에서 태동한 고대 근동의 유일신교[28]

본 공동연구를 기획하며 고심했던 부분은 김구원이 담당한 고대 근동의 종교 문제가 고대 문명의 물질적 측면에 대체로 치중한 전체 연구의 의제에 잘 녹아들 수 있을까 하는 점이었다. 이집트의 아텐과 이스라엘의 야훼라는 유일신교가 고대 근동의 다신교적 상황에서 태동하는 맥락을 요령 있게 분석한 이 연구는 이러한 우려가 기우였음을 보여주며 여타 고대문명의 종교 연구에도 유용한 시사점을 제공한다.

김구원은 이 연구의 서두에서 "다신교와 유일신교를 이질적인 것으로 보고 유일신교의 계시적 혹은 초월적 기원을 추적하는 입장을 지양하고 고대 근동의 다신 종교들을 관통하는 이념적 교차선들을 추적함으로써 유일신 사상을 형성하는데 사용된 문화적 전략들을 확인하는 것을 목적으로 한다"(59쪽)고 명시한다. 이를 위해 우선 다신교 사회의 문화 전략으로 다음의 네 가지를 제시한다. 첫째, 복합 도시 사회에 존재했던 특정 역할을 지닌 위계화된 신들이 모셔진 만신전의 존재; 둘째, 영토 국가들 사이의 조약 시 항상 임재한 신성들의 번역 가능성(translatability); 셋째, 제국의 출현과 함께 신성들 사이의 번역 가능성이 확대되며 등장하는 포괄적 유일신교로서 최고신교(Henotheism); 넷째, 유목민들이 섬기는 배타성 없는 단일신교인 "조상들의 신" 개념.

---

[28] 대체로 김구원, 「고대 근동 다신교의 문화 전략과 유일신교의 발달」을 토대로 한다.

이러한 다신교적 문화전략—특히 위의 세 번째까지—을 바탕으로 신왕국 제18왕조의 왕 아켄아텐(Akhenaten, B.C. 1352-1336)이 태양신 아텐이라는 추상적 존재를 배타적 유일신으로 추존한 종교가 출현했다. 왕이 경험한 영적 체험 같은 종교 지도자로서의 영감이나 당시 최고신인 아문을 섬긴 사제들과의 대립 같은 정치사회적 요인들도 이 혁명적 변화에 기여했을 것이다. 일부 학자들은 일반 백성에게 거의 영향을 미치지 못하는 등의 불완전성으로 인해 아켄아텐의 종교 개혁을 특정 정치적 환경에 자극받은 신학적 돌연변이 정도로 간주하기도 한다.

이와 달리 아텐보다 더욱 분명한 유일신교는 출애굽 이래 수백년에 걸쳐 복잡한 과정을 통해 형성된 이스라엘의 야훼 신앙이다. 야훼 역시 아텐 유일신교와 비슷하지만 위에서 언급된 네 번째까지 포함한 다신교 문화 전략 속에서 발전해나갔다. 그러나 이스라엘의 망국이라는 특수한 상황과 유일신 사상을 담은 신명기 등의 문서화(경전화), 다양한 지식인 집단의 협업 등이 야훼 신앙이 근동의 다신교 세계에서 특이하게 유일신교로 살아남아 오늘날까지도 생명력을 유지하는 이유일 것이다.

2. 고대문명 형성 연구의 기준 우룩 팽창 현상[29]

"문명의 조건"이라는 제목에서 암시되듯 박성진의 연구는 메소포타미아의 이른바 '우룩 팽창' 현상을 분석하여 고대 문명 혹은 국가 연구의 중요한 기준점을 제시하고 있다. 이 주제에 관한 한 인

---

[29] 대체로 박성진, 「문명의 조건: 제4천년기 서아시아의 우룩 팽창 현상」을 토대로 한다.

류 최초의 거대 도시 유적 중 하나인 우룩만큼 세밀한 연구가 이루어진 사례는 드물다.

대체로 기원전 제 4천년기에 우룩 도시 국가가 번성한 메소포타미아 남부 지역은 고온다습한 환경이 지속되던 습지로 식량 자원이 풍부했다. 농업이 본격적으로 시작되기 전부터 대규모 취락이 형성되어 있었기 때문에, 기존에 우룩 등 초기 문명의 형성에 관개 농업을 중시한 견해는 재고되고 있다. 오히려 기원전 3500년 경 후기 우룩 시대부터 시작된 건조화로 대규모 노동집약적 관개 농업이 실시되며 이때 도시화가 가속화되었다. 문제는 메소포타미아 지역이 목재나 석재, 금속 같은 자원이 매우 부족한 지역이라는 점이다. 이러한 여건이 장거리 교역을 비약적으로 발전시켜 우룩 팽창을 가능케 했다.

기예르모 알가쎄(Guillermo Algaze)는 우룩 팽창의 토대인 기술 발전을 '수메르 도약'으로 명명했는데, 박성진은 그 핵심적 요소를 다음의 여섯 가지로 정리했다. 첫째, '2차 생산물 혁명'이라고 부르는 농업과 목축의 혁신으로 가축을 도살하지 않으면서도 유익한 생산물을 확보하는 우유와 양모, 당나귀나 소의 견인을 들고 있다. 여기에 점토낫 등 농기구의 혁신까지 더해져 국가 주도의 대규모 농목 관리 체계가 형성되었다. 둘째, 공예와 건축의 발전이다. 수출용 모직물 생산과 함께 물레의 등장으로 대량 생산에 기초한 토기 제작 혁명이 일어났다. 장거리 교역을 통해 구리와 비소 합금 청동기가 생산되었고, 백색 신전(White Temple) 등 규격화된 벽돌을 사용한 거대한 기념비적 건축이 조성되었다. 셋째, 운송 수단으로 기원전 3400년 이후 바퀴가 출현하여 후기 우룩 시대에 수레가 등장했다. 이후 낙타가 당나귀를 대체했고 남부의 항구를 통해 해상 운송도 발달했다. 넷째, 도시 공간의 위계화와 구조화로, 농촌과 도시가 유기적으로 통합되었고, 도시 역시 주거지와 사원을 비롯한 공공 건축구로 나뉘었다. 그 규모 역시 점차 거대해졌음은 물론이다. 다섯째, 문자, 행정, 회계 시스템의 발전이다. 중기 우룩 시대에 출현한 선쐐기문자의 85%가 행정 문서였고, 전문 필경사가 문서 보관까지 관리했으며, 상품의 보증용으로 원통형 인장도 대량 사용되었다. 여섯째, 예술과 종교 관습의 발전으로 후기 우룩 시대에는 제도화된 사제가 출현했다.

　이를 바탕으로 한 우룩 팽창은 서쪽으로는 레반트, 북쪽으로 튀르키예, 동남쪽으로 이란 서부에 이르기까지 멀게는 1천km 이상 떨어진 지역들에서 우룩과 동일하거나 비슷한 건축과 유물이 존재하는 도시들이 발굴되는 현상이다. 알가쎄는 이러한 팽창을 경제적 측면의 자원 공급을 위한 거점 확보, 즉 제국주의와 식민주의의 결과물로 보고 '우룩 세계체제론'을 제기했다. 이에 대한 많은 반론 중 하나로 제시된 파스칼 뷔테르랭(Pascal Butterlin)의 '우룩 세계문화론'은 이러한 도시들을 우룩 문화 요소가 나타나는 정도에 따라 식민도시, 교역 군사 거점, 우룩과 지역 문화 공존지, 약간의 교류만 나타나는 도시 등으로 분류한 것이다. 이러한 대안 가설들은 문화적 관점에서 문화접변과 혼종화, 사회적 모방 경쟁 등과 같은 개념을 강조하면서 우룩 문화의 다양한 스펙트럼을 구명하고자 한다. 기원전 3100~3000년 남부 메소포타미아에서 우룩 시대가 종말되는 것과 함께 식민지나 거점들도 사라졌다.

3. 자생론과 이주론의 연장 인더스 문명 연구[30]

인더스 문명 연구의 몇 가지 논점에 대해서 앞장에서 이미 언급했지만, 김용준이 파악하는 그 핵심에는 자생론과 이주론을 둘러싼 논쟁이 자리한다. 초창기 인도 고고학을 이끌었던 존 마샬은 1931년 모헨조다로 발굴보고서 서문에서 유라시아 여러 대하(大河)문명의 독자적 기원론과 아울러 인더스대평원 도시문명의 독자성과 자생론을 설파했다. 마샬의 뒤를 이어 하랍빠 고고학을 이끌어 간 모티머 휠러(Motimer Wheeler)는 1953년 소위 '수메르 엘리트이주론'을 제기했다. 수메르의 엘리트가 세운 인더스의 청동기 도시 문명이 아리아인의 침략으로 붕괴되었고, 이들이 갠지스평원에 2차 도시화 시대를 열었다고 보았다.

결국 인도아대륙의 지역민은 조연에 머물렀음을 의미하는 휠러의 이주론으로 인해, 파키스탄과 인도 현지나 해외 고고학자들도 先하랍빠와 초기하랍빠, 즉 도시복합도시사회기 이전 유적 찾기에 치중했다. 인더스평원에서 약 2000개 마을 유적을 발견하여 초기 하랍빠 지역 문화권을 설정했다. 모헨조다로를 제외한 인더스 문명의 네 개 도시권, 즉 하랍빠, 간웨리왈라(Ganeriwala), 라키가리(Rakhigarhi), 돌라비라(Dholavira)에서 先하랍빠 이후 초기, 성숙기의 토착적 연속성을 발견했다. 모헨조다로만 한 세대 이내에 빠르게 건립되었을 가능성도 파악할 수 있었다.

토착설이 대체로 입증되는 듯하지만, 또다른 일군의 학자들은 성숙기 하랍빠로의 진입은 단 기간에 이루어진 것으로 수메르

---

30 대체로 김용준, 「인더스문명 기원 연구: 인도아대륙 최초 도시복합사회 발전의 배경과 기원을 둘러싼 논쟁」을 토대로 한다.

도시복합사회의 교류, 즉 도시 엔지니어의 도움 없이 도달할 수 없었다고 보기도 한다. 이러한 견해를 공유하는 연구자들 중에는 이란 지역을 통해 중개된 메소포타미아-이란-인더스대평원의 국제교역망이 일찍부터 발달했음을 제기하기도 한다. 메소포타미아와 초기하랍빠 유적에서 출토된 토기의 상관 관계를 통해 이를 뒷받침하는 연구자도 있다.

김용준은 이렇게 첨예한 가설이 지속적으로 대비되는 이유를 인더스 고고학 자료의 모순적 특징에서 찾고 있다. 한편으로 대형의 공공사업 없이 구축되기 어려운 이원적 구조를 가진 잘 정비된 도시 및 도량형의 통일 등은 국가 단계의 징표라 할 수 있다. 다른 한편으로 정치적 혹은 종교적 지도자의 존재를 암시하는 대형 건물이나 사원, 왕묘 등은 100년간의 고고학 조사에도 불구하고 발견되지 않고 있다. 이러한 모호함 속에서 인더스 문명 형성 문제는 여전히 마샬과 휠러의 자장 속에서 논쟁 중인 듯하다.

4. 문명 연구의 새로운 허브 고대 중국[31]

근래 세계 고고학계에서 중국의 신석기 후기 즉 기원전 제 3천년기의 롱산(龍山)문화 시기에 출현한 복합사회 유적들만큼 관심을 끄는 사례는 드물 것이다. 대부분의 학자들이 기원전 제 2천년기에 출현한 중원 지역의 얼리터우(二里頭) 유적에서 중국 최초의 국가나 문명을 상정하지만, 적지 않은 학자들은 그보다 500년 정

---

[31] 대체로 김정열, 「좌절과 도약의 교차로: 중국 초기문명 설립의 길」을 토대로 한다.

도는 앞선 오르도스 일대의 스마오(石峁) 유적, 황하 중류의 타오쓰(陶寺) 유적, 양쯔강 중류의 스자허(石家河) 유적, 하류의 량주(良渚) 등에서 이미 국가와 문명이 출현했다고 보기도 한다. 여기서 한가지 흥미로운 사실은 이들 신석기 후기의 유적들은 그 규모 면에서 얼리터우에 필적하지만 얼리터우보다 200년 이상 일찍 붕괴되었다는 점이다. 얼리터우는 그 위치나 발전의 연속성 측면에서도 앞선 대형 성곽 취락들로부터 "단절"되어 "신생"(新生)한 것이다.

김정열의 연구는 고대 중국의 문명화 과정에서 룽산문화기와 얼리터우 사이에 발생한 단절 이유가 무엇인지, 또한 룽산문화기 대형 성곽취락 유적과 얼리터우 유적이 문명화 과정에서 어떤 위치를 차지하고 있으며 양자는 어떤 관계에 있는지까지 검토했다.

이를 위해 우선 최신 고고학 보고를 토대로 룽산 시기 네 유적의 상황을 상세히 묘사한다. 네 지역 모두 대형 성곽과 토대, 수리 시설 등을 갖춘 지역 행정 혹은 문명의 중심으로 위계적 취락 체계를 형성했다. 이들은 대체로 상당히 갑작스럽게 붕괴되어 얼리터우 단계에는 보잘 것 없는 지역으로 전락한다. 그 붕괴의 원인으로 홍수 등 기후적 요인에 주목하는 학자들이 많지만, 내부 분열 등 인위적 측면도 함께 작용했을 것이다.

문명이 새롭게 태동한 얼리터우 지역은 앞서 대형 복합사회가 소멸된 지역과 달리 자연 환경이 유리했다. 김정열은 이러한 환경에 대응하는 행위자로서 얼리터우 통치자들의 역할에도 주목한다. 이들은 혈연을 기반으로 구성된 복합 가족을 혈연적 원리에 따른 계층적 질서로 통합하는 일련의 제도를 구축하고, 일정한 규정성을 가지는 의례 질서에 통합했다. 나아가 위신재의 생산과 분배 네트워크를 독점하는 등 보다 집약적 행정 체계를 구축하고, 자원 확보망을 확립하기 위해 샨시(陝西), 산시(山西), 후베이(湖北) 등 지역에 식민 거점을 건설했다. 강압적 수단으로 물자와 정보 교류 거점을 통제했다고 보는 것이다.

다른 한편으로 얼리터우에서 새롭게 나타나는 녹송석이나 옥기, 청동기, 해패(海貝) 등이 다른 지역에서 유입되었듯이, 얼리터우는 당시 유일한 중심으로서 룽산시대의 전통과 경험을 공유하면서 더욱 발전된 사회 구성 모델을 창안했다. 혈연집단의 집적에 기반을 둔 대형 취락, 통치계층의 직접적인 수공업 통제, 취락 중심부에 위치한 대규모 의례공간, 위세품의 생산과 분배를 통한 광역적 취락체계 구축과 유지 등에서 룽산 시대의 전통이 드러난다고 본다. 여기에 얼리터우 통치계층의 전략과 실행이 더해져서 문명화 여정을 다시 시작할 수 있었다.

5. 비교 고찰: 우룩 팽창 현상으로 본 중국 고대문명

메소포타미아와 중국의 문명 형성 문제를 비교 검토하기 전에 김구원이 제시한 고대 근동의 다신교 전략을 중국 특히 상나라 후기(기원전 13-11세기) 종교의 맥락에서 살펴볼 필요가 있다. 갑골문에는 특정 사안에 대한 희구 목적으로 점복이나 제사 대상이 된 다양한 신들이 나타난다. 다만 근동의 문헌 자료와 달리 짧막한 점복 기록인 갑골문에는 여러 신들의 존재만 드러날 뿐, 그 초점이 모호하고 일관성도 떨어진다.[32] 신들의 행위 맥락을 추정

---

32 Robert Eno, "Shang State Religion and the Pantheon of the Oracle

할 수 있는 내러티브가 거의 존재하지 않아서일 것이다. 나아가 상 왕국을 구성하는 사회가 다양한 족속을 포괄했을 텐데, 왕실의 점복 기록인 갑골문의 성격상 왕의 관심을 벗어난 신의 존재는 거의 드러나지 않는다. 그래서인지 그 논의가 아직 정교한 수준에 도달하지 못한 느낌이다.

창위즈(常玉之)의 근래 연구에 따르면[33] 제(帝) 혹은 상제(上帝)를 정점으로 사방신(四方神)과 그 예하의 우신(雨神), 풍신(風神), 운신(雲神), 일신(日神)의 삼단계 위계 질서를 갖춘 자연신 혹은 천신(天神) 계통이 주로 농업과 관련된 제사와 종교의 한 축을 이룬다. 제는 농사뿐만 아니라 성읍 건축, 전쟁의 승부, 상왕의 화복(禍福)등 "지고무상(至高無上)"의 권능을 지니고 있었다.[34] 또 다른 한 축이 더 빈번하고 융숭한 제사가 이루어진 상 왕실의 조상신 계통으로, 상 후기의 전반부에 천신 계통과 비슷하게 농업 등에 희구 대상이었지만, 후반부에는 1년의 주기에 짜맞춰진 이른바 주제(週祭)라는 보다 정교한 체계 속에 편입된다. 후기로 갈수록 신들의 체계 내에서 중국 학계에서 종법적 질서로 표현하는 신들 사이의 위계 질서가 강화된 것으로 본다. 또 다른 한 축으로 상족과 혈연 관계는 없지만, 이윤(伊尹)이나 이석(伊奭), 황윤(黃

Texts," in *Early Chinese Religion Part One: Shang through Han (1250 BC-220 AD)*, Volume 1, ed. by John Lagerway and Marc Kalinowski (Leide: Brill, 2009), p.102.

33   이하 특기하지 않는 한 常玉之,『商代宗教祭祀』(北京: 中國社會科學出版社, 2010), 535-562쪽 참조.

34   위 책, 26-61쪽.

尹), 함무(咸戊) 등의 이른바 이성신(異姓神)에 대한 제사도 빈번하고 융성하게 진행되었다.

창위즈가 대체로 농업과 관련된 상 종교의 원시적 성격과 함께 말기에야 종법성이 가미된 체계적 종교의 출현을 강조하듯, 김구원이 제시한 고대 근동의 다양한 다신교 문화 전략은 실제로 상 종교의 원초적 성격을 강화해줄 수 있다. 그럼에도 그가 제를 정점으로 한 자연신(천신)의 삼단계 위계 질서나 조상신의 경중에 따른 서열을 상정하듯, 상의 종교 연구에서도 근동의 다신교 맥락에서 나타나는 역할에 따라 위계화된 만신전 개념을 도입할 수 있을지도 모른다.[35] 특히 상과 혈연적으로 무관한 이성 신들의 존재에서 상의 세력 확대에 따라 지역 신들이 상의 만신전에 추가되는 양상을, 원래 상족(商族)의 최고신이었던 제 역시 그 세력 확장 과정에서 더욱 포괄적이고 강력한 최고신으로 변모했을 가능성을 상정할 수는 없는 것일까?[36] 주원(周原)에서 발견된 선주(先周)시대 갑골문에 나타나는 주족의 성당(成唐, 즉 湯)이나 대갑(大甲), 문무정(文武丁), 조을(祖乙) 등 상의 선왕(先王)에 대한 제

---

[35] Eno, "Shang State Religion and the Pantheon of the Oracle Texts," pp.54-81. 이노는 자신이 제시한 만신전(pantheon) 개념은 갑골 텍스트에 반영된 주요 신들의 명세를 의미할 뿐, 신화나 예술, 의식을 통해 그 역할이 어느 정도 고정된 이집트나 그리스의 신들을 포괄하는 만신전과는 다르다고 한다(p.54의 각주 32).

[36] 마크 루이스가 이미 그 가능성을 암시했다(Mark Edward Lewis, "Continuity and Change: The Archair States," in *China: Empire and Civilization*, ed. by Edward L. Shaughnessy [Oxford: Oxford University, 2000], p.24).

사37도 김구원이 다신교 문화전략 중 하나로 제시한 신들의 번역 가능성 확대로 이해할 수 있을 지도 모른다. 상 멸망 이후 서주(西周) 시대에 제의 지위가 주족(周族)의 주신(主神)인 천(天)에 의해 대체되었을 가능성38은 김구원이 제시한 유일신까지는 아니라도 최고신의 교체 차원에서 어떻게 맥락화할 수 있을까? 억측에 가까운 필자의 의문일 수 있지만, 다양한 신에 대한 자료가 풍부한 고대 근동의 종교 연구가 고대 중국의 종교 이해에도 시사하는 바가 있으리라는 점은 분명해 보인다.

인더스 문명의 다섯 도시가 붕괴되는 시점(기원전 1900년경)이 대체로 중국 룽산문화기의 도시 유적들이 붕괴되는 것과 비슷한 것도 흥미롭다. 붕괴 이유에 대해서 여러 설이 제기되어 있지만 중국과 마찬가지로 자연 재해설 역시 유력한 가설 중의 하나이다. 이 역시 좀더 깊이 비교 고찰해볼 필요성이 충분해 보이지만, 인더스 문명이 사라지고 1천년 이상이 지나고야 2차 도시화 현상이 나타나는 인도와 달리, 중국의 얼리터우 문명은 그 공백기가 200-300년 정도에 불과하다.

김정열은 룽산시대 후기의 네 도시 유적과 얼리터우의 단절 및 연속성을 다룬 연구에서 그 글이 "중국이 언제 '문명'에 진입하였는지를 판단하기 위해 작성된 것이 아니"라고 강조한다.39 문명이나 국가의 정의 자체에 다양한 의견이 존재할 수 있으니,

---

37 徐錫臺 編著, 『周原甲骨文綜述』(西安: 三秦出版社, 1987), 130-131쪽.
38 빈동철, 「고대 중국의 '天'은 '上帝'와 동일한 개념인가?」, 『공자학』 30 (2016), 5-45쪽.
39 김정열, 「좌절과 도약의 교차로」, 140쪽.

특정 고고학 유적에 나타나는 현상을 일정한 기준으로 재단하기는 어려운 일이다. 다만 그가 검토한 중국 룽산시대의 스마오, 타오쓰, 스자허, 량주 유적에 대해 도시나 문명 혹은 국가 수준의 사회로 파악하려는 견해가 늘고 있다. 예컨대 최근 콜린 렌프류는 량주에 주목하며 얼리터우보다 1천년 이상 빠른 기원전 제3천년기의 그 유적이 규모 면에서 제4천년기의 메소포타미아의 우룩에 필적한다고 보았다. 나아가 량주에서 비록 문자가 사용되지 않았어도, 묘장에 나타난 세련된 옥기에 반영된 사회 서열이나 성의 토대 및 수리 시설과 같은 토목 공사 투입되었을 공공 노동력의 규모 등으로 판단컨대, 이미 추장(chiefdom)사회를 넘어선 동아시아 최초의 국가였을 것으로 파악한다.[40] 얼리터우에 관한 한 최소한 중국 학계 내에서는 거의 이견 없이 국가 단계로 수용되고 있다.

그렇지만 얼리터우에 대해서조차도 서양 학계에서 기드온 셸라흐와 로더릭 켐프벨을 중심으로 더욱 신중한 견해가 제시되어 있음을 고려할 필요가 있다.[41] 이들은 얼리터우의 다음 단계이자 정저우상성(鄭州商城)으로 대표되는 얼리강(二里崗) 시기에야 스마오나 량주 등 룽산 시대의 유적보다 질적인 도약을 찾을

---

40   Colin Renfrew, Bin Liu, "The Emergence of Complex Society in China: the Case of Liangzhu," *Antiquity* 92 364 (2018), p.977, 987-988.

41   Gideon Shelach-Lavi, *The Archaeology of Early China: From Prehistory to the Han Dynasty* (Cambridge, Cambridge University Press, 2015), pp.184-199; Roderick B. Campbell, *Archaeology of the Chinese Bronze Age: from Erlitou to Anyang* (Kindle Edition, 2014), 61-62; 심재훈, 「이리두 중국 고대국가 기원론의 딜레마」, 222-229쪽.

수 있다고 본다. 결국 필자가 파악하는 중국 학계와 서양 학계를 나누는 논란의 핵심은 정치적 팽창을 어떻게 입증할 수 있을지, 유적들의 상대적 규모와 함께 많은 학자들이 도약의 핵심 증거로 인정하는 청동 제작 기술 발전 양상을 어떻게 이해할 수 있을지에 달려 있는 듯하다.[42]

필자 역시 김정열과 마찬가지로, 연구자들의 경향에 따라 유동적일 수 있는 국가나 문명 단계의 진입 혹은 확정 여부가 연구의 중요한 관건이라고 보지 않는다. 다만 이 글이 초보적이나마 문명 간 비교에 주안점을 두는 만큼 박성진이 검토한 우룩 팽창 현상과 김정열이 제시한 얼리터우의 확산에 대한 비교가 일정한 의미를 지니리라고 본다. 우룩 유적이 메소포타미아의 최초 국가나 문명 단계라는데 이의를 제기하는 연구자는 없다.

따라서 박성진의 연구에서 제시된 우룩의 고고학적 상황을 토대로 한 이른바 '수메르 도약'의 여섯 가지 핵심 요인을 얼리터우 유적의 양상과 비교해보면 흥미로울 것이다. 첫째, 농목축업의 혁신으로서 우룩에서 두드러진 '2차 생산물 혁명'은 얼리터우에서 확인하기 어렵다. 다만 얼리터우가 위치한 뤄양(洛陽) 평원이 목축과 무관한 지역임을 감안해야 한다. 얼리터우에서 농기구 증가에 따른 농업의 확장은 확인되지만, 우룩에서처럼 기술적 도약이나 국가 주도의 대규모 농업 관리 체계 흔적을 찾기도 어렵다. 국가 주도의 관리 체계 문제는 얼리터우보다 앞선 타오쓰와 량주 유적에서 이미 대형 곡물 저장갱이 발견되었음을 감안할 필

---

42 심재훈, 「이리두 중국 고대국가 기원론의 딜레마」, 230쪽.

요가 있다.⁴³ 둘째, 공예나 건축의 발전은 얼리터우에서도 대체로 토기의 확산이나 장거리 교역을 통해 재료를 확보했을 합금 청동기 제작, 대형 건축의 존재를 통해 확인된다. 셀라흐가 얼리터우 건축물의 단순한 구조를 지적하며 얼리터우에서 우룩의 백색 신전에 버금가는 복합적 기념비성 건축의 존재 여부를 부인하는 것과 달리, 얼리터우의 발굴책임자 쉬홍(許宏)은 1호와 2호 건축 모두 본당과 곁채, 정원, 문 등을 갖춘 중국 궁전 건축의 효시로 보았다.⁴⁴ 셋째, 운송 수단으로서 바퀴와 수레가 얼리터우에서 발견된 적은 없다. 다만 얼리터우의 중앙 도로에서 바퀴 흔적은 나타난다. 얼리터우보다 300-400년 앞선 인근의 펑량타이(平糧臺) 유적에서도 선명한 쌍륜 바퀴 자국이 발견되었다.⁴⁵ 넷째, 도시 공간의 위계화된 구조나 도시 사이의 위계는 얼리터우와 그 인근에서도 대체적으로 확인된다. 다섯째, 우룩과 달리 얼리터우에서 행정이나 회계 시스템을 입증하는 문자 증거는 발견되지 않고 있다. 여섯째, 제도화된 사제의 출현 여부는 얼리터우의 자료로 입증하기 어렵다. 다만 얼리터우 중심 구역의 대형 건축물들 중 일부를 종묘, 즉 신전 류로 파악할 수 있다면, 그 건축물을 주관한 신관을 상정할 수 있을 것이다.

사실 양 지역의 환경적 차이를 감안하지 않은 이러한 단순 비교 검토는 많은 문제를 안고 있다. 그렇지만 얼리터우의 고고

---

43 김정열, 「좌절과 도약의 교차로」, 149, 161쪽.

44 許宏 저, 김용성 옮김, 『중국 고대 성시의 발생과 전개』, (진인진 2013), 112-113쪽.

45 桂娟, 李文哲, 「河南淮陽發現中國最早的車轍」, 中國社會科學網『中國考古』 2020년 1월 14일.

학 상황은 우룩의 발전 양상을 온전히 충족하지는 않더라도, 다섯 번째 문자 증거를 제외하면 우룩과 확연한 차이가 나타는 것으로 보이지도 않는다.

김정열은 다른 한편으로 얼리터우에서 혈연을 기반으로 하는 사회 계층 질서가 일정한 의례에 통합됨을 기반으로, 국가가 위신재의 생산과 분배 네트워크를 독점하는 등 보다 집약적 행정 체계를 구축했다고 본다. 나아가 대체로 리우리(Li Liu)와 천싱찬(陳星燦) 등의 견해를 수용하여[46] 얼리터우 국가가 청동 원료 등 자원 확보망을 확립하기 위해 샨시, 산시, 후베이 등 지역에 식민 거점을 건설했으리라 추정한다.

그렇지만, 우륵 팽창을 입증하는 증거를 얼리터우의 사례에도 적용할 수 있다는 전제 하에, 이 해석에는 신중을 기할 필요가 있어 보인다. 1930년대 후반 메소포타미아 남부에서 우룩-와르카 유적의 발굴로 우룩 문화가 알려진 이후, 1960년대 후반까지 메소포타미아의 북부 니네베(Nineveh)와 텔브락(Tell Brak) 유적, 남동쪽으로 이란의 수시아나 지역의 수사(Susa) 유적, 유프라테스강 중류 시리아의 하부바카비라((Habuba Kabi)나 제벨아루다(Djebel Aruda) 유적, 유프라테스강 동안의 텔세이크핫산(Tell Sheikh Hassa), 이란 서부 자그로스산맥 고원지대의 고딘테페(Godin Tepe) 유적 등에서 우룩 양식의 사원과 거주 지역뿐만 아니라 토기를 비롯한 유물들이 발견되었다. 이들 지역은 토기나 건축뿐만 아니라 신화, 사회 질서, 회계(문자) 등에서도 유사한 모습을

---

[46] 류리, 천싱찬 지음/김정열 옮김, 『중국고고학: 구석기시대 후기부터 청동기시대 전기까지』(사회평론아카데미, 2019), 323-324쪽.

보여준다. 무려 1천km에 달하는 지역들에서 우룩과 똑 같은 구조의 건축 및 유물이 출토되었다는 사실에서 자연스럽게 이들 지역을 모두 우룩의 식민지로 보는 견해가 제기되었다. 따라서 알가쎄가 1989년 '우룩 세계체제론'을 제시했지만, 튀르키예 동남부의 아슬란테페(Arslantepe)처럼 우룩의 요소와 함께 그 지역 토착 문화가 공존하는 사례들도 있어서 2003년 뷔테르랭은 '우룩 세계문화론'을 대안으로 내놓은 바 있다.[47]

얼리터우의 경우 국가가 위신재의 생산뿐만 아니라 분배 네트워크까지 독점했을 것으로 보는 것과 달리, 사실상 그 위신재의 핵심인 청동 그릇은 얼리터우 유적 이외의 지역에서는 거의 발견되지 않고 있다. 셸라흐는 중국학계에서 얼리터우의 식민지로 추정하는 지역들에서 무력을 사용하여 물자와 정보 교류 거점을 장악하여 식민지화한 고고학적 증거를 찾기도 어려워, 그 교류가 평화적으로 이루어졌을 가능성도 배제할 수 없다고 본다. 나아가 얼리터우에서 괴범법(塊範法)을 활용한 청동 그릇의 제작이 시작되었어도, 그 수량이 매우 제한적임을 강조하기도 한다.

우룩과 얼리터우의 정치적 문화적 확산에 대한 이러한 단순 비교의 이면에도 다양한 환경적 요인이 존재할 것이다. 따라서 위험성이 내포된 이러한 비교 고찰로 중국 고대문명 형성에서 얼리터우의 핵심적 위치를 부각한 김정열의 논지가 약화된다고 보지는 않는다. 그럼에도, 우룩 팽창에 관한 한, 얼리터우 소멸 이후 기원전 제2천년기 중후반, 즉 상 전기에 나타난 얼리강 팽창

---

47 박성진, 「문명의 조건: 제4천년기 서아시아의 우룩 팽창 현상」, 32-39쪽.

과 상통하는 면이 더 커 보인다.[48] 리우리와 천싱찬 역시 사실상 얼리강 시기에 이르러서야 팽창(expansion)이라는 표현을 쓰고 있다.[49]

IV. 나가며

고대문명 비교 연구는 지난한 작업이다. 필자는 공동연구로 작성된 논문 9편에 주로 의존하여 이 글을 작성하면서도 역부족을 절감한다. 무수하게 널려 있는 관련 2차 연구들을 섭렵하지 못 했기 때문이다. 그래도 설익은 이 시도가 문명 간 비교 연구의 중요성을 깨우치는 작은 계기라도 제공할 수 있길 희망한다.

    이 글에서는 우선 다섯 핵심 고대문명 연구사 정리를 바탕으로 각 문명이 처한 내외적 조건으로 인한 연구 경향의 차이가 발생했음을 강조했다. 필자의 아둔한 상상력을 바탕으로 내놓은 "순수학문"과 "민족주의의 극단," "민족주의와 순수학문의 길항"이라는 세 유형은 그 자체로 논란의 대상이 될 수 있을 것이다. 특히 서양이나 일본의 제국주의적 학문에서 대체로 오리엔탈리즘이라는 어두운 그림자를 부각하는 한국의 현실에서 이를 순수학문으로 재단하기에는 작은 용기가 필요할지도 모른다. 그러나

---

48 이정우, 「二里崗 商 제국론의 허와 실」, 『中國古中世史硏究』 65 (2022), 15-23쪽.

49 Liu Li & Chen Xingcan, *The Archaeology of China: From the Late Paleographic to the Early Bronze Age* (Cambridge: Cambridge University Press, 2012), pp.284-290.

일본 식민지 연구자들의 오리엔탈리즘적 정치성을 아무리 강조한 다고 해도, 긍정적이든 부정적이든 실증에 치중한 그 순수학문적 토대 없이 한국의 근대 인문학이 태동하기는 어려웠을 것이다.

이집트와 메소포타미아학이 거의 200년 동안 지속된 것과 달리 인도와 중국의 근대적 고대문명 연구의 역사는 100년에 불과하다. 두 근동 문명에서는 기원전 3000년 경부터 문헌들이 출현하여 1000년 정도까지 신화와 서사시, 법률 문서, 조약 문서, 역사 관련 문서, 찬양시, 교훈과 지혜 문학, 신탁과 예언, 연애시, 편지 등 다양한 문헌이 존재했다.[50] 중국에서 『상서(尙書)』 같은 일정한 내러티브를 지닌 문헌이 빨라야 기원전 1000년 정도에 출현했으리라 추정되는 것과는 대조적이다.

이 글에서 김구원의 연구를 토대로 살펴보았듯이, 내러티브가 결여된 갑골문에 의존하는 중국의 종교 연구에 풍부한 관련 문헌을 바탕으로 한 고대 근동 지역의 종교 연구가 큰 시사점을 제공할 수 있음은 자연스러운 일이다. 마찬가지로 필자가 우룩과 얼리터우의 사례를 통해 비교 검토한 고고학적 연구 역시 고대 근동의 자료를 토대로 한 앞선 연구가 인도나 중국 고대문명 연구에 유익한 기준점이 될 수 있음을 보여준다.

본 공동연구가 지닌 많은 허점을 십분 수용하면서도 이 연구가 비교 연구의 장점과 수월성을 예증하는 사례가 될 수 있으리라 믿는 이유다.

---

50 제임스 B. 프리처드 편, 김구원 번역 책임감수, 『고대 근동 문학 선집』 (CLC, 2016).

참고자료

강후구, 「이스라엘 핀켈쉬타인(Israel Finkelstein)의 '저연대(Low Chronology)' 주장에 대한 고고학적 고찰」, 『구약논단』 65 (2017), 172-209쪽.

강후구, 「이스레엘/팔레스틴 고고학 역사: 정치적 종교적 문화적 논쟁들」, 김구원 외 『이집트에서 중국까지: 고대문명 연구의 다양한 궤적』 (진인진, 2024), 150-233쪽.

桂娟, 李文哲, 「河南淮陽發現中國最早的車轍」, 中國社會科學網 『中國考古』 2020년 1월 14일.

김구원, 「나일강을 따라 천마일: 이집트학의 발전과 과제」, 『이집트에서 중국까지』, 14-113쪽.

김구원, 「고대 근동 다신교의 문화 전략과 유일신교의 발달: 아텐과 야훼를 중심으로」, 『崇實史學』 52 (2024), 58-114쪽.

김아리, 「200년 고대 근동 연구사, 세 번의 거대한 변화」, 『이집트에서 중국까지』, 114-148쪽.

김용준, 「인더스문명 기원 연구: 인도아대륙 최초 도시복합사회 발전의 배경과 기원을 둘러싼 논쟁」, 『崇實史學』 52 (2024), 116-137쪽.

김정열, 「좌절과 도약의 교차로: 중국 초기문명 설립의 길」, 『崇實史學』 52 (2024), 139-203쪽.

루돌프 파이퍼 지음, 정기문 옮김, 『인문 정신의 역사: 서양은 어떻게 인문학을 부흥시켰는가』 (도서출판 길, 2011).

류리, 천싱찬 지음/김정열 옮김, 『중국고고학: 구석기시대 후기부터 청동기시대 전기까지』 (사회평론아카데미, 2019).

박성진, 「문명의 조건: 제4천년기 서아시아의 우룩 팽창 현상」, 『崇實史學』 52 (2024), 5-56쪽.

빈동철, 「고대 중국의 '天'은 '上帝'와 동일한 개념인가?」, 『공자학』 30 (2016), 5-45쪽.

常玉之, 『商代宗敎祭祀』 (北京: 中國社會科學出版社, 2010).

徐錫臺 編著, 『周原甲骨文綜述』 (西安: 三秦出版社, 1987).

슐로모 산드 (김승환 옮김)의 『만들어진 유대인』 (사월의 책, 2022).

심재훈, 「周代를 읽는 다른 방법: 자료와 체계의 양면성」, 『中國古中世史研究』 26, [2006], 219-263쪽.

심재훈, 「二里頭 중국 고대국가 기원론의 딜레마」, 『歷史學報』 245 (2020), 207-236쪽.

심재훈, 「『케임브리지 중국고대사』의 의고와 신고」, 동북아역사재단 한국고중세사연구소 편, 『구미학계의 중국사 인식과 한국사 서술 연구』 (동북아역사재단, 2021), 18-39쪽.

심재훈, 「동아시아를 횡단한 의고의 계보와 학술사적 전망」, 『東洋史學硏究』 161 (2022), 1-45쪽.

심재훈, 「중국 고대문명 연구 100년: 전통과 현대 학문의 충돌 및 재편」, 『이집트에서 중국까지』, 276-373쪽.

심재훈, 「좋은 역사가가 베스트셀러를 쓸 수 있을까」, 『서울리뷰오브북스』 14 (2024), 68-85쪽.

吳銳, 『中國上古的帝繫構造』, (北京: 中華書局, 2015).

巫鴻, 「答貝格利對拙作《中國早期藝術和建築中的紀念性》的評論」, 『中國學術』 2 (2000), 262-285쪽.

유윤종, 「고대 이스라엘 역사 찾기와 고고학: 수정주의자와 논쟁을 중심으로」, 『한국기독교신학논총』 34 (2004), 105-127쪽.

이광수, 「인더스문명과 갠지스문명의 정체에 관한 논쟁: 힌두뜨와(Hindutva) 역사 서술에 대한 비판을 중심으로」, 『이집트에서 중국까지』, 234-274쪽.

이문영, 『유사역사학비판: 환단고기와 일그러진 고대사』 (역사비평사, 2018).

이스라엘 핑컬스타인, 닐 애셔 실버먼 공저/오성환 역, 『성경: 고고학인가 전설인가』 (까치, 2002).

이정우, 「二里崗 商 제국론의 허와 실」, 『中國古中世史研究』 65 (2022), 1-41쪽.

제임스 B. 프리처드 편, 김구원 번역 책임감수, 『고대 근동 문학 선집』 (CLC, 2016).

陳泳超, 『堯舜傳說研究』, (南京: 南京師範大學出版社, 2000).

許宏 저, 김용성 옮김, 『중국 고대 성시의 발생과 전개』, (진인진 2013).

Bagley, Robert, "Review of Wu Hung's *Monumentality in Early Chinese Art and Architecture*," *Harvard Journal of Asiatic Studies* 58.1 (1998), pp.221-256.

Campbell, Roderick B., *Archaeology of the Chinese Bronze Age: from Erlitou to Anyang* (Kindle Edition, 2014).

Colla, Elliott, *Conflicted Antiquities: Egyptology, Egyptomania, Egyptian Modernity* (Durham: Duke University Press, 2008).

Eno, Robert, "Shang State Religion and the Pantheon of the Oracle Texts," in *Early Chinese Religion Part One: Shang through Han (1250 BC-220 AD)*, Volume 1, ed. by John Lagerway and Marc Kalinowski (Leide: Brill, 2009), pp.42-102.

Lewis, Mark Edward, "Continuity and Change: The Archair States," in *China: Empire and Civilization*, ed. by Edward L. Shaughnessy (Oxford: Oxford University, 2000), pp.24-42.

Liu Li & Chen Xingcan, *The Archaeology of China: From the Late Paleographic to the Early Bronze Age* (Cambridge: Cambridge University Press, 2012).

Renfrew, Colin and Bin Liu, "The Emergence of Complex Society in China: the Case of Liangzhu," *Antiquity* 92 364 (2018), pp.975-990.

찾아보기

1차도시화(First Urbanization) 212, 220, 223, 225, 233
2차도시화(Second Urbanization) 220, 223, 234
2차종교 56

ㄱ

가가르-하끄라(Ghaggar-Hakra) 강 218-220, 241, 375, 382
가독성(legiblity) 198-199
간웨리왈라(Ganeriwala) 220, 391
갑골문 17, 376, 394-396, 404
거북등(turtleback) 139, 141-142
건식 농업 134
건조화 12, 142-144, 195, 389
건축 23, 26, 65-66, 68, 124, 128, 137-138, 150, 154-155, 157, 161-163, 170-171, 174-175, 181, 183-184, 190, 192, 296, 322, 337, 380, 389-390, 395, 400-402
게메트 파-아텐 52, 54, 68

고대문명연구소 7-9, 16, 19, 199-200
고딘테페(Godin Tepe) 174, 183, 190-191, 401
공예 124, 128, 150, 168, 389, 400
관개 농업 12, 134-136, 138, 140-141, 147-148, 195, 198, 389
구약 8, 10, 21, 25-26, 41, 71, 75-76, 78-79, 81, 89, 91, 109, 111, 116, 371-372, 384-386
그모스 30, 40-41, 50-51, 88, 90
기억 역사 71
기예르모 알가쎄 128, 176, 389

ㄴ

네부카드네자르1세 33
농경 12, 133-135, 142, 148, 158, 168, 195, 201, 319, 331, 335, 337

ㄷ

다신교적 단일신교 20, 92
단일신교 20, 30-31, 49-51, 74, 87-95,

97, 99, 101-102, 107, 387
당나귀 147, 149, 156-157, 389
대량생산 152
도시복합사회(urban complex society) 13-14, 212, 216, 218-220, 222, 224-226, 230-232, 235, 237, 240, 242, 245-247, 366, 391-392
돌라비라(Dholavira) 220, 238, 391
동양적 전제주의(Oriental Despotism) 135, 201

ㄹ

라키가리(Rakhigarhi) 13, 220, 238-239, 391
로버트 맥코믹 애담스(Robert Mc Adams) 158

ㅁ

마르둑 10, 28, 33, 42, 46, 80-81
마크 스미스(Mark M. Smith) 37, 39, 88, 90
만신전 20, 33-37, 39, 41-42, 44, 47, 60, 83, 88, 92, 94, 96-100, 109, 387, 396
만신전 다신교 20, 33, 47
메르엔프타 83, 85-86
메리카레의 교훈 61-62
모직물 151, 177, 196, 389
모티머 휠러(Mortimer Wheeler) 13, 391
모헨조다로(Mohenjodaro) 218, 220, 233-234, 238, 374-375, 382, 391
목축 13, 124, 128, 135-137, 140, 143-144, 146, 149-150, 166, 192, 195-196, 217-219, 226, 231, 234-235, 237-238, 240-241, 264-265, 333, 389, 399
문자 17, 52, 55, 61, 66, 124, 128, 145, 164-165, 182, 194, 198, 201, 247, 275, 367-371, 376, 390, 398, 400-401
문화 저수지 23, 25
물레 137, 151-152, 181, 389
물표(token) 182
미르시아 엘리아데 31
민족주의 16, 372, 374-375, 377-378, 380-385, 403

ㅂ

바알 28, 30, 38-39, 74, 76, 80-81, 84, 92, 94-99, 104
바퀴 155-156, 201, 316, 389, 400
반종교 56
백색 신전 154, 163-164, 389, 400
백은 조약 38
복합 신 20, 41-45, 63, 74, 95
부토(Buto) 189
불확실성 지대(zone of uncertainty) 143
비그늘 효과 132
빗각테두리토기(BRB: beveled rim bowls) 152, 181-182, 187-188,

192

ㅅ

사이비 역사 364, 373, 375, 382, 385-386
사제-왕(priest-king) 168-169
산당 91, 99
삼각주(delta) 139-140, 157, 189, 195, 198
삼열구조 건축물(tripartite) 138, 190
생태 지대 132-133, 139-140
샤수 77-78
서열화 157, 160
선토기시대(Pre-Pottery Neolithic) 135
성서 8, 21-22, 25-26, 28, 32, 41, 50, 59, 71-73, 75-79, 81-83, 85-86, 89, 91-93, 100, 111, 114, 116, 364, 370-372, 383-384
성숙기하랍빠(Mature Harappan) 235, 237, 242
세계체제론 12, 124, 129, 172, 176-177, 179, 196, 390, 402
세계화 24, 187-188
세련된 다신교 29, 33-35, 60, 95
손의 주 61-62
수메르 도약 124, 128, 145-146, 389, 399
수상 교역 157
수사(Susa) 66-67, 168, 173-174, 186-188, 190-191, 401

수티와 호르의 태양신 찬가 66
시모 파르폴라 22
시카고대학 10, 16, 370
식민주의 12, 177, 179, 196, 199, 390
신고 368, 377, 384-386
신들의 회의 74, 109
신명기적 역사 105-107
신명록 26, 35, 39, 76
신성의 번역 가능성 20, 37-41, 74, 90, 96, 112
쐐기문자 164-165, 194, 201, 370, 390

ㅇ

아마르나 35, 45, 54, 58, 65-66, 68-69
아마포 150
아멘호텝 53, 55, 64-65, 69, 76-77
아문-레 10, 41-44, 55, 61
아부살라비크(Abu Salabikh) 161
아세라 73-74, 100-101, 104, 108-109, 111
아케트-아텐 54, 68
아켄아텐 20, 51-58, 60, 63-70, 114, 388
아텐 10-11, 20-21, 25, 31, 51-61, 63-70, 114-115, 366, 387-388
알슬란테페(Arslantepe) 175, 192-194
야곱-엘 83
야금술 153
야훼 10-11, 20-21, 25, 28-31, 36, 38, 40, 50-51, 57-58, 63, 71-104, 106-115, 366, 387-388

야훼의 그릇 94
얌무 80
언약 신학 50, 90
에누마 엘리쉬 46, 80
에안나(Eanna) 구역 33, 154-155, 163, 165, 170-172
엘로힘 10, 36-37, 93, 96, 109, 112
여로보암 93-94, 98
연구사 8-9, 16, 21, 365-366, 369-370, 377, 403
예술 23, 57, 124, 128, 167-169, 188-189, 201, 214, 368, 380, 390, 396
오직 야훼 운동 97
요시아 11, 101, 104-106, 108, 113, 372
우가리트 76, 79, 81, 115
우룩 문화 12-13, 126, 128, 172-175, 177-178, 180-184, 186, 188-194, 197, 390, 401
우룩 세계문화론 124, 129, 172, 181, 390, 402
우룩 세계체제론 124, 129, 172, 176-177, 179, 196, 390, 402
우룩시대 126-128, 137-138, 140-161, 163-168, 170-171, 173-174, 179-182, 184-187, 189-190, 195-196
우룩-와르카 126, 139, 141, 160-161, 163-165, 168-173, 176-177, 182-183, 185-188, 401
우룩-와르카의 꽃병(Warka Vase) 168

우룩 팽창 현상 13, 124-125, 172, 176, 179-181, 184, 186, 197, 364, 366, 381, 388, 394, 399, 402
우룩화(Urukization) 187-188, 191
우르의 귀부인(lady of Uruk) 168
원시 야훼 20, 75-77, 80, 82
원시-엘람(Proto-Elamite) 194
원통형 인장 150, 162, 167-168, 170, 181-183, 188, 190, 390
유일신적 단일신교 20, 99
율리우스 벨하우젠 21, 72
의고 376-377, 384-386
이리강 팽창(Erligang expansion) 199
이집트 광기 367
인더스대평원 13, 213, 215-219, 226, 231-234, 236-238, 240-243, 245-247, 391-392
인도아대륙(Indian Subcontinent) 13, 212, 216-218, 220, 222-225, 232-234, 246-247, 366, 391
입다 40, 88-90

ㅈ

자연 환경 393
장거리 교역 12, 145, 151, 153-154, 158, 167, 176-177, 179, 185, 188, 196, 201, 389, 400
적응 유연성(resilience) 12, 143-145, 195
전사의 신 80
점토 봉투(clay bullae) 162, 167

점토 뿔(clay cone) 154-155, 163, 183
제2이사야 109-112
제벨아루다(Djebel Aruda) 161-162, 174, 183-185, 401
제사장 문서 11, 111-112
제임스 스콧(James Scott) 143, 198
제임스 호프마이어(J. Hoffmeier) 25, 53
조상들의 신 49, 84, 387
조약 문서 24, 404
존 마샬(John Marshall) 373, 391
종교 9-11, 17, 20-21, 23-33, 35-41, 44-45, 48-49, 51-52, 54-58, 60, 63-74, 83-84, 86-95, 98-102, 104-109, 112-115, 124, 128, 167, 169-170, 214-215, 220, 222-224, 245, 247, 323, 366, 368, 371, 374, 383, 387-388, 390, 392, 394-397, 404
지그문트 프로이트(Sigmund Freud) 114
질 스타인(Gil Stein) 180
집단적 발명 24, 74

ㅊ

청동기 38, 41, 47-48, 75, 86-87, 115, 127, 149, 153, 158, 198, 201, 220, 234-235, 253-254, 258, 281, 302, 311, 314, 316, 318, 320-324, 348, 351, 355, 373-374, 389, 391, 394, 400-401

초기하랍빠(Early Harappa) 235-238, 240-243, 391-392
최고신교 10-11, 20, 30-31, 41, 44, 51, 63, 88, 387
최대주의 372, 384-386
최소주의 372, 384-386
취락 12, 14-15, 157-161, 174, 184, 197, 252-258, 264, 271, 275, 280, 286-287, 292-296, 298-301, 305-308, 320-321, 325-332, 334, 336-345, 349-353, 368, 389, 393-394

ㅋ

카르투쉬 52-55, 57
쿠라-아라스(Kura-Araxes) 문화권 193
쿤틸레트 아즈루드(Kuntillet Ajrud) 73, 94, 99, 101
키르베트 엘콤(Khribet El Qom) 73, 99

ㅌ

테페가우라(Tepe Gawra) 187, 192
텔브락(Tell Brak) 173, 191, 197, 401
텔세이크핫산(Tell Sheikh Hassan) 174, 185, 401
텔 에스-사완(Telles-Sawwan) 134
텔엘-우에일리(Tell el-Oueili) 137-138
토기 제작 151, 270, 279, 389
토배(土杯) 278-281, 302-303
토판문서 164-166, 169, 171, 179, 182

통치계층 15-16, 253, 265, 270, 283, 298, 300, 312, 316, 322-323, 339-340, 343-344, 346-350, 352-353, 394
투웨이허강(禿尾河) 258, 296-297, 307
티아맛 80

ㅍ

파라오주의 380
파스칼 뷔테르랭(Pascal Butterlin) 180, 390
판산(反山) 281, 283-284, 286, 291-292
판축기단 261, 270-272, 309-313, 317, 320, 346
포괄적 유일신교 37, 41, 46-48, 112, 387
표준화 155, 181-182, 187, 198, 302
풍우신 38-39, 80-81, 95-98
필경사 166, 390

ㅎ

하랍빠문명(Harappan Civilisation) 219, 221, 223-224, 233, 238, 244-247
하랍빠(Harappa) 13, 218-224, 226, 233-238, 240-247, 373-375, 382, 391-392
하부바카빌라(Habuba Kabira) 161-162, 183-185
하지네비테페(Hacinebi Tepe) 190-191
학교 10, 125, 158, 165-166, 189, 201, 217, 248
한스 보넷(Hans Bonnet) 43
한지농업 319
항저우분지(杭州盆地) 328
해안 습지(marshland) 139
허난룽산문화(河南龍山文化) 268, 336
허우스자허문화(後石家河文化) 329
혁명적 유일신교 10-11, 20, 25, 54, 56, 60, 65, 101-102, 113-114
혈연집단 15, 280, 317, 322, 346-350, 352-353, 394
호국신 74, 82, 86, 88, 92, 99, 102, 109
환경론 337, 339, 352
황성대(皇城臺) 259-262, 264-265, 296
황허강(黃河) 14-15, 254-255, 258, 297, 308, 334-335, 340, 342-344, 347, 349, 351
후이관산(匯觀山) 287-288, 292
후이주이(灰嘴) 325
힌두뜨와 16, 234, 248, 364, 366, 373-375, 377-378, 381-383, 385-386